SIMONE DE BEAUVOIR

CLAUDIA CARD (ORG.)

# SIMONE DE BEAUVOIR

EDITORA
IDEIAS&
LETRAS

Direção Editorial
Edvaldo M. Araújo

Tradução
Lana Lim

Conselho Editorial
Fábio E. R. Silva
Jonas Luiz de Pádua
Márcio Fabri dos Anjos
Marco Lucas Tomaz
Orlando Augusto Silva Cassiano

Preparação
Daniel de Vasconcelos Andrade

Revisão
Andresa Mariana

Diagramação e Capa
Airton Felix Silva Souza

Coleção Companions & Companions

Título original: *The Cambridge Companion to Simone de Beauvoir*

ISBN: 978-0-521-79429-9(Paperback) / 978-0-521-79096-3 (Hardback)



1ª impressão

EDITORA IDEIAS & LETRAS

Avenida São Gabriel , 495
Conjunto 42 - 4º andar
Jardim Paulista – São Paulo/SP
Cep: 01435-001
Televendas: 0800 777 6004
vendas@ideiaseletras.com.br
www.ideiaseletras.com.br

**Dados Internacionais de Catalogação na Publicação (CIP) de acordo com o ISBD**

S598 Simone de Beauvoir / organizado por Claudia Card; traduzido por Lana Lim. – São Paulo : Ideias & Letras, 2024.

432 p.; 16cm x 23cm. – (Companions & Companions)

Tradução: *The Cambridge Companion to Simone de Beauvoir*
Inclui bibliografia e índice.

ISBN: 978-65-87295-61-9

1. Filosofia. 2. Simone de Beauvoir. 3. Feminismo. I. Card, Claudia. II. Lim, Lana. III. Título. IV. Série.

CDD 100
2023-3336 CDU 1

**Elaborado por Vagner Rodolfo da Silva - CRB-8/9410**

**Índices para catálogo sistemático:**

1. Filosofia 100
2. Filosofia 1

*Em memória de Elaine Marks*

# Sumário

# Notas sobre as colaboradoras

BARBARA S. ANDREW é Professora Assistente de Filosofia na Universidade do Oregon, é autora de "The Psychology of Tyranny: Wollstonecraft and Woolf on the Gendered Dimension of War" (*Hypatia*, 2: 85-101, 1994), além de artigos sobre Simone de Beauvoir e ética feminista. Está trabalhando em um livro sobre amor e liberdade na ética feminista.

DEBRA B. BERGOFFEN é Professora de Filosofia e Estudos Culturais e Diretora de Estudos Feministas na Universidade George Mason, é autora de *The Philosophy of Simone de Beauvoir* (1997) e de artigos atentos a questões epistemológicas, éticas, políticas e feministas levantadas pela obra de Nietzsche, Lacan, Irigaray e Beauvoir.

SUSAN J. BRISON é Professora Adjunta de Filosofia na Dartmouth College, é autora de *Aftermath: Violence and the Remaking of a Self* (2001) e de *Speech, Harm, and Conflicts of Rights* (2002). Co-organizou *Contemporary Perspectives on Constitutional Interpretation* (1993).

JUDITH BUTLER é Professora na cátedra Maxine Elliot de Retórica e Literatura Comparada na Universidade da Califórnia em Berkeley, tem textos publicados em filosofia continental, feminista, social e política, teoria literária, psicanálise e estudos em sexualidade. É autora de *Gender Trouble* (1990) e, mais recentemente, *Antigone's Claims: Kinship Between Life and Death* (2000).

CLAUDIA CARD é Professora na cátedra Emma Goldman de Filosofia na Universidade de Wisconsin, é autora de *The Atrocity Paradigm: A Theory of Evil* (2002), *The Unnatural Lottery* (1996), e *Lesbian Choices* (1995). Foi organizadora de *On Feminist Ethics and Politics* (1999), *Adventures in Lesbian Philosophy* (1994), e *Feminist Ethics* (1991).

PENELOPE DEUTSCHER é Professora sênior de Filosofia na Universidade Nacional da Austrália, é autora de *Yielding Gender* (1997), co-organizadora de *Enigmas: Essays on Sarah Kofman* (1999), e organizadora convidada de *Hypatia*, v. 15, n. 4 (2000), *Special Issue on Contemporary French Women Philosophers*. Está terminando um manuscrito sobre os trabalhos mais recentes de Luce Irigaray.

MIRANDA FRICKER é Professora de Filosofia na Birkbeck College, Universidade de Londres, é co-organizadora de *The Cambridge Companion to Feminism in Philosophy* (2000) e autora de artigos sobre epistemologia, ética e filosofia social. Está terminando um manucrito, *Epistemic Injustice: Power and the Ethics of Knowing*, que explora uma ética de primeira ordem de práticas epistêmicas.

MOIRA GATENS é Professora de Filosofia na Universidade de Sydney, é autora de *Feminism and Philosophy* (1991) e *Imaginary Bodies* (1996), e coautora de *Collective Imaginings: Spinoza, Past and Present* (1999). Organizou *Feminist Ethics* (1998) e co-organizou *Oxford Companion to Australian Feminism* (1998) e *Gender and Institutions* (1998).

EVA GOTHLIN é Professora Adjunta de História das Ideias e da Ciência na Universidade de Göteborg, Suécia, é autora de *Sex and Existence: Simone de Beauvoir's "The Second Sex"* (1996; edição sueca, 1991; edição francesa, 2001) e de ensaios em sueco, norueguês, francês e inglês sobre Beauvoir, Sartre, Hegel e gênero.

SARA HEINÄMAA é Docente de Filosofia Teórica na Universidade de Helsinki e Professora de Estudos Feministas Humanistas no Centro de Estudos Feministas da Universidade de Oslo, é autora de duas monografias sobre a fenomenologia do corpo (1996, 2000) e de artigos sobre Husserl, Merleau-Ponty, Beauvoir e Irigaray. Está terminando uma monografia sobre a fenomenologia do corpo, onde compara a discussão de Beauvoir com a de Husserl e de Merleau-Ponty.

SUSAN JAMES é Professora de Filosofia na Birkbeck College, Universidade de Londres, é autora de *Passion and Action: The Emotions in Seventeenth-Century Philosophy* (1997) e de "Feminism and the Imaginary" em *Visible Women: Feminist Legal Theory and Political Philosophy*, organizado por Susan James e Stephanie Palmer (2000).

MONIKA LANGER é Professora Adjunta de Filosofia na Universidade de Victoria, também lecionou em Toronto, Yale, Alberta e Dalhousie. É autora de vários artigos e de *Merleau-Ponty's Phenomenology of Perception: A Guide and Commentary* (1988, 1989). Está escrevendo um livro sobre *A gaia ciência* de Nietzsche.

ROBIN MAY SCHOTT é Professora Pesquisadora Adjunta de Filosofia na Universidade de Copenhague, é autora de *Cognition and Eros* (1988/1993), organizadora de *Feminist Interpretations of Immanuel Kant* (1997), e co-organizadora de *Reproduction, Gender and Technology* (1995). Está trabalhando atualmente no problema do mal relacionado com estupros de guerra.

MARGARET A. SIMONS é Professora de Filosofia na Universidade do Sul de Illinois, em Edwardsville, é autora de *Beauvoir and The Second Sex* (1999), organizadora de *Feminist Interpretations of Simone de Beauvoir* (1995) e de uma edição especial de *Hypatia* sobre a filosofia de Beauvoir (1999), e co-organizadora de *Hypatia Reborn* (1990). Ela está co-organizando uma série de seis volumes de textos de Beauvoir traduzidos para o inglês.

MARY SIRRIDGE é Professora de Filosofia na Universidade do Estado da Louisiana, é autora de "The Moral of the Story: Exemplification and the Literary Work" (*Philosophical Studies*, 4: 391-402, 1980) e de outros artigos sobre estética da filosofia, filosofia da literatura e estética da dança, bem como sobre Santo Agostinho, sintaxe e semântica medieval, e filosofia da mente antiga e medieval.

# Agradecimentos

Este *Companion* é dedicado à memória de Elaine Marks (1930-2001), conhecida mundialmente por seu trabalho sobre Beauvoir, feminismo francês e estudos feministas. Elaine Marks foi uma estimada professora, amiga e mentora de gerações de estudantes de Beauvoir na Universidade do Wisconsin. Escreveu o primeiro livro sobre Beauvoir em inglês e organizou a primeira antologia em língua inglesa (no formato de livro) de ensaios sobre Beauvoir. Pedi e recebi sua orientação no início deste projeto, mas infelizmente ela faleceu poucos meses antes de sua conclusão.

A criação deste *Companion* contou com conselhos e sugestões de estudiosas de Beauvoir de três continentes (muitas das quais também assinam capítulos deste livro). Sou especialmente grata a Robin Schott e Margaret A. Simons, pelas orientações nos estágios iniciais. O apanhado de Eva Gothlin sobre a infância, a formação e o início da maturidade de Beauvoir em seu livro *Sex and Existence* foi muito útil para construir essa parte da cronologia. Recebi um apoio consistente de minha editora Hilary Gaskin, e Ann Cothran, Sonia Kruks, Nancy Bauer e Lester Embree foram rápidas e prestativas em sanar dúvidas. Tive a ajuda frequente de colaboradoras com questões bibliográficas, em especial Susan Brison, Penelope Deutscher, Eva Gothlin, Sara Heinämaa e Monika Langer. Andrea Veltman, minha assistente, foi de uma ajuda inestimável na edição, e contribuiu imensamente para o capítulo de introdução, assim como o meu colega Ivan Soll.

Por fim, devo muito a estudiosos presentes e passados que não estão diretamente representados neste volume, especialmente biógrafos e organizadores de outros volumes sobre Beauvoir, que foram tão úteis na construção da cronologia de sua vida, na criação de um sistema de abreviações, da bibliografia, e na redação do capítulo de introdução.

# Cronologia

1908 Nasce no dia 9 de janeiro em Paris Simone Lucie Ernestine Marie Bertrand de Beauvoir, filha de Françoise Brasseur de Beauvoir e Georges Bertrand de Beauvoir.

1910 Nasce sua irmã Hélène ("Poupette").

1913-25 Estuda no Institut Adeline Désir (Cours Désir), onde conhece Zaza (Elizabeth Mabille), que se torna sua melhor amiga; obtém o Baccalauréat em 1924-1925; estuda matemática no Institut Catholique de Paris, em 1925.

1927-28 Gradua-se em literatura, latim, grego e filosofia no Institut Sante-Marie, em Neuilly.

1928-29 Frequenta aulas de filosofia na Sorbonne e assiste a palestras na Ecole Normale Supérieure, onde conhece Maurice Merleau-Ponty, Claude Lévi-Strauss e Jean-Paul Sartre, que se torna seu companheiro intelectual por toda a vida.

1929 Recebe o título de Agrégée de Philosophie; morre Zaza.

1931-33 Leciona no Lycée Montgrand em Marselha.

1933-37 Leciona no Lycée Jeanne d'Arc em Rouen.

1934-35 Lê Husserl em alemão.

1938-43 Leciona no Lycée Molière em Passy e no Lycée Camille-See em Paris.

1939 Ela e Sartre começam a estudar Heidegger seriamente; tem início a Segunda Guerra Mundial; Sartre é convocado.

1940 Lê *Native Son* de Richard Wright por recomendação de Sylvia Beach; Sartre é capturado por alemães invasores e enviado para um campo de prisioneiros de guerra.

1941 Morre seu pai; Sartre é libertado do campo de prisioneiros de guerra; funda o grupo da *Résistance* "Socialisme et Liberté"

(Socialismo e Liberdade) junto de Sartre e Merleau-Ponty; cruza a fronteira com Sartre e entra na zona de Vichy, na esperança de fazer contato com a Resistência Francesa, mas não consegue; conhece André Gide e André Malraux.

1943 Publica seu primeiro romance, *L'Invitée* (Paris: Gallimard), traduzido como *She Came to Stay* por Y. Moyse e R. Senhouse (Londres: Secker & Warburg and Lindsay Drummond, 1949; Cleveland, OH: World Publishing, 1954).

1944 Publica seu primeiro ensaio filosófico, *Pyrrhus et Cinéas* (Paris: Gallimard).

1945 Faz palestras em Portugal e escreve artigos para a *Combat* criticando as ditaduras de Portugal e da Espanha; funda a publicação independente de esquerda *Les Temps modernes* com Sartre, Merleau-Ponty, Albert Ollivier, Jean Paulhan, Raymond Aron e Michele Leiris; publica a peça *Les Bouches inutiles* (Paris: Gallimard), traduzida como *Who Shall Die?* por C. Francis e F. Gontier (Florissant, MO: River Press, 1983); publica "La Phenomenologie de la perception de Maurice Merleau-Ponty" (*Les Temps modernes*, 1: 1153-63) e o segundo romance, *Le Sang des autres* (Paris: Gallimard), traduzido como *The Blood of Others* por Y. Moyse e R. Senhouse (Londres: Secker & Warburg and Lindsay Drummond, 1948; New York: Knopf, 1948).

1946 Conhece Richard Wright quando ele visita Paris; faz palestras na Suíça, Itália e Países Baixos com Sartre; terceiro romance, *Tous les hommes sont mortels* (Paris: Gallimard), traduzido como *All Men are Mortal* por L. Friedman (Cleveland, OH: World Publishing, 1955).

1947 Realiza uma turnê de palestras pelos Estados Unidos com o apoio do Ministério da Cultura do governo francês; conhece Nelson Algren e dá início a um relacionamento e a uma troca de correspondência que segue até 1964; publica *Pour une morale de l'ambiguıté* (Paris: Gallimard), traduzida como

*The Ethics of Ambiguity* por B. Frechtman (Nova Iorque: Philosophical Library, 1948).

1948 Publica *L'Amerique au jour le jour* (Paris: Editions Paul Marihien), traduzido como *America Day by Day* por Patrick Dudley (pseud.) (Londres: Duckworth, 1952; Nova Iorque: Grove, 1953) e por Carel Cosman (Berkeley: University of California Press, 1999); ela e Sartre tornam-se membros fundadores do grupo de esquerda anti-stalinista "Rassemblement Démocratique et Révolutionnaire" (RDF).

1949 Publica *Le Deuxième sexe*, v. I e II (Paris: Gallimard), traduzido como *The Second Sex* por H. M. Parshley (Londres: Jonathan Cape, 1953; Nova Iorque: Knopf, 1952/Vintage, 1989/Bantam, 1989).

1951 Publica "Faut-il brûler Sade?" em *Les Temps modernes* (74: 1002-33, dez. 1951; 75: 1197-230, jan. 1952); traduzido por Annette Michelson como *Must We Burn de Sade?* (Londres: Peter Neville, 1953; Nova Iorque: Grove, 1955); republicado em *The Marquis de Sade: The 120 Days of Sodom, and Other Writings*, traduzido por Austryn Weinhaus e Richard Seaver (Nova Iorque: Grove, 1966); conhece Claude Lanzmann, com quem inicia um relacionamento de vários anos.

1954 Publica seu quarto romance, *Les Mandarins* (Paris: Gallimard), traduzido como *The Mandarins* por L. Friedman (Cleveland, OH: World Publishing, 1956; Londres: Collins, 1957), dedicado a Nelson Algren; recebe o Prêmio Goncourt.

1955 Publica *Privilèges* ("Faut-il brûler Sade?"; "La Pensée de droite aujourd'hui"; "Merleau-Ponty ou le pseudo-sartrisme") (Paris: Gallimard); visita Moscou e China com Sartre.

1957 Publica *La Longue marche: essai sur la Chine* (Paris: Gallimard), traduzido por Austryn Wainhouse como *The Long March* (Cleveland, OH: World Publishing, 1958), sobre sua visita à China.

1958 Publica o primeiro de quatro volumes de memórias, *Mémoires d'une jeune fille rangée* (Paris: Gallimard), traduzido como *Memoirs of a Dutiful Daughter* por J. Kirkup (Londres: André Deutsch and Weidenfeld & Nicolson, 1959; Cleveland, OH: World Publishing, 1959).

1959 Publica "Brigitte Bardot and the Lolita Syndrome", um artigo especialmente encomendado para a revista *Esquire* (agosto), traduzido por Bernard Frechtman (Londres: André Deutsch and Weidenfeld & Nicolson, 1960; Nova Iorque: Arno, 1972).

1960 Morre seu amigo Albert Camus; publica o segundo volume de memórias, *La Force de l'âge* (Paris: Gallimard), traduzido como *The Prime of Life* por P. Green (Cleveland, OH: World Publishing, 1962; Londres: André Deutsch and Weidenfeld & Nicolson, 1965); em Rennes, conhece Sylvie Le Bon, uma estudante de filosofia de 18 anos que se torna sua companhia para o resto da vida; visita Cuba com Sartre, passa três dias com Castro.

1961 Marcha com Lanzmann e Sartre pela paz na Argélia.

1962 Escreve o prefácio (listada como coautora com Gisèle Halimi) de *Djamila Boupacha* (Paris: Gallimard), traduzido por P. Green como *Djamila Boupacha: The Story of the Torture of a Young Algerian Girl which Shocked Liberal French Opinion* (Londres: Weidenfeld & Nicolson, 1962; Nova Iorque: Macmillan, 1962).

1963 Publica o terceiro volume de memórias, *La Force des choses* (Paris: Gallimard), traduzido como *Force of Circumstance* por R. Howard (Londres: André Deutsch and Weidenfeld & Nicolson, 1965; Nova Iorque: Putnam, 1965); morre sua mãe em novembro.

1964 Escreve o prefácio para *La Bâtarde*, de Violette Leduc (Paris: Gallimard), traduzido como *La Bâtarde: An Autobiography* por Derek Coltman (Manchester: C. Nicholls & Co., 1965; Nova Iorque: Farrar, Straus & Giroux, 1965); publica *Une Mort très douce* (Paris: Gallimard), traduzido como *A Very*

*Easy Death* por Patrick O'Brian (Londres: André Deutsch and Weidenfeld & Nicolson, 1966; Nova Iorque: Putnam, 1966), uma reflexão sobre a morte de sua mãe.

1966 Publica seu quinto romance, *Les Belles images* (Paris: Gallimard), traduzido por Patrick O'Brian como *Les Belles Images* (Londres: Collins, 1968; Nova Iorque: Putnam, 1968); escreve o prefácio para *Treblinka*, de Jean-François Steiner (Paris: Artheme Fayard), traduzido por Helen Weaver (Nova Iorque: Simon & Schuster, 1967).

1967 Primeira coletânea de contos, *La Femme rompue* (Paris: Gallimard), traduzida como *The Woman Destroyed* por Patrick O'Brian (Londres: Collins, 1969; Nova Iorque: Putnam, 1969); integra o Tribunal Russell no Vietnã com Sartre.

1968 Participa de manifestações estudantis.

1970 Publica *La Vieillesse* (Paris: Gallimard), traduzido por Patrick O'Brian como *Old Age* (Londres: André Deutsch, 1972) e como *The Coming of Age* (Nova Iorque: Putnam, 1972); participa de marchas pelos direitos ao aborto e à contracepção para mulheres.

1971 A pedido do "Mouvement de la Libération des Femmes" (MLF), inclui sua assinatura em "The Manifesto of 343", uma lista de 343 mulheres que declaram ter feito aborto (ilegal na França), publicada em *Le Nouvel observateur*, embora sua irmã Hélène, também signatária, tenha dito em 1987 que nenhuma delas havia de fato feito um aborto; Simone permitiu que fossem realizados abortos em seu apartamento e algumas vezes pagou por eles.

1972 Publica seu quarto volume de memórias, *Tout compte fait* (Paris: Gallimard), traduzido como *All Said and Done* por Patrick O'Brian (Londres: André Deutsch and Weidenfeld & Nicolson, 1972; Nova Iorque: Putnam, 1974); torna-se presidente da sociedade "Choisir", para promover conhecimento e acesso a métodos contraceptivos.

1974 Torna-se presidente da "Ligue du Droit des Femmes" (Liga dos Direitos das Mulheres), pelo fim da discriminação contra as mulheres na fala e em documentos.

1975 Recebe o Jerusalem Prize, concedido a escritores que promovem o conceito de liberdade individual (entre os vencedores estão Bertrand Russell, Jorge Luis Borges, e Ionesco).

1976 Escreve o prefácio para *Crimes Against Women: Proceedings of the International Tribunal*, organizado por D. H. Russell e N. Van de Ven (Milbrae, CA: Les Femmes).

1979 Segunda coletânea de contos, *Quand prime le spirituel* (Paris: Gallimard), traduzida por Patrick O'Brian como *When Things of the Spirit Come First: Five Early Tales* (Londres: André Deutsch, 1982; Nova Iorque: Pantheon, 1982); publicação de *Les Écrits de Simone de Beauvoir* (org. C. Francis e F. Gontier, Paris: Gallimard), que inclui "Brigitte Bardot et le syndrome de Lolita", traduzido do inglês; funda a publicação *Questions féministes* com Christine Delphy e Monique Wittig.

1980 Adota Sylvie Le Bon legalmente após a morte de Sartre no dia 15 de abril em Paris.

1981 Publica *La Cerémonie des adieux, suivi de entretiens avec Jean-Paul Sartre, Août-/Septembre 1974* (Paris: Gallimard), traduzido por Patrick O'Brian como *Adieux: A Farewell to Sartre* (Londres: André Deutsch, 1984; Nova Iorque: Pantheon, 1984); morre Nelson Algren em 9 de maio.

1985 Escreve o prefácio para *Shoah*, de Claude Lanzmann, traduzido como *Shoah: An Oral History of the Holocaust – The Complete Text of the Film*; legendas do filme em inglês por A. Whitelaw e W. Byron (Nova Iorque: Pantheon, 1985).

1986 Morre em 14 de abril em Paris de "edema pulmonar", após uma doença respiratória; 5.000 pessoas comparecem ao funeral; é enterrada ao lado de Sartre.

1990 Publicação de *Lettres à Sartre*, v. I, *1930-1939*; v. II, *1940-1963* (organizado por Sylvie Le Bon de Beauvoir, Paris:

Gallimard). Foi organizado e traduzido como *Letters to Sartre* por Q. Hoare (Nova Iorque: Little, Brown and Company, 1992). Publicação de *Journal de guerre, Septembre 1939-Janvier 1941*, organizado por Sylvie Le Bon de Beauvoir (Paris: Gallimard).

1997 Publicação de *Lettres à Nelson Algren: un amour transatlantique: 1947-1964*, compilado, comentado e traduzido do inglês, com comentários de Sylvie Le Bon de Beauvoir (Paris: Gallimard); traduzido por Sylvie Le Bon de Beauvoir como *Transatlantic Love Affair: Letters to Nelson Algren* (Nova Iorque: New Press, distribuído por Norton, 1998).

# Lista de abreviações

A bibliografia no fim deste volume fornece detalhes completos das obras citadas abaixo. Onde a bibliografia menciona mais de uma edição ou editora, ou onde um capítulo cita uma edição ou editora diferentes daquela listada na bibliografia, as notas de rodapé de capítulo fornecem detalhes para as edições citadas.

*AD* *America Day by Day*
*AM* *All Men are Mortal*
*AS* *All Said and Done*
*BI* *Les Belles Images*
*BI* (tr.) *Les Belles Images* (tradução para o inglês)
*BN* *Being and Nothingness: An Essay on Phenomenological Ontology* (Sartre)
*BO* *The Blood of Others*
*BT* *Being and Time* (Heidegger)
*DB* *Djamila Boupacha: The Story of the Torture of a Young Algerian Girl which Shocked Liberal French Opinion*
*DS* I *Le Deuxième sexe*, v. I, *Les Faits et les mythes*
*DS* II *Le Deuxième sexe*, v. II, *L'Expérience vécue*
*EA* *The Ethics of Ambiguity*
*EN* *L'Etre et le néant: Essai d'ontologie phénomènologique* (Sartre)
*FA* *La Force de l'âge*
*FB* *"Faut-il brûler Sade?"*
*FC* *Force of Circumstance*
*FCh* *La Force des choses*
*FR* *La Femme rompue*
*Ideas* I *Ideas Pertaining to a Pure Phenomenology and to a Phemoneno logical Philosophy, First Book: General Introduction to a Pure Phenomenology* (Husserl)

| | |
|---|---|
| *Ideas* II | *Ideas Pertaining to a Pure Phenomenology and to Phenomenological Philosophy, Second Book: Studies in the Phenomenology of Constitution* (Husserl) |
| *Ideen* II | *Ideen zu einer reinen Phänomenologie under phänomenologischen Philosophie, Zweites Buch: Phäenomenologische Undersuchung zur Konstitution* (Husserl) |
| *LI* | *L'Invitée* |
| *LM* | *"Littérature et métaphysique"* |
| *M* | *Les Mandarins* |
| *M* (tr.) | *The Mandarins* |
| *MBS* | *Must We Burn de Sade?* [Deve-se queimar Sade?] |
| *MD* | *Memoirs of a Dutiful Daughter* |
| *MJF* | *Memoires d'une jeune fille rangée* |
| *MP* | *"Merleau-Ponty et pseudo-sartrisme"* |
| *MPPS* | *"Merleau-Ponty and Pseudo-Sartreanism"* |
| *OA* | *Old Age* (British title; US title: *The Coming of Age*) |
| *PC* | *Pyrrhus et Cinéas* |
| *PL* | *The Prime of Life* [A força da idade] |
| *PMA* | *Pour une morale de l'ambiguïté* [Por uma moral da ambiguidade] |
| *PP* | *Phénoménologie de la perception* (Merleau-Ponty) |
| *PP* (tr.) | *The Phenomenology of Perception* (Merleau-Ponty) |
| *PPMP* | *"La phénoménologie de la perception de Merleau-Ponty"* (Beauvoir) |
| *QPL* | *"Simone de Beauvoir" in Que peut la littérature?* (org. Yves Buin) |
| *QPS* | *Quand prime le spirituel* |
| *SCS* | *She Came to Stay* [A convidada] |
| *SNS* | *Sense and Non-Sense* (Merleau-Ponty) |
| *SS* | *The Second Sex* [O segundo sexo] |
| *SZ* | *Sein und Zeit* (Heidegger) |
| *TC* | *Tout compte fait* [Tudo dito e feito] |
| *V* | *La Vieillesse* [A velhice] |
| *VED* | *A Very Easy Death* [Uma morte muito suave] |
| *WD* | *The Woman Destroyed* [A mulher desiludida] |
| *WT* | *When Things of the Spirit Come First* |

# Introdução: Beauvoir e a ambiguidade da "ambiguidade" na ética

CLAUDIA CARD

## Histórico e fundamentos

Durante os anos 1950, era em que o feminismo esteve especialmente em baixa, universitários americanos descobriram traduções de *O segundo sexo* e *Por uma moral da ambiguidade* de Simone de Beauvoir em aulas sobre o existencialismo francês.[1] A popularidade dessas aulas veio em boa parte quando os existencialistas franceses incluíram a sexualidade na agenda filosófica. *O ser e o nada* de Jean-Paul Sartre era o carro-chefe, e *Por uma moral da ambiguidade* de Beauvoir foi introduzida para mostrar como o existencialismo poderia de fato fornecer uma base para a ética, contrariando a visão inicial de Sartre. Contudo, *O segundo sexo* foi apresentado como se simplesmente aplicasse a filosofia de Sartre em situações relativas à mulher, visão que veio a ser contestada posteriormente por estudos acadêmicos feministas, como mostram em detalhes muitos dos capítulos deste *Companion*. Ainda assim, mesmo na época muitos leitores ficaram espantados com as perspectivas oferecidas por *O segundo sexo* sobre a sexualidade feminina. Ao levantar questões éticas e políticas, a obra de Beauvoir complementava o relatório de Alfred Kinsey sobre o comportamento sexual na *fêmea humana*, "escandaloso", mas friamente

---

1 *Pour une morale de l'ambiguïté*. Paris: Gallimard, 1947 (Trad. B. Frechtman. Nova Iorque: Philosophical Library, 1948). *Le Deuxième sexe* (Paris: Gallimard, 1949, v. I, *Les Faits et les mythes*, e v. II, *L'Expérience vécue*) foi traduzido por H. M. Parshley como *The Second Sex* (Nova Iorque: Knopf, 1952) e seguida por uma edição em brochura pela Bantam em 1953 (e muitas outras desde então). Ambas as obras são impressas continuamente até hoje. A edição de *The Second Sex* citada nesta introdução é a da Modern Library (Nova Iorque, 1968), baseada na edição Knopf de 1952.

científico, que foi publicado no mesmo ano que a edição em brochura da tradução para o inglês do tratado de Beauvoir sobre as mulheres.[2]

As obras filosóficas mais lidas de Beauvoir ainda são *O segundo sexo* e *Por uma moral da ambiguidade*, mas seu trabalho posterior também tem profundidade filosófica e muitas vezes originalidade. Ele oferece perspectivas maduras sobre temas como tortura e envelhecimento, além de novas perspectivas sobre seu trabalho mais antigo. A produção total de Beauvoir (que ainda está sendo traduzida para o inglês) é imensa. A cronologia e a bibliografia neste *Companion* mostram o tamanho da variedade de seus escritos publicados, que vão desde cartas, diários, memórias e romances até prefácios, críticas literárias, ensaios filosóficos e tratados. O escopo de seus interesses filosóficos é impressionante. Muitos dos tópicos abordados são padrão no repertório filosófico: ética, política, mal, relações entre "eus" (articuladas como relações entre o eu e o Outro). Outros tópicos não eram convencionais entre os filósofos quando ela os abordou, sendo alguns pouco convencionais para mulheres escritoras na maioria das áreas: psicanálise, biologia, sexualidade, gênero, mulheres, lesbianismo, prostituição, casamento e amor.

Igualmente populares entre filósofos e não-filósofos são os contos e os romances de Beauvoir, especialmente *A convidada* (analisado por Margaret Simons no Capítulo 5 e por Mary Sirridge no Capítulo 6) e *Os mandarins*, que ganhou o prestigioso Prêmio Goncourt em 1954. Seu breve livro de memórias, *Uma morte muito suave,* no qual reflete sobre a morte da mãe, e o tratado mais longo, *A velhice* (interpretado por Penelope Deutscher no Capítulo 14 e conhecido como *The Coming of Age* na edição americana), têm lugar em qualquer lista de clássicos sobre envelhecimento e morte. Os quatro títulos que descrevem sua vida e desenvolvimento intelectual, *Memórias de uma moça bem-comportada*, *A força da idade, A força das coisas* e *Tudo dito e feito*, revisitam muitas de suas ideias iniciais e constroem juntos o que Miranda Fricker chama no Capítulo 10 de uma "vida-história". Menos conhecidos são os diários de

---

2 KINSEY, Alfred C. (e outros). *Sexual Behavior in the Human Female*. Institute for Sex Research, Indiana University. Filadélfia: Saunders, 1953.

viagem de Beauvoir sobre sua visita de quatro meses aos Estados Unidos em 1947 (*A América dia a dia*) e à China em 1955 *(A longa marcha)*. O diário *América* inclui descrições maravilhosas da vida na cidade favorita de Beauvoir, Nova Iorque, assim como observações detalhadas e dolorosas da segregação racial no Sul (comentadas por Robin Schott no Capítulo 11). Também dignos de nota são os prefácios de Beauvoir (citados também por Schott) a trabalhos como *Djamila Boupacha: The Story of the Torture of a Young Algerian Girl Which Shocked Liberal French Opinion*, de Gisèle Halimi, o roteiro de cinema *Shoah*, de Claude Lanzmann, e *Treblinka*, de Jean-François Steiner. E há mais, muito mais, incluindo cartas, críticas literárias e ensaios como "Deve-se queimar Sade?" (analisado por Judith Butler no Capítulo 8) e "Brigitte Bardot e a síndrome de Lolita". Este *Companion* cobre toda a obra de Beauvoir, não somente *O segundo sexo* e *Por uma moral da ambiguidade*.

Contudo, a ética forma um núcleo persistente dos interesses filosóficos de Beauvoir, e por isso em algum momento seria apropriado torná-la o foco desta introdução. De fato, a visão de Beauvoir era de que *somente* o existencialismo poderia fornecer a base para a ética. No entanto, sua concepção de ética teria deixado perplexa a maioria dos filósofos britânicos e americanos daquela época, formados como eram na tradição da filosofia analítica. Pois embora rejeitasse a busca por princípios universais para distinguir o certo do errado, e levasse a emoção muito a sério, ela não era "emotivista" no sentido dos positivistas lógicos do Círculo de Viena.[3] Os positivistas lógicos sustentavam que o significado de uma proposição era dado por seu método de verificação. Ao não encontrarem nenhum método de verificação para princípios morais, eles concluíram que tais princípios e julgamentos neles baseados eram literalmente sem sentido, "pseudoproposições". Eles insistiam que pseudoproposições morais só tinham "sentido emotivo", não um "sentido literal". No entanto, com um entendimento não-cognitivo das emoções, os positivistas não sabiam o que dizer para esclarecer, para além de noções grosseiras de

3 Para um esboço da teoria emotiva da ética dos positivistas lógicos, ver AYER, A. J. *Language, Truth, and Logic*. Londres: Victor Gollancz, 1938, p. 149-70.

aprovação e reprovação, o sentido das emoções morais. Em compensação, Beauvoir é clara a respeito dos significados das filosofias morais, tradições, sentimentos e escolhas. Hoje, sua abordagem para a ética relacional e situacional, centrada no agente, encontra um lar natural não somente na filosofia europeia continental, como também na ética de caráter relativamente analítico, na ética feminista e nas conversas sobre sorte moral. Seus interesses estão nas complexidades das situações, seu impacto sobre como desenvolvemos caráter e na libertação da opressão, assumindo responsabilidades para nós mesmos e negociando relações humanas.

As grandes contribuições de Beauvoir para o pensamento filosófico, em especial à ética, estão em seu desenvolvimento e uso dos conceitos de ambiguidade, liberdade, o Outro, corporificação, desvelamento, temporalidade e situação. Esses conceitos têm raízes nas tradições da fenomenologia francesa e alemã. Leitores anglófonos dos anos 1950 em geral não tinham a formação e a base filosófica para ler Beauvoir no contexto da fenomenologia alemã, ou mesmo da filosofia francesa contemporânea (com exceção de *O ser e o nada* de Sartre), sem mencionar a filosofia francesa mais antiga para além de Descartes. As divisões entre as filosofias anglo-americanas e europeias continentais são menos severas hoje. Ainda assim, a formação na filosofia europeia continental pós-kantiana continua sendo um ponto fraco contínuo na educação filosófica oferecida por muitas universidades americanas. Portanto, este volume oferece diversos capítulos sobre como ler Beauvoir em relação à tradição alemã pós-kantiana e à francesa pós-cartesiana de pensamento filosófico, introduzindo ao mesmo tempo os leitores a aspectos importantes de algumas dessas tradições.

Muitos agrupamentos de capítulos neste *Companion* são naturais para fins de estudo. A próxima seção destaca as conexões e sobreposições que nem sempre ficam evidentes a partir dos títulos dos capítulos. Serve como um prelúdio à reflexão, na seção de conclusão, sobre uma ambiguidade da "ambiguidade" na ética de Beauvoir.

## Um resumo dos capítulos

O capítulo de abertura de Barbara Andrew apresenta Beauvoir como uma fenomenologista existencial e explica por quê. Andrew descreve a formação escolar e o desenvolvimento intelectual inicial de Beauvoir, e então coloca seus escritos posteriores no contexto de quatro áreas da filosofia contemporânea, onde suas ideias permanecem influentes até hoje: filosofia social, existencialismo, fenomenologia, e teoria feminista. Andrew também discute semelhanças e diferenças entre o trabalho de Beauvoir e de seu companheiro de vida, Jean-Paul Sartre (1905-1980). Os temas da relação de Beauvoir com Sartre e o trabalho deste também são recorrentes em outros capítulos (por exemplo, capítulos 2, 4, 10 e 14, de, respectivamente, Eva Gothlin, Monika Langer, Miranda Fricker e Penelope Deutscher). Andrew organiza a maior parte de sua discussão em torno das ideias de Beauvoir sobre liberdade, ambiguidade e situação, conceitos também explorados mais a fundo em outros capítulos.

Ao assumirem a linha fenomenológica como central, o Capítulo 2, escrito por Eva Gothlin, e o Capítulo 3, por Sara Heinämaa, defendem que elementos-chave do pensamento de Beauvoir foram desenvolvidos no contexto da fenomenologia alemã de Edmund Husserl (1859-1976) e Martin Heidegger (1889-1976), os quais Beauvoir e Sartre começaram a ler no final dos anos 1930. Ademais, o Capítulo 3 de Heinämaa, junto do Capítulo 4, escrito por Monika Langer, aborda com detalhes a influência do compromisso de Beauvoir com a filosofia de seu amigo Maurice Merleau-Ponty (1908-1961).

No Capítulo 2, ao ler Beauvoir em relação a *Ser e tempo* de Heidegger, Eva Gothlin descobre que a fenomenologia de Beauvoir difere da de Sartre (ao menos em *O ser e o nada*) por ser mais próxima do rompimento de Heidegger com o dualismo cartesiano clássico entre corpo e mente. Ela observa que o conceito heideggeriano de desvelamento ocorre nos escritos de Beauvoir com mais frequência do que os conceitos sartreanos de ser-em-si (o ser das coisas) e ser-para-si (existência consciente). A discussão de Gothlin se organiza em torno dos conceitos de desvelamento, corporalidade, "ser-com" e autenticidade. Esses conceitos permitem que ela esclareça diferenças entre a filosofia de Beauvoir e a de Sartre, e que também esclareça a própria ênfase ou usos que Beauvoir faz desses conceitos como distintos dos de Heidegger. Ela observa, por exemplo, que tanto para Beauvoir quanto para Heidegger, o *Mitsein* (ser-com) é real, ao passo que Sartre nega a realidade intersubjetiva em *O ser e o nada*, mas que, diferente de Heidegger, Beauvoir enfatiza tanto a possibilidade de conflito quanto a de harmonia no *Mitsein*.

No Capítulo 3, Sara Heinämaa concorda com Gothlin ao situar o trabalho de Beauvoir em relação à tradição fenomenológica. Mas ela apresenta argumentos para recuar ainda mais nessa tradição, até o trabalho de Husserl, para compreender o conceito de corporificação de Beauvoir. A discussão de Beauvoir sobre a corporificação feminina foi mal-interpretada por muitos leitores, que entendem suas representações negativas do corpo feminino como se significassem a própria visão final dela, mais do que como uma construção social à qual ela era profundamente crítica. Heinämaa argumenta que a noção de corporificação de Beauvoir é uma elaboração crítica da descrição que Merleau-Ponty faz do corpo vivo, e que, através deste, Beauvoir foi influenciada pelo trabalho de Husserl em *Coisa e espaço*, *Ideias Vol. II*, e *A Crise das Ciências Europeias e a Fenomenologia Transcendental*.

Monika Langer, que escreveu um livro sobre Merleau-Ponty,[4] argumenta no Capítulo 4 que o conceito de ambiguidade para Beauvoir é muito mais próximo do de Merleau-Ponty que do de Sartre. Ela descobre que é a fenomenologia de Merleau-Ponty, não a de Sartre, que fornece a base para a ética da ambiguidade de Beauvoir. Langer nos lembra de que "ambiguidade vem do latim *ambiguitas*, que significa dúvida, incerteza ou paradoxo", e que "o adjetivo *ambiguus* significa ambíguo, obscuro, escuro, oscilante, inconstante, duvidoso, incerto, controverso, não confiável e suspeito". A abordagem negativa expressa em tais adjetivos recorre ao projeto de Descartes, de alcançar a certeza por meio de clareza e distinção.

4 LANGER, Monika. *Merleau-Ponty's Phenomenology of Perception: A Guide and Commentary*. Gainesville, FL: Florida State University Press, 1989.

Contudo, Langer descobre que para Beauvoir e Merleau-Ponty a ambiguidade não é nem equívoco, nem dualismo, nem ambivalência. (Uma discussão interessante das relações entre ambiguidade e ambivalência no trabalho de Beauvoir sobre o mal pode ser encontrada no Capítulo 11 de Robin Schott, discutido abaixo.) O conceito de ambiguidade de Beauvoir na verdade envolve uma irredutível indeterminação e "múltiplas e inseparáveis significações e aspectos". Ao explorar os muitos usos da ambiguidade por Beauvoir e Merleau-Ponty, Langer considera como, de diferentes formas, o pensamento de um ilumina ou complementa o do outro. Ela conclui que deveríamos celebrar Beauvoir, não somente Merleau-Ponty, como uma filósofa da ambiguidade.

Justamente por ter sido educada na França desde criança, talvez Beauvoir nem sempre tenha tido consciência da influência da filosofia francesa mais antiga sobre a sua. No entanto, em cartas e diários ela menciona ter lido diversos filósofos. O Capítulo 5 de Margaret Simons e o Capítulo 7 de Susan James exploram as conexões e possíveis influências de Henri Bergson (1859-1941) e Nicolas Malebranche (1638-1715) em relação ao pensamento de Beauvoir. Junto ao Capítulo 8 de Judith Butler sobre o longo ensaio de Beauvoir em torno do Marquês de Sade (1749-1814), que não costuma ser reconhecido como filósofo, esses capítulos fornecem para a filosofia de Beauvoir um contexto na filosofia francesa anterior ao de Sartre e Merleau-Ponty.

Em seu livro sobre Beauvoir, Margaret Simons constrói uma forte argumentação a favor de uma influência afro-americana sobre o ponto de vista da filósofa a respeito da opressão, especialmente através de Richard Wright e sua obra.[5] No Capítulo 5 deste *Companion*, ela apresenta e desenvolve a nova hipótese de que Bergson teria sido uma das primeiras influências importantes na metodologia de Beauvoir. Ao examinar os primeiros diários de Beauvoir, ela descobre que quando jovem esta lia e se empolgava com o trabalho de Bergson. Em seus primeiros livros, *Ensaio sobre os dados imediatos da consciência*, *Matéria e memória* e *A evolução*

5 SIMONS, Margaret A. *Beauvoir and* The Second Sex*: Feminism, Race, and the Origins of Existentialism*. Lanham, MD: Rowman & Littlefield, 1999, p. 167-84.

*criadora,* Simons encontra fontes de ao menos três aspectos da metodologia de Beauvoir. Primeiro, o uso de romances como veículo para fazer filosofia; segundo, um interesse em expor distorções da realidade na percepção e no pensamento; e terceiro, uma tendência para a experiência imediata. Embora tanto Beauvoir quanto Bergson se interessassem pelo problema do eu em relação ao Outro, Simons encontra evidências em diários de que Beauvoir começou a focar nesse tópico antes do trabalho publicado de Bergson sobre o tema, e conclui que não podemos inferir uma influência nesse caso. Mas em *Ensaio sobre os dados imediatos da consciência*, Bergson celebrava a ideia de fazer filosofia em romances, uma ideia que Beauvoir – ao contrário de Bergson – levou a cabo na época. Esse Capítulo 5 de Simons, junto do Capítulo 6, escrito por Mary Sirridge, examina como Beauvoir o fez em seu primeiro romance, *A convidada*.

No Capítulo 6, Mary Sirridge também discute alguns dos outros trabalhos de Beauvoir em ficção. Ao tentar responder o que a literatura pode contribuir para a nossa compreensão, e o que meras informações factuais não podem, Sirridge argumenta que a literatura, talvez em especial o romance, nos põe em contato íntimo com outros pontos de vista ao permitir que entremos com a imaginação na situação do outro, mas sem perder a consciência de que não somos esse outro, e de que a situação dele não é a nossa. Ela pondera como Beauvoir foi bem-sucedida nessa empreitada em *A convidada*, e faz uma avaliação diferente e muito mais positiva do que a feita pela própria Beauvoir, quando refletiu em seu livro de memórias sobre a escrita desse romance.

No Capítulo 7, Susan James examina a forma como Beauvoir trata a participação aparentemente voluntária das mulheres e a manutenção de sua própria opressão, um fenômeno sensível para feministas que é conhecido como o problema da cumplicidade da mulher. James, que escreveu um livro sobre emoções na filosofia do século XVII,[6] olha para a forma como Beauvoir aborda esse problema em relação ao pensamento de Malebranche, cujos escritos filosóficos sem dúvida formaram parte

6 JAMES, Susan. *Passion and Action: The Emotions in Seventeenth Century Philosophy*. Oxford: Oxford University Press, 1997.

de sua educação. Beauvoir parece oferecer mais de uma resposta à pergunta do porquê de homens terem tido tanto sucesso em dominar as mulheres. Uma parte interessante de sua resposta, perturbadora para muitos, é que a mulher foi cúmplice de sua própria dominação ao aceitar o casamento patriarcal. Sem discutir o casamento especificamente, James argumenta que Beauvoir parece às vezes reconhecer que é reducionista demais entender a cumplicidade da mulher – em sua própria dominação dentro de relacionamentos com homens – simplesmente em termos de escolhas que a mulher faz em má-fé. Ela considera que a explicação de Malebranche para a estrutura interpessoal das relações sociais hierárquicas é mais próxima – além de explicá-la melhor – da explicação da própria Beauvoir para a subordinação da mulher do que a explicação hegeliana do senhor e do escravo, à qual Beauvoir de fato recorre. James descobre que Beauvoir, em sintonia com Malebranche, entende a cumplicidade "como uma condição de um eu corporificado cujas habilidades, e portanto opções, foram formadas por suas circunstâncias sociais", uma visão que vai além da interpretação hegeliana das relações entre senhor e escravo.

É comum as feministas se sentirem constrangidas e perplexas com a atenção respeitosa e substancial dada por Beauvoir aos escritos do notório Marquês de Sade, cujo despudorado eroticismo em infligir dor à mulher nos deu o conceito de sadismo. No surpreendentemente compreensivo "Deve-se queimar Sade?", Beauvoir não o condena, nem protesta contra a pornografia do sadismo. No Capítulo 8, Judith Butler analisa brevemente a carreira de Sade (que esteve preso na Bastilha durante a Revolução Francesa, onde "ele teria ajudado a incitar a multidão nas ruas a partir de sua janela na prisão", segundo Butler), e então desenvolve a ideia de que o ensaio de Beauvoir procura entender o objetivo de Sade em seus escritos e em sua vida, ao fazer da sexualidade uma ética. Não era uma ética que Beauvoir pudesse apoiar, e ela tampouco achava que Sade fosse inteiramente bem-sucedido em seu próprio projeto. Contudo, ela acreditava que poderíamos aprender com o que ele entendia, ou tentava entender, de sua situação.

Como mostram esses e outros capítulos, os estudos sobre Beauvoir se libertaram do modelo que via seu trabalho filosófico como um apêndice do de Sartre (uma visão que ela muitas vezes encorajava). Hoje, Beauvoir é estudada como uma importante filósofa por si só, apesar de recusar o título. Sendo uma das mais prolíficas e influentes pensadoras do século XX, ela é reconhecida de muitas formas como a principal "avó" filosófica dos estudos feministas e da teoria feminista contemporânea. Embora inicialmente não se identificasse de forma explícita e pública como uma feminista ou com um movimento feminista, suas simpatias definitivamente iam nessa direção em *O segundo sexo*, que é repleto de críticas a "antifeministas". Os críticos de Beauvoir às vezes interpretam essa parte da conclusão do livro, "A caminho da libertação" (*Vers la libération*), como um simples incentivo à libertação dos costumes sexuais, e apontam que tal liberdade é provavelmente mais vantajosa para os homens do que para as mulheres. A impressão de um foco na liberdade sexual pode ter se originado das discussões extraordinariamente francas e pouco românticas de Beauvoir sobre a sexualidade feminina em capítulos anteriores – o que era (no mínimo) incomum para uma mulher intelectual que escrevia nos anos 1940. No entanto, na obra como um todo, a liberdade das restrições sobre a sexualidade feminina é somente parte de uma visão mais ampla da mulher liberada das construções sociais opressivas de feminilidade. A emancipação que Beauvoir parece considerar mais fundamental nesse trabalho é a econômica.

A relação de Beauvoir com o feminismo, tema recorrente em muitos capítulos deste volume, é explorada em detalhes por Susan Brison no Capítulo 9, que consiste na entrevista feita por Brison em 1976 em Roma com Beauvoir sobre esse tópico (traduzida e publicada aqui pela primeira vez), seguida do ensaio de Brison com uma reflexão sobre essa entrevista vinte e cinco anos mais tarde. Brison explora as conexões de Beauvoir com o ativismo e a teoria feminista da França, e suas posições em relação a controvérsias no feminismo francês, incluindo controvérsias em torno de *O segundo sexo*. Era comum feministas nos anos 1970 criticarem Beauvoir por enaltecer valores "masculinos" e depreciar valores "femininos". Na conferência sobre *O segundo sexo* em Nova Iorque no ano de 1979, Audre Lorde citou Beauvoir positivamente, que teria dito:

"É do conhecimento das condições genuínas de nossas vidas que devemos tirar força para viver e nossas razões para agir". Mas Lorde é mais lembrada por ter argumentado nessa conferência que "as ferramentas do senhor nunca demolirão a casa do senhor".[7] A entrevista de Brison deixa claro que era complexa a posição de Beauvoir em relação aos valores que a mulher deveria adotar. Ela pensava que podemos e devemos usar algumas das "ferramentas do senhor", como Lorde poderia ter chamado posteriormente, mas que não devemos ser impedidas de mudá-las enquanto as usamos. Ela observa que, embora a mulher deva logicamente ter prazer sexual, se o sexo se torna mais importante para a mulher do que para o homem isso não se deve à biologia, mas sim porque a mulher é privada de muitas outras coisas. Brison encontra um modelo nas formas como a vida de Beauvoir integrava uma ação política concreta com a teoria feminista.

Embora Beauvoir tenha passado a se identificar gradualmente como feminista, ela recusava consistentemente o rótulo de filósofa (apesar de lecionar filosofia), por não achar que oferecesse uma visão de mundo ou teoria sistemática abrangente. Ela na verdade explorava questões filosóficas interconectadas, e o fazia não somente em ensaios, prefácios e tratados, mas também em romances e diários de viagem, que nem na época nem hoje são formatos padrão da filosofia acadêmica. Ainda que não sistemática, a abordagem de Beauvoir para dadas questões é ainda assim certamente filosófica, focada em significados e valores, e suas ideias evoluem e amadurecem com o tempo. Este *Companion* cita frequentemente seus diários, romances e livros de memórias ao rastrear o desenvolvimento de seu pensamento filosófico.

No Capítulo 10, Miranda Fricker apresenta as memórias de Beauvoir como "um projeto de alinhamento intrapessoal, tanto psicológico quanto ético". As memórias se tornaram uma forma de Beauvoir estabelecer linhas de solidariedade com os seus eus passados, uma forma de alinhar a autora madura com as mulheres mais jovens, com quem compartilhou uma única vida, e de devolver a unidade àquilo que a certa altura ela descreveu

7 LORDE, Audre. *Sister Outsider: Essays and Speeches*. Freedom, CA: Crossing Press, 1984, p. 110-12. Lorde não cita uma fonte para o comentário que ela atribui a Beauvoir.

como o objeto "disperso, quebrado" que era a sua vida. Fricker explora as técnicas de Beauvoir para isso, mostrando como as memórias assumiam a forma de uma vida-história. Um destaque é a leitura feminista que Fricker faz de como Beauvoir narra (em *Memórias de uma moça bem-comportada*) o seu encontro de juventude com Sartre na Fonte de Medici, no Jardim de Luxemburgo, onde Sartre rapidamente a convence da inutilidade de seus pensamentos favoráveis a uma ética pluralista. Ao refletir sobre o *páthos* do relato de uma Beauvoir mais velha acerca desse incidente (no qual Beauvoir permanece convencida da superioridade intelectual de Sartre), a leitura de Fricker apresenta esse evento como uma provável influência significativa sobre a decisão de Beauvoir de adotar simplesmente a identidade de escritora, e não a de filósofa. Fricker observa que, ironicamente, é em grande parte graças ao trabalho pioneiro de Beauvoir como feminista que o leitor de hoje considera essa passagem nas memórias dela tão comovente. Contudo, em *A força da idade* Fricker também encontra uma razão filosófica independente para Beauvoir ter rejeitado a identidade de filósofa: para Beauvoir, sistematizações filosóficas do mundo pareciam ser incapazes de abrir um espaço adequado para a ambiguidade, ao passo que formas mais literárias poderiam ser melhores nisso, e ela permanecia convicta da ambiguidade fundamental e irredutível do mundo.

Em suas memórias, Beauvoir faz uma integração entre discussões de seu desenvolvimento filosófico e reflexões sobre suas relações com figuras tão conhecidas como Sartre, Nelson Algren e Claude Lanzmann. Ela também discute suas relações com mulheres, mas não escreve sobre os elementos eróticos. No entanto, seu capítulo sobre a lésbica em *O segundo sexo* provavelmente foi o primeiro tratamento filosófico respeitoso e solidário desse tema nos tempos modernos. Numa época em que "sair do armário" como uma lésbica era quase impensável para mulheres de classe média e poderia custar um emprego, Beauvoir foi corajosa ao escrever sobre relacionamentos do tipo de um ponto de vista interno.[8] É grande o contraste entre a visão prevalente na época, psiquiátrica e criminal, da

8 Ver SIMONS, Margaret A. *Beauvoir and* The Second Sex, *op. cit.*, p. 115-43, para uma discussão sobre os relacionamentos homossexuais de Beauvoir com algumas estudantes e o que esses relacionamentos lhe custaram.

"homossexualidade" como doentia e imoral (se não ambas) e a explicação de Beauvoir sobre a lésbica como alguém que faz escolhas racionais em relação a uma situação.

As memórias de Beauvoir também dão uma pista para o desenvolvimento de sua consciência política e seu envolvimento na resistência a grandes perversidades. No Capítulo 11, Robin Schott explora diferentes níveis de análise do conceito de mal para o qual a ideia de ambiguidade fornece uma chave, continuando assim a discussão de Beauvoir sobre ambiguidade iniciada nos Capítulos 1 e 4, respectivamente de Andrew e Langer. Os níveis de análise que Schott explora são: primeiro, um nível ontológico, estruturas fundamentais da existência humana que incluem a facticidade e o risco do mal; segundo, um nível social e político, onde encontramos as perversidades da opressão, da injustiça e da miséria; e terceiro, um nível simbólico cultural, associando o mal ao feminino. Schott conclui que situações extremas, como o genocídio, que instigam o uso do termo "mal absoluto", revelam limites para o conceito de ambiguidade de Beauvoir, porque mostram limitações da perspectiva do agente na ética. Ela suspeita que Beauvoir sinta isso, uma vez que a forma como esta trata o mal por meio do discurso de ambiguidades do agente é complementada em *O segundo sexo* por discursos de dinâmicas históricas e de representações simbólicas.

Um olhar aprofundado para os pensamentos de Beauvoir sobre sexo e gênero pode ser encontrado no Capítulo 12, na "reconfiguração" de Debra Bergoffen sobre a diferença sexual no pensamento de Beauvoir, e no Capítulo 13, na "segunda leitura" de Moira Gatens sobre Beauvoir e a biologia. O leitor pode imaginar se a crítica de Beauvoir às construções sociais de masculinidade e feminilidade deveria nos impelir para uma dentre estas duas ideias. Uma ideia é a de que, como coloca Bergoffen, "qualquer corpo sexuado possa se tornar qualquer gênero que escolher". Essa visão parece sugerir que o gênero seja uma construção totalmente arbitrária e contingente. Uma ideia alternativa é a de que a diferença sexual seria fundamental para a existência humana. Nessa visão, as diferentes materialidades dos corpos humanos realmente nos constituem como sexualmente distintos, ainda que as diferenças particulares entre sexo e gênero comandadas pelo patriarcado sejam insustentáveis e devam ser abandonadas. Bergoffen pergunta se a experiência de uma mulher de si mesma como sexuada é "um produto da mistificação patriarcal" ou "uma certeza existencial que requer certificação". Ao observar que *O segundo sexo* parece falar sobre essa questão em duas vozes, ela argumenta a favor da segunda posição. Baseando-se em passagens dessa obra citadas com menos frequência e na ideia que Beauvoir tem de uma ética da ambiguidade, ela argumenta que, ao defender a igualdade da mulher, Beauvoir também estava apoiando a diferença sexual da mulher.

O Capítulo 13, escrito por Moira Gatens, concorda que Beauvoir defende a ideia da diferença sexual das mulheres. Assim como Bergoffen, Gatens contesta a suposição, disseminada no início dos estudos acadêmicos sobre feminismo, de que Beauvoir pretendia articular uma dicotomia entre sexo e gênero, colocando o sexo no lado da natureza e o gênero no lado da cultura. Mas Gatens também contesta a suposição de que Beauvoir visse a "mulher" como um conceito de gênero, como "feminino". A ideia não é simplesmente de que o leitor pós-modernista se apressa em concluir que "mulher", para Beauvoir, seja totalmente socialmente construída. A biologia, na leitura que Gatens faz de Beauvoir, tem de fato um papel na construção da mulher, ainda que não um papel determinante. Se "mulher" não é um conceito de gênero, então o que é? Não existe uma resposta simples para isso. Gatens argumenta que a concepção que Beauvoir faz das relações entre os conceitos de "fêmea", "feminino" e "mulher" era mais complexa do que uma dicotomia reducionista entre sexo e gênero permite ser. É possível, por exemplo, que algumas pessoas se identifiquem como fêmeas, mas não como femininas ou mulheres, e é possível que outras não se identifiquem nem como fêmeas, nem como femininas, mas ainda assim como mulheres. Então não deveria surpreender que tantos estudos acadêmicos tenham se originado em torno da frase mais famosa em *O segundo sexo*: "Não se nasce mulher, torna-se mulher" (*SS*, p. 267).

Assim como muitos filósofos, Beauvoir escreve sobre a morte. Mas, como observa Penelope Deutscher em seu capítulo sobre o livro *A velhice*, Beauvoir é uma das primeiras desde a Antiguidade a dar atenção contínua ao tópico da velhice, independentemente de um foco na morte, e uma das primeiras a compreender que os problemas existenciais da velhice não se reduzem aos do caráter definitivo da morte. Deutscher contrasta a visão positiva de Beauvoir, aos sessenta e poucos anos, de uma vida com novidades que aparece contra um fundo de repetição, com sua visão inicial em *O segundo sexo*, que considerava vidas de repetição estagnadas e tediosas. Os escritos posteriores de Beauvoir, que representam vidas físicas e gratificantes para mulheres mais velhas, fornecem uma contra-narrativa às representações negativas de seu trabalho mais antigo. Deutscher pensa que a reflexão sobre a marginalização social dos mais velhos levou Beauvoir a apreciar como a desigualdade social "produz um corpo experienciado como limitante". Mas ela também vê os pensamentos maduros de Beauvoir sobre o envelhecimento levarem à conclusão de que mesmo a liberdade ontológica (a "liberdade radical" de Sartre), e não somente a liberdade prática de se envolver em atividades como escalada de montanhas, vai se limitando à medida que o futuro de uma pessoa encolhe.

## Ambiguidades na ética

Coletivamente, os capítulos deste livro chamam a atenção para paradoxos e ambivalências na percepção de Beauvoir sobre "o segundo sexo" e em seu pensamento sobre ética. É possível que alguns desses paradoxos se devam, como sugerem os críticos, a uma relutância em discordar abertamente das posições de Sartre ou Hegel. Certamente seu entendimento da contextualidade sugere uma concepção mais complexa da responsabilidade humana do que se pressupõe na noção de liberdade radical de Sartre, um entendimento que ajuda a compreender aspectos do trabalho de Beauvoir que podem espantar alguns leitores. Por exemplo, parece paradoxal que ela trate a vida e o trabalho de Sade de forma tão compreensiva, apesar da maneira terrível como ele tratava as mulheres, e que seus próprios retratos de mulheres em *O segundo sexo* muitas vezes sejam tão feios, apesar de seu compromisso evidente em promover uma compreensão das situações e do desenvolvimento da mulher. Em ambos os casos, Beauvoir vai contra a corrente de expectativas prováveis em um leitorado feminino – ou, em todo caso, feminista. Talvez esse fato também tenha tido alguma influência sobre sua relutância inicial em se identificar como feminista. Contudo, por mais perturbadoras que sejam essas abordagens, Beauvoir permanece extremamente sensível a como situações, inclusive em nosso corpo, moldam o desenvolvimento do nosso caráter. Suas atitudes em cada caso refletem uma percepção de sorte moral – como as forças para além do nosso controle nos moldam sem nos determinar, apresentando-nos diferentes possibilidades e diferentes desafios. Em vez de menosprezar os estereótipos baseados em sexo como generalizações precipitadas, *O segundo sexo* interpreta que as diferenças estereotípicas entre o caráter da mulher e o do homem emergem de diferenças situacionais sistemáticas. Reconhecer esse tema subjacente faz muita diferença para aliviar o impacto das representações às vezes implacavelmente negativas que Beauvoir faz da mulher, especialmente da mulher na maturidade.

Contudo, ainda que Beauvoir não tenha nenhum romantismo em relação à existência da mulher, ela tampouco é determinista, e certamente fatalista não é. Embora os indivíduos muitas vezes sejam impotentes em alterar de forma significativa as dimensões sociais de sua situação, uma resistência coletiva efetiva a práticas opressoras às vezes é possível.

Uma parte importante da situação da própria Beauvoir como filósofa e escritora é a Ocupação Nazista da França entre 1940 e 1944, que mudou sua vida e a vida de seus amigos. Como Miranda Fricker (Capítulo 10) e Robin Schott (Capítulo 11) apontam, a Segunda Guerra Mundial, a Ocupação Alemã e a Resistência Francesa – não somente as tradições acadêmicas da filosofia francesa e alemã – formam o cenário crítico no qual Beauvoir começou a pensar seriamente a respeito de ética e política. A preocupação com amigos (alguns perdidos na Resistência) gerou uma consciência política cada vez maior. As respostas de Beauvoir deram início aos muitos envolvimentos e interesses políticos que ela teve ao longo da vida.

Schott observa no Capítulo 11 que Beauvoir se afasta de sua própria dependência do conceito de ambiguidade na ética no que diz respeito a perversidades reais, tais como os campos de concentração, a escravidão, ou a tortura de Djamila Boupacha na Argélia. Tais perversidades, mesmo na visão de Beauvoir, eram absolutamente intoleráveis. Chamá-las de "ambíguas" parece diluir sua seriedade. Mas também existem bolsões de ambiguidade ética mesmo em meio a perversidades horrendas. Pode não haver nenhuma ambiguidade séria quanto a se considerar como um mal uma ação, tal como a tortura de Djamila Boupacha, ou uma instituição, tal como a escravidão. Pode ser claro que a ação ou a instituição incorpora transgressões condenáveis, que ela produz um prejuízo intolerável, ou que torna indecente a vida ou a morte de suas vítimas.[9] Mas pode existir uma ambiguidade séria, em alguns sentidos que Langer discute no Capítulo 4, quanto à responsabilidade de alguns indivíduos envolvidos na perpetração de tais perversidades, e quanto à incapacidade de muitos em resistirem ou mesmo ajudarem suas vítimas. Tais ambiguidades surgem de uma série de facetas inseparáveis da situação de uma pessoa, junto a uma ausência de qualquer meio convencional de uni-las de forma coerente, talvez até uma impossibilidade de uni-las de modo a resultar em uma conclusão coerente e não problemática quanto à responsabilidade de um agente.

Tanto na filosofia angloamericana quanto no cotidiano, a ambiguidade em geral não é tratada nem como inevitável, nem como desejável. Pelo contrário, "ambíguo" é muitas vezes um termo de crítica ou depreciação. A tradição analítica na filosofia tende a ver a ambiguidade como um defeito, que, por interferir na clareza (e assim na visão, seguindo com a metáfora cartesiana para conhecimento), deveria ser eliminado sempre que possível. Por esse ponto de vista, a própria ideia de uma ética da ambiguidade é apta a parecer uma abdicação de responsabilidade, em vez de uma forma de levá-la a sério. É claro, a ambiguidade pode ser usada para evitar a responsabilidade, como no uso deliberado dos jogos de linguagem feito pelos nazistas – uso que George Orwell veio a chamar de "duplipensar" – para mascarar as perversidades do Holocausto.[10] Mas existem casos em que a justiça requer o reconhecimento de que a agência

9 Para saber mais sobre a teoria de que as perversidades são danos intoleráveis razoavelmente previsíveis, produzidos por transgressões censuráveis, ver CARD, Claudia. *The Atrocity Paradigm: A Theory of Evil*. Oxford: Oxford University Press, 2002.

10 ORWELL, George. *Nineteen Eighty-Four*. Nova Iorque: Harcourt, Brace, Jovanovich, 1984.

é genuinamente problemática. A fuga da responsabilidade pode consistir em uma incapacidade de reconhecer ambiguidades que são evitáveis somente ao custo de reduções inaceitáveis.

Beauvoir considerava inaceitável e queria evitar tanto a redução da consciência aos corpos materiais quanto a redução do mundo material aos objetos de consciência. A ambiguidade central de sua preocupação é a de um ser que por um lado é consciente, um sujeito que escolhe, um agente, e que por outro (ao mesmo tempo) é um objeto de percepção (tanto da percepção do outro quanto de si próprio), à mercê de forças que estão além do seu controle. Essa descrição inevitavelmente soa mais cartesiana do que deveria; a ideia não é a de um sujeito *dentro* de ou mesmo *relacionado* a um objeto, mas sim a de um "sujeito" (consciência) que é ao mesmo tempo um "objeto" – um sujeito encarnado, uma consciência incorporada, um escolhedor que está também e ao mesmo tempo à mercê do que está além do seu controle. Como seres situados, todos os humanos compartilham essa ambiguidade fundamental de ser ao mesmo tempo sujeito e objeto. A atitude de Beauvoir diante dessa condição não é olhar para ela ou para a tensão que ela produz como indesejável, um defeito a ser eliminado se possível. Para Beauvoir, idealmente acolhemos e vivemos nossa ambiguidade. Essa crença está no coração de seu humanismo. Não reconhecer e entender qualquer faceta da ambiguidade humana produz uma incapacidade de responsabilidade ética e de compaixão.

Contudo, há outras ambiguidades éticas possibilitadas por esta que não são universalmente compartilhadas, não permeiam a condição humana, e não são exemplos de um "duplipensar" orwelliano. Ser forçado a agir sob extrema pressão e enfrentar escolhas impensáveis produz ambiguidades especiais na agência moral. A cumplicidade de agentes que sofrem opressão incorpora ambiguidades que vão além das da agência humana comum. E o reconhecimento de tal agência pede respostas diferentes daquelas adequadas a agentes que atuam sob condições mais favoráveis. Esse reconhecimento sugere formas de desenvolver a ética da ambiguidade para além do ponto em que Beauvoir a deixou. A ética da ambiguidade pode ser estendida assim para abordar ambiguidades da agência oprimida além de ambiguidades que sejam universais à condição humana. Às vezes, as discussões de Beauvoir sobre as situações da mulher apontam para tal desenvolvimento. No entanto, ela retorna continuamente à ambiguidade fundamental de ser humano, em vez de reconhecer de forma inambígua que a ambiguidade é diferente para os oprimidos e os privilegiados.

Em situações extremas, são óbvias as diferenças entre a ambiguidade oprimida e a ordinária na agência humana. Um exemplo consiste nos extremos daquilo que Primo Levi, sobrevivente do Holocausto, chamava de "zona cinzenta", uma "zona de ambiguidade", uma área de cumplicidade entre prisioneiros nos campos de concentração nazista e nos guetos. Os elementos que distinguem a zona cinzenta de Levi de zonas comuns de atividade humana nos levam a notar uma ambiguidade no próprio conceito de ambiguidade, presente no trabalho de base de Beauvoir nessa área. Isso porque também se pode encontrar, em certa medida, alguns elementos da ambiguidade da agência oprimida em mulheres que se tornam cúmplices em sua própria opressão.

Em 1986, ano em que Beauvoir morreu, Levi publicou (em italiano) *Os afogados e os sobreviventes*, onde reflete após quatro décadas sobre sua experiência em Auschwitz e sobre questões de ética levantadas para ele por essa experiência.[11] "A zona cinzenta" (LEVI, 1989, p. 39-69) explora "o tema fundamental da ambiguidade humana fatalmente provocada pela opressão" (*Ibidem*, p. 60-1). Esse capítulo é uma ruminação sobre os prisioneiros que prolongaram sua existência ao fornecer serviços a seus captores, que iam desde trabalhos de escritório e de supervisão até auxiliar atrocidades médicas e levar os condenados às câmaras de gás. Teriam sido traidores esses prisioneiros-funcionários? Vítimas impotentes? Ambos? Nenhum? Ou alguma outra coisa? Nas palavras de Levi, eles eram "pessoas cinzentas, ambíguas, dispostas a ceder" (*Ibidem*, p. 49). Reféns não somente das circunstâncias, mas também de outros agentes, a própria subjetividade deles, sua capacidade de escolha, se tornou um instrumento

11 LEVI, Primo. *The Drowned and the Saved.* Trad. Raymond Rosenthal. Nova Iorque: Vintage, 1989. Para uma discussão mais extensa sobre zonas cinzentas e suas implicações para o conceito de mal, ver o capítulo final de *Atrocity Paradigm*, de Card.

para o projeto perverso de outros. Sendo ao mesmo tempo agentes tomadores de decisões e ferramentas de outros, eles não eram nem *meros* instrumentos nem *simplesmente agentes*, embora de fato escolhessem entre opções avaliadas como piores ou melhores por eles.

Nos campos, alguns prisioneiros se tornaram *kapos* (capitães) ou eram membros do *Sonderkommando* (esquadrão especial), encarregados de detalhes das cremações. Nos guetos, alguns se tornavam parte da polícia ou serviam em conselhos do gueto, o *Judenräte*. Os prisioneiros eram ao mesmo tempo alvo de perversidades e se envolviam na perpetração a outros prisioneiros das próprias perversidades que ameaçavam tragá-los. Sua cumplicidade obviamente não era produto de uma má-fé sartreana, tampouco era uma resposta a hierarquias sociais convencionais do tipo discutido por James no Capítulo 7, em suas reflexões sobre a visão de Beauvoir acerca da cumplicidade feminina.

Embora Levi veja os prisioneiros da zona cinzenta como detentores de uma "parcela de culpa", ele não acredita que ninguém deveria julgá-los, nem mesmo outros sobreviventes. Contudo, já não seria um julgamento vê-los como detentores de uma "parcela de culpa"? Um julgamento, talvez, mas não necessariamente uma condenação. A atitude de Levi sugere uma ambivalência possivelmente gerada por algumas ambiguidades, talvez por inadequações em nossos conceitos, mas talvez devido às complexidades da realidade.

Reconhecer as ambiguidades da zona cinzenta pode nos levar a moderar julgamentos de responsabilidade por perversidades. Um exemplo seria os juízos sugeridos no livro de Hannah Arendt sobre o julgamento de Adolph Eichmann. Seu "relato sobre a banalidade do mal" provocou críticas não somente por retratar o caráter de Eichmann como banal, mas ainda mais por criticar líderes judeus, algo considerado duro por muitos. Sobre os conselhos judeus, os *Judenräte*, que compilaram listas de prisioneiros para deportação, e que mantinham a disciplina dentro dos guetos, ela escreveu: "Para um judeu, esse papel dos líderes judeus na destruição de seu próprio povo é certamente o capítulo mais sombrio de toda essa história sombria". E ela cita outro escritor, em tom de aprovação, que teria observado que "não há dúvidas de que, sem a cooperação das vítimas, dificilmente seria possível que alguns milhares de pessoas [...] tivessem liquidado centenas de milhares de outras pessoas".[12] Tais julgamentos pareceram a muitos sobreviventes como inapropriadamente inequívocos e desprovidos de nuances.

Zygmunt Bauman, em suas reflexões sobre a modernidade e o Holocausto, escreve sobre como eram de fato altamente racionais as escolhas dos membros dos conselhos dos guetos, sobre como o Holocausto inaugurou uma nova era na perpetração do mal ao empregar a cooperação em larga escala da própria racionalidade.[13] Isaiah Trunk registra argumentos complexos que fizeram parte de decisões inimaginavelmente difíceis tomadas pelo *Judenräte*.[14] Ainda que Trunk estivesse certo em suas conclusões, não há certeza de que menos pessoas teriam sido assassinadas sem o *Judenräte*. Pelo contrário, é possível que mais pessoas tivessem sido assassinadas, uma vez que elas poderiam ter morrido mais rápido e de forma mais violenta se o Reich tivesse usado métodos mais abertamente e fisicamente coercivos (menos "racionais"). No entanto, o *Judenräte* livrou os nacional-socialistas de muito do trabalho organizacional e braçal que levou aos assassinatos, e evitou um nível de caos e confronto físico que poderia ter tornado as mortes mais custosas para os perpetradores do ponto de vista psicológico, se não também físico. Ainda que Arendt estivesse errada a respeito de quantos teriam sido mortos, ela apontou para uma questão eticamente delicada.

Levi, assim como Beauvoir, focava na ambiguidade humana, mas não como uma verdade universal. Ele pode ter aprendido com Beauvoir a ver conexões entre zonas cinzentas e outras áreas da atividade humana, e Beauvoir pode ter aprendido com as reflexões posteriores de Levi a delinear ambiguidades éticas que não são universais, e a ser mais clara a respeito dessas diferenças ao escrever sobre a opressão. Levi escreveu, em

12 ARENDT, Hannah. *Eichmann in Jerusalem: A Report on the Banality of Evil*. Edição revisada e ampliada. Harmondsworth: Penguin, 1977, p. 117.

13 BAUMAN, Zygmunt. *Modernity and the Holocaust*. Ithaca, NY: Cornell University Press, 1989, p. 117-50.

14 TRUNK, Isaiah. *Judenräte: The Jewish Councils in Eastern Europe under Nazi Occupation*. Lincoln, NE: University of Nebraska Press, 1972.

uma passagem com a qual Beauvoir poderia simpatizar, que os leitores e escritores da história dos campos de concentração têm uma tendência não realista, "na verdade, a necessidade de separar o bem do mal, de ser capaz de escolher um lado", e que "os jovens acima de tudo exigem clareza, um contorno nítido; como sua experiência no mundo é escassa, eles não gostam de ambiguidade" (LEVI, *The Drowned and the Saved*, p. 37). Contudo, seu protesto é específico de situações extremas: "A rede de relações humanas dentro do *Lager* [campo] não era simples: ela não poderia ser reduzida aos dois blocos de vítimas e perseguidores" (*Ibidem*). Ele recusava o bem e o mal como uma dicotomia absoluta *dentro* do contexto do campo, por mais inequívoco que fosse o mal da própria existência dos campos, e insistia que áreas "cinzentas" dentro desse contexto "confundem nossa necessidade de julgar" (*Ibidem*, p. 42). Essas ambiguidades não são simplesmente as de um ser que é tanto sujeito (agente) quanto objeto (de percepção) – o que vale tanto para os captores quanto para seus prisioneiros. Na verdade, a ambiguidade na própria condição dos prisioneiros contagia sua agência, a faceta de sujeito de sua ambiguidade fundamental como seres situados. A ambiguidade da zona cinzenta pode nos deixar ambivalentes a respeito de culpar e desculpar, pode fazer com que queiramos rejeitar, como Levi, a ideia de julgar tais "escolhas". Contudo, para os prisioneiros, a recusa em avaliar nem sempre e nem obviamente era sua melhor opção, quando havia opção.

Parece provável que Beauvoir tenha lido pelo menos o excerto da tradução francesa do primeiro volume de memórias de Levi, publicado em 1961 na *Les Temps modernes*, revista que ela ajudou a fundar e a editar, embora eu não saiba se Levi, um químico, chegou a ler Beauvoir.[15] Ela

15 Os dois volumes de memórias de Levi são: *Survival in Auschwitz: The Nazi Assault on Humanity*. Trad. Stuart Woolf. Nova Iorque: Collier, 1961 (*Si questo è un uomo*. Torino: Einaudi, 1963; *If This is a Man*. Trad. Stuart Woolf. Nova Iorque: Orion, 1959); e *The Reawakening* (*La tregua*): *A Liberated Prisoner's Long March Home Through East Europe*. Trad. Stuart Woolf. Boston: Little, Brown and Company, 1965 (originalmente, Torino: Einaudi, 1963). Paul Steinberg diz (em *Speak You Also: A Survivor's Reckoning*. Trad. Linda Coverdale com Bill Ford. Nova Iorque: Picador, 2000, p. 129) que ele leu por cima o relato de Levi na *Les Temps modernes* "em algum momento perto de 1950". Encontrei somente o excerto onze anos depois, "J'étais un homme" por Primo Levi, no número #181 (maio de 1961), p. 1533-69.

também conhecia o trabalho de Claude Lanzmann, com quem teve um relacionamento, e escreveu o prefácio para o seu roteiro *Shoah*, que foi publicado em 1985, um ano antes de ela morrer.[16] Sabemos que ela refletia seriamente sobre os dilemas de amigos que foram membros da Resistência e que enfrentaram decisões que Levi poderia considerar "cinzentas". Ela parece ter percebido antes de Sartre que certas situações limitam nossa liberdade para agir, e que elas o fazem de forma diferente: os limites para algumas pessoas são muito mais severos do que para outras, e os limites para todas as pessoas em certas idades (como argumenta Deutscher no Capítulo 14, em *A velhice*) são mais severos do que no "auge da vida". Essa mesma percepção deveria nos levar a considerar algumas situações mais ambíguas do que outras, e ambíguas de diferentes formas.

O que diferencia a ambiguidade da zona cinzenta da ambiguidade fundamental que todos os humanos compartilham? Quando a ambiguidade humana se torna ambiguidade em relação à responsabilidade pelo mal? Surgem respostas para essas perguntas quando comparamos a situação dos *Judenräte* com a de líderes nazistas. As escolhas confrontadas pelo *Judenräte* eram excepcionalmente difíceis porque membros dos conselhos foram enganados e privados de fatos vitais por muito tempo, além de serem ameaçados, abertamente ou não. Membros dos conselhos compartilhavam uma ambiguidade humana fundamental como seres situados, do mesmo modo que todo mundo. Mas, além disso, eram reféns de outros seres humanos, muitos dos quais por sua vez não eram reféns de outros. As ambiguidades específicas de sua situação vinham das manipulações de sua agência por opressores.

As zonas cinzentas não são universais, embora compartilhem conexões com outras zonas de atividade e de forma imperceptível se tornem mais normais. Isso é parte do que as torna cinzentas. No entanto, por mais difícil que seja saber o que é certo em qualquer situação que contenha elementos que saiam do controle (o que vale para todas as situações), é muito mais difícil quando as informações são deliberadamente omitidas,

16 LANZMANN, Claude. *Shoah: An Oral History of the Holocaust*. Texto completo do filme, legendas em inglês por A. Whitelaw e W. Byron. Nova Iorque: Pantheon, 1985.

quando há mentiras e ameaças. A diferença não é *somente* de grau (embora certamente também seja). Existe uma diferença moral. Ainda que as escolhas dos oprimidos muitas vezes sejam moralmente ambíguas – nem claramente certas, nem claramente erradas –, algumas escolhas dos opressores são inequivocamente erradas. As zonas cinzentas de Levi são artefatos, os quais são criados por transgressões. A ambiguidade universal de agentes encarnados não é produto da escolha humana. Seres humanos são sujeitos a ela universalmente sem a terem escolhido.

Ao contrário dos *Judenräte*, alguns líderes nazistas sabiam dos fatos e detinham o poder por oferecerem seus serviços voluntariamente ao Reich. Reinhard Heydrich, por exemplo, organizou a conferência de Wannsee em janeiro de 1941, onde a Solução Final foi discutida abertamente, com Eichmann como secretário. Suas escolhas não foram obscurecidas pelas mentiras e segredos que por outro lado obscureciam a conduta dos *Judenräte*. É claro, líderes nazistas eram ao mesmo tempo sujeitos da ação, com projetos próprios, e objetos de percepção, inseridos numa situação que, como todas as situações, inevitavelmente limitavam suas escolhas. No entanto, os limites sobre suas escolhas eram mais generosos. Heydrich, Eichmann e outros não foram obrigados a transformar suas vítimas em instrumentos de sua própria destruição. A Solução Final foi deliberadamente mascarada com linguagem ambígua (incluindo o próprio termo "Solução Final"), mas a perversidade nas intenções de muitos que moldaram esse projeto não era ambígua.

Em *O segundo sexo* e *Por uma moral da ambiguidade*, Beauvoir algumas vezes chega perto de discutir a cumplicidade da mulher de formas que possam sugerir ao leitor contemporâneo as respostas de Levi na discussão da zona cinzenta. Em *Por uma moral da ambiguidade*, ela escreve: "O opressor não seria tão forte se não tivesse cúmplices entre os próprios oprimidos" (*EA*, p. 98). Mas depois ela faz uma citação decepcionante, de um jovem "cúmplice" cuja ignorância ela considera desculpável: "Quando um jovem nazista de 16 anos morreu gritando 'heil, Hitler!', ele não era culpado, e não era ele que odiávamos, mas sim seus líderes" (*EA*, p. 98). Contudo, em *O segundo sexo* ela fala de mulheres adultas que no século

XX tinham de fato possibilidades de independência econômica, mas que optaram por se tornar cúmplices em sua própria opressão (e na de outras mulheres), ao aceitarem o casamento como uma carreira em formas que pressupõem, facilitam e apoiam a dominância masculina. Ela observa que muitas mulheres gostam de estar no papel do Outro, e consentem com o uso de sua subjetividade para apoiar sua própria dominação. "Deve se admitir", ela escreve na conclusão de *O segundo sexo*, "que o homem encontra na mulher mais cumplicidade do que o opressor costuma encontrar no oprimido" (*SS*, p. 721). Nesse caso, no entanto, ela alega que "os erros cometidos por um [sexo] não fazem do outro inocente", o que sugere um contraste com o jovem nazista de 16 anos, que permanece sem culpa. Aparentemente, diferente do jovem nazista, a mulher não está livre da culpabilidade. Mas quanto à mulher cúmplice, Beauvoir também considera que, embora "ela erre em ceder à tentação", "o homem não está em posição de culpá-la, já que ele a levou à tentação" (*SS*, p. 721). Cometer um erro é uma coisa, mas merecer a culpa de alguém é outra.

Deixar-se cair em tentação também é eticamente diferente de ser mantido em ignorância à força. A ignorância não-culpável exonera. A tentação não, pelo menos não completamente. Beauvoir não considera, explicitamente, se as mulheres (como ela própria) que não aceitam o casamento estão em posição de culpar outras mulheres que aceitam. A mulher que rejeita o casamento em geral não tem culpa de instigar as outras a aceitarem, e em geral não se beneficia da própria instituição que ela rejeita. Nesse sentido, sua posição é eticamente mais limpa que a do homem casado que, em reação a reclamações de uma companheira mulher, possa ficar tentado a culpá-la pela cumplicidade em sua própria opressão. Contudo, os erros de mulheres que Beauvoir continua a discutir não são erros cometidos por mulheres contra outras mulheres (ou mesmo contra si mesmas), mas sim erros que elas cometem contra os homens.

Sobre os erros cometidos por mulheres, Beauvoir parece inicialmente adotar uma posição como a de Levi, quando este se recusa a culpar prisioneiros que se tornaram *kapos*. Como ela escreve: "É inútil atribuir culpa e desculpas: a justiça nunca pode ser feita em meio a injustiças" (*SS*,

p. 723). No entanto, ela parece aplicar esse juízo tanto ao homem quanto à mulher, e tanto àquele que detém posições relativamente vantajosas sob sistemas de opressão quanto àquele que mais sofre com eles. Ela diz ainda que "um administrador colonial não tem nenhuma possibilidade de agir corretamente com os nativos, e tampouco um general com seus soldados; a única solução é não ser nem colono, nem chefe militar" (*SS*, p. 723). Ela compara essa situação à de homens e mulheres presos dentro de um sistema matrimonial perverso. "O mal se origina", ela escreve, "não na perversidade de indivíduos – e a má-fé começa a aparecer quando um culpa o outro –; ele se origina, na verdade, em uma situação contra a qual qualquer ação individual é impotente" (*SS*, p. 724).

Porém, tais situações de opressão são produtos de muitas escolhas humanas. Se a ação individual é impotente, Beauvoir reconhece que a ação coletiva não é. São os indivíduos que às vezes optam por agir (ou não) em conjunto com outros. A ambiguidade das escolhas enfrentadas pela mulher, que não consegue se juntar a outras para resistir à opressão, pode muito bem produzir nas mulheres que resistem uma ambivalência quanto à culpa – o que guarda algum parentesco com a resposta de Levi sobre os prisioneiros na zona cinzenta. Contudo, o foco de Beauvoir não reside na culpa, mas sim em aumentar a agência tanto do homem quanto da mulher.

Quando Beauvoir coloca no centro o conceito da ambiguidade na ética, ela desloca o foco tradicional na filosofia moral do certo ou errado, da culpa ou da desculpa, para um foco em aumentar a agência, num mundo em que esta é sempre limitada, nunca perfeita. O foco na ambiguidade também modera a demanda analítica por clareza e definição. É claro, corre-se o risco de tolerar o que deveria ser rejeitado. (Será que tratar Sade com compreensão encorajaria outros a imitarem sua crueldade com as mulheres?) No entanto, suas vantagens incluem uma generosidade em tentar compreender as dificuldades do outro, bem como um certo realismo e otimismo. Beauvoir é realista ao reconhecer que nossa vida é repleta de contornos difusos, e que muitos de nossos conceitos éticos são mais sugestivos do que definitivos. Mas ela também é otimista em sua visão de remodelar situações de forma a aumentar a agência humana livre.

# 1 O lugar de Beauvoir no pensamento filosófico

*Barbara S. Andrew*

Simone de Beauvoir foi uma fenomenologista existencial que se interessava sobretudo pelos problemas da opressão e da corporificação. Sua filosofia, romances e autobiografia são populares até hoje, especialmente *O segundo sexo*, que continua a influenciar o pensamento feminista. Beauvoir viveu sua vida como uma intelectual, e via seu trabalho como um comentário social, para o qual tinha ferramentas filosóficas.

Beauvoir nasceu em 1908 na cidade de Paris, onde morreu em 1986. Estudou com Simone Weil, Maurice Merleau-Ponty, Claude Lévi-Strauss e Jean-Paul Sartre. Ela e Sartre se tornaram amantes e companheiros, e, embora o relacionamento não fosse fechado, durou por boa parte de suas vidas. Beauvoir teve muitas amizades e casos românticos com homens e mulheres, alguns revelados em sua autobiografia, outros em cartas publicadas postumamente. Ela viajou muito e escreveu sobre suas experiências e pontos de vista em obras de ficção, peças, matérias jornalísticas, autobiografias, e filosofia.

A formação filosófica de Beauvoir começou cedo. Ela frequentou uma escola católica para meninas que, como muitas escolas na França da época, incluía uma boa dose de leituras filosóficas, especialmente Tomás de Aquino e outros escritores considerados importantes para a vida religiosa e moral. Além de filósofos medievais, Beauvoir lia místicos medievais, Immanuel Kant, René Descartes, e Jean-Jacques Rousseau, e em geral tinha um bom conhecimento da história da filosofia quando entrou para a Sorbonne. Para seus pais, só era aceitável estudar na Sorbonne porque ela não tinha dote, o que indicava que ela provavelmente não se casaria e teria de trabalhar para se sustentar. Ela obteve licenciatura em literatura, filosofia, latim, grego e matemática, e escreveu sua dissertação sobre Gottfried Wilhelm Leibniz. Em 1929, foi a mais jovem estudante a se formar no curso de filosofia.

A formação filosófica de Beauvoir fica evidente em todos os seus textos. Neste Capítulo 1, eu pondero sobre o lugar de Beauvoir no pensamento filosófico em relação ao existencialismo, à fenomenologia, à filosofia social, e à teoria feminista. Obviamente, nenhum capítulo sozinho conseguiria fazer jus a todos esses temas, então organizo minha discussão em torno do desenvolvimento de três ideias centrais à compreensão do pensamento filosófico de Beauvoir – suas noções de liberdade, ambiguidade e situação – para mostrar a complexidade de uma quarta ideia – sua noção de subjetividade humana como vontade corporificada. Concentro-me em *Por uma moral da ambiguidade* e em *O segundo sexo*, dois tratados filosóficos abrangentes.[1]

A primeira parte desse capítulo define o existencialismo por meio da discussão de Beauvoir sobre seus principais temas, como liberdade e má-fé. Na segunda, explico o uso que ela faz da fenomenologia e a forma como desenvolve o conceito de situação. A terceira parte examina semelhanças e diferenças entre o trabalho de Beauvoir e o de Sartre. Analiso mais profundamente a noção de liberdade para Beauvoir na quarta parte, com base em sua filosofia social, especialmente os seus argumentos para a necessidade de uma libertação universal. Na quinta parte, considero sua influência sobre o pensamento feminista.

## Beauvoir e o existencialismo

O existencialismo é um ramo da filosofia mais conhecido por escritores franceses dos anos 1940 e 1950, em especial Beauvoir, Sartre e Albert Camus. O existencialismo basicamente trata das ideias de escolha, sentido e limites da existência. De forma geral, os existencialistas não acreditam que a existência humana tenha um sentido pré-determinado. Caberia a cada um

1 *SS* (Nova Iorque: Vintage, 1989 [1949]); *EA* (Secaucus, NJ: Citadel, 1948 [1947]). Como esse capítulo foi escrito para o leitor comum, escolhi as traduções desses livros para o inglês mais fáceis de serem encontradas. Faço observações sobre problemas na tradução de *O segundo sexo* mais para o final do capítulo.

usar sua liberdade para escolher suas ações e interações no mundo. Cada indivíduo carrega o fardo de encontrar, revelar e fabricar o sentido no mundo.

As raízes do existencialismo se encontram nos trabalhos de Fiódor Dostoievski, Søren Kierkegaard, Friedrich Nietzsche e Martin Heidegger. Os existencialistas costumam se rebelar contra G. W. F. Hegel e Kant, mas se rebelam em diálogo e em crítica muito próximos. Uma marca do existencialismo é a preocupação dos autores com a morte, a angústia e o medo. Em contraste com romancistas que focam na fuga da realidade, a literatura existencialista tenta expressar o aspecto sempre tênue e questionador da consciência humana, a tendência humana de perguntar: por quê? Uma segunda marca é o foco na liberdade, especialmente no fardo da responsabilidade que envolve assumi-la. O foco na angústia tem correlação com os focos na escolha e na liberdade individuais – porque escolher a liberdade significa assumir o fardo da própria responsabilidade, constante e repetidamente, um fardo que cria angústia, medo e temor. Como Beauvoir aponta em *Por uma moral da ambiguidade*, a maioria de nós sente muita angústia na adolescência, momento em que nos deparamos pela primeira vez com a liberdade ou com a escolha para nós mesmos. É também o momento em que começamos a perceber que os pais e as figuras de autoridade são falíveis. “Mas, por maior que seja a alegria dessa libertação, é com grande confusão que o adolescente se vê lançado em um mundo que não está mais pronto” (*EA*, p. 39). Beauvoir, assim como Nietzsche, foca tanto na alegria quanto na angústia. Também como Nietzsche, ela se alegra com o abandono de valores antigos e com a criação dinâmica da escolha de valores.[2]

Às vezes, o existencialismo é acusado de ser niilista. Segundo os críticos, se não há sentido pré-determinado, o mundo não tem sentido. Beauvoir contesta essas alegações em *Por uma moral da ambiguidade*, argumentando que valor e sentido são ambíguos. É muito diferente argumentar que o sentido e o valor que existem no mundo são ambíguos e argumentar que eles não existem. Ambiguidade remete à ideia de que o sentido não é pré-determinado; por outro lado, existem sentidos e valores, mas cabe a cada um de nós descobrir, criar ou revelá-los.

---

2 Beauvoir afirma a existência de várias diferenças significativas entre a sua ética e a de Nietzsche. Ver *EA*, p. 72.

Beauvoir rejeita explicitamente o niilismo, segundo o qual nada importa. Ela na verdade atribui uma imensa responsabilidade ao indivíduo. De acordo com Beauvoir, cada pessoa "carrega a responsabilidade de um mundo que não é obra de uma potência estrangeira, mas de si mesmo, e onde estão inscritas tanto as suas derrotas quanto as suas vitórias" (*EA*, p. 16). É responsabilidade do indivíduo criar sentido por meio de suas escolhas. Assim, os indivíduos são livres para fabricar sentido, mas também são livres para não conseguir fabricá-lo. A liberdade carrega consigo um fardo imenso. Os indivíduos são responsáveis pelas consequências éticas de suas ações, seus sucessos e seus fracassos. A incapacidade de assumir a liberdade resulta na incapacidade de criar e de revelar sentido. Assim, o mundo se torna mais desolador quando alguém rejeita ou ignora suas responsabilidades.

Para Beauvoir, a liberdade humana tem sentido por causa do que fazemos com ela. O valor que encontramos no mundo, nós o encontramos por meio de nossas ações, nossas escolhas e nossos investimentos nas outras pessoas. A vida tem sentido, mas cabe a nós encontrar, descobrir ou revelar esse sentido. Algum valor no mundo deve ser revelado, outro deve ser criado. Às vezes, o valor deve ser revelado e criado simultaneamente.

Embora não seja comum afirmar dessa forma, a crise existencial de como agir sobre a própria liberdade e ser responsável por ela coloca em evidência a necessidade da conexão com as outras pessoas. O trabalho de Beauvoir, mais do que de outros existencialistas, caracteristicamente enfatiza a necessidade de relações.[3] Para Beauvoir, o Outro é tanto um obstáculo para a liberdade quanto um libertador. Ele tenta bloquear a liberdade ao pré-determinar o mundo, e tenta libertá-la ao reconhecer

3 Na verdade, a ideia de liberdade para Beauvoir pode ser entendida como relacional, uma ideia desenvolvida em ANDREW, Barbara. "Care, Freedom, and Reciprocity in the Ethics of Simone de Beauvoir". *Philosophy Today*, 42 (3/4): 290-300, 1998. Cf. SINGER, Linda. "Interpretation and Retrieval". *In*: AL-HIBRI, Azizah Y. e SIMONS, Margaret A. (orgs). *Hypatia Reborn*. Bloomington, IN: Indiana University Press, 1990, p. 323-35; PILARDI, Jo-Ann. "Philosophy Becomes Autobiography: The Development of the Self in the Writings of Simone de Beauvoir". *In*: SILVERMAN, Hugh J. (org.). *Writing the Politics of Difference*. Albany, NY: State University of New York Press, 1991; KRUKS, Sonia. *Situation and Human Existence*. Londres: Unwin Hyman, 1990; e SIMONS, Margaret A. *Beauvoir and* The Second Sex. Lanham, MD: Rowman & Littlefield, 1999.

o sentido criado. A crise existencial costuma ser vista como a percepção de que cada indivíduo deve agir por si, tomar suas próprias decisões, e assumir responsabilidade por suas próprias escolhas e ações – sozinho, sem a ajuda dos pais ou do sentido pronto, dado pela religião ou pelos costumes sociais. Isso cria uma angústia imensa, muitas vezes uma paralisia. De repente, o indivíduo não sabe mais o que fazer, mas precisa decidir. Para Beauvoir, essa crise também envolve o problema do Outro. A escolha é solitária, mas é feita em meio a ações que envolvem os outros, os quais podem estorvar ou facilitar a liberdade de alguém. A crise ocorre porque os outros não parecem perceber ou notar que a vida não tem um sentido pré-determinado, ou porque não conseguem aceitar o sentido criado. Esses outros podem assumir um sentido à força. Pais são tirânicos, amantes podem ser cruéis. A crise do estar sozinho ocorre, em parte, pela incapacidade de se fazer conexões genuínas com os outros.

Outro tema importante da literatura existencialista é o autoengano ou a má-fé, que significa acreditar em algo a respeito de si próprio ou do mundo mesmo diante de evidências contrárias gritantes. A ideia existencialista da má-fé pretende substituir a ideia psicanalítica da motivação inconsciente. O indivíduo age em má-fé quando se recusa a encarar a sua liberdade ou tenta escondê-la de si mesmo, especialmente ao se recusar a ver que deve escolher valores por conta própria. Também se pode agir de má-fé ao se recusar a reconhecer a liberdade do outro. Os personagens ficcionais de Beauvoir lutam com o autoengano da má-fé, se afastam do que sabem ser verdade. Françoise, em *A convidada*, se convence de que assassinato é algo admissível, em vez de enfrentar seus próprios fracassos. Para Beauvoir, a sedução persistente da má-fé deve ser constantemente recusada. Exercer essa luta contra o autoengano é parte do que se faz necessário para se assumir a responsabilidade pela própria liberdade.

Outro exemplo de má-fé é dado em *O segundo sexo*. A incapacidade da mulher de assumir responsabilidade por sua liberdade é vista tanto como uma má-fé dela quanto como uma armadilha da sociedade patriarcal. Nesta, a mulher é levada a acreditar que é mais feliz rejeitando sua liberdade do que seria assumindo a responsabilidade por ela. De fato, a feminilidade patriarcal é definida pela recusa da responsabilidade – ou, como coloca Beauvoir: ao escolher ser o Outro, escolhe ser desnecessária. A isso, Beauvoir soma a ideia fenomenológica da "situação" da mulher. A mulher é tão situada na sociedade patriarcal que fazer escolhas contra si mesma pode parecer a única maneira de escolher. Mas, uma vez que se torna ciente da possibilidade de libertação, ela deve agir; do contrário, trata-se de má-fé. A ideia da situação se contrapõe a ideias de natureza ou essência humana. O que estrutura a experiência vivida é a situação social, política e histórica na qual o indivíduo se encontra. O corpo sexuado e generificado é parte da situação de uma pessoa, dado que corpos são tratados e regulados diferentemente de acordo com a cultura e com a época.

Além de preocupações com liberdade e má-fé, outra característica do existencialismo é a rejeição de determinados sistemas. Como os existencialistas rejeitam certos sistemas de valor, eles muitas vezes questionam se a construção de sistemas é a melhor forma de explorar as questões da existência humana. Beauvoir rejeitava a ideia de construir um sistema para explicar o mundo da consciência de um ser humano. Ela preferia usar o existencialismo e a fenomenologia como ferramentas analíticas para entender a situação humana. Assim como Sartre e Camus, ela usou ficção e peças teatrais, além de tratados filosóficos, para explorar o pensamento filosófico. *A convidada* (seu primeiro romance) é um relato fictício de algumas das questões filosóficas encontradas em *O ser e o nada* de Sartre. Beauvoir ganhou o Prêmio Goncourt, o mais alto prêmio literário da França, por seu romance *Os mandarins*, que pergunta se uma ação ética é possível. Boa parte de seu pensamento filosófico pode ser encontrado em seus romances.

O pensamento filosófico de Beauvoir não só é existencialista, como também toma o existencialismo como base. O existencialismo considera as pessoas como atores, mais do que conhecedores. Isso inicialmente pode parecer contraditório para a busca filosófica, uma vez que os filósofos se entendem como buscadores de conhecimento. Contudo, a filosofia é tradicionalmente definida como o amor pela sabedoria. O filósofo existencialista escolhe, age, deseja, sente-se angustiado, e sabe que o sentido deve ser criado. Para Beauvoir, os filósofos não deveriam estar tão interessados em adquirir conhecimento quanto estão em se envolver com ele. Ela incita a si mesma e a seus leitores a vivenciar o amor, ou o envolvimento, com o mundo e a realidade humana, em vez de possuir sabedoria de uma forma abstrata.

## Beauvoir e a fenomenologia

A fenomenologia diz respeito essencialmente ao envolvimento com o mundo, ou entre o mundo e o eu. Os fenomenologistas costumam discutir a "experiência vivida". A fenomenologia é uma filosofia da corporificação que vê todo conhecimento como situado. Acadêmicas feministas recentes, como Sara Heinämaa, Karen Vintges, Sonia Kruks, Eva Gothlin e Kristana Arp, entendem a obra de Beauvoir tanto como fenomenológica quanto como existencial.

Edmund Husserl em geral é considerado o primeiro fenomenologista. Heidegger, Sartre e Merleau-Ponty também são essenciais para se entender a fenomenologia, lista que poderia incluir Beauvoir. Alguns filósofos veem a fenomenologia como um método de análise, ao passo que outros a identificam como uma coleção de ideias sobre a análise da interação humana, além de como uma compreensão humana da relação entre o eu e o mundo.

Beauvoir tinha um bom conhecimento de fenomenologia. Ela escreveu uma crítica de *Fenomenologia da percepção*, de Merleau-Ponty, para a revista *Les Temps modernes* em 1945. E, em seu livro de memórias, *A força da idade*, ela discute sua leitura de Husserl e Heidegger.[4] *Por uma moral da ambiguidade* é, antes de qualquer coisa, uma ética existencial. Contudo, a ética de Beauvoir também incorpora a fenomenologia. Heinämaa encontra evidências da influência de Husserl em *Por uma moral da ambiguidade*, e argumenta que Beauvoir apresenta uma ética fenomenológica na qual o agente ético luta para revelar suas relações com os outros e com o mundo. Parte da tarefa do agente ético é estar ciente dos "modos de realidade" e da

4 BEAUVOIR, Simone de. *The Prime of Life* (doravante *PL*). Trad. Peter Green. Cleveland, OH: World Publishing, 1962 [1960], p. 178, 373.

forma como ela está sendo representada.[5] Gothlin argumenta que *Por uma moral da ambiguidade* emprega um método fenomenológico ao dar início à ideia da importância da consciência individual, a partir daí desenvolvendo uma crítica da noção socialista de que o fim (como uma utopia socialista) pode justificar os meios (como uma ditadura socialista).[6] Vintges chama a ética de Beauvoir de "uma arte de viver", frase que Beauvoir usou em seu romance *Os mandarins* para descrever sua visão ética.[7] Nesse romance, a experiência da alegria é corpórea. A personagem principal, Anne, vive uma celebração corpórea de sua conexão com o mundo. O fato de o momento da conexão ética ser em parte físico é importante para entender que Beauvoir está desenvolvendo uma ética fenomenológica. A conexão corpórea denota a experiência de ética de Anne como uma conexão vivida com o mundo, uma compreensão ética da realidade humana.

Para os fenomenologistas, "o mundo" normalmente denota uma combinação de mundo natural com relações humanas. Um aspecto-chave da fenomenologia é a interação entre o eu e o mundo, e *O segundo sexo* pode ser mais bem compreendido como uma obra de fenomenologia na qual Beauvoir examina a interação entre o eu generificado e o mundo generificado. *O segundo sexo* olha para como as ideias sociais de feminilidade moldam a experiência de si da mulher. Um dos aspectos mais importantes dessa obra é sua indexação enciclopédica da experiência vivida da mulher: biologia, psicologia, experiência de viver em um corpo feminino e de se desenvolver e viver com uma mentalidade feminina. A primeira reação de muitas mulheres contemporâneas ao lerem isso é que elas não se vivenciam da forma descrita por Beauvoir. Mas não é disso que se trata. A maior parte de *O segundo sexo* é uma análise fenomenológica e descritiva. Beauvoir não está alegando que exista uma única maneira de nós, mulheres, vivenciarmos a nós mesmas, nosso corpo e nossa mente.

---

5 HEINÄMAA, Sara. "Simone de Beauvoir's Phenomenology of Sexual Difference". *Hypatia*, 14 (4): 114-32, 1999.

6 GOTHLIN, Eva. *Sex and Existence*. Trad. Linda Schenck. Middletown, CN: Wesleyan University Press, 1996, p. 153.

7 VINTGES, Karen. *Philosophy as Passion*. Trad. Anne Lavelle. Bloomington, IN: Indiana University Press, 1996 [1992].

Ela na verdade descreve, e não prescreve, representações literárias de feminilidade, explicações sobre feminilidade por parte das ciências biológicas, teorias psicanalíticas sobre feminilidade, e assim por diante. É fácil confundir inicialmente seu trabalho como participante de estereótipos negativos de feminilidade, em vez de catalogá-los e analisar seu efeito. Embora a descrição que Beauvoir faz do corpo da mulher possa parecer negativa, Arp argumenta que ela está descrevendo a experiência de uma alienação corporal na mulher ao entender o seu corpo social, ou seja, o corpo como conhecido através da experiência de um mundo sexista.[8]

Parte do mal-entendido entre os leitores americanos tem a ver com a tradução de *O segundo sexo* feita por H. M. Parshley, que ignora o uso da terminologia filosófica por parte de Beauvoir. Por exemplo, o título francês do segundo volume é *L'expérience vécue*, ou "a experiência vivida", que remete à explicação fenomenológica de Merleau-Ponty para o corpo vivido. Parshley traduz esse título como *Woman's Life Today* [A vida da mulher hoje]. Ele também traduz "la r*é*alit*é* humaine" como "natureza humana" ou "a verdadeira natureza do homem", no lugar da ideia heideggeriana de realidade humana. Foi uma falha especialmente lamentada por Beauvoir, que argumentava que não existe aquilo que se chama de natureza humana.[9]

A frase mais famosa de Beauvoir em *O segundo sexo* mostra a influência da fenomenologia: "Não se nasce mulher, torna-se mulher" (*SS*, p. 267). A sugestão de Beauvoir é a de que ser fêmea não torna uma pessoa mulher. Ela torna-se mulher, na verdade, por meio de interações com o mundo, por meio da experiência vivida. A experiência vivida de uma pessoa pode fazer com que ela viva a feminilidade como "real", no sentido de que existem expectativas verdadeiras a respeito do comportamento da mulher que podem ser internalizadas e, portanto, vivenciadas como parte da própria compreensão de mundo. A feminilidade pode ser entendida como um aspecto da realidade humana, mas não como natural ou inata. Beauvoir é clara a respeito dessa interação entre o eu e o mundo,

8 ARP, Kristana. "Beauvoir's Concept of Bodily Alienation". *In*: SIMONS, Margaret A. (org.). *Feminist Interpretations of Simone de Beauvoir*. University Park, PA: Pennsylvania State University Press, 1995, p. 161-77.

9 Ver SIMONS, Margaret A. *Beauvoir and* The Second Sex, *op. cit.*, p. 59.

entre experiência corpórea e sua compreensão por parte do indivíduo. Ela escreveu em *A força da idade* que sua tese em *O segundo sexo* era a de que "a feminilidade não é uma entidade natural nem inata, mas sim uma condição provocada pela sociedade, com base em certas características fisiológicas" (*PL*, p. 291). Contudo, ela também mantinha a crença na liberdade associada aos existencialistas. "Atribuí pouca importância às condições reais da minha vida: eu acreditava que nada poderia obstruir minha vontade" (*PL*, p. 291).

## A dificuldade de ver o igual e o diferente nas obras de Beauvoir e de Sartre

A relação entre o trabalho filosófico de Beauvoir e o de Sartre foi tema de muitos trabalhos acadêmicos recentes. Beauvoir e Sartre representavam sua própria relação pessoal como uma parceria filosófica. Mas Beauvoir também dava a Sartre o centro do palco como filósofo. Não há dúvidas de que o trabalho de Sartre teve muita influência sobre o pensamento de Beauvoir. Mas há grandes controvérsias a respeito do quanto o trabalho dela teve influência no pensamento dele, e de como os trabalhos dos dois eram diferentes. Enquanto Beauvoir era viva, muitos filósofos entendiam seu trabalho como puramente derivativo do de Sartre. Alguns filósofos continuam tendo essa visão, e é comum Beauvoir ser excluída de livros didáticos sobre existencialismo e fenomenologia. Existe uma interpretação de que ela aplica a filosofia de Sartre à situação da mulher ou a outras questões particulares, mas de que ela não contribui com um trabalho original (como se tais análises não fossem um trabalho original!). Por outro lado, estudos acadêmicos atuais sobre Beauvoir argumentam que o trabalho filosófico dela difere significativamente do de Sartre, indicando que, ainda no ínicio de sua obra, pelo menos na época de *Por uma moral da ambiguidade*, ela mudou a ideia que tinha sobre liberdade, distanciando-se da liberdade radical de Sartre em *O ser e o nada*. Além disso, também argumentam que sua versão do existencialismo tem mais a oferecer aos pensadores contemporâneos do que a de Sartre. Margaret Simons mostrou que muitos princípios centrais do existencialismo podem ser encontrados em uma forma rudimentar nos primeiros diários de Beauvoir, antes que ela conhecesse Sartre, evidência de que Beauvoir já pensava nessas linhas ao desenvolver seu próprio pensamento.[10] Ela conseguiu desenvolver desde cedo uma filosofia social, ao passo que Sartre foi impedido por seu próprio conceito de liberdade radical. O reconhecimento da importância da situação fica evidente em todo o trabalho de Beauvoir, outra ideia que Sartre adotou mais lentamente.

Beauvoir comentava repetidamente que Sartre era o criador de sistemas filosóficos e ela não, sugerindo ser discípula dele.[11] Mas o que ela queria dizer, ao alegar não ser filósofa, não era negar categoricamente a relevância filosófica de seus escritos. Ela insistia que as ideias e as análises filosóficas em seus livros eram suas. Contudo, durante sua carreira, a "filosofia" tradicionalmente designava uma teoria sistemática e abrangente, e na verdade Beauvoir apontava era para uma compreensão diferente de seu próprio trabalho. Como uma existencialista, ainda que de um tipo singular, Beauvoir não tinha interesse em construir um sistema filosófico, que poderia virar um sistema de sentido pronto para os outros. Ela preferia desenvolver o que podemos considerar como um conjunto de ferramentas para análises filosóficas, incluindo suas ideias de liberdade, ambiguidade, situação, condição humana, ética social, reciprocidade, e existência generificada. Em nosso uso contemporâneo do termo, Beauvoir é uma *filósofa* exatamente porque seu trabalho se envolve com análise filosófica. Seus conjuntos de teorias estão alinhados com a compreensão que muitos filósofos contemporâneos têm de sua própria metodologia. Parte do que aprendemos ao estudar a obra de Beauvoir por seu próprio mérito é que ela passou a achar os sistemas de pensamento rígidos demais, por não reconhecerem a natureza mutável do conhecimento.[12]

Ideias de liberdade são centrais para a análise existencial, e em geral estudiosos de Beauvoir concordam que a sua ideia de liberdade diferia

10 *Ibidem*, p. 185-243.

11 Ver *PL*, p. 178; e SIMONS, Margaret A. *Beauvoir and* The Second Sex, *op. cit.*, p. 12.

12 Ver *Philosophy as Passion*, de Vintges, para uma análise das ideias de Beauvoir sobre verdade e conhecimento.

significativamente da de Sartre. Este defendia em *O ser e o nada* que sempre somos livres para escolher, ainda que essa liberdade assuma a forma de uma mera recusa da situação, talvez cometendo suicídio. Kruks, Kate e Edward Fullbrook, e Gothlin escreveram análises detalhadas dos conceitos cambiantes de liberdade. De fato, tanto Kruks quanto os Fullbrooks argumentam que Beauvoir discordava de Sartre a respeito do conceito de liberdade antes da publicação de *O ser e o nada*.[13] Kruks e Gothlin argumentam que a ideia de liberdade para Beauvoir é muito mais próxima da de Merleau-Ponty, e que Beauvoir foi influenciada por este muito antes de Sartre.[14] Os Fullbrooks argumentam que, ao contrário do que se costuma acreditar, foi Beauvoir que inspirou a ideia de liberdade de Sartre, e não o contrário.

Em *Por uma moral da ambiguidade,* Beauvoir argumenta que um precisa da liberdade do outro para que a sua própria liberdade seja realizável. Essa já é uma grande mudança em relação à liberdade radical de *O ser e o nada*. Ela também argumenta que a realidade humana é constituída tanto de facticidade quanto de liberdade. O indivíduo é simultaneamente corpo e mente, ao passo que para Sartre a mente ou a liberdade determinavam a influência da facticidade ou do corpo. Consequentemente, para Beauvoir nem todas as situações permitem de forma igual a capacidade de agir sobre a própria liberdade ou de assumi-la. A liberdade é situada, sujeita não somente aos caprichos da corporificação, mas também aos da localização histórica e social.

Beauvoir também tinha ciência dos efeitos das instituições sociais sobre a liberdade. A importância da situação em sua obra – e das instituições sociais sobre a compreensão histórica, cultural e política do eu como livre – começa em *Por uma moral da ambiguidade*, e é desenvolvida integralmente em *O segundo sexo*. A liberdade existencial radical de Sartre presume que cada um de nós é igualmente livre, qualquer que

13 Ver KRUKS, Sonia. *Situation and Human Existence*, *op. cit.*, p. 83-112; e FULLBROOK, Kate e FULLBROOK, Edward. "Sartre's Secret Key". *In*: SIMONS, Margaret A. (org.). *Feminist Interpretations of Simone de Beauvoir*, *op. cit.*, p. 97-112.

14 Ver GOTHLIN, Eva. *Sex and Existence*, *op. cit.*; e *Idem*, "Simone de Beauvoir's Notions of Appeal, Desire and Ambiguity and their Relationship to Jean-Paul Sartre's Notions of Appeal and Desire". *Hypatia*, 14 (4): 83-95, 1999.

seja a nossa situação. Tentativas de destruir a liberdade do outro são somente ações contra a situação física da pessoa. A noção corporificada de "eu" para Beauvoir permite que ela argumente que a opressão política obstrui a liberdade porque corpo, mente e vontade são todos uma entidade. Ao contrário da ideia de Sartre de que duas liberdades estão sempre em conflito, Beauvoir enfatiza que os indivíduos têm uma aliança importante e uma afinidade por meio de seu reconhecimento mútuo da ambiguidade da condição humana, assim como do sentido de seus projetos. Instituições sociais que permitem a opressão pré-determinam uma desigualdade política humana, e assim prejudicam a nossa capacidade de reconhecer a liberdade do outro.

Contudo, também não há dúvidas de que Beauvoir e Sartre compartilhavam muitas crenças filosóficas e que sua influência mútua era enorme. Eles liam os trabalhos um do outro e os comentavam antes de publicá-los. Eles discutiam filosofia continuamente e se apresentaram como uma dupla filosófica por muitos anos. Independentemente das falhas de reciprocidade encontradas por acadêmicos contemporâneos e biógrafos, o entendimento do próprio Sartre e de Beauvoir era de influência intelectual e consideração mútuas.

A contribuição de Beauvoir para a filosofia existencial e fenomenológica foi tornar a situação e a corporificação centrais para as questões filosóficas. *O segundo sexo* torna impossível negar que a filosofia não deve mais fazer a pergunta da existência humana, mas sim deve perguntar sobre a existência corporificada situada ou generificada. Esse é um avanço imenso para a filosofia feminista, mas também é um avanço imenso para a filosofia em geral. Uma vez situada, a existência corporificada não pode ser ignorada.

## Beauvoir e a filosofia social

A ideia de Beauvoir sobre a existência situada e corporificada se desenvolve a partir do existencialismo e da fenomenologia. No entanto, sua ideia de situação torna a filosofia social central para seu trabalho. E, no sentido inverso, a importância de seu trabalho para a filosofia social é ampla. Ao longo da vida, Beauvoir escreveu muitas matérias jornalísticas sobre acontecimentos políticos, as quais em sua grande maioria ainda não foram consideradas por estudiosos do campo da filosofia. Beauvoir escreveu sobre a Guerra da Argélia, os direitos das mulheres e uma série de outras questões políticas de sua época. Além desses ensaios tópicos, ela desenvolveu uma filosofia social em seus ensaios e romances filosóficos. Seu trabalho autobiográfico pode ser entendido como similar à autoestilização ética discutida por Michel Foucault.[15] *O segundo sexo* gerou uma grande mudança no pensamento social feminista, e foi inspirador para boa parte da filosofia social de forma mais geral. Nesta parte, concentro-me na importância das suas ideias filosóficas que são centrais para a filosofia social, especialmente seu argumento a favor da natureza relacional de liberdade e da consequente necessidade de libertação universal.

A compreensão básica que Beauvoir tem da condição humana coloca cada um de nós à mercê do outro, além de nos dar um tremendo poder sobre o outro. Ela escreve: "Esse privilégio, que somente ele [o indivíduo humano] possui, de ser um sujeito soberano e único em meio a um universo de objetos, é o que ele compartilha com todos os outros homens. Sendo por sua vez um objeto para os outros, ele não é nada mais que um indivíduo na coletividade da qual ele depende" (*EA*, p. 7). Cada pessoa é simultaneamente soberana e objeto; poderosa e fraca; perpetradora de feitos e dependente da coletividade. Embora seja tentador entender a posição existencialista como algo que advoga a liberdade radical, Beauvoir não permite isso. Essa ambiguidade, sendo simultaneamente livre e dependente, é a base para a ética de Beauvoir, e é a base de seu pensamento social. Os indivíduos devem escolher por si mesmos, e sempre o fazem, mas essas escolhas são sempre situadas em um contexto social. Pode ser tentador interpretar essa ambiguidade como algo que replica o dualismo corpo-mente cartesiano; no entanto, o que Beauvoir almeja é uma subjetividade corporificada. Pode haver momentos em sua escrita em que o dualismo corpo-mente se insere, mas o que ela tenta realizar é

15 Empresto essa sugestão de Vintges, que compara a ética de Beauvoir com a de Foucault, tanto em sua obra *Philosophy as Passion*, quanto em seu "Simone de Beauvoir: A Feminist Thinker for Our Times". *Hypatia*, 14 (4): 133-44, 1999.

uma descrição fenomenológica da consciência corporificada, na qual nós nos vivenciamos como corpos com vontade, paixão e atenção, ao mesmo tempo em união e em contradição com os mundos natural e social.

Em *Por uma moral da ambiguidade*, Beauvoir argumenta que todo valor surge da liberdade. Mas a liberdade só tem sentido quando existem outras pessoas para reconhecê-la. Essas duas afirmações levam a uma ética social, na qual cada pessoa deve trabalhar não somente para a sua própria liberdade, mas também para a liberdade de todos. Para Beauvoir, precisamos que esteja livre o Outro que reconhece o sentido de nossos próprios projetos. Logo, precisamos trabalhar pela libertação universal. Uma forma de entender isso é através do conceito de reciprocidade. Beauvoir tem um conceito complexo de reciprocidade que requer a compreensão tanto do eu quanto do outro como ambíguos, assim como o reconhecimento da importância da liberdade do outro.

A liberdade é inevitável para o indivíduo no sentido de que você não pode escapar da sua própria liberdade, mas também no sentido de que não se pode escapar da liberdade do outro. Assim, para Beauvoir, a liberdade é relacional e requer o reconhecimento recíproco. Negar a liberdade do outro, assim como negar a sua própria liberdade, significa viver em má-fé. Beauvoir escreve: "Querer que haja o 'ser' é também querer que haja homens por e para quem o mundo é dotado de significações humanas. Só é possível revelar o mundo em uma base revelada por outros homens" (*EA*, p. 71). Em outras palavras, precisamos que o outro reconheça o nosso sentido. Esse outro deve ser livre, de forma que também possa ver o mundo dotado de significado humano. Beauvoir continua argumentando que "todo homem precisa da liberdade de outros homens e, de certa forma, sempre a deseja, ainda que ele seja um tirano; a única coisa que ele não consegue fazer é assumir honestamente as consequências de tal desejo. Somente a liberdade dos outros nos impede de endurecer no absurdo da facticidade" (*EA*, p. 71). Desejamos a liberdade dos outros porque desejamos que eles reconheçam o significado que criamos e a importância dos nossos projetos. Não é suficiente criar significado na frente de devotos servis, pois seu reconhecimento não é valioso por não ser livre.

Quando negamos a liberdade do outro, simplesmente negamos o que é obviamente verdadeiro a respeito desse outro – no caso, que a pessoa é livre, que ela pode criar significado, e que precisamos que ela reconheça o significado de nossas próprias ações. A opressão é "a transcendência condenada a recorrer inutilmente a si mesma porque está desconectada de seus objetivos" (*EA*, p. 81). A opressão é uma incapacidade, em má-fé, de reconhecer a liberdade do outro, mas é também uma incapacidade de reconhecer a própria ambiguidade. O opressor entende a própria liberdade como crucial, e, agindo com arrogância, não consegue ver que não passa de um objeto sem o reconhecimento do outro. Ele se enquadra em um, ou melhor, escolhe um papel fixo que nega a flexibilidade de sua própria liberdade, e troca essa flexibilidade por um poder violento. De certa forma, o opressor usa a si mesmo como objeto de força.

Para Beauvoir, todos nós somos sujeitos e objetos, livres e submetidos. Reconhecer essa ambiguidade simultaneamente em si mesmo e no outro consiste em outra forma de reciprocidade. Embora as preocupações de Beauvoir com a opressão em *Por uma moral da ambiguidade* apontem para isso, a ideia é mais desenvolvida em *O segundo sexo*, especialmente em termos de relações interpessoais. O romance de Beauvoir *Todos os homens são mortais* também aborda as suas preocupações com a ambiguidade. O personagem principal, Fosca, revela ser imortal, mas em vez de isso fazer dele o melhor humano possível, sua imortalidade o faz assumir uma visão imoral, por estar fora da realidade humana. Fosca adota uma visão histórica que lhe permite justificar erros específicos por objetivos históricos maiores. Seu foco se volta para o progresso geral da espécie humana ou ao progresso em si, ou ainda ao bem para todos sem reconhecer a importância de cada indivíduo. Tal cálculo utilitário também leva à opressão, de acordo com Beauvoir, porque uma pessoa tende a esquecer de quem é a libertação pela qual se está lutando; no caso, a libertação dos indivíduos.[16] A imortalidade permite que Fosca permaneça fora da realidade humana. Ele não pode arriscar a vida por uma causa ou se dedicar a amar uma pessoa. Ele viverá para sempre; sua vida não corre risco, seus amores passarão. Ele

16 Beauvoir também faz essa argumentação em *EA*.

esquece a importância da existência dos outros, a importância da liberdade de cada indivíduo, então se esquece de onde vem o valor, e não faz mais parte do mundo humano. Sua própria liberdade não tem mais sentido. Como tal, ele vê a si mesmo como uma moralidade externa, e certamente está fora de uma ética corporificada. Também está fora da ambiguidade, porque as limitações de sua existência corpórea não são mais significativas. Assim, Fosca não pode participar da produção de significado.

A ênfase de Beauvoir na ambiguidade da condição humana e no impacto de se assumir a própria liberdade a levou a argumentar a favor de uma mudança política radical. *O segundo sexo* é a análise mais influente da situação da mulher no século XX. Muitos não conseguem vê-lo como um trabalho político, em parte porque a análise passa pela literatura, pela biologia e pela psicologia. Contudo, *O segundo sexo* é uma análise política da situação social, histórica e cultural da mulher. Nela, Beauvoir rejeita o liberalismo e prefere usar uma crítica marxista para argumentar que as mulheres, enquanto classe, estão tão situadas que são menos capazes e menos propensas do que os homens a agir sobre sua liberdade. Mas Beauvoir vai além do marxismo ao argumentar que a psicologia, a educação, e o desejo da mulher são tão moldados por influências sociais que ela aprende a fazer escolhas contra si mesma.

Margaret Simons compara *O segundo sexo* ao feminismo marxista e radical, ao trabalho fenomenológico de Richard Wright sobre a existência vivida dos afro-americanos, e à abrangente e influente análise de Gunnar Myrdal sobre o racismo nos Estados Unidos. Para Simons, os argumentos a favor da luta de classes, castas e raças são similares na medida em que requerem uma abordagem materialista histórica, bem como uma fenomenologia da consciência oprimida.[17] Essa posição, bem como as visões singulares de Beauvoir sobre a liberdade, a ambiguidade e a reciprocidade, fizeram de *O segundo sexo* um dos livros mais influentes do século XX. Nele, Beauvoir aprofunda sua análise do funcionamento político da opressão e de como a ambiguidade da condição humana exige uma liberdade arriscada.

17 SIMONS, Margaret A. *Beauvoir and* The Second Sex, *op. cit.*

## A influência de Beauvoir sobre o pensamento feminista

A influência de Beauvoir sobre o pensamento feminista é notável, até mesmo paradigmática.[18] *O segundo sexo* foi uma obra que influenciou toda a filosofia feminista que se seguiu. Filosofia é o projeto de reflexão sobre o que significa ser humano, e de questionamento do que significa vivenciar e criar uma realidade humana. O trabalho de Beauvoir reflete sobre o que significa ser um humano generificado, e questiona o que significa vivenciar e criar uma realidade humana generificada. Beauvoir aborda muitos dos problemas centrais para a filosofia feminista de hoje, como: igualdade e diferença; desenvolvimento de um feminismo pós-colonial; ética para tempos moralmente corruptos; consciência corporificada; e uma teoria do eu que seja tão livre quanto socialmente construído. O trabalho de Beauvoir foi bastante influente para a segunda onda do movimento feminista. Feministas liberais, socialistas e radicais tão diferentes quanto Kate Millett, Betty Friedan e Shulamith Firestone reconhecem a influência de Beauvoir sobre seu próprio trabalho. O trabalho de Beauvoir é citado por feministas psicanalíticas como Juliet Mitchell e Carol Gilligan. Sua influência sobre feministas francesas, como Luce Irigaray, Hélène Cixous e Toril Moi é crucial, assim como sua influência sobre pós-modernistas feministas como Judith Butler. Beauvoir é a única autora com quem a maioria das teóricas feministas contemporâneas têm alguma familiaridade, independentemente de suas próprias preferências teóricas.

Embora a influência de Beauvoir sobre escritoras feministas tenha sido profunda, é importante lembrar que ela mesma foi influenciada por feministas que a precederam. Ela leu, por exemplo, toda a obra de Virginia Woolf,[19] e cita inúmeras mulheres escritoras em *O segundo sexo*, incluindo Madame de Staël, Mary Wollstonecraft, Christine de Pizan, Emily Dickinson, Isadora Duncan e Clara Zetkin. Embora neste capítulo eu me concentre no impacto de *O segundo sexo*, a ficção de Beauvoir também teve bastante influência na teoria feminista. A frase mais famosa

---

18 Vintges (*Philosophy as Passion*, *op. cit.*, p. 140) chama Beauvoir de paradigmática.

19 Ver *PL*, p. 37, 46.

de Beauvoir, "Não se nasce mulher, torna-se mulher", argumenta que não existe nada de natural ou inerente a respeito da mulher e da feminilidade. Todas as nossas experiências vividas, nossa psicologia, nossa compreensão das capacidades e dons físicos e mentais, tudo que conhecemos e vivenciamos a respeito de nós mesmas, tudo isso é filtrado através de nossa contextualidade. A famosa frase de Beauvoir deu início a um turbilhão de controvérsias e críticas. Enquanto muitas feministas entendem que Beauvoir está reformulando a distinção entre sexo e gênero, outras, especialmente feministas pós-modernistas, entendem que Beauvoir está confundindo essa distinção. Uma enorme porção do pensamento feminista interpreta a famosa frase de Beauvoir e reflete sobre seus possíveis significados.

Mas como a frase "Não se nasce mulher, torna-se mulher" corresponde às ideias de Beauvoir sobre liberdade, ambiguidade e situação? Argumentei que essas três ideias levam à característica análise de Beauvoir sobre a subjetividade corporificada. Beauvoir usa a incapacidade da mulher de assumir a liberdade como um exemplo de má-fé. *O segundo sexo* é um trabalho fenomenológico que descreve a situação da mulher – situação que em sociedades patriarcais limita a liberdade. Para Beauvoir, a ambiguidade da liberdade de cada indivíduo requer uma libertação universal. A complexidade da ideia que Beauvoir tem sobre a liberdade só agora está sendo adotada pelas feministas. Em parte, isso acontece porque só agora as suas análises de situação e ambiguidade, e de como elas levam a uma nova ideia de liberdade, estão sendo totalmente compreendidas.

A liberdade da mulher é o tema mais importante de *O segundo sexo*. Dos anos 1980 até o início dos anos 1990, muitas feministas interpretavam que Beauvoir simplesmente defendia que a mulher, assim como o homem, poderia ser livre se assumisse sua liberdade. Em parte, é o que Beauvoir de fato diz. Mas é importante notar que essa interpretação sozinha esquece a ambiguidade da situação humana, na qual ela insistia. Somos ao mesmo tempo livres e completamente dependentes. Para todos nós, mulheres e homens, a situação social modera a nossa liberdade. A situação histórica, política, legal, social, psicológica e econômica da mulher a torna menos capaz de assumir sua liberdade do que a situação de alguns homens. Há de se lembrar que, para Beauvoir, a situação da mulher em relação ao homem se assemelha à situação dos afro-americanos em relação aos americanos brancos, e à situação dos judeus em relação aos cristãos (e, posteriormente, à dos argelinos em relação aos franceses continentais). A análise de Beauvoir se esforça para levar em conta situações políticas e econômicas, e, para isso, é necessário mais do que um argumento a favor da igualdade; é preciso mudar a nossa visão dos significados de igualdade e liberdade.

Quando se interpretava que Beauvoir defendia a liberdade e a igualdade da mulher em relação ao homem, porém sem observar a sofisticação com a qual essa afirmação era moderada pela forma como ela entendia a situação e a ambiguidade da condição humana, interpretava-se que Beauvoir defendia uma noção liberal de igualdade, na qual a mulher se tornaria mais como o homem. Esse engano está atrelado à popularidade de *O segundo sexo*, que gerou muitas interpretações e alguns mal-entendidos. Embora o trabalho de Beauvoir de fato enfatize a liberdade, a sua noção de liberdade não é simplista. À medida que a teoria feminista foi se tornando mais complexa, os pensadores começaram a interpretar o trabalho de Beauvoir de uma forma diferente, ao verem a importância da situação e da ambiguidade. Assim como a própria Beauvoir – que escreveu que a primeira coisa que ela tinha de dizer sobre si mesma era "Eu sou uma mulher" –, a filosofia feminista teve primeiro de negociar o direito das mulheres de falarem filosoficamente em seu próprio nome. Em outras palavras, a filosofia feminista só teve o luxo de entender e responder à complexidade do trabalho de Beauvoir, especialmente à complexidade de sua noção de liberdade em termos de situação e ambiguidade, depois que teve algum sucesso em apresentar argumentos a favor da igualdade e da liberdade da mulher.

A noção fenomenológica de situação modera a ideia de liberdade para Beauvoir. Para ela, todos são igualmente capazes de liberdade, do ponto de vista metafísico. No entanto, a mulher é situada de formas que tornam menos provável que ela possa agir de acordo com a sua liberdade. A situação dela pode influenciar e até mesmo impedir a sua própria liberdade. Embora Beauvoir culpe a mulher por não assumir sua liberdade e pelas escolhas que faz, ela argumenta que algumas escolhas não estão disponíveis. Nem o homem nem a mulher podem ser radicalmente livres. Toda liberdade humana é situada, de acordo com Beauvoir. Todos os humanos vivenciam uma subjetividade ambígua, e essa ambiguidade é parte da realidade humana e da experiência moral.

A ideia de situação tem um papel importante em *O segundo sexo*. Por exemplo, Beauvoir escreve que "está claro que nenhum dos traços da mulher manifesta uma essência ou vontade originalmente pervertida: eles refletem uma situação" (*SS*, p. 615). A feminilidade é uma situação, para Beauvoir. Não existe algo como uma feminilidade em si, um Feminino eterno, uma essência feminina ou uma vontade feminina. O pensamento feminista contemporâneo discute a feminilidade como uma situação social, cultural, histórica e econômica, como socialização (ou identidade psicológica ou cultural), ou mesmo como performance. A análise de Beauvoir em *O segundo sexo* sugere todas essas interpretações. Na verdade, é possível entender as linhas da teoria feminista – feminismo liberal e marxista, psicológico, pós-moderno e pós-colonial – como uma análise dessas interpretações. Feministas liberais e marxistas abordam análises políticas da situação socioeconômica e histórica da mulher e de como isso afeta a liberdade. O feminismo psicanalítico e psicológico aborda como a cultura molda a psique da mulher em uma feminilidade, e discute quais partes da situação cultural da mulher precisam ser desconstruídas para permitir a sua liberdade, assim como quais partes podem ser mantidas. Feministas pós-modernas veem o gênero como uma performance. A liberdade psíquica da mulher, ou a falta dela, se manifesta dentro e através do seu corpo e do autoconhecimento deste, permeando completamente sua experiência vivida. A situação da feminilidade molda as coisas que conhecemos a respeito do mundo, as formas como pensamos sobre nós mesmas, as formas como nos relacionamos com o outro, e assim por diante.

Essas ideias de situação refletem um aspecto do conceito de ambiguidade de Beauvoir: de que somos ao mesmo tempo sujeito e objeto, corpo e mente. O segundo aspecto da ambiguidade é a ideia da reciprocidade, de que temos de entender esse empoderamento e desempoderamento simultâneo não só a respeito de nós mesmos, mas também a respeito um do outro – o que significa que reconhecemos tanto a liberdade quanto a facticidade do outro. Esssa ambiguidade simultânea é o que reconhecemos na atividade sexual. Quando entendemos o outro dessa forma, conseguimos ver esse outro como um corpo com vontade, e nos deleitamos com o prazer gerado tanto pela condição de sujeito quanto pela de objeto do outro. Assim, Beauvoir explica por escrito sobre a atividade sexual heterossexual:

> As palavras dar e receber trocam de sentido; alegria é gratidão, prazer é ternura. Numa forma concreta e carnal, existe um reconhecimento mútuo do eu e do outro na consciência mais aguda do outro e do eu. Algumas mulheres dizem sentir o órgão sexual masculino dentro delas como parte do próprio corpo; alguns homens sentem *ser* a mulher que eles penetram. Essas expressões evidentemente são inexatas, pois a dimensão e a relação do *outro* ainda existe; mas o fato é que a alteridade não tem mais um caráter hostil, e é essa consciência da união de corpos em sua separação que dá o seu caráter emocional ao ato sexual; e é ainda mais perturbador o fato de que os dois seres, que juntos negam e afirmam apaixonadamente seus limites, sejam semelhantes e ainda assim diferentes. (*SS*, p. 401)

Essa descrição não nega a tensão de se objetificar o outro, mas a reformula. Eros requer uma atração pelo outro, desejar o outro, que pode parecer tornar o outro algo a ser desejado. No entanto, na descrição de Beauvoir, parte do prazer do eros está em vivenciar o outro como uma vontade corporificada através da negação e da afirmação de limites. Beauvoir chama a atividade erótica de a experiência na qual os humanos vivenciam sua ambiguidade de forma mais pungente. É na atividade erótica que a ambiguidade humana em todos os seus aspectos se manifesta. Como consciência corporificada, nós reconhecemos reciprocamente uns aos outros – um age com e sobre o outro, expressando o desejo juntos. Desejamos a liberdade do outro tanto quanto a nossa na atividade erótica, pois a liberdade do outro é parte da afirmação e da negação de limites. O que há de erótico na atividade sexual é a sua expressão da ambiguidade. Por esse motivo, o trabalho de Beauvoir enfatiza a importância da atividade sexual. É também por esse motivo que as recepções iniciais de *O segundo sexo* o descreviam como um chamado para a libertação sexual, e intérpretes mais recentes o descrevem como uma filosofia da alegria, uma filosofia como paixão, uma ética erótica, e uma ética da libertação.[20]

Mas Beauvoir não conta exclusivamente com a paixão e o erotismo da ambiguidade. As condições sociais e econômicas da emancipação da mulher também são importantes. Para analisar a situação da mulher, Beauvoir combina preocupações políticas tradicionais (sistemas sociais e econômicos) com ideias sobre ambiguidade, liberdade e os seus efeitos sobre o senso de eu da mulher. Em vez de usar um sistema de análise, ela combina fenomenologia, existencialismo, psicologia, materialismo histórico, e interesses políticos liberais para criar uma visão única e abrangente da realidade vivida da mulher. Ela faz um chamado liberal tradicional por direitos e por igualdade, desenvolve uma fenomenologia política, e usa uma psicologia existencial. Para Beauvoir, tudo deve ser levado em conta.

Beauvoir sugere que o que sabemos sobre a mulher pode mudar completamente. O que feministas contemporâneas acham de mais provocador no trabalho de Beauvoir é a sua ideia de consciência corporificada e a ética que se desenvolve a partir dela. Será que o sujeito corporificado mudaria o pensamento social? O que seria a ética existencial se ela focasse na alegria e no envolvimento, e não na angústia e na alienação? O que Beauvoir entendia era a conexão com o mundo como um envolvimento ético, e é esse envolvimento que os acadêmicos contemporâneos tentam entender e empregar no próprio trabalho. É claro, nem sempre teria sido esta a questão levantada por Beauvoir, segundo interpretação das teóricas do feminismo. À medida que o pensamento feminista evolui, nossas interpretações de Beauvoir também evoluem. Seu trabalho serve como um lugar a partir do qual se fazem as perguntas da filosofia feminista. Foi ela quem iniciou o diálogo no qual estamos hoje envolvidos.

20 Ver Vintges, Fullbrook e Fullbrook, e Bergoffen para esas descrições recentes.

## Conclusão

Por meio de seus escritos e teorias, Beauvoir procura envolver o mundo. "A literatura nasce quando algo na vida dá ligeiramente errado [...] a primeira condição essencial é que *a realidade não deve mais ser subestimada*; só então se pode percebê-la e ao mesmo tempo fazer com que o outro também a perceba" (*PL*, p. 290, ênfase no original). Costuma-se acreditar que os escritores existencialistas retratam a tragédia da existência humana: nosso isolamento um do outro, a falta de sentido de nossas tentativas de envolver um ao outro e o mundo, nossa incapacidade de criar sentido, e nossa insignificância. Beauvoir é uma existencialista cujo trabalho, diante dessa tragédia, se volta para o envolvimento, e vê suas possibilidades além de perigos e potenciais fracassos. Sua escrita encontra alegria em momentos de conexão com o outro e o mundo, embora nunca esqueça a opressão em potencial que essa conexão pode causar. A ambiguidade da condição humana, para Beauvoir, não é causa de sofrimento. Na verdade, embora possa produzir angústia e temor, ela também produz uma necessidade de conexão com o outro e um envolvimento com o mundo. Para Beauvoir, a ambiguidade é erótica e produz as condições para alegria, envolvimento, e uma celebração da fecundidade do mundo. A ambiguidade produz uma excursão celebratória, uma jornada para descobrir o que significa ser um animal pensante ou uma vontade corporificada. Para Beauvoir, o mundo é um lugar de excessos. Sempre existe algo para se comentar, consertar, buscar – em suma, sempre algo ou alguém com quem se envolver. "Antes de escrever *A convidada*, passei anos procurando um tema. A partir do momento em que comecei esse livro, nunca mais parei de escrever [...] Por que a partir desse ponto eu sempre tive 'algo a dizer'?". Beauvoir responde à própria pergunta: "[...] cada livro dali em diante me impeliu para o seguinte, pois, quanto mais eu via do mundo, mais eu percebia que ele estava transbordando com tudo o que eu poderia esperar vivenciar, entender e pôr em palavras" (*PL*, p. 478-79).

# 2 Lendo Simone de Beauvoir com Martin Heidegger[1]

*Eva Gothlin*

No campo de pesquisas sobre Beauvoir, uma das conexões filosóficas menos exploradas é aquela entre Simone de Beauvoir e Martin Heidegger. Foram escritos muitos trabalhos em torno da influência heideggeriana sobre a filosofia de Sartre, mas existem poucos que abordem a apropriação do mesmo pensador por parte de Beauvoir.[2]

Este capítulo explora as formas como Heidegger pode ser visto como decisivo para a filosofia de Beauvoir, e por que é tão importante que isso seja considerado. Para mim, mostrar influências e conexões filosóficas só é importante quando se acrescenta algo à análise e à compreensão de um filósofo, e, em relação a Heidegger e Beauvoir, definitivamente acredito que seja esse o caso. Ler Beauvoir junto a Heidegger pode aprofundar a nossa compreensão da visão que ela tinha sobre os seres humanos e sobre a relação deles com o mundo e com o outro. Essa abordagem pode ser chamada de hermenêutica no sentido heideggeriano, uma vez que revela novos significados sem presumir que uma compreensão definitiva seja possível.

A intenção deste capítulo, mais do que argumentar a favor de uma influência heideggeriana sobre a filosofia de Beauvoir, é situá-la em relação à tradição fenomenológica. Isso mostrará como a sua fenomenologia

1 Meus agradecimentos especiais vão para Mats Furberg, mas também para Nancy Bauer, Claudia Card, Ulla Holm, Berit Larsson e William McBride, por seus valiosos comentários neste capítulo.

2 A obra de Elaine Marks, *Simone de Beauvoir: Encounters with Death* (New Brunswick, NJ: Rutgers University Press, 1973), discute a influência da visão de Heidegger acerca da morte no trabalho de Beauvoir. Além disso, Margaret A. Simons apontou a importância de Heidegger para Beauvoir em seu artigo "L'indépendance de la pensée philosophique de Beauvoir", na conferência do Groupe d'Études Sartriennes "Sartre en parallele/s", entre 23-25 de junho de 2000, em Paris.

difere da de Sartre na maneira como ambos se relacionam com a filosofia de Heidegger. Pode-se dizer que a filosofia de Sartre adotou muitos temas heideggerianos, como autenticidade e angústia, ainda que em *O ser e o nada* ele tenha permanecido basicamente dentro da tradição cartesiana, assim como Husserl. Já Beauvoir está mais próxima do grande princípio da filosofia de Heidegger em seu rompimento com o cartesianismo, o que fica especialmente evidente no seu uso dos conceitos de "abertura" (*Erschlossenheit*) e Ser-com (*Mitsein*).

## Leituras de Heidegger, recepções de Heidegger

Até 1930, nem Husserl nem Heidegger eram muito conhecidos na França, e foi durante os anos 1930 que começou a surgir um interesse por eles, com palestras sendo realizadas e livros sendo publicados sobre a fenomenologia alemã. As primeiras traduções de Heidegger apareceram em 1931 nos periódicos *Bifur* e *Recherches philosophiques*, seguidos por *Qu'est-ce que la métaphysique?* ("O que é metafísica?") de Henry Corbin em 1938 – uma seleção de textos que continha capítulos de *Ser e tempo*. A primeira recepção de Heidegger na França foi caracterizada por sua interpretação antropológica e existencialista, que ficou evidente em palestras e textos de Alexandre Koyré, Emmanuel Lévinas, Jean Wahl e Alexandre Kojève.[3]

Beauvoir e Sartre descobriram a fenomenologia por meio de um amigo, Raymond Aron, que disse a Sartre que, se ele fosse um fenomenologista, poderia tratar seu próprio mundo-da-vida como objeto de estudo filosófico. Isso fez com que Sartre decidisse ir à Alemanha.[4] Mas nem ele nem Beauvoir leram Heidegger a sério antes de 1939. Muito pouco se diz nas memórias de Beauvoir sobre as suas reações à fenomenologia ou à sua leitura de Husserl e Heidegger. Ela nos diz: "A novidade e a riqueza da fenomenologia me preencheu de entusiasmo; senti que nunca havia chegado tão perto da real verdade" (*PL*, p. 201; *FA*, p. 208). Ela diz que a filosofia de

3 Ver WALDENFELS, Bernhard. *Phänomenologie in Frankreich*. Frankfurt: Suhrkamp, 1983, p. 34; e ROCKMORE, Tom. *Heidegger and French Philosophy*. Londres e Nova Iorque: Routledge, 1995, p. 71-76.

4 *PL* (Harmondsworth: Penguin, 1981), p. 135 f.; *FA*, p. 141 f.

Heidegger a convenceu de certas coisas, como a responsabilidade individual (*PL*, p. 469; *FA*, p. 483).[5] Em seu diário publicado, referente ao período entre 1939 e 1941, ela várias vezes se refere à teoria da inautenticidade de Heidegger enquanto reflete sobre acontecimentos cotidianos, mas também pondera sobre a escolha entre Hegel e Heidegger.[6] Portanto, é razoável concluir que ela leu Heidegger, ainda que não nos conte em suas memórias quais livros exatamente. Contudo, o argumento mais importante a favor de uma conexão filosófica entre Beauvoir e Heidegger deve se basear em uma leitura dos textos de Beauvoir, onde encontramos referências explícitas e implícitas a Heidegger. Este capítulo demonstra que essa conexão existe.

Existem várias razões possíveis para que Beauvoir relutasse em admitir um interesse pela filosofia de Heidegger. As afiliações políticas de Heidegger com o nazismo eram conhecidas mesmo antes da guerra, e após a guerra a questão dessas afiliações tornou-se mais clara. Na Alemanha, poucos queriam defender Heidegger na época em que sua filosofia foi se tornando cada vez mais influente na França. Nas principais publicações intelectuais, era contínuo o debate sobre a relação entre a política de Heidegger e sua filosofia. Na *Les Temps modernes*, revista editada por Sartre, Beauvoir e Maurice Merleau-Ponty, foi publicada toda uma série de artigos sobre tal relação. Beauvoir, assim como Sartre, estava definitivamente ciente do engajamento político de Heidegger e das questões difíceis que ele levantava para sua filosofia.

Outra razão para o relativo silêncio a respeito de Heidegger poderia ser a crítica que este dirigiu contra a interpretação de Sartre sobre sua filosofia em *Brief über den Humanismus* (Carta sobre o humanismo). Parte desse texto foi traduzida para o francês e publicada na revista *Fontaine*, em 1947. Ela inaugurou a segunda recepção de Heidegger na França, que foi dominada por uma crítica a interpretações antropológicas e existencialistas.[7]

5 A respeito da leitura que Sartre faz de Heidegger, Beauvoir escreve que Sartre leu Heidegger em alemão, leu a tradução de Corbin e a discutiu com ela (*PL*, p. 355; *FA*, p. 363). Ela menciona ter lido Husserl em alemão (*PL*, p. 201; *FA*, p. 208).

6 BEAUVOIR, Simone de. *Journal de guerre, septembre 1939 – janvier 1941*. Paris: Gallimard, 1990, p. 53, 265 e 362.

7 O texto inteiro foi publicado em francês em 1953 na revista *Les Cahiers du Sud*. ROCKMORE, Tom. *Heidegger and French Philosophy*, *op. cit.*, p. 81-98.

Fica evidente pela forma como a fenomenologia veio a influenciar o trabalho de Beauvoir que as possibilidades abertas pela fenomenologia também foram importantes para ela. As descrições fenomenológicas das experiências de vida da mulher são frequentes em *O segundo sexo*. A filosofia de Beauvoir pertence à tradição fenomenológica existencial, e a importância do desenvolvimento que Heidegger faz da fenomenologia de Husserl é facilmente reconhecível em seus trabalhos.[8] A fenomenologia de Beauvoir não só é interpretativa como a de Heidegger e a de Sartre, em vez de ser descritiva como a de Husserl,[9] mas também lida com questões ontológicas, o que fica evidente em seu livro *Por uma moral da ambiguidade*.

## Abertura / *Erschlossenheit* / *Dévoilement*

No final de 1946 e começo de 1947, Beauvoir publicou uma série de ensaios filosóficos na *Les Temps modernes*, que foram compilados em 1947 no livro *Pour une morale de l'ambiguité* (*Por uma moral da ambiguidade*). Esse livro resume a concepção que Beauvoir tem dos seres humanos e da relação entre eles e o mundo. Nele, não são fundamentalmente os conceitos de em-si e para-si que retornam, mas sim o conceito de desvelamento (*dévoilement*), que, como veremos, tem conexões próximas com o conceito de abertura (*Erschlossenheit*) de Heidegger.

Na filosofia de Heidegger, a abertura está intimamente ligada ao *Dasein*, conceito que ele usa para a realidade humana. O *Dasein*, que é "Ser-no-mundo" (*In-der-Welt-sein*), supostamente é "clareado" de uma forma que "ele *seja* em si a clareira" (*BT*, p. 171; *SZ*, p. 133). Isso significa que ele é uma abertura, uma clareira do Ser, uma parte do Ser para quem outras de suas partes podem se tornar "acessíveis". Heidegger resume isso na frase: "*O Dasein é sua abertura*" (*BT*, p. 171; *SZ*, p. 133). Assim, a

8 Em outras partes do capítulo, indiquei por que a filosofia de Beauvoir é melhor caracterizada como fenomenologia existencial. Ver GOTHLIN, Eva. "Simone de Beauvoir's Existential Phenomenology and Philosophy of History in 'Le Deuxième sexe'". *In*: EMBREE, Lester e O'BRIEN, Wendy (orgs.). *The Existential Phenomenology of Simone de Beauvoir*. Dordrecht: Kluwer, 2001.

9 Para essas distinções, ver *BT*. Oxford: Blackwell, 1995, p. 59ff.; *SZ*. Tübingen: Max Hiemayer, 1986, p. 35ff.

abertura é ao mesmo tempo do Dasein como Ser-no-mundo – ou seja, do eu, "Ser-no", o mundo e suas "entidades". Isso também significa que essas entidades podem permanecer escondidas. A abertura do Dasein é a condição para que qualquer coisa apareça e para o tipo de abertura que o caracteriza – a "compreensão". É também uma condição para o "discurso" e a linguagem. Nas palavras de Leslie P. Thiele: "Heidegger não está sugerindo [...] que os seres humanos devam existir para que haja um universo de coisas existentes. Mas o ser humano é o único lugar onde o estado de ser dos seres vem à presença, revelando um mundo contextual de significado".[10]

*Erschlossenheit* não era desconhecido na França nos anos 1940. O termo foi introduzido no primeiro volume dos textos de Heidegger a serem traduzidos para o francês – a compilação de Corbin, *Qu'est-ce que la métaphysique?* –, e é mencionado logo na introdução, onde Corbin apresenta alguns conceitos heideggerianos. Para Corbin, abertura implica que o Dasein é compreensão, interpretação do mundo.[11] Jean Beaufret, que veio a se tornar um dos mais importantes intérpretes de Heidegger na França, também trata do conceito de abertura em seus artigos sobre existencialismo em 1945. Ele o usa para demonstrar que Heidegger não tem a consciência solipsista como seu ponto de partida, mas que o ser humano para ele é "no-mundo" e relacionado com os outros.[12]

Como mostrarei, a interpretação que Beauvoir faz de abertura está de acordo com essas duas breves caracterizações de *Erschlossenheit*, sendo que cada uma destaca um aspecto diferente. Em muitos sentidos, tal interpretação também vale para o desenvolvimento que Heidegger faz desse conceito em *Ser e tempo*. Pode-se notar que, enquanto Heidegger define o Dasein como abertura, como uma clareira no e do Ser, Corbin, Beaufret

10 THIELE, Leslie Paul. *Timely Meditations: Martin Heidegger and Postmodern Politics*. Princeton, NJ: Princeton University Press, 1995, p. 45. Ver também VILLA, Dana R. *Arendt and Heidegger: The Fate of the Political*. Princeton, NJ: Princeton University Press, 1996, p. 124.

11 HEIDEGGER, Martin. *Qu'est-ce que la métaphysique?* Tradução de Henry Corbin. Paris: Gallimard, 1938, p. 15. Corbin traduz *Erschlossenheit* como *réalité-révélé* (realidade-revelada), enquanto Beauvoir, em sua maior parte, usa *dévoiler* (desvelar) ou *dévoilement* (desvelamento), e ocasionalmente *révéler* (revelar).

12 BEAUFRET, Jean. "À propos de l'Existentialisme (II): Martin Heidegger". *Confluences*, v. 3, abr. 1945, p. 310.

e Beauvoir enfatizam o aspecto de "desvelamento" e "revelação". Essas diferenças linguísticas resultam em algumas diferenças conotativas.

Corbin traduziu Dasein como "realidade humana" (*réalité humaine*), uma tradução recorrente em textos de Sartre e Beauvoir, e mais tarde foi criticado por ser antropológico demais. Ao contrário de Heidegger, Beauvoir também se refere explicitamente ao "homem" (*homme*) ou ao "sujeito", o que significa que sua interpretação é claramente antropológica, como era a da maioria dos filósofos franceses, tais como Sartre, Corbin e Beaufret na época. Mas mantenho que, apesar disso, ela retém algumas das mais importantes percepções transmitidas pelo conceito de abertura.

Em *Por uma moral da ambiguidade*, Beauvoir resume sua ética, fundando-a sobre uma concepção de seres humanos na qual o desvelamento (*dévoilement*) é significativo.[13] Na época em que ela escreveu *Por uma moral da ambiguidade*, *O ser e o nada* de Sartre havia sido criticado pela falta de uma perspectiva ética. No início deste livro, ela diz que aqueles que criticam o existencialismo argumentam que a ontologia existencialista não pode dar uma base para a ética – uma crítica baseada na caracterização feita por Sartre do ser humano como uma "paixão inútil". Ao mostrar sua visão da ontologia existencialista, Beauvoir se põe a mostrar que essa suposição é equivocada. Em sua elucidação, ela também esclarece, de uma maneira que raramente faz, diferenças entre a filosofia de Sartre e a sua.

Beauvoir começa declarando que, assim como Sartre, ela afirma que o ser humano é uma "falta de ser". Ele não tem uma natureza específica ou uma essência, mas é caracterizado pela transcendência. Beauvoir cita com aprovação a frase de Sartre em *O ser e o nada*, de que um ser humano é "um ser que *faz de si mesmo* uma falta de ser, *para que possa haver* um ser". Assim como Sartre, ela entende que essa "falta" resulta em um

13 Desvelamento (*dévoilement*) não tem a mesma importância na filosofia de Sartre. Debra B. Bergoffen também analisou esse conceito nos textos: "Out from Under: Beauvoir's Philosophy of the Erotic". *In*: SIMONS, Margaret A. (org.). *Feminist Interpretations of Simone de Beauvoir*. University Park, PA: Pennsylvania State University Press, 1995, p. 179-92; e *The Philosophy of Simone de Beauvoir: Gendered Phenomenologies, Erotic Generosities*. Albany, NY: State University of New York Press, 1997. Mas, diferente de mim, ela vê o desvelamento como um conceito husserliano.

"querer ser" (*vouloir être*), algo que em *O segundo sexo* se torna um "desejo de ser" (*désir d'être*) (*EA*, p. 11; *PMA*, p. 17). Mas para Beauvoir, ao contrário de Sartre, esse "querer" ou "desejo" não seria nem útil nem inútil, já que descreve um fato anterior a todos os valores. Beauvoir sublinha ainda que o ser humano não é somente essa "falta" e esse "desejo", mas, mais fundamentalmente, é um ser que "desvela o ser" (*dévoile l'être*):

> Não é em vão que o homem nadifica o ser. Graças a ele, o ser é desvelado e ele deseja esse desvelamento. Existe um tipo original de apego ao ser que não é a relação "querer ser", mas sim "querer desvelar o ser". Ora, aqui não existe o fracasso, mas sim o sucesso. Esse fim, que o homem se propõe ao fazer de si mesmo uma falta de ser, de fato se realiza por ele. Ao se extirpar do mundo, o homem se faz presente ao mundo e faz o mundo presente a si. (*EA*, p. 12; *PMA*, p. 18)

Por meio desse desvelamento, o ser humano faz presente não somente si mesmo, mas também o mundo, assim como Heidegger declara em relação ao Dasein como abertura. Essa ideia pode ser discernida não somente na citação acima e em outras partes de *Por uma moral da ambiguidade*, mas também no primeiro ensaio filosófico de Beauvoir, *Pirro e Cinéias* (*PC*, p. 111). A relação fundamental do desvelamento é definida, como visto acima, não como um tipo de "fracasso", mas sim como um tipo de "sucesso", já que assim o mundo recebe uma "significação humana": "Cada homem se lança no mundo ao fazer de si mesmo uma falta de ser; ele contribui assim para reinvesti-lo com significação humana. Ele o desvela" (*EA*, p. 41; *PMA*, p. 59 n.).

Já mencionei que Beauvoir, assim como Sartre, sustenta que o ser humano faz de si mesmo uma falta-de-ser, e é nesse momento de negação – quando o ser humano se diferencia e se separa do ser não sendo – que o ser também aparece. Isso revela o caráter negador da consciência, um elemento hegeliano na fenomenologia de Sartre e de Beauvoir. É a negação executada pela consciência que faz o mundo – suas coisas, objetos e outros – emergir. Esse movimento, alega Beauvoir, é positivo no sentido de que desvela o ser. Portanto, um ser humano não deveria ser caracterizado como uma "paixão inútil", como diz Sartre, mas sim mais fundamentalmente como "desvelamento". Beauvoir desloca o centro de gravidade para uma definição mais positiva do ser humano como abertura, alinhada com Heidegger, em vez de manter uma definição negativa do ser humano como falta, alinhada com Sartre, embora a falta e o concomitante "desejo de ser" continuem sendo importantes (especialmente na visão de inautenticidade de Beauvoir). Também se deve notar que, em *Por uma moral da ambiguidade*, Beauvoir se refere mais frequentemente ao desvelamento e ao ser do que ao por-si e ao em-si. Quando essas diferenças forem vistas no contexto mais amplo de sua filosofia, espera-se que sua importância se torne mais clara.

## Situação / ser-lançado / facticidade

Outro aspecto importante do conceito de abertura de Heidegger é o "ser-lançado" (*Geworfenheit*), que significa que o Dasein "já está em um mundo definido e junto a uma gama definida de entidades definidas dentro-do-mundo" (*BT*, p. 264; *SZ*, p. 221); o desvelamento é sempre "essencialmente fático" (*wesenhaft faktische*).[14] Para Heidegger, um ser humano existe no mundo antes de ter conhecimento do mundo; ele não encontra o mundo como um sujeito, relacionado com o mundo como objeto. Ele existe sob condições específicas, numa certa cultura e situação histórica, e em relação com coisas que ele usa para determinados propósitos. Ele está aí (*Dasein*). Essa é a facticidade (*Faktizität*) do Dasein. O ser humano se abre, revela um aí específico, o que significa ainda que o seu desvelamento nunca pode ser completo ou final. Ainda que o Dasein seja caracterizado pela facticidade e pelo ser-lançado, Heidegger também enfatiza sua falta de essência em frases como "*A 'essência' do Dasein está em sua existência*" (*BT*, p. 67; *SZ*, p. 42).

Todos esses conceitos aparecem nas filosofias de Sartre e de Beauvoir. Ambos rejeitam a ideia de que os humanos possam ser definidos como

14 Ao traduzir "*faktische*" como "factical" (fático), sigo os tradutores de *BT*, John Macquarrie e Edward Robinson, que cunharam o termo "factically" (faticamente) para "*faktisch*", de modo a manter esse conceito distinto de "*tatsachlich*" (factual) e de "*wirklich*" (real). *BT*, p. 27, n. 2.

portadores de uma essência. *O segundo sexo* coloca da seguinte forma: "Um existente é nada mais do que ele faz; o possível não se estende além do real; a essência não precede a existência: na subjetividade pura, o ser humano *não é nada*".[15] Ambos veem o ser humano como lançado no mundo e caracterizado pela facticidade (*facticité*), que é delineada com o conceito de *situação*.

Beauvoir, assim como Sartre, usa o conceito da situação em relação ao da liberdade. Mas como vários outros comentaristas notaram, Beauvoir enfatiza antes de Sartre os limites que a situação do indivíduo estabelece para sua liberdade.[16] Essa diferença em suas filosofias é ainda mais fundamental na minha opinião, já que a vejo com base em suas distintas visões do que seriam liberdade e situação – e não somente com base em uma diferença nas suas visões da relação entre ambas. Como vou mostrar, suas interpretações dos conceitos heideggerianos são diferentes.

Em *O ser e o nada*, Sartre conclui, a partir de sua rejeição ao essencialismo, a liberdade absoluta da consciência humana, embora ele também enfatize que os seres humanos estão sempre situados e têm uma facticidade. Partindo do conceito de desvelamento, para Beauvoir, assim como para Heidegger, o fato de que o desvelamento é sempre de um "aí" específico – em sua terminologia, "em e de uma situação" – leva a uma conclusão diferente. De acordo com Beauvoir, nem todos nós temos um conhecimento de nossa liberdade, como sustenta Sartre em *O ser e o nada*. Há uma grande diferença entre se supor que os seres humanos sempre têm uma intuição pré-reflexiva de sua liberdade, como diz Sartre, e supor que a liberdade é desvelada dentro de uma situação e por uma situação, como defende Beauvoir. Sua ideia de liberdade explica por que ela argumenta, em *Por uma moral da ambiguidade*, que a liberdade não é desvelada para uma criança antes de uma certa idade, já que a autonomia não é dada no nascimento. Ela também torna compreensível por que

15 *SS*. Londres: Jonathan Cape, 1997, p. 287; *DS* I, p. 388.

16 SIMONS, Margaret A. "Beauvoir and Sartre: The Philosophical Relationship". *In*: WENZEL, Hélène Vivienne (org.). *Simone de Beauvoir: Witness to a Century*. New Haven, CN: Yale University Press, 1986; KRUKS, Sonia. *Situation and Human Existence: Freedom, Subjectivity and Society*. Londres: Unwin Hyman, 1990; e GOTHLIN, Eva. *Sex and Existence: Simone de Beauvoir's "The Second Sex"*. Londres: Athlone, 1996; Hanover, NH: Wesleyan University Press, 1996.

defende que, se você vive em uma situação histórica onde a liberdade é negada a um grupo de pessoas porque a situação delas de opressão é definida como uma condição natural, a liberdade não é algo de que você tenha ciência (ver, por exemplo, *EA*, p. 85). Se a sua situação não oferece de fato possibilidades, você não pode ter uma intuição de liberdade. Essa concepção de liberdade, no entanto, não exclui o argumento de que os seres humanos são essencialmente caracterizados por sua liberdade, no sentido de que não possuem uma essência mas são definidos por sua existência – o que Beauvoir também defende, mesmo que essa liberdade ainda não tenha sido desvelada ou realizada de uma forma substancial.

Assim, em uma veia heideggeriana, Beauvoir enfatiza que sempre existimos sob condições específicas, numa determinada situação histórica e cultural, algo evidente desde *Por uma moral da ambiguidade* até *O segundo sexo*. Essa ênfase também pode estar relacionada com uma influência hegeliana e marxista em seu trabalho.[17] Em *O segundo sexo*, Beauvoir delineia a situação geral das mulheres durante diferentes períodos históricos. Nessas descrições e análises, ela enfatiza, como os marxistas, o papel da mulher na produção e a importância da propriedade privada. Mas ela também analisa o papel da ideologia, de assuntos como leis e costumes.

Assim, para Beauvoir, seres humanos não são livres para absolutamente nada, já que são situados. Por outro lado, um ser humano não é definido antecipadamente como tendo uma essência, como feminina ou masculina, boa ou má. Esse é o outro lado da moeda, manifesto na rejeição de Beauvoir em *O segundo sexo* à ideia de uma "natureza da mulher" ou de uma "essência feminina". Mas deve-se notar aqui uma diferença interessante entre Sartre e Beauvoir, e uma semelhança interessante entre Heidegger e Beauvoir, na conceitualização da existência, algo que também tem a ver com a visão deles de "possibilidades".

Ainda que a realidade humana, de acordo com Heidegger, esteja situada em um mundo, como uma abertura ela não é fixa, mas sim é uma forma de ser-aí que é "projeção" (*Entwurf*). A existência do Dasein consiste

17 Ver GOTHLIN, Eva. *Sex and Existence*, *op. cit.* Essa leitura de Beauvoir com Heidegger complementa aquela análise anterior.

em que ele "deve ser seu Ser" (*BT*, p. 32 n.; *SZ*, p. 12), ou em que "A 'essência' [*Wesen*] dessa entidade está em seu 'Ser' [*Zu-sein*]" (*BT*, p. 67; *SZ*, p. 42). Essa tese, como vou mostrar, é recorrente na filosofia de Beauvoir.

Em *Pirro e Cinéias*, Beauvoir cita Heidegger e conclui que um ser humano é sempre muito mais do que é a qualquer momento, algo que ela conecta à transcendência, ao ser humano como projeto (*PC*, p. 26). E mais à frente no texto ela diz que, "em certo sentido, um homem é sempre tudo o que ele precisa ser, já que, como mostra Heidegger, é sua existência o que define sua essência" (*PC*, p. 82).[18] Nessa segunda observação, deve-se notar que ela diz "que ele precisa ser", o que ecoa o "*Zu-sein*" de Heidegger. Em *O segundo sexo*, essa ideia aparece em relação à feminilidade, como na famosa frase: "Não se nasce mulher, torna-se mulher" (*SS*, p. 295; *DS* II, p. 13).[19] A feminilidade não é nem uma substância, nem uma essência, como Beauvoir ressalta tantas vezes nesse livro. É um "tornar-se" (*devenir*).

Se voltarmos à citação acima, onde Beauvoir discute a relação entre existência e essência, podemos notar que ela defendia, em relação aos seres humanos, que "o possível não se estende além do real". Assim, o possível sempre tem uma relação com o que é "real", com a situação existente. Isso tem implicações para a sua visão da mulher e da diferença sexual. Em outra parte de *O segundo sexo*, onde Beauvoir define a mulher como "tornar-se", ela aprofunda a explicação desse tornar-se em relação a possibilidades (*possibilités*). Ela diz: "A mulher não é uma realidade completa, mas sim um tornar-se, e é no seu tornar-se que ela deveria ser comparada ao homem; ou seja, as suas *possibilidades* deveriam ser definidas" (*SS*, p. 66; *DS* I, p. 72). Essa ideia de possibilidades, em relação com a existência de um ser humano como um tornar-se, também pode ser encontrada em *Ser e tempo* de Heidegger.

De acordo com Heidegger, o Dasein é uma estrutura de possibilidades (*Möglichkeiten*), uma estrutura que ele desvela e retém de diferentes

18 Minha tradução, como em todos os casos onde não há referência a uma edição em inglês.

19 BUTLER, Judith. *Gender Trouble: Feminism and the Subversion of Identity*. Londres e Nova Iorque: Routledge, 1990. Essa obra analisa a caracterização de Beauvoir da feminilidade como devir, mas de uma forma muito diferente e interessante. Butler a vê como uma criação constante por meio de repetidas performances e não a relaciona com a filosofia de Heidegger.

maneiras: "O Dasein é em cada caso o que pode ser, e da maneira na qual é sua possibilidade" (*BT*, p. 183; *SZ*, p. 143). Aqui também está a liberdade ou a transcendência do Dasein, ou seja, que ele transcenda o dado na direção do possível, ou que ele sempre seja mais do que é – o que não significa que ele tenha quaisquer possibilidades, já que é exatamente uma "possibilidade lançada".

Na citação acima, pode-se ver que Beauvoir, assim como Heidegger, pensa em termos de "possibilidades"; uma situação é caracterizada por certas possibilidades, que também são parte da facticidade. Com seu conceito de situação, Beauvoir delineia os aspectos gerais comuns das situações da mulher, que são definidas por relações produtivas, sistemas econômicos, lei e costumes. Isso também estabelece limites gerais para as possibilidades de uma mulher em uma sociedade específica, como na saúde e na educação, ou em limites de trabalho para a mulher no Afeganistão, por exemplo. Beauvoir conclui que as situações da mulher em geral têm sido caracterizadas por possibilidades menores. Isso resulta do fato de que ela foi definida como "a Outra". Assim, sua situação não é a mesma, ainda que um homem e uma mulher tenham o mesmo emprego e o mesmo salário. Mas o conceito de situação para Beauvoir também leva em conta a corporalidade do ser humano. Para entender a importância do corpo na filosofia de Beauvoir, é menos útil para nós a lermos com Hegel ou Marx do que com Heidegger.

## Corporalidade

Cada um desvela o mundo, mas cada um o faz de diferentes maneiras, de acordo com diferentes projetos e diferentes corpos. Para Beauvoir, o fato de sermos seres corpóreos é parte da nossa facticidade, mas isso também vale para o fato de sermos mortais. Assim como Heidegger, ela vê a mortalidade como um elemento importante na situação do ser humano. Se não fôssemos mortais, não seríamos mais humanos. Não se pode dizer o mesmo a respeito da reprodução bissexuada. Mesmo uma sociedade que se reproduzisse por meio da partenogênese seria humana (*SS*, p. 39; *DS* I, p. 40).

O corpo é uma parte importante da situação de uma pessoa, e Beauvoir dá um espaço considerável a ele em *O segundo sexo*. Em sua discussão sobre o corpo, ela cita Heidegger, mas também Sartre e Merleau-Ponty, e conclui que o corpo "não é uma *coisa*, é uma situação" (*SS*, p. 66; *DS* I, p. 72). Para Beauvoir, um ser humano não é uma consciência que se relaciona, como um sujeito, com o corpo como um objeto. Na verdade, o indivíduo vive o seu corpo como uma situação. Essa forma de caracterizar a corporalidade do indivíduo se torna mais compreensível quando relacionada ao conceito de ser humano de Heidegger, como abertura e facticidade.

A forma como o mundo e o próprio indivíduo são desvelados depende, portanto, do corpo e das possibilidades fisiológicas desse indivíduo. Outra parte da situação de uma mulher é ter um corpo feminino. Se o corpo é uma situação, é também parte de uma situação sociocultural mais ampla. O corpo deve sempre ser interpretado por uma perspectiva humana, diz Beauvoir, já que o ser humano é, nas palavras de Merleau-Ponty, "uma ideia histórica" e não "uma espécie natural" (*SS*, p. 66; *DS* I, p. 72). O corpo não constitui um destino, e não é em si uma explicação da hierarquia de gênero, como Beauvoir indica sucessivamente. A "figura" mulher na sociedade, portanto, não é determinada biologicamente e psicologicamente. Ela é na verdade produzida por nossa "civilização", o que também se aplica ao corpo da mulher. O corpo tem diferentes significações em diferentes situações, e é também individualmente desvelado e "vivido" (*vécu*).

O ser humano é corpóreo; essa facticidade é a mesma para homens e mulheres. Ainda assim, o corpo da mulher é visto como mais "corpóreo" do que o do homem. O corpo da mulher é interpretado de forma que o limita, e carregado de significações negativas. Além disso, fato é que o corpo do homem e o da mulher diferem de algumas maneiras. De acordo com Beauvoir, existem algumas diferenças biológicas, tais como a maior subordinação da mulher à espécie (por causa do papel da mulher na reprodução) e uma diferença geral na força muscular. Isso a leva a concluir que o "domínio sobre o mundo [por parte da mulher] é mais restrito" (*SS*, p. 66; *DS* I, p. 73). O que ela quer dizer com isso?

A relação do ser humano com o mundo é mediada através do corpo, pelo qual ele "entende" e "apreende" o mundo. Beauvoir escreve, pc exemplo, "Como o corpo é o instrumento de nossa compreensão do mundo, é inevitável que o mundo pareça algo muito diferente quando apreendido de uma maneira ou de outra" (*SS*, p. 65; *DS* I, p. 70). A ideia de que o mundo é apreendido através do corpo ressoa em Marx, Hegel, Heidegger e Merleau-Ponty. Portanto, não é somente através da consciência, mas também do corpo e dos instrumentos que são a sua extensão, que o mundo é desvelado. O mundo "se apresenta" de uma forma muito diferente; não só, como diz Sartre, dependendo do projeto (livremente escolhido), mas também de acordo com o corpo através do qual é vivido e apreendido. Por outro lado, fiel ao seu conceito de situação, Beauvoir entende que essas diferenças biológicas dependem do contexto; por exemplo, a apreensão pode não ser efetuada em qualquer sentido significativo por uma força muscular menor se o indivíduo vive em uma sociedade onde a força seja relativamente irrelevante. E a importância do fato de que mulheres, e não homens, dão à luz sempre depende das relações de gênero de uma sociedade específica e de sua organização da reprodução humana.

Assim, o conceito de situação para Beauvoir difere do de Sartre em *O ser e o nada*, e não somente no sentido de que ele enfatiza a possibilidade de superar livremente uma situação, ao passo que ela enfatiza os limites impostos por esta. A importância dos conceitos de desvelamento, possibilidades e tornar-se (com sua base heideggeriana) faz com que seja diferente a conceitualização dela da situação e da facticidade. Heidegger raramente usa o termo "situação". Mas, como tentei mostrar, a significação que Beauvoir dá à situação é próxima da descrição dada por Heidegger à abertura, ao ser-lançado e à facticidade do Dasein.

Notar o elemento heideggeriano na filosofia de Beauvoir pode aprofundar a nossa compreensão dos conceitos de situação e sexo para Beauvoir. O corpo do homem difere do da mulher, e esse fato deve ser levado em conta como algo que pertence à nossa facticidade e como algo que é parte das nossas possibilidades. Por outro lado, fora de uma situação histórica e cultural específica, é difícil dizermos algo sobre o que essas diferenças implicam, qual importância elas têm, por exemplo, em relação às nossas possibilidades. Isso está de acordo com um tipo heideggeriano de fenomenologia, cuja consequência lógica seria a incapacidade de determinar o significado da diferença sexual em si e de forma absoluta, ao mesmo tempo que se reconhece a sua existência. Também devemos estar cientes do fato de que a significação do corpo sexuado sempre depende de como tal corpo, como situação, é vivido e desvelado concretamente pelo indivíduo – um desvelamento que, por sua vez, se relaciona com uma situação de significações já dadas.

Assim, ler Beauvoir com Heidegger nos permite entender por que é importante levar em conta as diferenças fisiológicas e o corpo da mulher, e, ao mesmo tempo, por que o significado dessas diferenças sempre depende de dado número de fatores. Assim, não é coincidência que, quando Beauvoir descreve a iniciação sexual, por exemplo, ela descreva todo um espectro de diferentes formas de vivê-la, formas que dependem da situação cultural geral, assim como da situação específica de um indivíduo mulher – uma situação que, por sua vez, depende de sua relação com os pais, experiências eróticas prévias, e assim por diante.

Pode-se interpretar, portanto, que Beauvoir adotou uma abordagem heideggeriana para a diferença sexual, ainda que o próprio Heidegger não analise o sexo. Até Sartre fala que as possibilidades são características do para-si. Mas ele enfatiza a liberdade, não a facticidade, e ele não a conecta com a abertura num sentido heideggeriano. Tampouco leva em consideração o corpo sexuado. Já que para Beauvoir o desvelamento se dá dentro de e por uma situação, também entendemos por que o corpo sexuado é para ela uma parte importante da situação de um indivíduo, em todas as sociedades onde a diferença sexual exista, onde seja desvelada. O desvelamento tem a ver com a significação; a significação das diferenças corporais deve ser levada em conta.

## O Ser-com (*Mitsein*)

Se o desvelamento é para Heidegger e Beauvoir algo que caracteriza o ser humano e a sua relação com o mundo, ele também afeta a relação de um indivíduo com o outro. Heidegger não leva esse seu ponto de partida em uma consciência solipsista; o Dasein é Ser-com (*Mitsein*) e tem uma compreensão primordial disso. O Dasein está em um mundo compartilhado com os outros, um *Mitwelt* que reina ainda que o indivíduo esteja totalmente sozinho, como Robinson Crusoé em sua ilha.

Tampouco há para Beauvoir qualquer dúvida de que os outros existam. Seja em *Por uma moral da ambiguidade*, seja em *O segundo sexo*, entende-se que a individualidade e a autonomia são desenvolvidas e adquiridas na vida humana tanto individualmente quanto historicamente. Em *O segundo sexo*, ela descreve, por exemplo, as diferentes fases de separação pelas quais passa uma criança, começando em uma relação simbiótica com a mãe. Assim, para Beauvoir, os seres humanos nascem em um mundo de outros. Para ela e para Heidegger, isso é parte do desvelamento. Repetidas vezes, tanto em *Por uma moral da ambiguidade* quanto em *O segundo sexo* (onde o significado de ser mulher depende, como mostrei, de códigos sociais e culturais em relação à mulher e à feminilidade), enfatiza-se que as significações que o ser humano desvela dependem de significações prévias.

Em *Por uma moral da ambiguidade*, não consta o termo Ser-com (*Mitsein*), mas, como tentei mostrar, o sentido desse conceito pode ser encontrado sob outro termo – no caso, "interdependência", ou que "cada um depende do outro" (*EA*, p. 82; *PMA*, p. 115 n.).[20] Como Beauvoir costuma expressar, somos ao mesmo tempo indivíduos separados e dependentes de uma coletividade à qual pertencemos, sempre já em relação com o outro. Sua visão de relação humana é mais próxima das visões de Heidegger, Hegel e Merleau-Ponty do que da visão de Sartre em *O ser e o nada*, onde Sartre rejeita o *Mitsein* de Heidegger, que ele interpreta como a denotação de uma intersubjetividade impossível.[21]

Em *O segundo sexo*, o termo *Mitsein* ocorre no sentido delineado acima, ou seja, como "Ser-com"; o casal humano, por exemplo, seria "um *Mitsein* original" (*SS*, p. 67; *DS* I, p. 74). Homens e mulheres sempre foram *Mitsein* – não dois grupos distintos e separados que apareceram e se confrontaram ao longo da história, como a burguesia e o proletariado.

20 Sobre o conceito de interdependência, ver também KRUKS, Sonia. *Situation and Human Existence*, *op. cit.*

21 *EN*. Paris: Gallimard, 1970 [1943], p. 484 f., 497 e 502; *BN*. Nova Iorque: Philosophical Library, 1956, p. 413 n., 425 e 492; *DS* I, p. 19.

Não somente o casal é *Mitsein*, como também o ser humano em geral, e essa condição, de acordo com Beauvoir, pode ser vivida de diferentes formas. Num dos lugares em que o casal é definido como "um *Mitsein* original", Beauvoir acrescenta que foi a partir desse *Mitsein* que a "sua oposição tomou forma".[22] O *Mitsein* então, para Beauvoir, não exclui a possibilidade de conflito, algo declarado ainda mais diretamente em sua frase: "Esses fenômenos [conflitos] seriam incompreensíveis se de fato a realidade humana fosse exclusivamente um *Mitsein* baseado em solidariedade e amabilidade" (*SS*, p. 17; *DS* I, p. 16 n.).[23] Para Beauvoir, os humanos são *Mitsein*, mas tal *Mitsein* pode ser vivido ou em separação e conflito, ou em amizade e solidariedade. Para ela, o *Mitsein* não significa que a humanidade seja uma só e que todos tenham os mesmos objetivos e aspirações, vivendo em um tipo de simbiose amigável. O *Mitsein* não é um conceito ético, nem é conectado com a autenticidade. Ele expressa simplesmente o fato de que a realidade humana é um Ser-com – ainda que não um Ser-um, mas um Ser-muitos, que é explicado nas palavras: "[...] a realidade humana [...] é ao mesmo tempo *Mitsein* e separação" (*SS*, p. 79; *DS* I, p. 88). Nesse contexto, o *Mitsein* é usado para explicar a existência de uma linguagem e de um simbolismo em comum, concomitante à ocorrência de diferenças e invenções.

A ênfase que Beauvoir dá ao conflito em sua interpretação do *Mitsein* é compreensível, se for considerado que ela o conecta, em *O segundo sexo*, a uma visão hegeliana das relações humanas. Assim como o intérprete francês de Hegel, Alexandre Kojève, ela vê a autoconsciência e o desenvolvimento histórico como algo que surge a partir de um confronto com o Outro. Isso resulta em uma luta de vida ou morte e uma divisão em dois grupos de pessoas, senhores e escravos – um conflito que pode ser transcendido pelo reconhecimento recíproco. O desenvolvimento humano nem teria ocorrido, não fosse esse conflito original.[24]

22 Minha tradução de "leur opposition s'est dessinée". Cf. *SS*, p. 19.

23 Tradução modificada; cf. *DS* I, p. 19. Observem que Beauvoir se refere a "la realité humaine", a tradução francesa de "*Dasein*".

24 Ver KOJÈVE, Alexandre. *Introduction to the Reading of Hegel: Lectures on the Phenomenology of Spirit*. Editado por Raymond Queneau. Trad. James H. Nichols, Jr. Nova Iorque: Basic Books, 1969; e GOTHLIN, Eva. *Sex and Existence*, *op. cit.*, p. 56-82.

Assim como muitos outros na Paris dos anos 1940, Beauvoir considerava possível combinar Heidegger, com seu conceito de *Mitsein*, e Hegel, com sua dialética senhor-escravo, uma leitura apresentada por Kojève. O conceito de *Mitsein* foi amplamente discutido nos anos 1940, especialmente as suas implicações políticas e éticas, como se um *Mitsein* autêntico fosse possível para Heidegger. Alphonse de Waelhens, em um artigo na *Les Temps modernes* publicado em 1947, mesmo ano de *Por uma moral da ambiguidade* de Beauvoir, conclui que, mesmo que o *Mitsein* em *Ser e tempo* muitas vezes seja relacionado à inautenticidade, está claro que para Heidegger existe a possibilidade de um *Mitsein* autêntico. Waelhens argumenta que a antropologia de Heidegger é próxima da do jovem Hegel e do jovem Marx, porque Heidegger define o *Mitsein* autêntico como a permissão de que o outro realize sua liberdade. Heidegger, assim como Hegel, entende que o sentido da história é "tornar o reconhecimento do homem pelo homem possível".[25]

Em *O segundo sexo*, uma visão hegeliana/marxista da história, que estabelece a tendência de afirmar-se contra o outro como fundamental para uma mudança histórica e para um desenvolvimento individual, é importante. Mas, como mencionado previamente, Beauvoir pressupõe que as relações humanas podem ser caracterizadas ou por conflito e opressão, ou por amizade e solidariedade. É a segunda forma que ela vê como a mais autêntica, quando o ser humano está em sua "verdade". Em *O segundo sexo*, essa ideia é conceitualizada na forma de um reconhecimento recíproco hegeliano: "[...] cada indivíduo reconhece livremente o outro" (*SS*, p. 172; *DS* I, p. 232). Nessa combinação de autenticidade, *Mitsein* e reconhecimento recíproco, Beauvoir não estava sozinha durante os anos 1940, como mostra a referência acima a Waelhens.

25 WAELHENS, Alphonse de. "La philosophie de Heidegger et le nazisme". *Les Temps modernes*, 22: 115-127, jul. 1947. Para outra visão da mesma época sobre *Mitsein* e autenticidade, ver ALQUIÉ, Ferdinand. "Existentialisme et philosophie chez Heidegger (Fin)". *La Revue Internationale*, 4 abr. 1946.

## A autenticidade

Pode-se lidar com o fato ontológico de que somos desvelamento e *Mitsein* de diferentes maneiras, tanto para Heidegger quanto para Beauvoir. E essa diferença também tem um papel importante na visão deles de autenticidade, a verdadeira forma de viver como um ser humano. Em relação a Beauvoir, de certa forma já tratei dessas questões. Mas como elas são vistas na filosofia de Heidegger? Olhando para a forma como a autenticidade é conceitualizada em Heidegger e em Beauvoir, é possível ver uma semelhança e uma diferença.

Para Heidegger, a autenticidade e a inautenticidade estão intimamente ligadas ao fato de que o Dasein é *Mitsein*. O nosso ser-no-mundo e o nosso ser-com-os-outros são, por sua vez, uma pré-condição para o fato de que podemos "nos perder" no mundo e nos outros. Em sua maior parte, o Dasein é até mesmo "perdido em seu mundo" – já que "cair" pertence ao seu modo de ser. Isso implica ser absorvido pelo "*das Man*" (o "eles" ou o "um").[26] Isso também significa que o Dasein "foge" de si mesmo "como uma autêntica potencialidade-para-Ser-seu-Eu" (*BT*, p. 229; *SZ*, p. 184). Assim, para a facticidade do Dasein cabe viver na maior parte do tempo inautenticamente, da forma que o "*das Man*" vive, para conhecer a si mesmo e o mundo da maneira como o outro conhece. O Dasein então, em certo sentido, "esquece" de ser um desvelamento, um "projeto". Em sua vida diária, ele se torna tão repleto pelo mundo que a sua maneira de ser neste, que na verdade é contingente, aparece em vez disso como algo dado.

Heidegger faz a distinção entre o desvelamento como algo característico do Dasein e o desvelamento verdadeiro ou autêntico. Na interpretação autêntica, o Dasein desvela suas possibilidades como ser-no mundo. Ele pode entender a si mesmo não somente a partir do "*das Man*", mas também em termos de "sua própria potencialidade-para-Ser":

26 Hubert L. Dreyfus argumenta, em *Being-in-the-World: A Commentary on Heidegger's "Being and Time", Division I* (Cambridge, MA: MIT Press, 1999 [1991], p. 151 n.), que o "*das Man*" deveria ser traduzido como "the one" (o um) em vez de "the They" (o eles) (como Macquarrie e Robinson traduziram em *Ser e Tempo*), já que "the They" (o eles) pode passar a impressão de que "*das Man*" é separado de nós.

a potencialidade de ser si-mesmo, ser livre, "autêntico" (*BT*, p. 232; *SZ*, p. 188). Essa compreensão é desvelada no estado de angústia, onde aparece a possibilidade de viver autenticamente. Para o Dasein, estar em sua verdade significa *ser* o desvelamento que ele fundamentalmente é. Heidegger chama tal desvelamento autêntico de "determinação" (*Entschlossenheit*) (*BT*, *SZ*, § 60). Significa não seguir a multidão, mas sim deliberadamente escolher como viver a vida e como perceber a individualidade de acordo com possibilidades disponíveis, entendendo que a existência é infundada.[27]

Se olhamos agora para a visão que Beauvoir tem de autenticidade, lembramos que em *Por uma moral da ambiguidade* o ser humano é descrito não somente como "desvelamento", mas também como a "falta--de-ser", que resultou no "desejo de ser". O desvelamento é estabelecido em *Por uma moral da ambiguidade* como a base para a autenticidade. Em *O segundo sexo*, onde prevalece a análise da inautenticidade, ganham mais importância a falta-de-ser e o desejo concomitante de ser, junto ao que tais desejos podem levar, se buscados. A autenticidade está ligada a ver a si mesmo (ou, na terminologia de Beauvoir, afirmar-se) como desvelamento. Ela não está ligada a buscar o desejo de ser – logo, não está ligada ao desejo de que um ser humano seja o seu desvelamento (assim como mostrei acima que Heidegger enfatiza que o Dasein "está em sua verdade" quando é o desvelamento que ele fundamentalmente é).

O desvelamento está relacionado com outro aspecto do ser humano: sua liberdade. Beauvoir faz com que afirmar-se como desvelamento seja sinônimo de afirmar-se como um ser humano livre: "Desejar o desvelamento do mundo e afirmar-se como liberdade são o mesmo movimento" (*EA*, p. 24; *PMA*, p. 34). Para Heidegger, ser autêntico também era, como mostrei, ser a potencialidade, ser livre, não estar "perdido no mundo" e nos outros. Aqui encontramos uma semelhança em Beauvoir, que ressalta repetidas vezes que os seres humanos, se possível, deveriam reconhecer sua liberdade e assumir a responsabilidade pela própria vida. Em *Ser e tempo*, fala-se muito pouco sobre a liberdade do Dasein, assim como na filosofia de Beauvoir. Mas existe uma semelhança no sentido de

27 Ver *Ibidem*, p. 26 n.

que a autenticidade, para ambos, está conectada à afirmação da "falta de fundamento", e ao fato de escolher ativamente o seu modo de vida, não vivendo a vida de forma passional como o "*das Man*" preconiza. Beauvoir enfatiza, por exemplo, que não reconhecer a liberdade de uma pessoa significa entender tudo como "dado" – o mundo, os valores, as circunstâncias de uma pessoa, e a vida.

Como o *Mitsein* é importante na obra de Beauvoir, assim como na de Heidegger, a inautenticidade está muito mais conectada em sua filosofia ao risco de se perder nos aspectos negativos do "*das Man*" do que na filosofia de Sartre. Ela insiste, repetidas vezes, que as mulheres raramente tiveram a chance de viver de acordo com a potencialidade humana de serem livres e autênticas. A mulher, em geral, teve de viver de acordo com a "opinião pública", tendo de se conformar à definição de "mulher" dada pela sociedade. Para a mulher, ser o Outro significava ser como os outros queriam que ela fosse, e não como um sujeito individualizado autodefinidor. Assim, faltava com frequência a possibilidade de desvelar-se e de perceber-se como sujeito. A mulher teve de aceitar papéis prontos, como o de mãe e o de dona de casa. Seguir a "opinião geral" era de extrema importância, já que a virtude da mulher dependia disso.

A discussão acima também deixou claro que, na filosofia de Beauvoir, ao contrário da de Heidegger, as possibilidades abertas por uma situação específica para que um indivíduo seja livre e autêntico são o interesse central. Seria possível dizer que Beauvoir tira conclusões heideggerianas que o próprio Heidegger não tiraria. Em sua filosofia, a autenticidade é explicitamente relacionada a um contexto de possibilidades e significados compartilhados. A questão das condições de autenticidade é central – uma questão raramente colocada por Heidegger. Na resposta de Beauvoir, é aparente a influência marxista sobre sua filosofia.

Heidegger não analisa ou critica a opressão, mas pressupõe que o desvelamento autêntico (determinação) também muda a relação de um indivíduo com os outros. De acordo com Heidegger, "a determinação do Dasein para consigo mesmo é a primeira coisa que torna possível permitir que os Outros, que estão com ele, 'estejam' em sua própria potencialidade-para-Ser, e co-desvelem essa potencialidade na solicitude que salta à frente e libera" (*BT*, p. 344 n.; *SZ*, p. 298). Nessa citação, o desvelamento autêntico está conectado à possibilidade de deixar que os outros também sejam a sua "potencialidade-para-Ser". Os outros também podem ser vistos como entes-à-mão ou entes-dados. Ou seja, podem ser vistos mais na forma como as entidades aparecem, como algo a ser usado[28] (objetos, não sujeitos, como Beauvoir diz) – algo que significa que os outros são tratados como meios mais do que como fins, o que é criticado por Beauvoir em *Por uma moral da ambiguidade*.

A indicação que Heidegger faz de uma relação entre a autenticidade de uma pessoa e a dos outros é substituída em Beauvoir pela insistência na interdependência. Ela declara que "Querer-se livre é também querer livres os outros" (*EA*, p. 73; *PMA*, p. 102). Nem para Beauvoir, nem para Heidegger, a liberdade é necessariamente conectada ao conflito, como na filosofia inicial de Sartre. Para Beauvoir, como somos interdependentes, o outro não é, ontologicamente falando, um obstáculo à minha liberdade, mas sim uma condição para que ela seja realizada. A autenticidade para Beauvoir é desvelar o mundo com e para os outros (ver *EA*, p. 71; *PMA*, p. 100). Por outro lado, como ela foca no conflito, ao contrário de Heidegger, mas igual a Sartre e a Hegel, os outros podem muito bem parecer, na situação concreta, um obstáculo à minha liberdade. Mas Beauvoir não afirma, como Sartre faz em *O ser e o nada*, que eles sempre sejam, que este sempre seja o caso.

O *Mitsein*, como já mencionado, não é em si um conceito ético, embora as suas implicações éticas tenham sido amplamente discutidas, e não somente durante os anos 1940. Alguns comentaristas sustentam que o *Mitsein* pode ser desenvolvido em um conceito ético,[29] enquanto outros duvidam disso, apontando que o *Mitsein* para Heidegger costuma parecer relacionado à inautenticidade, a estar perdido no "*das Man*". Outra maneira de olhar para isso, como Hubert Dreyfus faz, é insistir que o *Mitsein*

28 Ver THIELE, Leslie Paul. *Timely Meditations*, *op. cit.*, p. 50.

29 Uma obra que sustenta tal entendimento, pelo fato de o *Mitsein* estar conectado à solicitude (*Fürsorge*) em *BT*, é: OLAFSEN, Frederick A. *Heidegger and the Ground of Ethics: A Study of Mitsein*. Cambridge: Cambridge University Press, 1998.

e o "*das Man*" têm dois sentidos inter-relacionados: por um lado, que não podemos nem entender nada, nem desvelar a verdade fora de um contexto histórico específico; mas por outro, que a verdade tampouco deve ser encontrada na opinião geral. Portanto, existe tanto algo positivo no *Mitsein* e no "*das Man*" – que representa o mundo compartilhado de práticas e linguagem – quanto algo negativo no sentido de que o "*das Man*" também representa a conformidade.[30] Por essa interpretação, que corresponde àquela desenvolvida neste capítulo, o fato de que o ser humano é *Mitsein* e "*das Man*" pode ser vivido tanto autenticamente quanto inautenticamente. Apontei para esse mesmo padrão na filosofia de Beauvoir. Uma diferença importante é que, diferentemente de Heidegger, Beauvoir foca no conflito e na opressão. A autenticidade, portanto, também tem a ver com a forma como é vivida a sempre presente possibilidade de conflito.

Se sustentamos, com Heidegger e Beauvoir, que ver o ser humano como ser-com fornece uma base para a ética, permanece sem resposta a questão sobre qual tipo de ética, assim como a questão das implicações que essa base de fato tem para a relação de um indivíduo com o outro. Essa viagem de ler Beauvoir com Heidegger, por mais limitada que seja pelo espaço deste capítulo, se encerra com essas questões em aberto.

---

30 DREYFUS, Hubert L. *Being-in-the-World*, *op. cit.*, p. 143 e 154 n.

# 3 O corpo como instrumento e expressão

*Sara Heinämaa*

*O segundo sexo*, de Simone de Beauvoir, é famoso por suas descrições negativas do corpo feminino.[1] Vários intérpretes afirmam que Beauvoir apresenta o corpo feminino como um mero obstáculo; dominado pelos ciclos da menstruação, da gestação e da amamentação, o corpo feminino limita severamente a liberdade de escolha e a autorrealização da mulher. Os críticos argumentam ainda que tal visão do corpo feminino é parcial e, pior, enviesada por um ponto de vista masculino, sartreano ou cartesiano. De acordo com os críticos, Beauvoir acaba descrevendo o corpo feminino como um fardo (*DS* II, p. 511; *SS*, p. 630) pois aceita a noção voluntarista de subjetividade de Sartre.[2]

Essa leitura comum de *O segundo sexo* é equivocada. Os comentários negativos de Beauvoir em relação ao corpo feminino não revelam seu conceito fundamental de corporalidade feminina. Eles apenas constituem um passo temporário dentro de um argumento mais aprofundado. A discussão que Beauvoir faz da condição da mulher pode ser entendida somente se seus pontos de partida filosóficos forem compreendidos e reconhecidos. O objetivo deste capítulo é esclarecer e tornar explícitos esses

---

1 *SS*. Trad. H. M. Parshley. Harmondsworth: Penguin, 1952; *DS* I. Paris: Gallimard, 1993 [1949]; *DS* II. Paris: Gallimard, 1991 [1941].

2 Tal leitura é comum em discussões feministas dos anos 1980. Mas comentaristas feministas relativamente recentes também a aceitam. Ver, por exemplo: MCMILLAN, Carol. *Women, Reason and Nature: Some Philosophical Problems with Feminism*. Oxford: Blackwell, 1982, p. 117-19, 139-40; HARTSOCK, Nancy. "The Feminist Standpoint". *In*: HARDING, Sandra e HINTIKKA, Merrill B. (orgs.). *Discovering Reality*. Dordrecht: Reidel, 1983; LLOYD, Genevieve. *The Man of Reason: "Male" and "Female" in Western Philosophy*. Londres: Methuen, 1984, p. 86-102; HEKMAN, Susan J. *Gender and Knowledge: Elements of a Postmodern Feminism*. Londres e Nova Iorque: Routledge, 1990, p. 74-78; e GROSZ, Elisabeth. *Volatile Bodies: Toward a Corporeal Feminism*. Bloomington, IN: Indiana University Press, 1994, p. 15.

pontos de partida. Eu argumento que a noção de corporeidade de Beauvoir é uma elaboração crítica da descrição de *corpo vivo* (*corps vivant, corps vécu*) que ela encontrou em *Fenomenologia da percepção*, de Merleau-Ponty.[3]

Por meio de Merleau-Ponty, Beauvoir foi influenciada por Edmund Husserl, fundador do movimento da fenomenologia.[4] Logo, seu trabalho pode ser caracterizado como existencialista-fenomenológico. Contudo, os vestígios de fenomenologia que encontramos em *O segundo sexo* não são das primeiras publicações de Husserl, que foram criticadas como logicistas ou solipsistas. Eles na verdade se originam de manuscritos nos quais Husserl focava em questões de corporalidade e intersubjetividade.[5]

Então o meu capítulo acrescenta um novo elemento à literatura que argumenta que a obra de Beauvoir não é uma simples aplicação da filosofia de Sartre.[6] Mas este não é o único resultado, uma vez que a minha

---

3 MERLEAU-PONTY, Maurice. *The Phenomenology of Perception*. Trad. Colin Smith. Londres e Nova Iorque: Routledge, 1995; *Phénoménologie de la perception*. Paris: Gallimard, 1993 [1945].

4 Jo-Ann Pilardi argumenta que a influência fenomenológica na obra de Beauvoir vem da interpretação e da crítica que Sartre faz de Husserl (*Simone de Beauvoir Writing the Self*. Westport, CN: Greenwood Press, 1999, p. 6-7, 40). A minha leitura concorda com a dela ao ver Beauvoir como uma fenomenologista, mas difere ao argumentar que a fenomenologia de Beauvoir não é sartreana, e sim mais próxima da filosofia de Merleau-Ponty. Ver HEINÄMAA, Sara. "Woman – Nature, Product, Style? Rethinking the Foundations of Feminist Philosophy of Science". *In*: NELSON, Lynn Hankinson e NELSON, Jack (orgs.). *A Dialogue Concerning Feminism, Science, and Philosophy of Science*. Dordrecht: Kluwer, 1996, p. 289-308; "What Is a Woman? Butler and Beauvoir on the Foundations of the Sexual Difference". *Hypatia*, 12 (1): 20-39, 1997; e "Simone de Beauvoir's Phenomenology of Sexual Difference". *Hypatia*, 14 (4): 114-32, 1999. A minha leitura se alinha à de Sonia Kruks em *Situation and Human Existence: Freedom, Subjectivity and Society* (Londres e Nova Iorque: Routledge, 1991), ao explicar a conexão entre o trabalho de Beauvoir e a fenomenologia de Merleau-Ponty.

5 Esse lado da obra de Husserl foi estudado de perto por vários acadêmicos. Ver, por exemplo: DEPRAZ, Natalie. *Transcendance et incarnation: Le statut de l'intersubjectivite comme altérié à soi chez Husserl*. Paris: Vrin, 1995; STEINBOCK, Anthony. *Home and Beyond: Generative Phenomenology after Husserl*. Evanston, IL: Northwestern University Press, 1995; ZAHAVI, Dan. *Husserl und die transzendentale Intersubjektivitat: Eine Antwort auf die sprachpragmatische Kritik*. Dordrecht, Boston e Londres: Kluwer, 1996.

6 Para esse argumento, ver: os ensaios de Margaret A. Simons, compilados em *Beauvoir and* The Second Sex. Lanham, MD: Rowman & Littlefield, 1999; GOTHLIN, Eva. *Sex and Existence: Simone de Beauvoir's "The Second Sex"*. Londres: Athlone, 1996; a primeira edição sueca dessa obra de Gothlin, de 1991; e BERGOFFEN, Debra B. *The Philosophy of*

argumentação também questiona a interpretação mais recente, segundo a qual Beauvoir baseou o seu pensamento principalmente nos conceitos de Martin Heidegger.[7]

Evidências diretas do envolvimento de Beauvoir com a fenomenologia podem ser encontradas em *O segundo sexo*,[8] onde ela nos conta que os conceitos básicos do seu trabalho – os conceitos de corporalidade – são tirados da tradição fenomenológica de pensamento. Na introdução, ela enfatiza várias vezes que sua descrição da diferença sexual assume como ponto de partida a compreensão fenomenológica do corpo vivo. Ela afirma: "Na perspectiva que estou adotando – a de Heidegger, Sartre e Merleau-Ponty – se o corpo não é uma coisa [*chose*], é uma situação: é o nosso entendimento do mundo e o contorno de nossos projetos" (*DS* I, p. 73; *SS*, p. 66).[9] E, mais uma vez: "Não é o corpo-objeto [*corps-objet*], descrito pelo biólogo, o que de fato existe, mas sim o corpo vivo do sujeito [*corps vécu*]" (*DS* I, p. 78; *SS*, p. 69).

Assim, a base das discussões de Beauvoir sobre a diferença sexual é uma estrutura metódica, na qual o corpo é descrito como um sujeito de percepção, e não como um objeto biocientífico. O corpo entendido dessa forma não é determinado por relações causais, mas sim movido por conexões motivacionais. Beauvoir nos lembra desse ponto de partida durante toda a sua argumentação, desde a introdução até as últimas páginas do livro, onde ela repete: "O corpo nunca é a *causa* das experiências subjetivas, já que, sob o seu formato [*figure*] objetivo, ele é o próprio sujeito" (*DS* II, p. 586; *SS*, p. 682).

---

*Simone de Beauvoir: Gendered Phenomenologies, Erotic Generosities*. Albany, NY: State University of New York Press, 1997.

7 Esse argumento é desenvolvido por Eva Gothlin. Ver o capítulo 2 acima.

8 Beauvoir descreve sua relação com a fenomenologia em sua autobiografia. Ver HEINÄMAA, "Beauvoir's Phenomenology of Sexual Difference", *op. cit.*, p. 119-21.

9 Ofereço minhas próprias traduções do texto de Beauvoir porque as traduções existentes são deturpadas e até mesmo incorretas. Aqui, a afirmação de Beauvoir é quase uma citação literal de Sartre, que diz: "Assim, o mundo como um correlato das possibilidades que eu *sou* aparece, a partir do momento de meu surgimento, como o enorme esboço de todas as minhas possíveis ações" (*EN*. Paris: Gallimard, 1998 [1943], p. 362; *BN*. Nova Iorque: Washington Square Press, 1966, p. 425). Mas notem que Beauvoir substitui o singular de Sartre "minhas possíveis ações" pelo plural "nossos projetos".

Para entender o argumento de Beauvoir, é preciso estudar o conceito de corpo utilizado por Heidegger, Sartre e Merleau-Ponty. Mas se concordarmos em dar esse passo, devemos nos aprofundar na tradição fenomenológica, pois esses pensadores têm como base de sua discussão a corporeidade nos escritos de Husserl.

Husserl introduziu pela primeira vez o conceito de corpo vivo (*Leib*) em suas lições de 1907 sobre a objetividade e a espacialidade: *Thing and Space* [Coisa e espaço].[10] Cinco anos depois, ele deu a esse conceito uma extensa explicação na segunda parte de seu *Ideas.*[11] Esse trabalho, junto das duas primeiras partes de seu *A crise das ciências europeias e da fenomenologia transcendental*, publicado pela primeira vez em 1936, é a fonte dos estudos fenomenológicos existencialistas da corporeidade e da sexualidade.

## O corpo vivo na atitude naturalista

O ponto de partida da análise de Husserl em *Ideias* II é o simples fato de que temos dois tipos diferentes de experiências de corpos materiais. Percebemos coisas meramente físicas (*Körper*) – ou seja, pedaços de matéria inerte (pedra ou metal, por exemplo) – e experienciamos corpos vivos: os corpos vegetais, animais e humanos, os corpos de outras pessoas e os nossos próprios.

10 HUSSERL, Edmund. *Thing and Space: Lectures of 1907*. Richard Rojcewicz (trad. e org.). Dordrecht: Kluwer, 1997.

11 *Idem*, *Ideen zu einer reinen Phänomenologie und Phänomenologischen Philosophie, Zweites Buch: Phänomenologische Undersuchung zur Konstitution* (doravante *Ideen* II). Essa obra foi editada pelos assistentes de Husserl, Edith Stein e Ludwig Landgrebe. O trabalho de Stein não se restringia a meramente editar o manuscrito e as notas de trabalho de Husserl. Ela revisava os manuscritos de forma significativa, e escreveu de forma independente várias partes do volume, baseando seu trabalho em sua tese de doutorado, *On the Problem of Empathy* (trad. Waltraut Stein, The Hague: Martinus Nijhoff, 1970 [1916]). *Ideen* II foi publicado pela primeira vez em alemão somente em 1952, muito depois da morte de Husserl. Mas Merleau-Ponty o estudou como um manuscrito em 1937, no arquivo Husserl em Louvain. Sobre a relação de Merleau-Ponty com os manuscritos e trabalhos não publicados de Husserl, ver TOADVINE, Ted. "Merleau-Ponty's Reading of Husserl: A Chronological Overview". *In*: EMBREE, Lester e TOADVINE, Ted (orgs.) *Merleau Ponty's Reading of Husserl*. Dordrecht: Kluwer, 2001.

Husserl aponta que podemos nos identificar com os corpos vivos de duas maneiras fundamentalmente diferentes. Por um lado, podemos adotar a atitude do naturalista, e abstrair dos corpos que estudamos todo o seu significado, valor e propósito. Assim, as posições e movimentos dos corpos aparecem para nós como meros efeitos de causas externas e internas. Podemos então tentar explicar e prever o comportamento deles agrupando-os sob leis gerais. Na atitude das ciências naturais, não experienciamos mais pessoas ou sociedades humanas; "antes, experienciamos coisas meramente materiais"[12] (*Ideen* II, p. 25; *Ideas* II, p. 27).

Por outro lado, podemos nos identificar – e de fato o fazemos – com os corpos vivos como agentes repletos de sentido e propósito – "pessoas", na terminologia de Husserl. Nesse caso, nossa própria atividade e interesse não estão em explicar ou prever o comportamento dos outros, mas em responder aos seus movimentos e gestos.

As duas primeiras longas partes do *Ideas* II de Husserl são dedicadas a uma descrição e análise do corpo vivo como concebido na visão das ciências naturais. A natureza, compreendida nessa visão, inclui todas as coisas materiais ou espaço-temporais. Além de corpos meramente materiais ou de corpos físicos, ela consiste na "natureza psíquica" baseada no material – a qual é objeto das ciências da psicologia, mas também pressuposta pela zoologia e por todas as outras ciências do comportamento animal. Contudo, quando a psique é estudada dentro da visão das ciências naturais, ela aparece "como nada *per se*" – nada mais do que uma camada ou estrato do material.

O corpo vivo é um tipo específico de realidade material, pois é o ponto de encontro do físico e do psíquico, um ponto de virada (*Umschlagspunkt*) de um para o outro. Dito isso, devemos fazer uma observação sobre a linguagem: a metáfora de um "ponto de encontro" ou "ponto de virada" é esclarecedora para transmitir a ideia de conexão. Ela nos ajuda a perceber que o físico e o psíquico são fundamentalmente diferentes, mas relacionados, o que é crucial na análise de Husserl. Contudo, essa metáfora também é problemática ao sugerir que a conexão entre corpo e alma é de natureza espacial. Husserl rejeita tal interpretação

12 BIEMEL, Marly (org.). *Ideen* II. Haia: Martinus Nijhoff, 1952, p. 25; *Ideas* II, p. 27.

e enfatiza que não devemos tentar basear a nossa compreensão da relação entre corpo e alma no modelo de duas entidades distintas.[13] A alma não aparece como parte do corpo físico. Tampouco a vemos ao lado do corpo, dentro ou acima dele. Ela, na verdade, aparece como uma realidade *pertencente* (*gehören*) ao corpo:

> O excesso de realidade além da coisa meramente física não é algo que possa ser separado sozinho, não é algo justaposto, mas algo dentro da coisa física [*an diesem*]. Assim, ela se move "junto com" a coisa e adquire sua determinação espacial ao estar dentro de algo que em si é espacial [*an dem Räumlichen*]. (*Ideen* II, p. 176; *Ideas* II, p. 186)

De acordo com Husserl, o corpo vivo se distingue das coisas meramente físicas por quatro fenômenos fundamentais. Primeiro, o corpo vivo aparece como um *campo de sensações*. É na superfície do corpo e em seus diferentes órgãos que se sentem toque, contato, pressão, movimento, tensão, calor e frio, prazer e dor. Segundo, o corpo vivo aparece como o *ponto de partida* imediato de qualquer movimento livre e espontâneo. Por exemplo, o corpo de um animal é a única coisa que ele consegue mover imediatamente, sem mover outra coisa antes, e, em contrapartida, o animal precisa do próprio corpo para mover todas as outras coisas. Terceiro, o corpo vivo funciona como o *ponto fixo* em nossas percepções de direção, distância e movimento. Outras coisas materiais aparecem em relação a ele: estão perto ou longe, acima ou abaixo, à direita ou à esquerda. Essas determinações não são somente uma linguagem figurativa adicional, mas são pressupostas por descrições científicas de comportamento humano e animal. Quarto, o corpo vivo faz parte de *relações causais*: ele causa movimentos e reage a mudanças, tanto dentro de si quanto em seu ambiente.[14]

13 Em *Phenomenology of Perception*, Merleau-Ponty aponta que a descrição feita por Husserl sobre o corpo vivo é antecipada pela discussão de René Descartes sobre a união corpo-mente em *Passions of the Soul* (trad. Stephen Voss, Indianápolis: Hackett, 1989 [1649]). Sobre essa conexão, ver HEINÄMAA, Sara. "From Decisions to Passions: Merleau-Ponty's Interpretation of Husserl's Reduction". *In*: EMBREE, Lester e TOADVINE, Ted (orgs.) *Merleau-Ponty's Reading of Husserl*. Dordrecht: Kluwer, 2001.

14 Sobre a diferença entre corpos vivos e coisas meramente materiais, ver ZAHAVI, Dan. "Husserl's Phenomenology of the Body". *In*: *Etudes Phénoménologiques*, 19: 63-84, 1994;

Essas são as principais linhas da primeira descrição dada por Husserl em *Ideas* II. É importante ter em mente que o que se descreve aqui é o corpo observado por uma pessoa que vive na visão das ciências naturais – por exemplo, um zoólogo que observa, descreve e explica o comportamento de primatas ou insetos. Como investigações posteriores mostram, a descrição inclui aspectos direcionais e teológicos que parecem ter se originado de outra atitude, personalista. Contudo, o naturalista trabalha com a hipótese de que todos esses aspectos podem ser explicados como pertencentes a um complexo sistema físico.

Quando está desenvolvendo e especificando sua descrição, Husserl nos lembra desse ponto de partida várias vezes com comentários que visam excluir mal-entendidos fundamentais. A ordem dessa exposição não é a ordem da prioridade epistemológica ou ontológica. Ainda que Husserl comece seu livro esclarecendo a visão das ciências naturais e seu corpo-objeto, ele rejeita a ideia de que essa seja a única forma válida de se relacionar com o mundo. Na fenomenologia de Husserl, a visão naturalista dele próprio é secundária, dependente de uma conexão mais profunda.

## O corpo vivo na atitude personalista

A atitude naturalista se baseia em uma atitude personalista que não explica o comportamento do corpo, mas se expressa nele e, portanto, trata de outros corpos. Nesse caso, novamente, nossa atividade e interesse não estão em explicar ou prever o comportamento dos outros, mas em responder aos seus movimentos e gestos. Husserl argumenta que o corpo vivo como objeto de ciências biológicas e psicológicas é conquistado somente através da atividade mental da abstração. Originalmente, víamos e ouvíamos os corpos como repletos de significado. Isso se aplica tanto ao nosso próprio corpo quanto ao dos outros, animais e humanos.

A atitude personalista não postula o corpo como um objeto de pesquisa, mas o pressupõe como horizonte não-tematizado de qualquer

---

e WELTON, Donn. "Soft, Smooth Hands: Husserl's Phenomenology and the Lived-Body". *In*: WELTON, Donn (org.). *The Body: Classic and Contemporary Readings*. Malden, MA and Oxford: Blackwell, 1999.

atividade – tanto tarefas cotidianas quanto práticas científicas. É a base para o sentido da ação, por suas direções e propósitos. O método fenomenológico torna possível o estudo e a descrição dessa pressuposição. Tal estudo mostra que o corpo vivo se apresenta originalmente como uma expressão (*Ausdruck*) da vida psíquica.

Gestos corporais, posturas e movimentos são expressões do corpo, de seu significado, e da unidade composta por esses significados. A alma une funções e partes corporais de uma forma que elas não podem ser separadas ou divididas em partes autônomas. Assim, os órgãos e os movimentos dos nossos corpos formam uma unidade estilística similar à dos capítulos, parágrafos e sentenças de um livro. Husserl introduz a analogia textual da seguinte maneira:

> A unidade completamente intuitiva que se apresenta quando entendemos uma pessoa *como tal* (por exemplo, quando nós, como pessoas, falamos com elas como pessoas, ou quando as ouvimos falar, ou quando trabalhamos junto delas, ou assistimos a suas ações) é a unidade da "*expressão*" e dos "*expressados*" que pertence à essência de qualquer unidade compreensiva. Essa unidade corpo-espírito não é a única do tipo. Quando leio as "linhas e páginas" de um livro ou quando leio no "livro" e entendo as palavras e fases, então estamos lidando com questões físicas. O livro é um corpo [*Körper*], as páginas são folhas de papel, as linhas são marcas pretas e impressões físicas em determinados pontos desse papel etc. Seria isso o que eu entendo quando "vejo" o livro, quando "leio" o livro, quando "vejo" que o que é escrito está escrito, que o que é dito está dito? É óbvio que a minha atitude é aqui bastante diferente. (*Ideen* II, p. 236; *Ideas* II, p. 248)

Nessa outra visão, estudamos as marcas nas folhas de papel como um todo significativo. A atitude personalista não é restrita à arte e à estética, mas também é exigida nas atividades de leitura, citação, referência e interpretação.

Similarmente, nós nos identificamos com os corpos vivos. De novo, não explicamos ou prevemos o movimento das mãos, as expressões faciais ou as posturas corporais, mas tentamos entendê-los e reagir a seus apelos, chamados e exigências. As relações primordiais do mundo-da-vida não são causais, mas motivacionais.

É importante perceber que a contribuição de Husserl à posterior fenomenologia da corporeidade não está somente no desenvolvimento da distinção entre o corpo vivo e a coisa física, ou da distinção entre as atitudes que objetificam e as que personalizam. O que é original e inovador nessa fenomenologia é uma forte argumentação sobre a relação entre a atitude personalizante e a atitude objetificante do naturalista. Husserl argumenta que a atitude científica e seu objeto meramente físico são secundários, *dependentes* da atitude personalista primária e de seus objetos expressivos. A descrição naturalista requer que pelo menos alguns corpos sejam tratados de maneira personalista, repletos de significado e de intenção. Não podemos observar ou experimentar em corpos vivos – ou em nada, aliás – a menos que consigamos nos identificar com o nosso próprio corpo e com seus órgãos como totalidades intencionais, instrumentos de vontade, e expressões da alma. Essa relação primária não deveria ser pressuposta, mas deve ser sujeitada a uma reflexão crítica, considerando que a filosofia é uma ciência rigorosa.

## Corpos sexuais e eróticos

O trabalho de Husserl não inclui uma análise fenomenológica da sexualidade ou da diferença sexual. O problema dos "sexos" é mencionado (porém não estudado) em um trabalho posterior, *A crise das ciências europeias e a fenomenologia transcendental*. Os argumentos e as análises que Husserl desenvolve em relação à corporeidade implicam que podemos assumir três atitudes diferentes em relação ao corpo sexual: o ponto de vista das ciências naturais; a atitude personalista; e a atitude fenomenológica. Esta última nos permite estudar as relações entre as duas outras posturas, além do corpo sexual na forma como aparece dentro delas. Tal investigação formaria a base para uma fenomenologia da sexualidade e da diferença sexual.

Fragmentos para tais estudos podem ser encontrados no trabalho de pensadores franceses que, nos anos 1930, tiveram os seus pontos de partida filosóficos na fenomenologia de Husserl. Os primeiros trabalhos de

Sartre, Emmanuel Lévinas, Merleau-Ponty e Beauvoir incluem elaborações da descrição fenomenológica que Husserl faz do corpo vivo. O que há em comum entre esses pensadores é que todos eles focam as suas fenomenologias em experiências afetivas, na percepção erótica, no desejo e no amor.

Sabemos que Beauvoir estudou algumas das obras de Husserl detalhadamente. Em sua autobiografia, ela menciona ter lido lições de Husserl sobre a consciência interna do tempo, além das interpretações de Eugen Fink (*FA*, p. 231 e 254; *PL*, p. 201 e 220).[15] Contudo, a principal influência fenomenológica que podemos detectar em *O segundo sexo* vem de Sartre, Lévinas e Merleau-Ponty, contemporâneos próximos de Beauvoir. Isso ela diz explicitamente, como mostra a seguinte citação: "[...] na perspectiva que estou adotando – a de Heidegger, Sartre e Merleau-Ponty –, se o corpo não é uma *coisa*, é uma situação: é o nosso meio de ação sobre o mundo e o esboço de nossos projetos" (*DS* I, p. 73; *SS*, p. 66).

Beauvoir não menciona Lévinas nesse contexto,[16] mas aponta para Heidegger, o que sugere a hipótese de que o conceito básico da corporeidade que ela usa em sua análise da sexualidade pode ser encontrado no *Ser e tempo* dele.[17]

Contudo, em seus primeiros trabalhos, Heidegger não inclui uma descrição ou uma análise fenomenológica da nossa experiência de corpos vivos, e, aliás, ele exclui explicitamente a problemática da "natureza corpórea" (*Leiblichkeit*) de seus tópicos.[18] Ele foca a atenção em nosso ser-no-mundo,

---

15 *La Force de l'âge*. Paris: Gallimard, 1995 [1960]; *The Prime of Life*. Trad. Peter Green. Harmondsworth: Penguin, 1981.

16 Beauvoir se refere criticamente ao título de Lévinas *Time and the Other* (trad. Richard A. Cohen, Pittsburgh: Duquesne University Press, 1987 [1947]), ao discutir os significados negativos dados à feminilidade (*DS* I, p. 15-16 e 304; *SS*, p. 16 e 218). Para uma discussão mais detalhada sobre a argumentação de Beauvoir contra Lévinas, ver o artigo de Heinämaa, "Beauvoir's Phenomenology of Sexual Difference" (p. 124-26). Apesar das críticas de Beauvoir, ela parece aceitar o argumento anti-hegeliano de Lévinas, segundo o qual homens e mulheres não estão originalmente em relações de oposição ou de conflito, mas sim formam relações, duplas e casais não-hierárquicos (*DS* I, p. 19, 75 e 239; *SS*, p. 19, 67-68 e 172).

17 *Being and Time*. Trad. John Macquarrie e Edward Robinson. Oxford: Blackwell, 1992.

18 *SZ*. Tübingen: Max Hiemeyer, 1927, p. 108; *BT*, p. 143. Heidegger abordou o "problema da fenomenologia do corpo" posteriormente, em seu *Zollikoner Seminare* [1959] (Frankfurt: Klostermann, 1987). Sobre a sua descrição do corpo e a sua relação com as

uma relação corpórea, porém não tematiza o corpo como um objeto de experiência. Ademais, como aponta Sartre (*EN*, p. 423; *BN*, p. 498), o *Ser e tempo* de Heidegger contorna o problema da sexualidade como uma questão de mera factualidade. Jacques Derrida argumenta em dois ensaios da *Psyché* que a exclusão não é acidental, mas sim necessária, do ponto de vista do projeto de Heidegger, que não simplesmente esqueceu ou ignorou o tópico da sexualidade; a sua definição de fenomenologia não permitia tal estudo.[19]

Assim, a influência de Heidegger em *O segundo sexo* – contrariando as palavras da própria Beauvoir – não está em fornecer o conceito do corpo vivo, mas sim em oferecer outros conceitos centrais, como o de finitude e de instrumentalidade (*DS* I, p. 40; *DS* II, p. 485; *SS*, p. 39 e 609).[20] Devemos procurar uma explicação básica do corpo vivo nos trabalhos dos contemporâneos próximos de Beauvoir.

Lévinas, Sartre e Merleau-Ponty escreveram sobre o corpo vivo e suas dimensões eróticas e sexuais, mas eles discordavam em várias questões, tanto conceituais quanto metodológicas, na interpretação deles de Husserl. Eles também citavam e usavam os conceitos e argumentos uns dos outros, em parte confirmando e em parte criticando os resultados que encontravam. Portanto, o problema da interpretação e da influência é complexo, mas o que fica claro é que podemos encontrar duas explicações detalhadas do corpo sexual nessa literatura: uma apresentada por Sartre (*O ser e o nada*) e outra desenvolvida dois anos depois por Merleau-Ponty (*Fenomenologia da percepção*).

O meu argumento é que a discussão de Beauvoir sobre corporeidade é mais parecida com a de Merleau-Ponty do que com a de Sartre – afirmação que eu fundamento com evidências tanto históricas quanto sistemáticas. Primeiro, eu mostro uma conexão histórica entre *O segundo*

---

obras de Sartre e de Merleau-Ponty, ver ASKAY, Richard R. "Heidegger, the Body, and the French Philosophers". *In*: *Continental Philosophy Review*, 32: 29-35, 1991; e cf. VILLELA-PETIT, Maria. "Heidegger's Concept of Space". *In*: MACANN, Christopher (org.). *Critical Heidegger*. Londres e Nova Iorque: Routledge, 1996.

19 DERRIDA, Jacques. "La Main de Heidegger: Geschlecht II". *Psyché*, 1987; e "Geschlecht: différence sexuelle, différence ontologique". *Psyché*, 1987.

20 Sobre essas conexões, ver o capítulo 2 deste volume.

*sexo* e *Fenomenologia da percepção*. Segundo, defendo que podemos encontrar conceitos, argumentos e metáforas similares nas descrições de Merleau-Ponty e de Beauvoir sobre o corpo, os quais não são encontrados em *O ser e o nada* de Sartre.

A examinação histórica ajuda a levantar um fato importante sobre os objetivos estabelecidos por Beauvoir para *O segundo sexo*. Seu principal objetivo, como mostrarei, não é nem defender os direitos das mulheres (*DS* I, p. 30; *SS*, p. 28), nem explicar o destino do sexo feminino por fatos biológicos ou sociais. Beauvoir, na verdade, quer propor uma investigação ética.

## Contra o naturalismo e o dualismo

Sabemos que Beauvoir estudou *Fenomenologia da percepção* de forma aprofundada, pois ela escreveu uma crítica sobre tal obra para a revista *Les Temps modernes*, em 1945. Beauvoir começa sua crítica explicando por que pensa que a fenomenologia, em geral, é uma abordagem produtiva nas ciências humanas. Ela escreve: "Um dos grandes méritos da fenomenologia está [...] na forma como ela abole a oposição entre sujeito e objeto. É impossível definir um objeto separado do sujeito por quem e para quem ele é o objeto; e o sujeito revela a si mesmo somente em relação aos objetos com os quais está envolvido" (*PPMP*, p. 363).

Essas afirmações podem parecer triviais, observa Beauvoir, mas elas têm implicações filosóficas profundas: só é possível desenvolver uma ética genuína adotando como base a compreensão fenomenológica da relação sujeito-objeto. De acordo com Beauvoir, tal compreensão é necessária para um compromisso ético sincero (*PPMP*, p. 363; cf. *DS* I, p. 238 e *SS*, p. 172). No ensaio *Por uma moral da ambiguidade*, Beauvoir explica melhor: o que a fenomenologia mostra é que todos os valores dependem de nossas atividades – nenhum valor ou fim é absoluto (*PMA*, p. 21, 27-28 e 34; *EA*, p. 14, 18-19, 24 e 49). Ela escreve: "É o desejo que cria o desejável, e o projeto que estabelece o fim. É a existência humana que faz os valores brotarem no mundo, em cuja base será capaz de julgar o empreendimento no qual estará envolvida" (*PMA*, p. 22; *EA*, p. 15).

Beauvoir rejeita a visão naturalista segundo a qual o sentido e os valores dos objetos independem das nossas atividades. Ela argumenta que, pelo contrário, é nossa atividade que cria o sentido e o valor que encontramos no mundo. Em *O segundo sexo*, ela faz esta afirmação no caso do sexo: "É exercendo a atividade sexual que os homens [seres humanos] definem os sexos e suas relações, assim como eles criam o sentido e o valor de todas as funções que realizam" (*DS* I, p. 39; *SS*, p. 38; cf. *DS* I, p. 73; e *SS*, p. 66).

Beauvoir vê o principal mérito do trabalho de Merleau-Ponty em sua descrição do corpo-sujeito. Para ele, o indivíduo "não é um para-si puro, nem uma lacuna no ser, como escreveu Hegel e como repetiu Sartre, mas sim 'uma cavidade [*creux*], uma dobra [*pli*] que foi feita e que pode ser desfeita'" (*PPMP*, p. 367; *PP*, p. 249; *PP* (tr.), p. 215). A comparação com a filosofia de Hegel vem do texto original de Merleau-Ponty, mas o comentário sobre Sartre foi um acréscimo de Beauvoir. Ela explica ainda que Merleau-Ponty rejeita a oposição de Sartre entre o para-si e o em-si, e que ele descreve o sujeito corpóreo em sua existência e em suas relações concretas. Aqui, suas simpatias estão claramente com Merleau-Ponty. Para Beauvoir, as descrições fenomenológicas dele – sua espacialidade, motilidade, sexualidade e expressividade – são uma fonte "rica" e "convincente", com o mérito adicional de não serem "violentas". Pelo contário, elas sugerem que deveríamos adotar em nossas reflexões o movimento da vida em si (*PPMP*, p. 367).

A crítica de Beauvoir mostra o seu envolvimento com a fenomenologia, mas também mostra que ela via claramente a diferença entre as interpretações que Merleau-Ponty e Sartre faziam do trabalho de Husserl, assim como que ela considerava, nessa fase de seu pensamento, a modificação não-dualista de Merleau-Ponty mais promissora por conta de suas implicaçócs éticas.[21] O fato dc cla assumir essa posição é crucial do ponto

21 Beauvoir se posicionou a respeito de várias divergências entre Sartre e Merleau-Ponty. Em 1955, ela escreveu o artigo "Merleau-Ponty et le pseudo-sartrisme" [Merleau-Ponty e o Pseudo-Sartreanismo], onde defendia a ontologia e a dialética de Sartre contra o ataque lançado por Merleau-Ponty em "Sartre et l'ultra-bolchévisme" [Sartre e o Ultra-bolchevismo], do *Les Adventures de la dialectique* (1955) – há traduções de ambos os ensaios em STEWART, Jon (org.). *The Debate Between Sartre and Merleau-Ponty*. Evanston, IL: Northwestern University Press, 1998, p. 448-91 e 355-447. A discussão de Beauvoir

de vista da compreensão do seu objetivo em *O segundo sexo*. Eu abordarei brevemente as implicações da postura ética de Beauvoir para a sua discussão da diferença sexual. Tal abordagem mostra que as considerações biocientíficas que Beauvoir introduz no começo do seu livro não são a base de sua explicação para a posição da mulher, mas, pelo contrário, são um objeto a mais de sua investigação crítica.

O principal problema com a leitura padrão – em sua versão tanto feminista quanto não-feminista – é que ela não reconhece os interesses éticos de Beauvoir e a sua base na fenomenologia existencial. O trabalho normalmente é lido como uma descrição histórica ou sociológica, ou como ambas. Contrariando tal leitura, Beauvoir afirma repetidamente que a principal estrutura de sua investigação é ética. Mas, para ela, a ética não é um estudo normativo baseado nos conceitos do bom e do correto. Pelo contrário, ela argumenta em *Por uma moral da ambiguidade* que a ética só pode começar em uma suspensão de todas as presunções de valor (*EA*, p. 20-21 e 186-87; *PMA*, p. 14-15 e 133-34; cf. *DS* I, p. 239; *DS* II, p. 496; e *SS*, p. 172 e 618). A suspensão torna possível perceber que os valores dependem das nossas atividades. Essa percepção, por sua vez, nos permite assumir a responsabilidade pelos valores em vigor.

Na introdução de *O segundo sexo*, Beauvoir aponta que todos os projetos epistêmicos e teóricos são baseados em valores implícitos: "Certamente é impossível abordar qualquer problema humano com uma mente livre de vieses. A forma como as questões são colocadas e os pontos de vista assumidos pressupõem uma relatividade de interesses; todas as características implicam valores, e toda descrição supostamente objetiva implica um fundo ético" (*DS* I, p. 30; *SS*, p. 28).

Essa observação vale também, e em especial, para as explicações e teorias desenvolvidas para interpretar as relações entre homem e mulher. Na introdução para seu trabalho, Beauvoir discute três paradigmas

---

não mencionou o fenômeno da corporeidade, mas focou nas ideias de subjetividade, liberdade e temporalidade, as quais eram cruciais para o pensamento político de Sartre e de Merleau-Ponty. Beauvoir argumentou que Merleau-Ponty ignorava sistematicamente os contextos filosóficos das afirmações de Sartre, resultando em uma interpretação grosseiramente equivocada.

explanatórios: o biocientífico; o psicanalítico; e o do materialismo histórico. Ela argumenta que todos esses paradigmas são úteis, mas também inadequados por deixarem certos valores não problematizados. O paradigma biocientífico assume como dados os valores da vida e da força física; o paradigma psicanalítico assume o valor supremo do falo; e o materialismo histórico baseia suas explicações no valor da ferramenta (*DS* I, p. 77, 93-95, 99-100 e 105-06; *SS*, p. 69, 82-83, 86-87 e 91).

Beauvoir não pretende adicionar novas explicações a esses três paradigmas, tampouco apresenta uma síntese dos antigos. Ela na verdade propõe uma investigação radical, que questiona os valores que formam as bases das teorias e das explicações da relação entre os sexos. E, dando um passo além, ela pretende problematizar as atividades das quais esses valores dependem.

No caso do paradigma biocientífico, isso significa que Beauvoir questiona as metas de sobrevivência e de reprodução que formam a base de todas as explicações biológicas das relações sexuais. A mulher não é definida pelas funções do útero ou dos ovários. Cromossomos, hormônios e órgãos reprodutivos são abstrações biológicas e bioquímicas, feitas para fins de explanação e predição; não são elementos do seu corpo vivo concreto (*DS* I, p. 74; *SS*, p. 66-67).

Assim, a explanação biocientífica que Beauvoir introduz no começo de seu livro não é a sua própria. Os fatos biológicos da reprodução sexual não são apresentados ingenuamente e logo aceitos, mas sim são introduzidos para um estudo crítico. Beauvoir argumenta que a investigação filosófica da hierarquia sexual não pode se basear nos valores da vida, na procriação ou na força física. Pelo contrário, ela deve também incluir uma examinação crítica desses valores, como eles são constituídos, em que tipos de atividades são formados, e como essas atividades se relacionam com a sexualidade e a diferença sexual (*DS* I, p. 71-77; *SS*, p. 65-69). Beauvoir conclui o capítulo sobre fatos biológicos escrevendo: "O vínculo próximo entre mãe e filho será para ela uma fonte de dignidade ou de indignidade, dependendo do valor dado à criança – que é altamente variável –, e esse vínculo será reconhecido ou não de acordo com preconceitos sociais" (*DS* I, p. 77; *SS*, p. 69).

Assim, a base para a investigação de Beauvoir sobre a diferença sexual não é a noção biocientífica do corpo. Como ela diz explicitamente, é o conceito do corpo-sujeito. Então, para entender as afirmações de Beauvoir sobre a especificidade do corpo da mulher, devemos estudar as duas discussões sobre o corpo vivo com as quais ela tinha familiaridade: a de Sartre e a de Merleau-Ponty.

## Instrumentos e expressões

A influência que o conceito husserliano de corpo vivo teve para Sartre e Merleau-Ponty está principalmente na rejeição em comum a todas as abordagens naturalistas da atividade corporal e do comportamento sexual. Ambos pretendem identificar o nível primário de experiência, do qual as explanações causais dependem. O corpo que pode participar da interação causal é resultado de um processo de objetificação, e a tarefa do fenomenologista é investigar a base desse processo. Sartre e Merleau-Ponty concordam quanto a esse ponto de partida.

Contudo, as fenomenologias deles se relacionam de forma diferente com os escritos de Husserl. Sartre trabalha com as primeiras publicações de Husserl, e é fortemente influenciado pelas críticas de Heidegger a elas. Já Merleau-Ponty baseia seu estudo não somente nas publicações, como também nos manuscritos que ele estudou nos arquivos de Husserl em Louvain.

Esse fato histórico ajuda a explicar as principais diferenças nas maneiras como Sartre e Merleau-Ponty desenvolvem a noção fenomenológica do corpo vivo. Uma diferença adicional é o fato de a discussão de Sartre sobre a corporeidade e a sexualidade ser uma elaboração de sua principal distinção entre dois modos diferentes de ser: para-si e em-si. Contra isso, Merleau-Ponty argumenta que a distinção entre para-si e em-si é uma abstração, uma preconcepção teórica que desvia a pura descrição da experiência.

A relação de Beauvoir com essa controvérsia é estudada na revolucionária obra de Sonia Kruks, *Situação e existência*. Contudo, a totalidade das implicações do desacordo permanece escondida enquanto não conseguirmos identificar a discussão com a fenomenologia da corporeidade de Husserl. Desse ponto de vista, a diferença crucial entre o trabalho de Sartre e o de Merleau-Ponty é que Sartre discute o corpo vivo principalmente sob a categoria da instrumentalidade, ao passo que Merleau-Ponty segue o argumento de Husserl para suas conclusões, e acaba descrevendo o corpo vivo principalmente como uma expressão.

Para Sartre, a consciência é uma falta de ser, um nada, constantemente ultrapassando a ordem dada e a orientação das coisas, aniquilando-a para criar uma nova ordem. A consciência está vinculada às coisas justamente porque seu projeto original é transcendê-las.

Para tal consciência, o corpo é um ponto de vista básico e um protoinstrumento necessário para que seja possível se identificar com as coisas e manipulá las. Não é simplesmente qualquer ponto de vista ou qualquer instrumento. Isso porque o corpo não é percebido originalmente como um instrumento, não é dado a nós primeiramente dessa forma. Se fosse, eu poderia me imaginar usando-o com algum instrumento adicional, o que é absurdo. Em outras palavras, não existe nenhuma distância entre a minha consciência e o meu corpo. Postular tal distância levaria a um regresso infinito, então, em vez de usar o seu corpo, afirma Sartre, "A consciência existe o seu corpo" (*EN*, p. 369; *BN*, p. 434).

Ainda assim, a instrumentalidade do corpo é insinuada pela forma como as coisas aparecem para nós. De acordo com Sartre, o mundo é originalmente dado a nós como prático, composto de materiais, ferramentas e utensílios. É um mundo estruturado por fins e meios (*EN*, p. 52 e 362; *BN*, p. 51 e 425).

Aqui, Sartre se baseia na descrição dada por Heidegger do mundo-da-vida como um agregado de utensílios (*Zeuge*). Em *Ser e tempo*, contrariando Husserl, Heidegger argumenta que não encontramos o mundo originalmente como um simples ali (*da*), um ente presente à vista (*vorhanden*), mas sim como um ente disponível (*zu-handen*). Não olhamos simplesmente para as coisas ou as ouvimos, mas sim as manipulamos e as utilizamos (*SZ*, p. 67; *BT*, p. 95). Consequentemente, as coisas aparecem para nós principalmente nos modos de servibilidade, condutividade, usabilidade e manipulabilidade: "A madeira é uma floresta de lenha, a montanha é uma pedreira de rochas; o rio é potência hídrica, o vento é vento 'nas velas'" (*SZ*, p. 70; *BT*, p. 100).

Heidegger aponta de passagem que o corpo é dado no trabalho e na produção implicitamente como o portador e o usuário de coisas (*Träger, Benutzer, Verbraucher*; *SZ*, p. 70-71; *BT*, p. 100). A análise de Sartre se baseia nessa ideia. Para ele, o próprio corpo do indivíduo é um protoinstrumento pressuposto pela instrumentalidade do mundo. Contudo, outros corpos são dados como instrumentos completos, e aparecem como ferramentas que podem ser usadas na fabricação e no gerenciamento de outras ferramentas. Eles são, "em uma palavra, máquinas-ferramenta" (*EN*, p. 360; *BN*, p. 422).[22]

Para Merleau-Ponty, a instrumentalidade é somente um aspecto do corpo vivo, e não é um aspecto primário.[23] Em um nível mais primordial, nós nos identificamos com o mundo de uma forma afetiva. As coisas não nos são dadas como úteis ou adequadas. Elas aparecem como atraentes ou repulsivas, e respondemos aos seus chamados e apelos. Um pedaço de metal não é originalmente algo para ser martelado. Ele aparece primeiro como um atraente à mão. E a mão não é originalmente algo para se segurar ou trabalhar. Ela nos é dada primeiro em seus movimentos de acariciar e de tatear. O mundo não é um mundo prático de fins e meios, mas sim um mundo estético, e a nossa relação com ele é dialógica (*PP*, p. 109-10, 161 e 366; *PP* (tr.), p. 93, 139 e 317).

O corpo como um todo é a expressão de um modo de ser. Não é nem uma coleção de entidades, nem um instrumento. É a revelação de um modo de se relacionar com o mundo, semelhante a uma obra de arte (*PP*, p. 171, 176 e 230; *PP* (tr.), p. 146, 150-51 e 197-98).[24]

Beauvoir confirma essa noção. Em *Por uma moral da ambiguidade*, ela escreve: "O corpo em si não é um fato bruto, ele expressa a nossa

---

22 Isso também vale para o meu próprio corpo da forma como ele aparece para o Outro. Para Sartre, esses dois fenômenos são idênticos: "Estudar a forma como o meu corpo aparece para o Outro ou estudar a forma como o corpo do Outro aparece para mim é o mesmo" (*EM*, p. 379; *BN*, p. 455).

23 Para uma explicação mais detalhada das diferenças entre as descrições do corpo vivo feitas por Sartre e Merleau-Ponty, ver DILLON, Martin. "Sartre on the Phenomenal Body and Merleau-Ponty's Critique". *In*: STEWART, Jon (org.). *Debate Between Sartre and Merleau-Ponty*, *op. cit.*, p. 121-43.

24 Para as implicações dessa concepção do corpo, ver os artigos já mencionados de Heinämaa, "Woman – Nature, Product, Style" e "What is a Woman?".

relação com o mundo" (*PMA*, p. 60; *EA*, p. 41). *O segundo sexo* estende a noção de corpo expressivo para o estudo da sexualidade: "Mas se o corpo e a sexualidade são expressões concretas da existência, é com referência a isso que o significado deles pode ser descoberto" (*DS* I, p. 87; *SS*, p. 77).

Mas o meu corpo não é só uma manifestação da minha existência pessoal. Ele também expressa a maneira pré-pessoal, anônima, na qual todos nós nos relacionamos com o mundo. Isso se revela no estudo da percepção afetiva. Merleau-Ponty argumenta que a descrição fiel da experiência perceptiva requer que nós digamos que "alguém percebe em mim", e não que "eu percebo". Eu não experiencio a mim mesma como sujeito ou como agente da minha visão, audição e tato; eu experiencio alguém em mim (*PP*, p. 186, 249 e 277; *PP* (tr.), p. 160, 215-16 e 240).

O corpo pré-pessoal não deve ser entendido como uma entidade distinta, mas sim como um aspecto ou uma camada da nossa experiência. Não é outra entidade além do meu corpo, mas sim a fratura interna da minha própria corporeidade. É a base tácita a partir da qual projetos pessoais, decisões, volições e julgamentos são diferenciados. Entendido dessa forma, o pessoal é como uma figura que se destaca do fundo do pré-pessoal, ou, usando a terminologia dinâmica de Merleau-Ponty, é como uma "dobra que foi feita e que pode ser desfeita".

Mostrei acima que esse é o principal aspecto da fenomenologia de Merleau-Ponty levantado por Beauvoir, em contraste com o pensamento de Sartre. O trabalho de Merleau-Ponty mostra a ela que o corpo individual pode ser pensado, dentro da estrutura fenomenológica, como separado de outros corpos e ao mesmo tempo unido a eles. Sua singularidade e particularidade não precisam significar uma oposição ou um distanciamento, mas podem ser entendidas em termos de variação e mudança. Isso permite que Beauvoir crie para si mesma a tarefa de descrever a "base comum a partir da qual se extrai [*s'enlever*] cada existência feminina singular" (*DS* II, p. 9; *SS*, p. 33). O seu intuito não é recair em explicações biocientíficas ou propor uma teoria de essências imutáveis, mas sim estudar a variação feminina da experiência humana.

## Labor e amor

*O segundo sexo* inclui descrições de relações instrumentais entre corpos sexuais, mas claramente rejeita a visão segundo a qual o corpo aparece para nós meramente, ou acima de tudo, como um instrumento. Beauvoir argumenta de forma explícita contra essa noção, apresentando contraexemplos. Ela pretende mostrar que a noção instrumentalista é inadequada para descrever experiências femininas, pois exibe um ponto de vista masculino: "O mundo não aparece para a mulher como 'um agrupamento de utensílios', um intermediário entre a sua vontade e os seus objetivos, como Heidegger define: pelo contrário, ele é obstinadamente resistente, indomável" (*DS* II, p. 485; *SS*, p. 609); e "O aparato masculino perde o poder nas fronteiras do domínio feminino. Existe toda uma região de experiência humana que o macho escolhe deliberadamente ignorar, por não conseguir *pensá-la*: a mulher *vive* essa experiência" (*DS* II, p. 501; *SS*, p. 622).

Essas afirmações devem ser interpretadas em sua forma extrema. Beauvoir não está só alegando que o mundo aparece para uma mulher como um obstáculo ou como um instrumento quebrado; na verdade, ela alega que a estrutura conceitual de instrumento é inadequada como um todo na descrição e na análise da experiência feminina. As coisas não parecem tão úteis ou adequadas assim, mas tampouco são dadas como inúteis ou como inadequadas. O mundo como revelado pelo corpo feminino não é um mundo prático disponível-à-mão. Ele na verdade é "dominado pela fatalidade e atravessado por caprichos misteriosos" (*DS* II, p. 485; *SS*, p. 609).

Isso é especialmente verdadeiro no caso da experiência da corporeidade. O corpo que menstrua, engravida e aleita não aparece para uma mulher como um instrumento para os seus projetos, mas tampouco é dado como um simples obstáculo. Ele na verdade se apresenta como uma vitalidade alheia:

> Esse mistério de um morango de sangue (*fraise de sang*) que se transforma em um ser humano no ventre da mãe não é algo que os matemáticos consigam colocar em uma equação, nem algo que

> possa ser apressado ou retardado por alguma máquina; ela sente a resistência da duração que os instrumentos mais engenhosos não conseguem dividir ou multiplicar; ela a sente na carne, submetida aos ritmos lunares, e sente que os anos primeiramente amadurecem e depois corroem. (*DS* II, p. 485; *SS*, p. 609)

A ideia de Beauvoir aqui não é a de que o corpo feminino seja um corpo inválido, como alguns leitores argumentaram. Mas ela de fato sugere que o corpo feminino revela uma vitalidade alheia, similar à apresentada por corpos adoentados, enfermos, envelhecidos e infantis (*DS* I, p. 65 e 400; *DS* II, p. 101; *SS*, p. 60, 286 e 361). "A mulher, como o homem, é o seu corpo, mas o seu corpo é algo além dela mesma" (*DS* I, p. 67; *SS*, p. 61).

Embora a vitalidade alheia seja evidente na experiência da gravidez, ela não é específica da mulher, mas sim pertence à vida de todos. Tanto homens quanto mulheres usam o corpo como instrumento da vontade, mas ambos também experienciam intenções alheias no corpo (*DS* I, p. 398; *DS* II, p. 166 e 658; *SS*, p. 285, 406 e 737).

Então, o que é específico da corporeidade de uma mulher não é o fato de ela incluir as formas de experiência que faltam na experiência de um homem. Na verdade, o peculiar na experiência da mulher é a sua vitalidade alheia ter uma posição diferente da que tem no homem. Não é só de vez em quando que a intencionalidade alheia é revelada a ela, na doença ou no cansaço. Na verdade, tal intencionalidade forma uma veia cíclica contínua no fluxo das suas experiências. Então a diferença não está nos elementos das experiências do homem e da mulher, mas sim nas estruturas temporais dessas experiências.

Não é somente o corpo materno que funciona no argumento de Beauvoir como um contraexemplo à noção instrumentalista do corpo vivo. Beauvoir também descreve o corpo de uma mulher que ama. Ela argumenta que, ao fazer amor, a mulher se relaciona com o próprio corpo e com o corpo da pessoa amada de uma maneira específica. O corpo da pessoa amada não é dado à mulher como ferramenta – ele aparece como a possibilidade de uma recreação (*DS* II, p. 208; *SS*, p. 436). Além disso, o seu próprio corpo não tem os aspectos da instrumentalidade, seus movimentos não são dirigidos para determinar fins. Não almeja nenhum estado específico, satisfação, orgasmo ou até mesmo prazer, e na verdade permanece em um estado de não-assentamento.

> O gozo feminino se irradia por todo o corpo. Nem sempre está centrado no sistema genital, e, mesmo quando está, as contrações vaginais constituem, mais do que um verdadeiro orgasmo, um sistema de ondulações que se elevam, desaparecem, e se reconstituem ritmicamente, atingindo de tempos em tempos uma condição paroxística, tornam-se vagas, e afundam sem nunca de fato se extinguirem. Como não há nenhum termo definido estabelecido, o prazer se estende para o infinito. (*DS* II, p. 181-82; *SS*, p. 416)

Assim, Beauvoir argumenta que uma mulher experiencia o amor erótico do seu próprio jeito específico, e que a sexualidade feminina "tem a sua estrutura original" (*DS* II, p. 194; *SS*, p. 416). Ela é deturpada quando descrita com conceitos desenvolvidos para explicar o eroticismo masculino (*DS* I, p. 79-93; *SS*, p. 70-82).

O argumento de Beauvoir deixa claro que o caráter especial da experiência de corporeidade da mulher permanece não reconhecido nas tradições da ciência e da filosofia. Quando homens generalizam e teorizam sobre a experiência humana, eles presumem ou que a mulher vive o seu corpo da mesma forma que o homem, ou que o modo feminino de experiência pode ser descrito como uma forma desviante do masculino (*DS* I, p. 15, 79-81 e 92-93; *SS*, p. 15-16, 70-72 e 81). Os textos nos quais a mulher descreve suas experiências foram negligenciados e ignorados.

Teóricos homens assumiram suas próprias experiências como exemplares, e descreveram as femininas não como uma variação, mas sim como um desvio. Sua percepção e imaginação foram guiadas por preconceitos e por avaliações habituais (*DS* I, p. 402-6; *SS*, p. 288-91). Isso também se aplica a explicações de corporeidade: "Ele vê seu corpo como uma conexão direta e normal com o mundo, que ele acredita entender em sua objetividade, ao passo que vê o corpo de uma mulher como oprimido por tudo o que é peculiar a ele, como um obstáculo, uma prisão" (*DS* I, p. 15; *SS*, p. 15).

Um dos principais objetivos de Beauvoir em *O segundo sexo* é questionar a concepção androcêntrica que associa a mulher à matéria e o homem ao espírito. A longa terceira parte do livro I, "Mitos", encontra a origem dessa oposição na angústia que o homem sente em relação à sua finitude e morte. Beauvoir ataca a noção de uma oposição entre mulheres e homens, mas rejeita com igual força a suposição de uma igualdade. Para ela, mulheres e homens não são opostos, mas tampouco são idênticos. Em vez de hesitar entre essas alternativas, nós precisamos começar a pensar em termos de diferença. Beauvoir escreve:

> Sempre haverá certas diferenças entre o homem e a mulher; o erotismo dela e, portanto, seu mundo sexual, tem uma forma singular [*figure singulière*] própria, e portanto não consegue deixar de gerar uma sensualidade singular, uma sensibilidade singular. Suas relações com o próprio corpo, com o do homem, com o da criança, nunca serão idênticas às que o homem tem com o próprio corpo, com o corpo feminino, e com o da criança. (*DS* II, p. 661; *SS*, p. 740)

# 4 A ambiguidade segundo Beauvoir e Merleau-Ponty

*Monika Langer*

A ambiguidade é muito provavelmente a ideia mais importante na filosofia de Beauvoir.[1] Este capítulo argumenta que a ideia de ambiguidade para ela tem muito mais em comum com a visão de Merleau-Ponty do que com a de Sartre. As filosofias da ambiguidade de Beauvoir e de Merleau-Ponty complementam uma à outra.

Os dois eram amigos[2] e conheciam o trabalho um do outro. Em um comentário de 1945 sobre *A convidada* [L'invitée], de Beauvoir, Merleau-Ponty diz que esse romance retrata uma moralidade genunína que não procura dissipar a nossa ambiguidade fundamental.[3] Em um esboço posterior de seu próprio trabalho, ele declara que estabelecer uma *boa ambiguidade* "nos [...] daria o princípio de uma ética".[4] Mas ele nunca desenvolveu essa ética. Logo depois de Merleau-Ponty comentar sobre *A convidada*, Beauvoir escreveu uma crítica sobre a sua *Fenomenologia da percepção* para a *Les Temps modernes* – uma publicação que ambos ajudaram a

1 Cf. BERGOFFEN, Debra B. *The Philosophy of Simone de Beauvoir: Gendered Phenomenologies, Erotic Generosities*. Albany, NY: State University of New York Press, 1997, p. 4.

2 Cf. SIMONS, Margaret A. "Two Interviews with Simone de Beauvoir". *Hypatia*, 3 (3): 25, 1989. Ver também BEAUVOIR, Simone de. *Letters to Sartre*. Quintin Hoare (trad. e org.). Londres: Radius, 1991, p. 356-57, 393, 423; e FULLBROOK, Edward e FULLBROOK, Kate *Simone de Beauvoir: A Critical Introduction*. Cambridge, MA: Polity Press, 1998, p. 21.

3 MERLEAU-PONTY, Maurice. "Metaphysics and the Novel". *In*: *Sense and Non-Sense*. Trad. Hubert L. Dreyfus e Patricia Allen Dreyfus. Evanston, IL: Northwestern University Press, 1964, p. 26-40.

4 *Idem*, "An Unpublished Text by Maurice Merleau-Ponty: A Prospectus of his Work". *In*: EDIE, James M. *The Primacy of Perception and Other Essays*. Evanston, IL: Northwestern University Press, 1964, p. 11. Eu retraduzi *réunit* como " reunites" [reúne] em vez de "gathers together" [junta].

fundar e em cujo conselho editorial ambos atuaram. Ali, Beauvoir elogia a fenomenologia dele por "abolir a oposição entre sujeito e objeto", a qual a educação construiu ao arrancar o mundo vivo e significativo das crianças, substituindo-o por um universo de objetos imóveis e independentes. A ética ensina as crianças a renunciarem à sua subjetividade em prol de leis universais. Mas elas retêm um senso de singularidade pessoal e uma intimidade com o mundo no movimento espontâneo de suas vidas. Beauvoir diz que a fenomenologia aborda e abole essa divisão. Ela insiste que somente a fenomenologia pode fornecer a base para uma ética que poderíamos abraçar "total e sinceramente" (*PPMP*, p. 363; minha tradução).

Beauvoir deixa muito claro que essa fenomenologia básica é de Merleau-Ponty, e não de Sartre. A frase que segue imediatamente a sua insistência na necessidade da ética para a fenomenologia: "É por isso que a *Fenomenologia da percepção* de Merleau-Ponty [é] [...] um livro que interessa o homem todo e todos os homens: a condição humana está em jogo ali". Beauvoir observa que Sartre "enfatiza principalmente a oposição do para-si e do em-si", assim como a "liberdade absoluta" do primeiro, ao passo que "Merleau-Ponty, pelo contrário, dedica-se a descrever o caráter concreto do sujeito, o qual, segundo ele, nunca é um para-si puro". Para Sartre, a consciência é "um buraco no ser", ao passo que, para Merleau-Ponty, ela é encarnada em um corpo que possui uma relação pré-pessoal com o mundo. Beauvoir enfatiza a importância da descrição fenomenológica que Merleau-Ponty faz do corpo vivo, e a importância de sua análise da experiência patológica. Ela observa que, para ele, "a percepção é comunicação e comunhão" com o mundo. Ao restaurar o nosso corpo, Merleau-Ponty também restaura o mundo para nós. Beauvoir conclui que, além de ser convincente, um dos méritos de *Fenomenologia da percepção* é que "ele não nos pede para cometer violências contra nós mesmos; pelo contrário, ele propõe que abracemos o próprio movimento da vida" (*PPMP*, p. 363-67). A crítica de Beauvoir claramente se alinha com a fenomenologia de Merleau-Ponty – não a de Sartre – como algo que fornece a base para uma ética que possamos abraçar completamente.

*Por uma moral da ambiguidade* [*Pour une morale de l'ambiguité*], de Beauvoir, tenta construir tal ética. Essa obra foi publicada pela primeira vez em quatro partes na *Les Temps modernes*, cerca de um ano depois de sua crítica sobre a *Fenomenologia da percepção*, sendo que a primeira e a terceira partes foram publicadas nas mesmas edições que traziam trechos de *Humanismo e terror* [*Humanisme et terreur*], de Merleau-Ponty. Contudo, *Por uma moral da ambiguidade* não menciona Merleau-Ponty. Esse silêncio é ainda mais surpreendente tendo em vista que Beauvoir cita Hegel, Marx, Kant, Sartre, Descartes, Kierkegaard, Heidegger, Platão, Nietzsche, Bataille, Montaigne, Husserl, Spinoza, Sócrates e Fichte – considerando que *Por uma moral da ambiguidade* tem mais afinidade com a filosofia de Merleau-Ponty do que com a dos filósofos mencionados, incluindo Sartre. Na verdade, a ideia de ambiguidade é tão central na filosofia de Merleau-Ponty que ele é conhecido como o filósofo da ambiguidade. Como eles não brigaram, a única explicação que posso sugerir para a evidente omissão do nome de Merleau-Ponty é o compromisso pessoal de Beauvoir com Sartre.

Tanto em seus trabalhos escritos quanto em entrevistas, Beauvoir dava a entender consistentemente que seu pensamento era uma simples derivação do de Sartre. Em *A força das coisas*, ela indica que o seu *Por uma moral da ambiguidade* se baseia em *O ser e o nada* dele; ademais, em *Por uma moral da ambiguidade*, ela menciona Sartre imediatamente após uma passagem que ecoa Merleau-Ponty, talvez mais do que qualquer outra passagem na obra (*FC*, p. 75; *EA*, p. 121-22).[5] Eu sugiro que foi exatamente por existirem tais razões notáveis para citar Merleau-Ponty em *Por uma moral da ambiguidade* que Beauvoir se sentiu obrigada a não fazê-lo. Ela pode ter pensado – ou esperado – que não mencionar o seu nome no trabalho de alguma forma esconderia sua forte afinidade com a filosofia dele – ou pelo menos não chamaria atenção para ela. Entre os muitos filósofos mencionados, não parecia provável que nenhum deles pudesse pôr à prova seu comprometimento com Sartre, e a relativa parcimônia de comentários que associavam as filosofias de Beauvoir e de Merleau-Ponty atesta o sucesso de sua estratégia.[6] Considerando essa estratégica omissão

5 *Force of Circumstance*. Harmondsworth: Penguin, 1968.

6 Entre as exceções mais notáveis, estão KRUKS, Sonia. *Situation and Human Existence: Freedom, Subjectivity and Society*. Londres: Unwin Hyman, 1990; BERGOFFEN, Debra B. *The Philosophy of Simone de Beauvoir*, *op. cit.*; e FULLBROOK, Kate e FULLBROOK, Edward. *Beauvoir: Critical Introduction*, *op. cit.*

do nome de Merleau-Ponty, não é surpresa que as descrições explícitas sobre ambiguidade de Beauvoir não transmitam adequadamente a ideia de ambiguidade dela.

"Ambiguidade" vem do latim *ambiguitas*, que significa dúvida, incerteza ou paradoxo. O adjetivo *ambiguus* significa ambíguo, obscuro, escuro, oscilante, mutável, duvidoso, incerto, controverso, não confiável e suspeito.[7] Geralmente se associa a ambiguidade à falta ou à falha, e a consideramos como um defeito (por exemplo, falta de clareza ou especificidade; falha em traçar distinções; ou falha em "ir direto ao ponto"). Do ponto de vista filosófico, essa abordagem negativa da ambiguidade se baseia no projeto cartesiano de atingir uma "certeza indubitável" através de um critério de clareza e de distinção para a verdade. Descartes associa a certeza à verdade, e vincula esta à virtude moral e o erro à fraqueza moral. Ele argumenta que "tudo que percebo claramente e distintamente [pela compreensão] é necessariamente verdade". Ademais, Descartes argumenta que, se eu julgo o que "entendo mais obscuramente e confusamente", a "minha vontade [...] facilmente se desviará da verdade e do bem; e então incorrerei tanto em erro quanto em pecado".[8] A filosofia cartesiana luta para eliminar a ambiguidade, porque considera a incerteza e a indistinção altamente indesejáveis do ponto de vista epistemológico e ético.

Para entender o que a ambiguidade significa para Beauvoir e Merleau-Ponty, devemos abandonar as abordagens tradicionais e não insistir em atingir uma concepção totalmente clara da ambiguidade em suas filosofias. Merleau-Ponty faz especialmente bem essa argumentação durante uma discussão numa conferência internacional em 1951:

> MERLEAU-PONTY: Por definição, parece que não pode haver qualquer consciência da ambiguidade sem uma ambiguidade da consciência [...] A partir do momento em que você presume que a consciência

7 *Webster's New World Dictionary of the American Language*. David B. Guralnik (org.). Nova Iorque: World Publishing, 1972, p. 42-43; e TRAUPMAN, John C. *The New College Latin and English Dictionary*. Nova Iorque: Bantam Books, 1966, p. 14.

8 DESCARTES, René. *Philosophical Writings*. ANSCOMBE, Elizabeth e GEACH, Peter Thomas (orgs.). Londres: Thomas Nelson & Sons, 1970, p. 63, 96-100, 107.

da ambiguidade é perfeitamente clara [...] e que a ambiguidade é perfeitamente ambígua, não existe mais uma consciência da ambiguidade. Você vê a ambiguidade como um pensamento onipotente a veria. Na sua visão, não é mais uma ambiguidade [...]
CAMPAGNOLO: Existe uma noção de ambiguidade que não seja ambígua?
MERLEAU-PONTY: Eu disse que, se fosse possível conceber a ambiguidade com total claridade, ela não seria mais ambígua. Logo, você tem razão.[9]

Devemos evitar essa tentativa de esclarecer a ambiguidade por meio de explicações ou definições. As explicações presumem que nós podemos "desdobrar" a ambiguidade, "abri-la" na nossa frente e analisá-la,[10] enquanto as definições presumem que podemos cercá-la, capturá-la e consertá-la. Tais tentativas de esclarecimento ignoram o próprio significado de ambiguidade, pois ela, separada da experiência, não é mais ambiguidade. O método filosófico de Beauvoir e de Merleau-Ponty é descritivo, e permite que se entenda a ambiguidade sem destruí-la. Para os dois, a ambiguidade não significa ambivalência, equívoco, dualismo ou absurdo. A ambiguidade caracteriza a nossa existência e envolve uma indeterminação irredutível, com significados e aspectos múltiplos e inseparáveis.

O epigrama e a frase de abertura de *Por uma moral da ambiguidade* citam Montaigne, não Merleau-Ponty, e os primeiros parágrafos definem a ambiguidade como ambivalência, paradoxo e dualismo. Isso sugere – erroneamente – que a ideia que Beauvoir tem da ambiguidade é simplesmente sartreana, e que o resumo da posição de Sartre que ela faz posteriormente é pensado para confirmar essa impressão. Contudo, a ênfase que Beauvoir dá para a ambiguidade como paradoxo permite que ela vá além da filosofia de Sartre, sem parecer. Um paradoxo contém elementos que aparentemente ou de fato se contradizem. Em seu *Por*

9 GRIAULE, Marcel *et al.* "Deuxième entretien privé". *La Connaissance de l'homme aux XXe siècle. Rencontres Internationales de Genève.* Neuchâtel: Editions de la Baconniere, 1952, p. 220-21. Minha tradução.

10 SILVERMAN, Hugh. "Merleau-Ponty's Human Ambiguity". *Journal of the British Society for Phenomenology*, 10 (1): 29, jan. 1979.

*uma moral da ambiguidade*, Beauvoir realmente justapõe a sua própria ideia de ambiguidade à de Sartre, mas essa justaposição aparenta não ser nada além de uma elaboração da paradoxal ambiguidade dele. A ideia de ambiguidade para Beauvoir contradiz a de Sartre em certos aspectos importantes, mas também retém alguns de seus elementos. A sua concepção enfatiza o apego, a alegria, e um vínculo positivo com o outro, ao passo que a de Sartre enfatiza o desarraigamento, a náusea, e o conflito com o outro. O foco na ambiguidade como paradoxo permite que Beauvoir mascare a evidente incompatibilidade dessas duas concepções – ou que pelo menos a torne menos óbvia – ao sugerir que ambas são meramente elementos de uma visão sartreana elaborada.

Beauvoir afirma que a ambiguidade "mais fundamental" da condição humana é o trágico paradoxo "de que todo movimento de vida é um passo em direção à morte". Aqueles que enfrentam esse paradoxo também descobrem "que cada movimento rumo à morte é vida [...] então o presente deve morrer para poder viver" (*EA*, p. 127, 7). Essa ambiguidade tão básica é subjacente a várias outras ambiguidades paradoxais da condição humana. Cade um de nós é uma consciência do mundo, mas somos parte dele, e nos sentimos esmagados pelas coisas. Cada um de nós é um sujeito soberano e singular, mas compartilhamos isso com todo mundo. Todos são simultaneamente sujeitos para si mesmos e objetos para os outros. Embora sujeito soberano, cada um é um indivíduo que depende da coletividade. Beauvoir aponta que *O ser e o nada* de Sartre nos define pela ambiguidade como seres "cujo ser é não ser". Para Sartre, fazemos de nós mesmos "uma falta de ser", para que o nosso "ser" possa ser. E a nossa consciência angustiada de nós mesmos como "uma falta de ser" nos leva a lutar por uma síntese impossível de ser para-nós mesmos e em-nós mesmos. O fracasso dessa tentativa nos torna uma "paixão inútil", segundo Sartre.

Beauvoir reconhece que Sartre enfatiza esse fracasso inevitável acima de tudo, mas ela insiste que isso não implica pessimismo ou infelicidade. Ela argumenta que o fracasso é em si ambíguo, que envolve uma escolha (a tentativa em si), torna uma ética possível, e nos permite criar significados, valores, metas e razões que justificam a nossa existência. Assim, nós "negamos a falta como uma falta", "nos deleitamos" em tentar a síntese irrealizável, e experienciamos o sucesso ao nos afirmarmos alegremente "como uma existência positiva" (*EA*, p. 9-15). Sob o pretexto de meramente indicar as implicações da filosofia da ambiguidade de Sartre, Beauvoir justapõe a sua própria, que na verdade entra em contradição com a dele.

Vale resumir a posição de Sartre para compreender como a sua ideia de ambiguidade difere da de Beauvoir. Em *O ser e o nada*, Sartre argumenta que, pelo fato de a consciência sempre ser consciência de algo, existe necessariamente uma lacuna não-coincidente entre ela e o seu objeto. Como seres conscientes, somos cientes de nós mesmos (somos "para-nós mesmos") e cientes do mundo (um "em-si"). Essa consciência significa que não coincidimos com nós mesmos ou com o mundo, que nós nos "arrancamos" de ambos, justamente para sermos essa consciência. Ela é essa extirpação, essa "espontaneidade nadificadora" – a mera atividade de causar a não-coincidência com o seu objeto. A "eclosão" da consciência como pura nadificação significa a criação de "um buraco" no ser e a revelação deste como objeto da consciência.

Para Sartre, nadificar e desvelar são uma única atividade, que é a consciência. Essa mera espontaneidade, essa atividade desveladora e não-coincidente da consciência, é a liberdade absoluta. Como tal, à consciência falta uma base, e nós experienciamos essa falta inextirpável em angústia. Logo, buscamos nos apropriar de uma base, para preencher o "buraco" no ser, sem eliminar a nossa existência como consciência (isto é, como uma liberdade). Essa empreitada, que necessariamente fracassa, pode envolver diversas estratégias de "má-fé", pela qual tentamos nos enganar a respeito de que existir é uma liberdade. A falta também caracteriza a nossa relação com o tempo, com o nosso corpo, e com as outras pessoas. Assim, nós somos nosso passado, presente e futuro, mas não somos redutíveis a (ou seja, não coincidimos com) nenhum deles. Nós somos o nosso corpo; mas o nosso corpo também é um objeto no mundo, e nós, como consciências, não somos esse objeto. Sartre diz: "Uma náusea discreta e insuperável revela perpetuamente o meu corpo à minha consciência" (*BN*, p. 804; ver também p. 563, 126, 408, 434).[11] O "gosto" de nossa conexão necessária com o nosso passado e com o mundo é a náusea. Ela é o "gosto" de nossa existência como liberdade – um "gosto" que o romance *A náusea* (1938), de Sartre, descreve de forma mais completa.

Para Sartre, a nossa presença no mundo é uma "queda", uma "degeneração"; a nossa existência é um "exílio" em meio a coisas cujo principal significado é a "adversidade e a instrumentalidade utilizável". Nossas relações com o outro são caracterizadas por "insegurança, perigo, confrontação" e "conflito". Sartre afirma que "o próprio sentido" da liberdade é surgir no mundo como um "confronto com o outro", e que esse outro tenta nos objetificar. O nosso único recurso é respondermos tentando objetificá-lo de volta. Somos, portanto, irremediavelmente pegos em um círculo de constante busca por escravizar o outro e por escapar de tal escravização, sendo que o outro inevitavelmente impõe um sentido alheio a nós e limita a nossa liberdade. Mais uma vez existe uma lacuna, uma não-coincidência, e dessa vez é entre a nossa existência como consciência e o nosso ser para as outras pessoas, que tentam nos reduzir ao corpo como um objeto. Somos a imagem alienadora que o outro tem de nós; contudo, não somos redutíveis ao nosso "ser-para-o-outro". A nossa existência como consciência requer "negar" o outro; logo, a unidade com o outro é "irrealizável" na teoria e na prática (*BN*, p. 802 ["Facticity"], 126, 651, 377, 472-77, 555, 568-71, 617, 623, 651-57, 671-74, 784, 797).

De acordo com Sartre: "A essência das relações entre consciências não é o *Mitsein* [ser-com], é o conflito" (*BN*, p. 555). Não conseguimos escapar dessa situação conflituosa e alienadora, apesar de ela existir somente através de nossa liberdade. Sartre chama isso de o *paradoxo da liberdade*: "A liberdade existe somente em uma situação, e uma situação existe somente através da liberdade" (*BN*, p. 598-99). Sartre diz que "a situação é um fenômeno ambíguo no qual é impossível [...] discernir a contribuição da liberdade da contribuição do existente bruto" – ou seja, do "dado" (*BN*, p. 597). Nosso projeto fundamental nessa situação é a vã tentativa de nos dotarmos de uma base por meio da objetificação e da

11 Ver também SARTRE, Jean-Paul. *Nausea*. Trad. Hayden Carruth. Nova Iorque: New Directions, 1964.

apropriação do outro. O nosso fracasso inevitável nessa empreitada "condena" todas as nossas atividades à "equivalência", de forma que beber sozinho e liderar um país equivalham "à mesma coisa" (*BN*, p. 797, 472-77).

Assim, a filosofia da ambiguidade de Sartre, explicada em *O ser e o nada*, é extremamente negativa na sua ênfase em desarraigamento, náusea, conflito, falta e falha. A ambiguidade é predominantemente paradoxal ao focar na incorporação contraditória do ser e do não-ser, a qual está envolvida no fenômeno da não-coincidência. Ao descrever a situação como "um fenômeno ambíguo", Sartre dá outro significado à ambiguidade: a indistinguibilidade dos componentes, sejam eles aspectos, fatores ou elementos. No entanto, esse tipo de ambiguidade é mais prevalente nas filosofias de Beauvoir e de Merleau-Ponty do que na de Sartre.

Em *Por uma moral da ambiguidade*, Beauvoir se refere ao conflito, a "desarraigar ou arrancar", à falta e ao fracasso. Isso dá a impressão de que a sua filosofia da ambiguidade é simplesmente uma extensão da de Sartre, sendo que na verdade ela contesta este em aspectos importantes e é fundamentalmente positiva. Beauvoir retém a ideia de falta e concorda que tal falta é inextirpável. No entanto, ela insiste que é um erro nos definirmos como uma falta em si, em vez de como "uma existência positiva de uma falta". Ela argumenta que nós podemos transformar a "negatividade" da não-coincidência – algo que somos "originalmente" – em uma coincidência exata com nós mesmos, "como uma existência positiva". Embora nunca percamos "o desejo de sermos aquele ser de quem [nós] fizemos [nós mesmos] uma falta", podemos optar por desfrutar dessa "tensão" permanente, acerca de desejar "uma possessão impossível". Ao fazê-lo, negamos a falta como negatividade, como "falta". Afirmamos a nós mesmos positivamente, e transformamos a nossa não-coincidência original em uma autocoincidência exata (*EA*, p. 57, 118-19, 12, 13). Na filosofia da ambiguidade de Sartre, tal autocoincidência exata significaria a morte da consciência.

Para defender a possibilidade dessa autocoincidência, Beauvoir enfatiza a ideia de desvelamento. Ao notar meramente e de forma ostensiva as implicações da posição de Sartre, ela faz a distinção entre desejar ser e desejar o desvelamento do ser. Ela declara que, ao contrário do desejo de ser, o desejo de desvelar o ser é realizável. Beauvoir também afirma que a realização aqui não elimina a distância vivida, exigida para o desvelamento. Logo, podemos nos deleitar em desvelar o ser sem tentarmos "prendê-lo". Esse desejo de desvelá-lo envolve nos "arraigarmos" de forma a criar a sua presença para nós, e vice-versa. Beauvoir indica que, paradoxalmente, esse ato de nos "desarraigarmos" do mundo permite que nos "enraizemos" nele. Ademais, o sentido da nossa situação "vem à tona" somente em virtude da nossa ruptura desveladora. E tal ruptura é o próprio movimento da liberdade. Ao desejá-lo ativamente, nós nos "enraizamos" no mundo, ao mesmo tempo que retemos a tensão necessariamente envolvida na distância vivida do desvelamento. Beauvoir acrescenta que desejar a liberdade é a mesma escolha que desejar desvelar o ser (*EA*, p. 12, 30, 19, 20, 23-24, 70, 78, 66).[12]

Beauvoir retorna repetidas vezes ao tema de "desvelar o ser", talvez porque ele é uma parte importante de *O ser e o nada* de Sartre.[13] Reter a sua centralidade reforça a impressão enganosa de que o seu *Por uma moral da ambiguidade* é puramente sartreano. Talvez devido ao seu comprometimento pessoal com Sartre, Beauvoir tenha tentado transformar o desvelamento do ser de uma noção negativa para uma positiva, sob a guisa de simplesmente explicar a posição de Sartre. Contudo, a ideia de desvelamento e o seu acoplamento com a noção de ruptura bate fundamentalmente de frente com a sua filosofia positiva da ambiguidade. O desvelamento implica passividade ou indiferença por parte do desvelado, em vez de comunicação e de comunhão com o mundo – o que Beauvoir elogiou em sua crítica de *Fenomenologia da percepção*, de Merleau-Ponty. O desvelamento sugere a oposição entre sujeito e objeto, assim como o mundo de objetos independentes e imóveis que ela lamentava.

Beauvoir elogiava *Fenomenologia da percepção* por não pedir que o indivíduo cometesse violências contra si mesmo. A associação sartreana do

12 Note o erro de tradução na página 70, linha 13: no lugar de "para desejar o ser", o correto é "desvelar [*dévoiler*] o ser".

13 Cf. BARNES, Hazel E. "Sartre's Ontology: The Revealing and Making of Being". *In*: HOWELLS, Christina (org). *The Cambridge Companion to Sartre*. Cambridge: Cambridge University Press, 1992, p. 13-38.

desvelamento com a ruptura – que Beauvoir mantém – requer que cometamos violências contra nós mesmos. Como mostra Merleau-Ponty, afastar o indivíduo do ser à força impede que ele se enraize, que engaje a liberdade no mundo, e que crie significado. A ruptura com o ser produz um buraco e destrói uma distância vivida, eliminando qualquer possibilidade de estabelecer a intimidade com o mundo vivo e significativo que Beauvoir tanto apreciava em sua crítica do livro de Merleau-Ponty. Infelizmente, ela não obtém sucesso em sua tentativa de converter o desarraigamento em enraizamento, a ruptura em vínculo, e a espontaneidade nadificadora em liberdade engajada.[14] Enraizamento, criação de vínculo, e engajamento requerem que a noção sartreana de ruptura desveladora com o ser seja abandonada.

Apesar dessa falha significativa, a filosofia da ambiguidade de Beauvoir difere profundamente da de Sartre, e a contesta de forma tácita e repetida. Para Beauvoir, ao contrário de Sartre, a nossa presença no mundo não é inevitavelmente uma degeneração, um exílio e uma derrota; a resistência das coisas sustenta as nossas ações "como o ar sustenta o voo da pomba". Ao contrário de Sartre, Beauvoir alega (de forma problemática, como indicado acima) que nós podemos converter negatividade em positividade ao "presumirmos" e ao concretizarmos positivamente a nossa espontaneidade original e pura. Consequentemente, podemos fazer da nossa presença no mundo uma autorrealização, uma alegria e um "triunfo". Beauvoir afirma que a liberdade original e absoluta não é somente "completamente interna e [...] abstrata", mas também "estúpida" e "absurda", quando considerada simplesmente "como pura contingência", "uma espontaneidade dada". Se quisermos "existir genuinamente", devemos "nos recusar a [nos] perder" nessa espontaneidade pura (*EA*, p. 81, 25-28, 12-14).

---

14 Já Bergoffen interpreta a atividade do desvelamento *per se* como positiva. Ela argumenta que Beauvoir abre uma nova direção, introduzindo a alegria do desvelamento. Ver BERGOFFEN, Debra B. "Toward a Feminist Ethic: First Steps". *Simone de Beauvoir Studies*, 8: 163-65, 1991; e BERGOFFEN, Debra B. *The Philosophy of Simone de Beauvoir*, *op. cit.*, p. 76-82. Neste último, Bergoffen argumenta que a perspectiva filosófica singular de Beauvoir surge de sua nova descrição da intencionalidade, e que Beauvoir participa de "uma conversa a três com Sartre e Merleau-Ponty". Surpreendentemente, Bergoffen foca muito mais na última obra de Merleau-Ponty, *O visível e o invisível*, do que em *Fenomenologia da percepção* ao descrever a posição dele.

Beauvoir insiste (problematicamente) que devemos engajar a liberdade no mundo convertendo puramente a "liberdade natural" em "liberdade ética", por meio de um ato de vontade (simultaneamente um desvelamento) no qual fazemos da liberdade o objetivo de uma ação concreta e particular. Assim, nós criamos uma legitimação para a nossa vontade e uma base para a nossa existência. Se optarmos consistentemente por confirmar esse ato de vontade, a nossa liberdade será "uma liberdade criativa [que] se desenvolve alegremente". Longe de estarem fadadas à equivalência, as nossas ações podem confirmar ou negar a "liberdade ética". Se "optamos por não [nos] querermos livres", abrimos mão de experienciar a alegria de "uma liberdade criativa", e não conseguimos cumprir a nossa existência (*EA*, p. 78, 24-28, 32-34).

Vontade e ação implicam temporalidade. Para Sartre, a temporalidade é o processo subjetivo pelo qual a consciência, como "espontaneidade nadificadora", causa continuamente uma não-coincidência com o seu objeto. Sartre descreve esse projeto contínuo de "negar" o ser não-consciente (o "em-si") como uma fuga incessante, por parte da consciência, de seu passado, na direção de seu futuro projetado. Ao contrário de Sartre, Beauvoir enfatiza o caráter profundamente positivo da temporalidade. Graças à temporalidade, nós conseguimos desenvolver a nossa vontade, escolher um objetivo, decidir um curso de ação, implementar as nossas decisões, confirmar a nossa liberdade, e justificar a nossa existência. Beauvoir descreve a conversão da espontaneidade pura em liberdade criativa como um processo extremamente positivo: "O criador se apoia em criações anteriores para criar a possibilidade de novas criações. Seu projeto presente abraça o passado e deposita confiança na liberdade futura, uma confiança que nunca é desapontada" (*EA*, p. 28).

A liberdade criativa pressupõe que nós existimos como seres corpóreos, já que a uma consciência pura faltaria qualquer controle sobre o mundo. Uma consciência sem corpo pareceria saber tudo e pareceria agir sobre tudo, mas, como aponta Beauvoir, isso dissolveria os fenômenos e destruiria o significado da ação. Ela soa notavelmente como Merleau-Ponty ao acrescentar que

> entre o céu e a terra existe um campo de percepção com suas formas e cores; e é no intervalo que me separa hoje de um futuro imprevisível que existem significados e fins para os quais eu dirijo os meus atos [...] Se com Hegel se nega a espessura concreta do aqui e do agora em prol do espaço-tempo universal [...], com Hegel se perde a verdade do mundo. (*EA*, p. 121-22)

A "espessura concreta" implica o ser corpóreo. Como Sartre, Beauvoir afirma que "o corpo em si não é um fato bruto. Ele expressa a nossa relação com o mundo" (*EA*, p. 41). Enquanto Sartre considera essa relação fundamentalmente negativa, Beauvoir a vê como fundamentalmente positiva.

Tanto para Sartre quanto para Beauvoir, a ambiguidade do corpo é inseparável da ambiguidade da nossa situação, já que esta significa o nosso envolvimento no mundo, com o corpo como a sua expressão. Para Sartre, o corpo é paradoxalmente ambíguo, no sentido de que nós simultaneamente somos e não somos o nosso corpo. Ele é tanto sujeito para nós quanto objeto para o outro, e as nossas relações com o outro são irremediavelmente confrontantes. Beauvoir acredita que a nossa corporeidade torna o conflito e a opressão sempre possíveis, porém não irremediáveis, e que "a ambiguidade fundamental da condição humana sempre abrirá ao homem a possibilidade de escolhas opostas". Portanto, existe "a possibilidade permanente de violência" (*EA*, p. 118, 99). No entanto, o ser corpóreo também torna possível o nosso "apego à existência" e o estabelecimento de vínculos positivos com outras pessoas.

Beauvoir argumenta que, em vez de tentar objetificar e apropriar-se de um outro que sirva de base para nós mesmos, podemos criar a nossa própria base e considerá-la como uma contribuição crucial para a nossa liberdade criativa. Essa liberdade requer um futuro aberto, e são as outras pessoas que o abrem para nós. Sem a confirmação de outras pessoas, os nossos atos não se tornam nada além de "um fato estúpido e opaco". Beauvoir observa que, como ela argumentou em *Pirro e Cinéias*, nós precisamos do outro para manter os nossos objetivos vivos para além do nosso próprio tempo de vida (*EA*, p. 158, 71, 82, 27). A confirmação do outro requer que busquemos a sua liberdade e felicidade, em vez de escravizá-lo. Beauvoir observa que tal "generosidade" é "mais válida quanto menor distinção houver entre o outro e nós mesmos, e quanto mais nos realizarmos ao assumir o outro como um fim. É isso o que acontece se eu estou engajada em relação ao outro" (*EA*, p. 144). Beauvoir enfatiza que, embora sejamos seres diferentes e independentes, todos somos ligados um ao outro. Enquanto a nossa interdependência nunca descarta a opressão, "tais sentimentos, como amor, ternura e amizade", têm "uma existência válida" (*EA*, p. 18, 82, 108).

Já que relações gratificantes com o outro são possíveis e válidas, por que a opressão é tão comum? Beauvoir argumenta que a resposta está na nostalgia pelo mundo da nossa infância. As crianças são uma "afirmação viva [...] uma mão ávida estendida ao mundo" (*EA*, p. 102), e normalmente as suas experiências são essencialmente positivas. Elas não têm ciência de sua liberdade, e acham que os valores são absolutos, "coisas prontas", mais do que criações humanas. Elas experienciam o mundo como algo que não exige nada além de obediência aos adultos que cuidam delas, então elas se sentem despreocupadas e protegidas enquanto brincam felizes. Contudo, sentem-se indefesas contra poderes misteriosos, que elas imaginam governar o rumo dos acontecimentos. Ainda que livres, as crianças não são responsabilizadas por suas ações, por não terem o conhecimento e a experiência de prever possíveis consequências. Portanto, a situação delas é paradoxalmente ambígua: elas se sentem ao mesmo tempo despreocupadas e indefesas; elas podem estabelecer e atingir objetivos com alegria e agir de forma egoísta com impunidade, mas sentem suas ações como pueris e insignificantes; são livres, mas não têm ciência de sua liberdade, e a exercem irresponsavelmente. Sem perceberem, as crianças estão formando o próprio caráter através de suas ações.

Na adolescência, os indivíduos descobrem sua liberdade e as repercussões dela, e precisam escolher como responder a essa descoberta. Eles se sentem ao mesmo tempo angustiados por uma liberdade injustificada e felizes por não serem mais presas de forças obscuras, então sua situação é também paradoxalmente ambígua. Eles respondem à descoberta de sua liberdade – e à responsabilidade que a acompanha – de acordo com o caráter que formaram. Os adolescentes podem optar por recuar de sua descoberta, voltando a uma forma de existência infantil e adotando diversas atitudes autoenganosas ("má-fé"), ou podem ainda decidir viver honestamente, acolhendo sua liberdade e sua concomitante responsabilidade. De qualquer forma, eles precisam continuar escolhendo entre essas alternativas pelo resto da vida. Beauvoir argumenta que a primeira alternativa é a mais comum, porque todos nós permanecemos nostálgicos por toda a vida pela felicidade da irresponsabilidade e da segurança da infância.

Atitudes autoenganosas são paradoxalmente ambíguas, pois ao mesmo tempo sabemos e não sabemos o que escondemos de nós mesmos. Enquanto permanecemos implicitamente cientes de nossa liberdade infundada e de sua concomitante responsabilidade, podemos tentar perpetuar um mundo infantil, pronto e complacente, adotando uma atitude apática. Ou podemos propor valores absolutos e nos dotar de direitos inalienáveis, ainda que tacitamente estejamos cientes de nossa liberdade, assim como da exclusão de tais valores e direitos por parte dela. Por outro lado, nós podemos reconhecer que a nossa liberdade é infundada, mas nos recusarmos a admitir que criamos valores. Ou podemos ainda acolher alegremente a nossa liberdade e a relatividade dos valores, mas nos recusarmos a reconhecer a liberdade do outro e a nossa interdependência fundamental. Nós também podemos buscar segurança tentando transformar outra liberdade em um objeto a ser possuído de forma absoluta. Por outro lado, de novo, podemos alegar possuir uma verdade objetiva total, eterna, universalmente válida e seguramente objetiva; mas ainda assim estamos implicitamente cientes de que a nossa própria escolha é o que de fato define essa verdade como tal. Por fim, nós podemos responder à descoberta de nossa liberdade infundada nos refugiando em atividades intelectuais ou artísticas, e nos recusando a reconhecer o nosso vínculo básico com o outro. Essas atitudes desonestas são egoístas ao serem indiferentes ao outro ou ao negarem ativamente sua liberdade. A opressão nasce de tais tentativas de perpetuar a irresponsabilidade e a segurança da infância.

Apesar da nossa nostalgia vitalícia pela infância, a sua experiência de estabelecer e de buscar objetivos com alegria não precisa nos induzir a olhar para nós mesmos como absolutamente independentes e para a nossa vida como uma aventura egoísta. A alegria da infância pode, na verdade, nos encorajar a escolher a alegria de preenchermos a nossa existência como adolescentes e adultos, o que significa reconhecermos e transformarmos a nossa liberdade original e infundada em uma liberdade ética e estabelecida. Beauvoir argumenta que, para conseguirmos essa conversão,[15] devemos ativamente querer não somente a nossa própria liberdade, mas também a de todos os outros, porque a nossa liberdade está ligada à deles. Devemos implementar a nossa vontade – e confirmá-la continuamente – em ações concretas e particulares, mirando nesse objetivo de liberdade universal. Ademais, devemos aceitar a responsabilidade pela repercussão das nossas ações sobre o outro. Beauvoir enfatiza que o mundo das nossas ações "é um mundo humano no qual cada objeto é penetrado por significados humanos. É um mundo falante a partir do qual surgem solicitações e apelos" (*EA*, p. 74). Ao respondermos, nós devemos lutar por liberdade universal.

Essa maneira honesta de viver significa acolher a ambiguidade, em vez de negá-la. Isso envolve experienciar não somente a ambiguidade paradoxal, mas também a ambiguidade de aspectos e de significados múltiplos e inseparáveis, de componentes indistinguíveis, e de uma indeterminação irredutível. As ambiguidades que eu descrevi anteriormente a respeito de nossa consciência corporificada, nossa situação, nossa liberdade, nossa temporalidade, e nossas relações com o outro, todas elas se fundem nessa experiência dinâmica e contínua que é a nossa existência concreta no mundo. A consciência, o corpo, a situação, a temporalidade, o querer, o escolher, o agir, o criar significado, e o se relacionar com o outro são todos inextricavelmente e imperceptivelmente conectados.

Vivendo honestamente, nós experienciamos essa ambiguidade multifacetada de forma mais intensa ao tentarmos traduzir a nossa meta de liberdade universal em ações concretas e particulares. A nossa ambiguidade fundamental exclui quaisquer receitas ou certezas aqui. Diferente de Sartre em *O ser e o nada*, Beauvoir insiste que as pessoas podem ser iludidas e ter sua liberdade destruída. Ela argumenta que não podemos ser

15 Como argumentei anteriormente, essa conversão é problemática, dada a associação que Beauvoir faz entre liberdade e desvelamento.

eticamente neutros aqui: ou trabalhamos ativamente para conquistar uma liberdade universal, ou contribuímos tacitamente para a opressão através da inação. Agir de forma libertadora impede que se adote um ponto de vista externo e neutro. Devemos, na verdade, reconhecer o vínculo indissolúvel que nos liga ao outro, e o nosso destino ao dele. Nessa conexão, cada indivíduo tem um valor absoluto e insubstituível, portanto devemos fazer do bem do indivíduo, ou do bem de um grupo de indivíduos, um objetivo absoluto de nossa ação. Contudo, não podemos conceder esse valor absoluto aos opressores, porque eles se recusam a reconhecê-lo em suas vítimas. Tampouco podemos concedê-lo aos seus cúmplices iludidos – e portanto oprimidos –, que assim se tornam as vítimas inocentes de nossa ação. Quando nós sacrificamos esses cúmplices oprimidos, os seus opressores, e possivelmente também nós mesmos ao agirmos para libertar o outro, também não nos tornamos opressores? E não minamos o nosso objetivo de conquistar uma liberdade universal? Beauvoir argumenta que tais dilemas são inevitáveis. Significados e objetivos se contestam perpetuamente, e devemos nos comprometer incondicionalmente com a busca pela liberdade universal sem nunca conseguirmos justificar as nossas ações de forma absoluta. As nossas vontades, escolhas, ações e relações com o outro são, portanto, irredutivelmente ambíguas.

A interdependência entre os meios presentes e os fins projetados acrescenta outras facetas a essa ambiguidade. Beauvoir argumenta que a nossa escolha de meios efetua tanto a definição quanto a realização do nosso objetivo, porque este é definido durante todo o caminho. Consequentemente, meios e fim são inseparáveis e devem ser julgados juntos. Nós só podemos atingir a libertação se empregarmos meios que não destruam seu próprio sentido – e ao mesmo tempo não pode haver libertação sem o uso de opressão. Não podemos apelar ao futuro para justificarmos nossa ação presente – porque o presente molda esse futuro, e o resultado é sempre incerto. Ao tentarmos atingir um equilíbrio entre a nossa ação e o seu objetivo, nós só temos probabilidades, nunca certezas. Não só a nossa própria ação é inerentemente ambígua, como também ela se engrena ou interfere na ação do outro de maneiras imprevisíveis. Os sentidos e os valores criados através das nossas ações, portanto, não são conhecíveis de antemão – mas precisamos agir. Beauvoir enfatiza que a violência é tão absurda quanto inevitável. A incapacidade de agir perpetua a violência das condições opressoras existentes; e a própria ação para abolir tais condições envolve uma violência. Nós devemos nos empenhar para infligir menos violência do que aquela que tentamos evitar ou eliminar. Portanto, a nossa escolha é uma escolha entre diferentes formas de violência. Beauvoir discute a política marxista e os Julgamentos de Moscou (1937) a partir dessa perspectiva. Ela afirma que escolhas políticas são escolhas éticas, e que "a moralidade reside na dor de um questionamento indefinido" (*EA*, p. 133).

No entanto, Beauvoir enfatiza que nós não devemos deixar essa angústia ofuscar a alegria da existência, pois a ação de libertação perde a sua *raison d'être* na ausência dessa alegria: "Para que a ideia de libertação tenha um sentido concreto, a alegria da existência deve ser afirmada em cada um, a cada instante [...] Se nós não amamos a vida por conta própria e por meio dos outros, é inútil procurar justificá-la de qualquer forma" (*EA*, p. 135-36). Ao mesmo tempo que enfatiza a inevitabilidade dos conflitos e da realidade das opressões presentes, Beauvoir mantém a esperança por um futuro livre de opressão: "Talvez seja permissível sonhar com um futuro quando os homens não souberem de nenhum outro uso para sua liberdade além desse desdobrar livre de si mesmo; uma atividade construtiva seria possível para todos" (*EA*, p. 81). A complexa filosofia da ambiguidade de Beauvoir é, portanto, profundamente positiva.

Em *Humanismo e terror*, Merleau-Ponty faz muitas das mesmas afirmações que Beauvoir, mas não a menciona. Ele enfatiza a importância de amar os nossos tempos; a "impureza" inerente e a ambiguidade da ação; a interdependência entre os meios presentes e o futuro; e a impossibilidade de sempre se respeitar a individualidade absoluta de cada um. Assim como Beauvoir, Merleau-Ponty considera o conflito com o outro como uma constante, e declara: "Não temos escolha entre a pureza e a violência, mas sim entre diferentes tipos de violência. Na medida em que somos seres encarnados, a violência é a nossa sina".[16] Ele diz que essa violência pode

16 MERLEAU-PONTY, Maurice. *Humanism and Terror: An Essay on the Communist Problem*. Trad. John O'Neill. Boston: Beacon, 1969, p. 187, 109.

ser minimizada, e que é possível eliminar a violência institucionalizada, mas que, ao trabalhar para esse fim, o indivíduo deve sacrificar aqueles que o ameaçam, porque abster-se da violência contra o opressor significa tornar-se seu cúmplice. Contudo, não existe nenhuma justificativa absoluta para as ações. O resultado delas é sempre incerto – só existem probabilidades. Mais uma vez como Beauvoir, Merleau-Ponty enfatiza que nós não somos uma pluralidade de para-sis justapostos, embora um invada o outro e trate o outro como objeto. Não sendo consciências puras, nós nos "misturamos" e compomos uma situação comum, uma intersubjetividade. Além disso, sentimos a necessidade do reconhecimento do outro. Considerando as similaridades entre tantas de suas afirmações, fica evidente a influência mútua entre Beauvoir e Merleau-Ponty.

Ao discutir a violência institucionalizada em *Humanismo e terror*, Merleau-Ponty não consegue explicar sua onipresença. As suas afirmações (de que invadimos e tratamos uns aos outros como objetos) tornam a existência da opressão compreensível, mas não esclarecem por que ela se tornou amplamente institucionalizada. Ademais, a sua esperança em relação à possível eliminação da violência institucionalizada, apesar da inerradicabilidade do conflito, mostra que este não consegue explicar tal tipo de violência ou sua onipresença. O necessário aqui é a descrição que Beauvoir faz da infância e das nossas tentativas nostálgicas de recapturá-la. A filosofia da ambiguidade dela também preenche outra lacuna ao fornecer os principais aspectos de uma ética viável. Merleau-Ponty observa, com aprovação, que o marxismo não considera a ética somente no coração do indivíduo, mas também na coexistência humana – e especificamente na ação proletária. Contudo, as discussões sobre política marxista e sobre os Julgamentos de 1937 em *Humanismo e terror* não constituem uma ética, e tampouco Merleau-Ponty fornece uma em outro lugar. Dadas as afinidades entre as suas filosofias, *Por uma moral da ambiguidade*, de Beauvoir, ressalta implicitamente essa lacuna e sugere como seria possível remediá-la.

A filosofia da ambiguidade de Merleau-Ponty, por sua vez, ressalta implicitamente problemas com as ideias de Beauvoir sobre desvelamento e vínculo, além de também desenvolver aspectos importantes de sua própria filosofia da ambiguidade. Eu argumentei anteriormente que a ideia de desvelamento de Beauvoir impede que se forje esse vínculo íntimo com o mundo vivo e significativo – vínculo que ela valoriza em *Fenomenologia da percepção*, de Merleau-Ponty. Ademais, ao enfatizar que precisamos justificar a nossa existência e que só podemos fazê-lo por meio dos outros, Beauvoir sugere que o nosso vínculo com o outro é meramente egoísta. Ela reconhece essa implicação e tenta dissipá-la, afirmando que a preocupação mútua é "uma verdade irredutível" e que "A relação eu-outro é tão indissolúvel quanto a relação sujeito-objeto" (*EA*, p. 72). Como mostrei, Beauvoir também diz que, quanto menor a distinção entre nós, mais nos realizamos ao tomar o outro como um fim. Contudo, essa ideia de uma relação mais intrínseca permanece não desenvolvida em *Por uma moral da ambiguidade*. Em *Fenomenologia da percepção*, Merleau-Ponty descreve o nosso vínculo ambíguo e intrínseco com o mundo e com o outro em detalhes, e dessa forma ele desenvolve esse e outros aspectos vitais da ambiguidade multifacetada que forma o núcleo da filosofia de ambos: consciência corporal, contextualidade, temporalidade, liberdade, e a criação de significado. Para entender essa ambiguidade multifacetada, nós devemos abandonar um pensamento "objetivo", que de fato distorce a experiência vivida. Tal pensamento encontra a sua expressão mais crassa nos esforços das ciências positivistas para reduzir o mundo e o nosso corpo a objetos quantificáveis, observados por um espectador-manipulador não situado. Ao expor o viés do pensamento "objetivo", Merleau-Ponty procura nos despertar para a ambiguidade inerente da experiência vivida e para a nossa inextricável condição de inter-relação com o mundo e com o outro.

Ao contrário do corpo "objetivo", construído pela fisiologia mecanicista e por psicologias ou filosofias intelectualistas, o corpo vivido é pré-reflexivamente conectado ao mundo vivido. Nem o corpo, nem o mundo são objetos. Ambos começam a existir em um movimento ambíguo que forma um "diálogo" contínuo e pré-pessoal, subjacente a qualquer reflexão e objetificação. É impossível demarcar corpo e mundo nessa troca ambígua. A corporalidade não é um sistema mecanicista de partes externamente relacionadas em um espaço "objetivo". Tampouco o corpo vivido é um recipiente para uma consciência ou um "ego" puros. Seja pré-reflexiva ou reflexiva, a consciência é inteiramente corpórea – ela é o corpo vivido, situado em um mundo indissociavelmente natural e cultural.

Para Merleau-Ponty, mundo e corpo-sujeito se entrelaçam em uma dialética contínua de intencionalidade corporal e de solicitação mundana. Os sentidos corporais são em si inseparavelmente entrelaçados, formando um "arco intencional" que projeta um mundo antecipado; e o mundo simultaneamente traz à luz essa intencionalidade corporal. Esse movimento dialético não somente cria uma temporalidade e uma espacialidade vividas, como também traz à existência incessantemente uma rede de significados múltiplos e inseparáveis. Como ocorre no nível pré-reflexivo, esse maravilhoso e ambíguo entrelaçado de corpo-sujeito com mundo normalmente passa despercebido. Merleau-Ponty o chama à nossa atenção com a ajuda de exemplos, como quando se toca um instrumento ou se usa uma bengala. Ao aprendermos a tocar um instrumento, nós pré-reflexivamente estabelecemos e incorporamos uma espacialidade vivida específica dessa atividade. Sem ter de refletir ou reaprender, organistas talentosos rapidamente se ajustam a diferentes órgãos com diferentes registros. Sem pensar nos dedos ou pés, eles se emprestam à solicitação da música, e se tornam um só com o instrumento enquanto o tocam. Da mesma forma, os usuários de bengalas brancas, que auxiliam deficientes visuais, as incorporam à sua espacialidade corporal.

Merleau-Ponty enfatiza que aprender a tocar um instrumento ou a usar uma bengala "é ser transplantado para dentro deles, ou, ainda, é incorporá-los ao corpo em si".[17] Adquirir tais hábitos não é nem uma análise e uma reconstrução intelectuais, nem um registro mecânico de impressões. É uma compreensão corpórea e uma incorporação. É somente quando essa relação orgânica entre corpo e mundo se torna enfraquecida (como em certas patologias) que devemos recorrer à análise e à reconstrução intelectuais. Como "o corpo é essencialmente um espaço expressivo"

17 MERLEAU-PONTY, Maurice. *Phenomenology of Perception*. Trad. Colin Smith. Londres: Routledge and Kegan Paul, 1962, p. 143. Alterei a tradução de Smith em alinhamento com o texto francês.

(*PP*, p. 146), os espaços expressivos particulares (tais como os do órgão) podem vir à existência e ser incoporados a ele. Por meio dessa espacialidade corporal dinâmica, um mundo significativo passa a existir.

Essa espacialidade ambígua envolve inerentemente uma temporalidade ambígua e vivida. Como projeto fundamental, o corpo tem uma estrutura temporal, de forma que as suas atividades presentes simultaneamente recorrem às suas aquisições passadas e delineiam um futuro esperado. Esse futuro antecipado não é uma representação, e as aquisições passadas não são coleções de memórias. Passado, presente e futuro são aspectos inseparáveis desse movimento ambíguo e incessante que constitui o corpo vivido. Ao projetar a si mesmo em direção a um mundo perceptivo, o corpo se experiencia em uma consciência amorfa e pré-pessoal, a qual torna possível a autorreferência de uma existência especificamente pessoal. Romper o "diálogo" primordial do corpo-sujeito com o mundo vivido destrói ambos os termos, resultando também na destruição da liberdade e do sentido. A liberdade pressupõe um enraizamento corpóreo, já que uma liberdade absoluta não teria qualquer controle sobre o mundo. Merleau-Ponty enfatiza que a liberdade se "direciona" para a situação, e que esta é primordialmente intersubjetiva. Nós existimos como um "campo intersubjetivo", e Merleau-Ponty considera esse ponto tão importante que ele termina o seu *Fenomenologia da percepção* citando Saint-Exupéry: "O homem é só um laço de relações" (*PP*, p. 456). Ao assumir essas relações e ao levá-las adiante, nós realizamos a nossa liberdade.

Tradicionalmente, nós postulamos um domínio de subjetividade que consiste em puro pensamento, supostamente distinto do corpo e inacessível ao outro – que portanto era considerado extrínseco. Merleau-Ponty anula essa tradição ao descrever uma relação intrínseca entre pensamento e corpo, e entre nós mesmos e o outro. Ele mostra que, ao tentarem separar o pensamento da fala, teóricos tradicionais não conseguiam entender a afasia. Eles ficavam perplexos com a incapacidade dos pacientes de encontrar, em linguagem gratuita, palavras disponíveis a eles em situações concretas, ou de categorizar amostras de cores, embora fossem capazes de nomeá-las. Merleau-Ponty mostra que, para tais pacientes, as palavras perderam o significado vivo que normalmente as habita, e o elo entre a linguagem e o pensamento se rompeu. Normalmente nós vemos a fala como incidental a um pensamento autônomo – algo que surge de nossa incapacidade de notar que um suposto "pensamento puro" é na verdade um monólogo que usa significados já adquiridos, criados por atos de expressão anteriores. De fato, não existe nenhum pensamento puro anterior à fala. Assim, podemos aprender algo novo em conversas com os outros. Somos mutuamente presentes um ao outro, e não temos necessidade de decodificar as palavras que trocamos. Os nossos corpos vividos se "dirigem" uns aos outros nas conversas. Como não pode haver nenhuma autoconsciência pessoal na ausência de linguagem, e já que esta é inerentemente intersubjetiva, a nossa relação fundamental com o outro não é extrínseca (como tradicionalmente se considerava), mas sim intrínseca. Ela tem parte na ambiguidade multifacetada que caracteriza a nossa existência como corpo-sujeito.

Portanto, a filosofia da ambiguidade de Merleau-Ponty ressalta problemas com as ideias de Beauvoir acerca de desvelamento e de um vínculo extrínseco com o outro. Simultaneamente, ele desenvolve a ideia de uma ambiguidade multifacetada, na qual somos intrinsecamente relacionados com o mundo e com os outros. Da sua parte, a filosofia da ambiguidade de Beauvoir preenche duas lacunas significativas na filosofia de Merleau-Ponty. Fenomenologistas o reconheceram como um filósofo da ambiguidade. Então, que agora nós celebremos Beauvoir, reconhecendo-a como uma filósofa da ambiguidade também.

# 5 A influência de Bergson sobre a metodologia filosófica de Beauvoir[1]

*Margaret A. Simons*

O tópico deste capítulo, que trata da influência filosófica inicial de Henri Bergson (1859-1941) sobre Simone de Beauvoir, pode surpreender aqueles que se lembram da referência que ela fez a Bergson em seu *Memórias de uma moça bem-comportada*, onde ela nega a importância dele, escrevendo sobre seus interesses em 1926: "Eu preferia a literatura à filosofia, e não teria ficado nada satisfeita se alguém profetizasse que eu me tornaria uma espécie de Bergson; eu não queria falar com aquela voz abstrata que, sempre que a ouvia, não conseguia me comover".[2]

Mas neste caso, assim como em tantos outros, os diários de Beauvoir apresentam um retrato muito diferente. O seu diário não publicado de 1926, escrito quando ela tinha 18 anos de idade e iniciava seus estudos em filosofia, contém várias páginas de citações da obra de Bergson *Ensaio sobre os dados imediatos da consciência* (1889),[3] que ela descreve, em uma

---

1 Agradeço o apoio de uma bolsa de pesquisas de verão concedida pela Graduate School of Southern Illinois University Edwardsville. Versões anteriores deste capítulo foram apresentadas em um dos colóquios do departamento de filosofia da universidade, e também na 9ª Conferência da *International Simone de Beauvoir Society*, realizada na St. John's College, em Oxford, entre os dias 20 e 22 de julho de 2001. A minha pesquisa também teve contribuições de conversas com Brett Carroll, Ron Carter, Belinda Clark, James Crockett, Pam Decoteau, Kate Fullbrook, Christian Hainds, Ashley Harp, Rebecca Jeyes, Janet Novosad, Rhonda Penelton, Anne Valk, Tricia Wall e Steven Williams, além do incansável incentivo e paciência de Claudia Card, pelo que sou profundamente grata.

2 BEAUVOIR, Simone de. *Mémoires d'une jeune fille rangée*. Paris:Gallimard, 1958, p. 288; *Memoirs of a Dutiful Daughter*. Trad. James Kirkup. Nova Iorque: Harper & Row, 1959, p. 208; minha tradução revisada.

3 BERGSON, Henri. *Essai sur les données immédiates de la conscience*. 6 ed. Paris: Félix Alcan, 1889 (1908) – doravante *DIC*; *Time and Free Will: An Essay on the Immediate*

anotação de 16 de agosto, como "uma grande embriaguez intelectual". A anotação diz ainda:

> [...] quando leio outros filósofos, tenho a impressão de testemunhar construções com graus variados de lógica, ao passo que aqui finalmente estou tocando uma realidade palpável e encontrando a vida. Não só eu, mas a arte, as verdades sugeridas pelos poetas, e tudo que estudei neste ano é magnificamente explicado. Simplesmente um chamado à intuição [...] em suma, o método que aplico espontaneamente quando quero me conhecer e os problemas mais difíceis desaparecem. Quantas coisas [existem] nas 180 páginas de *Ensaio sobre os dados imediatos da consciência*, de Bergson.[4]

Intrigada com essa passagem do diário, eu comecei a analisar os primeiros trabalhos filosóficos de Beauvoir em busca de evidências da influência de Bergson, focando nos três textos mais importantes deste: *Ensaio sobre os dados imediatos da consciência* (1889), *Matéria e memória: ensaio sobre a relação do corpo com o espírito* (1896),[5] e *A evolução criadora* (1907).[6] Minha análise revelou evidências da influência de Bergson em vários dos primeiros textos importantes de Beauvoir, em especial *A convidada*, romance metafísico escrito entre 1937 e 1941,[7] mas também em seus ensaios sobre ética existencial e em *O segundo sexo* (1949).[8] De fato, Bergson agora me parece ser uma chave para entender as raízes da filosofia

---

*Data of Consciousness*. Trad. F. L. Pogson. Nova Iorque: Macmillan, 1913 – doravante *TFW*; minha tradução revisada.

4 BEAUVOIR, Simone de. *2e cahier* (manuscrito hológrafo). Paris: Acervo de Manuscritos, Bibliotheque Nationale, 1926, p. 7-8; minha transcrição e tradução. "Cahier" doravante citado como *CA*.

5 BERGSON, Henri. *Matière et mémoire: Essai sur la relation du corps à l'esprit*. 10 ed. Paris: Félix Alcan, 1913 (1896); *Matter and Memory*. Trad. Nancy Margaret Paul e W. Scott Palmer. Londres: George Allen & Unwin, 1911 – doravante *MAM*; minha tradução revisada.

6 *Idem*, *L'Evolution créatrice*. 6 ed. Paris: Félix Alcan, 1910 (1907); *Creative Evolution*. Trad. Arthur Mitchell. Nova Iorque: Modern Library, 1944 (1911) – doravante *CE*; minha tradução revisada.

7 BEAUVOIR, Simone de. *L'Invitée*. Paris: Gallimard, 1943; *She Came to Stay*. Trad. Yvonne Moyse e Roger Senhouser. Nova Iorque: Norton, 1954; minha tradução revisada.

8 *Idem*, *Le Deuxième sexe*. Paris: Gallimard, 1949; *The Second Sex*. Trad. H. M. Parshley. Nova Iorque: Knopf, 1952; minha tradução revisada.

de Beauvoir. Neste capítulo, o meu foco será na metodologia filosófica dele e na sua influência em *A convidada*, identificando três elementos bergsonianos na metodologia filosófica de Beauvoir. Em primeiro lugar, ela leva a sério as críticas de Bergson sobre a compreensão intelectual, e aceita o seu desafio implícito de fazer filosofia por meio do romance literário. Segundo, Beauvoir compartilha com Bergson um interesse metodológico em expor distorções na percepção e no pensamento. Por fim, ambos contam com uma virada metodológica para a experiência imediata, que revela a nossa liberdade.

Beauvoir não seguia Bergson completamente ou de forma acrítica. Ela não o seguia, por exemplo, na construção de sistemas vitalistas de *A evolução criadora* ou no misticismo de sua obra posterior, *As duas fontes da moral e da religião*.[9] Na série de contos de Beauvoir, *Quando o espiritual domina*, escritos entre 1935 e 1937,[10] que ela descreve como algo que "esclarece a gênese" de seus trabalhos posteriores (*QPS*, p. viii), ela satiriza as suas primeiras paixões intelectuais, incluindo: a moralidade do autossacrifício feminino de Paul Claudel; o surrealismo de André Breton; e a filosofia de Bergson. Ademais, os trabalhos iniciais de Beauvoir, incluindo *A convidada*, focam em um aspecto da realidade ignorado pelo trabalho inicial de Bergson: no caso, o problema da oposição entre o eu e o Outro.

O interesse de Beauvoir por esse problema já fica evidente no seu diário de 1926, onde ela discute a necessidade de se servir tanto ao eu quanto ao outro, e as tentações do egoísmo e da autoabnegação: "[É] muito difícil, porque o ensimesmamento rapidamente se transforma em egoísmo; ao passo que, quando o indivíduo se volta para fora, é de fato raro ele não ir longe demais e se diminuir. O que estou propondo é realizar [*réaliser*] esse equilíbrio" (*CA* 26, p. 1). Mais à frente no diário, Beauvoir define o problema com uma distinção ontológica entre "duas partes em minha existência: uma pelo outro [*pour autrui*]" – "os elos

9 BERGSON, Henri. *The Two Sources of Morality and Religion*. Trad. R. A. Audra e C. Brereton com W. H. Carter. Nova Iorque: Henry Holt, 1935.

10 BEAUVOIR, Simone de. *Quand prime le spiritual*. Paris: Gallimard, 1979; *When Things of the Spirit Come First: Five Early Tales*. Trad. Patrick O'Brian. Nova Iorque: Pantheon, 1982; minha tradução revisada.

que me unem a todos os seres" – e outra "parte para mim mesma [*pour moi-même*]" (*CA* 26, p. 85). Em seu diário de 1927, ela promete "aprofundar esses problemas que me atraíram [...] O tema é quase sempre essa oposição entre o eu e o outro que sinto desde que comecei a viver".[11] Esse tema e a distinção feita em 1926 – entre o "pelo outro" e o "por mim" – apontam para uma influência hegeliana inicial, embora as passagens do diário não façam nenhuma referência a Hegel. Mas os diários de Beauvoir dos tempos de estudante mostram que o interesse dela pelo tema da oposição entre o eu e o Outro é anterior à discussão que o próprio Bergson fez desse problema em *As duas fontes da moral e da religião* – publicado pela primeira vez em 1932, e cuja discussão completa deve aguardar um estudo da filosofia moral de Beauvoir.

## A filosofia e o romance

Considerando o nosso foco no romance metafísico de Beauvoir, *A convidada*, vamos começar com as críticas bergsonianas dela às limitações da tradicional dependência que a filosofia tem da compreensão intelectual e da admiração de Bergson pelo romancista. Para Bergson, a realidade é fundamentalmente um processo temporal: "Matéria ou espírito, a realidade aparece para nós como um eterno devir" (*CE*, p. 296). A matéria é caracterizada pela "inércia" e o espírito pela espontaneidade, imprevisibilidade e liberdade. A consciência, embora capaz de perceber o constante fluxo da realidade, tem um foco prático que a distorce. Como intelecto, a nossa consciência delimita o mundo, identificando qualidades úteis em meio ao caos de impressões mutáveis, e fixando-as em unidades administráveis. Mas a consciência tem a capacidade de entender a realidade em sua temporalidade por meio da intuição. "A consciência, no homem, é eminentemente o intelecto" – escreve Bergson em *A evolução criadora* – "Ela pode ter sido, deveria [...] também ter sido intuição" (*CE*, p. 291).

11 *Idem*, *4e carnet* (manuscrito hológrafo). Paris: Acervo de Manuscritos, Bibliothèque Nationale, 1927, p. 94; transcrito por Barbara Klaw, Sylvie Le Bon de Beauvoir e por mim; minha tradução.

Em *Ensaio sobre os dados imediatos da consciência*, Bergson celebra o romancista como alguém que desvela essa realidade "absurda" de impressões mutáveis, inacessíveis ao intelecto, e distorcidas só de serem nomeadas. Ele nos pede para imaginar

> algum romancista ousado, erguendo a cortina habilmente tecida de nosso eu convencional e nos mostrando, por baixo dessa aparência de lógica, um absurdo fundamental, por baixo dessa justaposição de estados simples, um permear infinito de milhares de impressões diferentes, que já deixaram de existir no instante em que foram nomeadas [...] Incentivados por ele, nós deixamos de lado por um instante o véu que interpusemos entre a nossa consciência e nós mesmos. Ele nos trouxe de volta para a nossa própria presença. (*TFW*, p. 133, *DIC*, p. 101)

Mas, apesar de celebrar o romancista, Bergson não tentou escrever filosofia em romances.

Em seu diário de 1927, Beauvoir declara sua intenção de escrever filosofia em forma literária: "Eu preciso [...] escrever 'ensaios sobre a vida' que não sejam um romance, mas sim filosofia, conectando-os vagamente a uma ficção. Mas o pensamento seria o essencial" (*CA* 27, p. 54-55). Contradizendo a sua afirmação posterior em *Memórias* – de que nunca havia se interessado por fazer filosofia –, Beauvoir declara seu compromisso com a filosofia em uma anotação no diário de 1927:

> Ah, vejo minha vida claramente agora [...] uma busca passional, frenética [...] eu não sabia que era possível sonhar com a morte por desespero metafísico; sacrificar tudo pelo desejo de saber [...] não sabia que todo sistema é uma coisa ardente, atormentada, um esforço da vida, do ser, um drama no sentido completo da palavra, e que isso não envolve somente a inteligência abstrata. Mas agora sei disso, e que não consigo mais fazer qualquer outra coisa. (*CA* 27, p. 133-34)

Essas primeiras referências ao filosofar são visivelmente bergsonianas – ao rejeitarem a concepção da filosofia como algo que envolva somente a inteligência abstrata.

Em "Littérature et métaphysique" (1946), Beauvoir faz uma crítica bergsoniana da compreensão intelectual, argumentando que o romancista pode "desvelar" a realidade: "Já que a realidade não é definida como compreensível só pela inteligência, nenhuma descrição intelectual é capaz de dar uma expressão adequada dela. Deve-se tentar apresentá-la em sua integridade, à medida que ela se revela na relação viva que é a ação e o sentimento, antes que ela se faça pensamento".[12] Assim, os filósofos existencialistas aspiram a fazer filosofia no romance: "Quanto mais vividamente um filósofo ressaltar o papel e o valor da subjetividade, mais ele será levado a descrever a experiência metafísica sob sua forma singular e temporal" (*LM*, p. 101).

> Um romance metafísico [...] me parece [...] a mais elevada conquista, já que ele se dedica a entender o homem e os acontecimentos humanos em sua relação com a totalidade do mundo, e já que ele sozinho consegue ter sucesso onde a literatura pura, assim como a filosofia pura, fracassa, ao evocar em sua unidade viva e em sua ambiguidade viva fundamental esse destino que é nosso e que está inscrito tanto no tempo quanto na eternidade. (*LM*, p. 105-6)

O primeiro trabalho publicado de Beauvoir, *A convidada*, aceita o desafio implícito que Bergson apresenta aos filósofos – o de se tornarem romancistas. No romance, como mostrarei, ela traça a odisseia filosófica de uma escritora, Françoise, que confronta as limitações de sua compreensão intelectual do mundo.

## Expondo distorções na percepção e no pensamento

Uma segunda área da aparente influência de Bergson sobre a metodologia filosófica de Beauvoir é o interesse metodológico que ambos têm por expor distorções na percepção e no pensamento. A exposição mais conhecida de Beauvoir de tais distorções está em *O segundo sexo*, onde ela descreve as distorções na imagem que os homens têm da mulher

12 BEAUVOIR, Simone de. "Littérature et métaphysique" (Literature and Metaphysics). *In*: *L'Existentialisme et la sagesse des nations*. Paris: Editions Nagel, 1963, p. 102-3; minha tradução. Publicado originalmente na *Les Temps modernes*, v. 1, n. 7, abr. 1946.

como o Outro. Mas o foco metodológico de Beauvoir nos enganos do que ela chama de "má-fé", ou autoengano, é evidente nos seus primeiros textos literário-filosóficos, incluindo *A convidada*.

De acordo com Bergson, as distorções na percepção surgem quando a nossa consciência utilitária seleciona aspectos que são de nosso interesse de dentro da massa de impressões sensoriais cambiantes: "Nossas necessidades são, portanto, feixes luminosos que, apontados para a continuidade das qualidades sensíveis, desenham ali corpos distintos" (*MAM*, p. 262). O resultado é uma diminuição da realidade, já que o efeito da percepção é "obscurecer alguns de seus aspectos, diminui-la da maior parte de si mesma" (*MAM*, p. 28). Bergson descreve a consciência como "atormentada por um desejo insaciável de fazer distinções" e de perceber a realidade por meio de símbolos e palavras. Assim, a linguagem distorce a nossa percepção e os nossos pensamentos quando ela "controla [sua] mobilidade" (*TFW*, p. 128-29; *DIC*, p. 97-98): "A palavra [...] que armazena o elemento estável, comum e, portanto, impessoal nas impressões da humanidade, domina [...] as delicadas e fugitivas impressões da nossa consciência individual" (*TFW*, p. 131-32).

As distorções da consciência utilitarista causam problemas aos filósofos que, erroneamente, presumem que palavras e símbolos representam distinções ontológicas em vez de simples conveniências práticas. "É de se perguntar se [...] ao meramente nos livrarmos dos símbolos desajeitados em torno dos quais [os filósofos] estão brigando, talvez consigamos acabar com a briga" (*TFW*, p. xx).

Uma distorção da percepção e do pensamento que tem especial interesse para Bergson e Beauvoir é a distorção da liberdade humana. De acordo com Bergson, tais distorções são tão comuns que "atos livres são excepcionais" (*TFW*, p. 197). O nosso intelecto, ao analisar os nossos sentimentos e nomeá-los, distorce a realidade viva deles, com o resultado de que a nossa consciência "gradualmente perde vista do eu fundamental" (*TFW*, p. 128; *DIC*, p. 97). Nós aceitamos essas distorções "pela conveniência da linguagem e pela promoção das relações sociais". Quando os "nossos amigos mais confiáveis" nos aconselham a dar um passo importante, "os sentimentos que eles pronunciam com tanta insistência se alojam na superfície do nosso eu e [...] formam uma crosta espessa, que cobrirá os nossos próprios sentimentos; nós devemos acreditar que estamos agindo livremente, e é somente ao refletir sobre isso mais tarde que veremos o quanto estávamos enganados". Assim, a linguagem e o intelecto distorcem a liberdade ao distorcerem a nossa percepção de nossos próprios sentimentos. A formação de hábitos também inibe a nossa liberdade, permitindo que atuemos como "um autômato consciente" (*TFW*, p. 167-69; *DIC*, p. 127-29). Em *A evolução criadora*, Bergson descreve a liberdade como "perseguida pelo automatismo": "Nossa liberdade, nos próprios movimentos pelos quais é afirmada, cria os hábitos de crescimento que a sufocarão se ela não conseguir se renovar em um esforço constante [...] O pensamento mais vivo se torna frígido na fórmula que o expressa. As palavras se voltam contra a ideia" (*CE*, p. 141).

Então, esse primeiro passo negativo no método de Bergson expõe as distorções na percepção e no pensamento, causadas pelo "desejo insaciável" da consciência utilitarista de impor uma ordem ao caos de impressões passageiras. Os problemas filosóficos resultam quando o intelecto utilitarista divide a realidade, incluindo o nosso eu e os nossos sentimentos, em objetos distintos, espacialmente orientados, e imobilizados pela linguagem e pelos símbolos. Um resultado particularmente grave dessas distorções é uma erosão de nossa liberdade.

## Expondo distorções da realidade: *A convidada*

Em *A convidada*, Beauvoir acompanha a odisseia filosófica de uma escritora, Françoise, longe das distorções da consciência utilitarista. Nas páginas de abertura, que se passam na França pré-Segunda Guerra Mundial, Françoise aparece trabalhando com afinco no escritório de um teatro, tarde da noite, revisando uma peça. A consciência utilitarista de Françoise se torna evidente pela primeira vez em sua consciência exagerada sobre sua orientação no espaço e sobre sua tendência de se definir por seu trabalho e pelos objetos que a cercam: "Tento imaginar o que ele pensa de mim [...] este escritório, o teatro, meu quarto, livros, papéis, trabalho" (*SCS*, p. 15; *LI*, p. 17). Françoise, que tem o hábito de negar os seus sentimentos e de se forçar a trabalhar, nega sua exaustão física e seu desejo sexual pelo jovem Gerbert, que trabalha ao seu lado.

A visão que Françoise tem de sua vida interior foi definida e solidificada em resposta a convenções sociais, tal como Bergson descreve. Para proteger a imagem de si mesma como feliz e livre em seu relacionamento com Pierre, diretor da peça, Françoise se recusa a reconhecer qualquer sentimento que a ameace, incluindo sua tristeza quanto à negação da intimidade desejada com Gerbert: "Em seu coração surgiu uma tristeza tão amarga e radiante quanto o amanhecer. Mas ela não tinha arrependimentos; sequer tinha o direito àquela melancolia que começava a anestesiar o seu corpo sonolento" (*SCS*, p. 18; *LI*, p. 21). Em *Quando o espiritual domina*, Beauvoir usa o termo "má-fé" (*WT*, p. 210; *QPS*, p. 246) para descrever atos como quando Françoise repara pela primeira vez em uma realidade perturbadora e depois a nega. Bergson antecipa o conceito de má-fé em sua descrição da nossa tendência a "forçar [...] de volta para dentro das mais sombrias profundezas do nosso ser [...] sentimentos e ideias que não são despercebidos, mas que não queremos considerar" (*TFW*, p. 169; *DIC*, p. 129-30).

A natureza habitual de Françoise quanto a negar os próprios sentimentos fica evidente em cada cena do romance, sobretudo ao ela optar por reprimir seus sentimentos em vez de incomodar o outro. Por exemplo, sabemos que Françoise "odeia tomate", mas que, quando lhe oferecem um, ela responde com resignação: "Parece uma delícia" (*SCS*, p. 137). A preocupação dela com as convenções sociais também transparece em sua preferência pela linguagem em detrimento da experiência: "Nada do que acontecia era completamente real até que ela contasse a Pierre a respeito [...] Ela não sentia mais solidão, mas havia se livrado daquele confuso pulular. Cada momento de sua vida que ela confiava a Pierre lhe era devolvido limpo, polido e completo, e eles se tornavam os movimentos da vida que tinham em comum". Françoise se vê fundida com Pierre – "Somos um" (*SCS*, p. 26; *LI*, p. 30) – e sente angústia pela separação deles: "A separação foi uma agonia" (*SCS*, p. 108).

Françoise também vivencia uma inibição de sua liberdade:

> Ela não deveria jogar a responsabilidade por si mesma em outra pessoa [...] Se ela fosse assumir total responsabilidade por si, primeiro teria de querer; mas ela não queria [...] Um ato que indicava uma independência genuína, um ato que era autoiniciado e que não tinha nenhuma conexão com [Pierre], estava além de sua imaginação. Contudo, isso não a preocupava; ela nunca acharia necessário invocar seus próprios recursos contra Pierre. (*SCS*, p. 113)

Bergson descreve a liberdade como algo inibido por "uma estranha relutância em exercer a nossa vontade [à vouloir]" (*TFW*, p. 169; *DIC*, p. 129): "Muitas vezes abrimos mão da nossa liberdade [...] por inércia ou indolência" (*TFW*, p. 169; *DIC*, p. 129). Em *A evolução criadora*, Bergson descreve uma "tendência [...] para a vida vegetativa", onde "o torpor e a inconsciência estão sempre à espreita" (*CE*, p. 125).

Françoise consegue experienciar o mundo de impressões passageiras em desacordo com sua consciência utilitarista: "Não havia nada além daquele som passageiro, do céu, da folhagem hesitante das árvores [...] não havia mais nenhuma Françoise". Mas esse breve interlúdio só serve para ressaltar sua consciência utilitarista: "Ela se levantou bruscamente. Era estranho voltar a ser alguém [...] uma mulher que precisa se apressar, com um trabalho urgente à espera, e era somente um momento como tantos outros de sua vida" (*SCS*, p. 12-13). Com a volta de um eu substancial, Françoise nega as características únicas desse momento, minimizando-o como intercambiável com outros instantes. Assim, em termos bergsonianos, ela reflete uma consciência utilitarista do tempo como unidades intercambiáveis em "uma duração cujos momentos se parecem uns com os outros" (*TFW*, p. 221). Os momentos do tempo, para Bergson, não são intercambiáveis, mas sim insubstituivelmente únicos, com diferenças qualitativas – da mesma forma que um momento num museu difere de um momento em uma cadeira de dentista.

Em outra cena no início do romance, quando Françoise se perturba com o olhar desdenhoso de uma jovem, o seu corpo sinaliza a ansiedade:

"Sua garganta ficou seca; o coração batia um pouco mais rápido que o normal". Mas Françoise faz uma análise com seu intelecto para afastar essas sensações perturbadoras: "Esse mal-estar não trouxe a ela nenhuma revelação patética; era somente um acidente entre outros, uma modulação breve e quase previsível que seria resolvida em paz. Ela não recebia mais tais instantes de forma violenta; sabia bem que nenhum deles tinha qualquer valor decisivo" (*SCS*, p. 32; *LI*, p. 37). O uso que Beauvoir faz da terminologia bergsoniana ressalta a consciência utilitarista de Françoise nessa cena, minimizando seu sentimento como "quase previsível", uma reação quase mecanicista, em vez de uma criação singular e espontânea, assim como ela minimiza esse momento comovente como intercambiável por qualquer outro.

Bergson nos conta que a consciência utilitarista produz problemas filosóficos quando aplicada a questões metafísicas, e Françoise não é exceção disso. Ela recua ao idealismo subjetivo para suprimir o arrependimento que acompanha sua obediência: "Costumava partir meu coração pensar que eu nunca conheceria nada além de um pequeno cantinho do mundo [...] Mas agora isso não me incomoda [...] porque sinto que as coisas que não existem para mim simplesmente não existem [...] Elas não têm realidade. Não são nada além de boatos". Ao tentar manter as mudanças à distância, ela se recusa a reconhecer as possibilidades urgentes que logo a confrontariam: "[Doenças e guerras] nunca poderiam acontecer comigo. Essas coisas só acontecem com os outros" (*SCS*, p. 14-16; *LI*, p. 15-17). Em outra cena, numa casa noturna, Françoise nega sua corporeidade, imaginando-se como um sujeito soberano incorpóreo: "Estou ali, impessoal e livre. Contemplo ao mesmo tempo todas essas vidas, todos esses rostos. Se eu tivesse de me afastar deles, eles se desintegrariam de uma vez em uma paisagem deserta" (*SCS*, p. 29).

Françoise inevitavelmente repara na existência do mundo externo, já que ela experiencia a realidade em um transbordamento da sua percepção dele. Mas ela o nega, ao querer olhar para a realidade como algo totalmente abarcado por sua percepção. Ao atravessar o teatro vazio, na cena de abertura do romance, Françoise sente seu poder "ressuscitando coisas inanimadas". Mas ela também observa as limitações de seu ponto de vista: "Ela teria de estar em outro lugar também [...] teria de estar em todos os lugares ao mesmo tempo" (*SCS*, p. 12). Em *Matéria e memória*, Bergson argumenta que a "Nossa percepção real é sempre somente um conteúdo em relação a uma experiência mais vasta, até ilimitada, que a contém" (*MAM*, p. 186). "Na nossa percepção, nós entendemos um *estado* de nossa consciência e uma *realidade* independente de nós mesmos – esse caráter misto de nossa percepção imediata [...] é a principal razão teórica que temos para acreditar em um mundo externo que não coincide absolutamente com a nossa percepção" (*MAM*, p. 270). O fato de Bergson apresentar essa teoria de aparências como prova da existência de nosso mundo externo desafia a visão de que tal teoria foi originada por Beauvoir ou Sartre, como alegam estudiosos.[13]

Ao contrário do trabalho inicial de Bergson, em *A convidada* Beauvoir se interessa pelo problema da existência de outras mentes. Nas primeiras páginas do livro, ela retrata Françoise como alguém que nega em má-fé sua experiência quanto à existência de outras consciências que não a sua. Curiosamente, esses encontros com o Outro ocorrem dentro de relações de intimidade e de dependência. No primeiro exemplo, Françoise descobre a si mesma como um objeto sob o olhar de Gerbert, que vê a vida dela como "razoavelmente bem regulada". A resposta de Françoise a esse julgamento se dá de duas formas. Primeiro, ela tenta negar a separação entre eles: "Eles estavam encerrados nesse círculo de luz rosada; para ambos, a mesma luz, a mesma noite". Depois, ela se refugia no solipsismo, negando a possibilidade metafísica de uma consciência separada: "'O indivíduo não consegue perceber que outras pessoas são consciências que se sentem por dentro, como ele mesmo se sente', diz Françoise. 'Quando se percebe isso, acho assustador. Tem-se a impressão de não ser nada além de uma imagem na cabeça de outra pessoa. Mas isso quase nunca acontece, e nunca completamente'". Ela se recusa a reconhecer a realidade do julgamento do Outro: "Para mim, seus

13 Para um argumento de que foi Beauvoir, e não Sartre, que deu origem a essa teoria, ver FULLBROOK, Edward. "*She Came to Stay* and *Being and Nothingness*". *Hypatia*, 14 (4): 58-60, 1999.

pensamentos são exatamente como suas palavras e rostos: objetos em meu próprio mundo" (*SCS*, p. 15-17; *LI*, p. 17-18). Então Françoise nega, em má-fé, a desconfortável experiência de ser julgada pelo Outro.

Um segundo exemplo da negação em má-fé de outras mentes surge na relação entre Xavière, uma jovem ingênua do interior, e Françoise, que a acolhe. Françoise se encanta pela impulsividade e sensualidade de Xavière – ou seja, pela diferença entre as duas. Mas a sua resposta a isso é negar essa separação: "Algo especialmente maravilhoso foi ela ter agregado aquele serzinho patético à própria vida. Pois [...] agora Xavière lhe pertencia". Françoise saboreia a sensação de ser uma consciência soberana: "Os gestos de Xavière, seu rosto, sua própria vida dependia de Françoise para existirem" (*SCS*, p. 20; *LI*, p. 23). Assim, Françoise nega, em má-fé, a própria origem de sua atração por Xavière, a capacidade desta, como um ser existente à parte, de lhe abrir um novo mundo de experiências.

Um terceiro exemplo também diz respeito à relação de Françoise com Xavière. Françoise promete ajudá-la a escapar dos sufocantes limites de sua família no interior: "Isso não pode continuar". Quando Xavière rejeita, emburrada, o seu plano – "'Isso vai continuar', diz Xavière" (*SCS*, p. 21; *LI*, p. 24) –, Françoise fica confusa e desnorteada com tal expressão de independência. Contudo, é somente como um ser existente à parte que Xavière pode pedir a ajuda de Françoise, e assim precisar da vida dela, permitindo que ela seja útil em uma escala humana.

Um quarto exemplo da recusa em má-fé de Françoise em reconhecer a existência de outras mentes vem num encontro com Pierre, que elogia a peça reescrita por ela: "'Isso está bom', ele diz, 'muito bom'. 'Está sendo sincero? Como fico feliz!' [...] diz Françoise. 'Pensei que eu nunca conseguiria terminar aquele terceiro ato'. 'Você fez um trabalho excelente'. Ele foi até o sofá, inclinou-se e a beijou" (*SCS*, p. 22-23; *LI*, p. 25-26). Somente uma consciência distinta poderia oferecer o reconhecimento pela contribuição de alguém a um projeto conjunto. Assim, a satisfação de Françoise com o elogio de Pierre faz com que ela reconheça a existência distinta dele. Mas então ela nega, em má-fé, a separação entre eles: "'Somos um', ela murmura" (*SCS*, p. 26; *LI*, p. 30).

Assim, Beauvoir abre o seu romance metafísico expondo as distorções que o intelecto faz sobre a realidade. Com isso, ela ecoa as críticas de Bergson de que o estreitamento intelectual das nossas percepções, por parte da consciência utilitarista, inibe a nossa própria consciência do mundo externo e a nossa liberdade. Mas o interesse de Beauvoir pela tentativa em má-fé de se negar a nossa dependência do outro e a existência de outras mentes afasta-se do trabalho inicial de Bergson.

## A virada para a experiência imediata

O terceiro elemento bergsoniano na metodologia filosófica de Beauvoir é uma virada à experiência imediata – uma virada que revela a liberdade humana. Em *Matéria e memória*, Bergson explica que expor distorções é somente o começo: "Abrir mão de certos hábitos de pensamento, e mesmo de percepção, é [...] apenas a parte negativa do trabalho a ser feito". O próximo passo é "buscar a experiência na fonte, ou melhor, acima dessa virada em que, ao assumir um viés no sentido de nossa utilidade, torna-se propriamente uma experiência humana" (*MAM*, p. 241). "Esse método [...] atribui um valor privilegiado ao conhecimento imediato" (*MAM*, p. 245) – o qual envolve atender não ao intelecto, mas sim aos sentimentos e às impressões do nosso envolvimento encarnado no mundo. Já que problemas filosóficos são causados pela aplicação incorreta, por parte do intelecto, da consciência utilitarista a questões filosóficas, a virada metodológica de Bergson à experiência imediata também tem a intenção de resolver ou de dissolver esses problemas – tais como os dilemas do realismo *versus* idealismo, e da liberdade *versus* determinismo.

Em *A convidada*, o desafio ao solipsismo de Françoise e a sua virada à experiência imediata são motivados tanto pela força das circunstâncias que perturbam o seu trabalho quanto pelo seu desejo de experienciar o mundo de uma forma diferente. Duas das circunstâncias que minam a consciência utilitarista de Françoise são a guerra eminente e a perda de interesse de Pierre pelo trabalho colaborativo entre os dois: "'Você não percebe?' [disse Pierre], 'Pode ser que comece uma guerra daqui a seis meses. E cá estou eu, tentando reproduzir a cor da aurora [...] Sinto-me do tamanho de um inseto'". Françoise protesta, impotente: "Foi Pierre que a convenceu de que a melhor coisa do mundo era criar beleza. A vida inteira deles juntos foi construída sobre essa crença. Ele não tinha direito de mudar de opinião sem avisá-la" (*SCS*, p. 55).

Mas não é somente a força das circunstâncias externas o que motiva a virada à experiência imediata. Beauvoir também apresenta Françoise como alguém que deseja uma fuga dos limites de sua consciência utilitarista. Esse desejo é representado como uma atração por Xavière, uma sensualista cuja vida parece personificar elementos tanto de um ideal bergsoniano quanto da musa *femme-enfant* do surrealismo: "[Xavière] inclinou a cabeça para trás, semicerrou os olhos e levou a taça [de aguardente] à boca. 'Desceu queimando a garganta', ela disse, passando os dedos por seu belo e fino pescoço. Depois sua mão desceu lentamente pelo corpo. 'E queimou aqui. E aqui. É estranho. Sinto como se estivesse sendo acesa por dentro'" (*SCS*, p. 55). Xavière é como a sonhadora cuja qualidade de percepção Bergson contrasta com a do "homem de ação" em *A evolução criadora*: "Na percepção quase instantânea de uma qualidade sensível, pode haver trilhões de oscilações que se repetem". O "homem de ação" é capaz de "apreender trilhões dessas oscilações em [...] sua simples percepção", e assim dominá-las; enquanto o sonhador é capaz, como alguns seres inferiores, de "vibrar quase em uníssono com a oscilação do éter" (*CE*, p. 327-28). No romance de Beauvoir, o corpo de Xavière treme em resposta a uma dançarina: "'Queria saber dançar assim', disse Xavière. Um leve tremor passou por seus ombros e percorreu o seu corpo" (*SCS*, p. 19; *LI*, p. 21).

Xavière também espelha o interesse de Bergson pelo corpo, e especialmente pela "superfície de nosso corpo – o limite comum do exterior e do interior [...] a única posição do espaço que é ao mesmo tempo percebida e sentida" (*MAM*, p. 58). Em uma cena no bar, "Xavière ergueu o braço à altura da boca e soprava suavemente sua penugem". Xavière diz: "'É engraçada a sensação de quando você toca os cílios [...] Você se toca sem tocar a si mesma. É como se você se tocasse à distância'" (*SCS*, p. 60-61).

O contraste que Beauvoir faz entre Françoise e Xavière também engloba a distinção de Bergson entre a memória utilitarista e a memória pura – "onde nossa mente retém em todos os seus detalhes o retrato da nossa vida passada" (*MAM*, p. 323). Xavière diz a Pierre desdenhosamente: "'Eu nunca me esqueço de nada [...] Mas pouco me importa entender só com a minha mente', gritou Xavière com uma violência inesperada. E com uma espécie de desdém, acrescentou: 'Não sou uma intelectual'" (*SCS*, p. 62). Françoise, a intelectual, se recusa a prestar atenção em memórias que não tenham relação com os seus projetos. Tampouco está disposta a sondar muito profundamente os seus sentimentos. Quando magoada por algum comentário insensível, ela reprime os sentimentos: "O que a perturbava era esse sentimento [...] que ela descobriu em si mesma, e que ainda não havia se dissipado completamente. Ela hesitou e, por um momento, ficou tentada a examinar seu desconforto; mas sentiu preguiça e se debruçou sobre seus papéis" (*SCS*, p. 114). O fato de Françoise negar seus sentimentos contribui para inibir a sua liberdade, como argumenta Bergson.

Enquanto Françoise é responsável e sociável, Xavière é espontânea e se recusa a se amarrar a obrigações sociais. "'Você marca compromissos e não aparece'" – disse Françoise – "'E talvez você também perca amizades verdadeiras vivendo a vida dessa forma'. [...] 'Bem, é uma pena', disse Xavière, com desdém. 'Sempre acabo brigando com todo mundo'" (*SCS*, p. 57). Xavière, que critica Françoise por dar direitos às pessoas sobre ela, recusa qualquer demanda social: "'Prefiro viver sozinha no mundo e manter minha liberdade'" (*SCS*, p. 103). Ela também sente desprezo pelo trabalho e pelo tipo de preocupações utilitaristas que dominam a vida de Françoise: "'Nunca gostei de me esforçar para nada' [...] 'Como alguém aguenta viver segundo um plano, horários e tarefas de casa? [...] Prefiro ser um fracasso'" (*SCS*, p. 55, 57).

Refletindo a descrição que Bergson faz da linguagem como algo que força uma conformidade à convenção social, Xavière recusa as exigências da linguagem, muitas vezes optando por permanecer em silêncio: "Havia um tipo de intimidade que nunca poderia ter com Xavière [...] Xavière não dizia nada" (*SCS*, p. 47). Tanto para Xavière quanto para Bergson, a linguagem e as palavras dominam e, portanto, distorcem impressões e sentimentos passageiros: "'O problema é', dizia Xavière com a fala arrastada, 'que palavras difíceis imediatamente tornam tudo opressor [...] É como uma camisa de força em mim', ela tremia dos pés à cabeça" (*SCS*, p. 202-4; *LI*, p. 253-55).

O solipsismo de Françoise era desafiado por seu envolvimento com Xavière, já que nela Françoise confrontava uma consciência que se recusava teimosamente a ter companhia. Por meio de suas diversas tentativas de se conectar com Xavière, vemos Françoise se voltar cada vez mais à experiência imediata – cuidando de seus sentimentos e memórias, e perdendo a fé na linguagem. Nesse processo, Françoise testemunha o colapso do seu senso inicial de "eu" como uma consciência soberana, e descobre sua liberdade. Mas o colapso de seu solipsismo metafísico, quando ela percebe que a existência de Xavière é uma consciência distinta, apresenta a ela um novo problema filosófico, como eu vou mostrar.

No primeiro estágio de sua atração por Xavière, Françoise a vê como uma posse sua. As dificuldades começam quando Xavière se recusa a ser controlada. Françoise fica irritada por "sentir essa mente pequena, hostil e teimosa ao seu lado". "A resistência de Xavière era real e agora Françoise queria vencê-la" (*SCS*, p. 34). Quando Pierre se apaixona por Xavière, Françoise é obrigada a vê-la de uma forma diferente: "As demandas [de Xavière], seu ciúme e seu desdém não podiam mais ser ignorados, pois Pierre os havia mencionado e isso foi suficiente para conferir importância a eles" (*SCS*, p. 68). Se Pierre leva Xavière mais a sério, Françoise também deve levar. Assim, o problema do solipsismo surge para Françoise dentro do contexto de dependência e de uma identidade fundida com o outro.

Quando Pierre se torna obcecado por Xavière, idolatrando-a, Françoise a cede para ele: "A partir de então, Xavière pertencia a Pierre". Mas não é fácil afastar seus dolorosos sentimentos de exclusão e exílio. Eles até mesmo perturbam sua noção de tempo, que agora ela experiencia como composto de momentos qualitativamente únicos. No apartamento de seus pais, enquanto Xavière e Pierre se encontravam em outro lugar, Françoise sentia que "o tempo se esparramava ao seu redor em uma poça silenciosa e estagnada. Viver era envelhecer, nada mais". Então, quando Françoise saiu para se encontrar com Gerbert, "o tempo começou a se mover de novo. Ela ia se encontrar com Gerbert; aquilo, pelo menos, dava algum significado àqueles momentos" (*SCS*, p. 117-19).

O senso de exclusão e de exílio de Françoise desafia o seu solipsismo, o seu senso de ser o único sujeito sabedor: "Normalmente, o centro de Paris era onde quer que ela estivesse. Hoje [...] o centro de Paris era o café onde Pierre e Xavière estavam sentados, e Françoise sentia como se estivesse vagando em algum subúrbio qualquer". Os seus sentimentos são tão intensos que seu meio costumeiro de distorcê-los e de suprimi-los falha. Mesmo a linguagem parece inadequada: "Pierre contaria a ela toda a história naquela noite, mas já fazia algum tempo que ela tinha cada vez menos confiança nas palavras" (*SCS*, p. 119-20).

Incapaz de suprimir seus sentimentos, Françoise resgata uma lembrança de infância perturbadora:

> Ela sentiu uma angústia repentina [...] começou a mergulhar fundo no passado e desenterrou um mal-estar parecido. Então ela se lembrou [...] Um paletó velho pendurado na cadeira [...] ele não podia dizer para si mesmo, 'Sou um paletó velho e gasto' [...] Françoise tentou imaginar o que aconteceria se ela não conseguisse dizer 'Eu sou Françoise; tenho seis anos de idade' [...] Fechou os olhos. Era como se não existisse; mas mesmo assim outras pessoas [...] a veriam, e falariam sobre ela. Ela abriu os olhos novamente; conseguia ver o paletó, ele existia, mas não tinha ciência de si próprio [...] Ela podia olhar para o paletó [...] e dizer muito rapidamente 'Sou velho, estou gasto'; mas nada acontecia. O paletó ficou ali, indiferente, um completo estranho, e ela continuava sendo Françoise. Além disso, se ela se tornasse o paletó, então ela, Françoise, jamais saberia. Sua cabeça começou a girar e ela desceu correndo. (*SCS*, p. 120; *LI*, p. 146)

O paletó, que é "indiferente" a Françoise, desafia a consciência dela, contestando sua crença de que o mundo está totalmente contido em sua consciência.

Xavière e Pierre também existem "sem ela estar lá", mas dessa vez "ela não podia dizer, 'Ele não sabe que existe, ele não existe'. Pois ele sabia

[...] Xavière, com extasiada atenção, devorava cada palavra pronunciada por Pierre" (*SCS*, p. 123). Em *Memórias de uma moça bem-comportada*, Beauvoir relembra a mesma experiência de infância como um confronto entre ela e a realidade de sua morte – quando ela seria reduzida a um objeto inconsciente, como o paletó velho. "No [...] silêncio de objetos inanimados, tive um presságio de minha própria ausência" (*MD*, p. 49; *MJF*, p. 69). Essa experiência, portanto, ameaça o seu idealismo subjetivo quando ela percebe que o mundo existe sem a sua consciência dele, que ele se estende para além do alcance de sua consciência.

Para dissipar sua angústia, Françoise permite que o vínculo que une os instantes no encontro de Pierre com Xavière se dissolva: "Eles fumaram cigarros [...] e falaram palavras; e esses sons e a fumaça nunca haviam sido condensados em horas misteriosas de uma intimidade proibida que Françoise pudesse invejar [...] nada existia exceto [...] o eterno presente". Mas com uma angústia repentina, Françoise também vê a sua relação com Pierre se dissolver: "Se a amizade entre Pierre e Xavière não foi mais do que uma miragem, então nem o amor dela por Pierre, nem o amor de Pierre por ela existiu. Não houve nada além de um acúmulo infinito de momentos sem sentido, nada além de um fervilhar de carne e pensamento [...] 'Vamos embora', ela disse bruscamente" (*SCS*, p. 129-30; *LI*, p. 157-58). Quando Françoise pensa em sua separação de Pierre, ela sente uma angústia que instiga sua fuga da experiência imediata.

Françoise tenta minimizar a separação fazendo suposições sobre a visão que Pierre teria de Xavière: "Ela quase queria acreditar nessa figura sedutora. Se ela mesma se sentiu muitas vezes separada de Pierre, nesses dias, foi porque [...] os olhos deles não viam mais as mesmas coisas. Enquanto ela só observava uma criança caprichosa, Pierre via uma alma exigente e severa". "A única maneira de se aproximar mais de Pierre era [...] tentando ver [Xavière] através dos olhos dele" (*SCS*, p. 134-35; *LI*, p. 164). Mas as demandas ciumentas de Xavière inteferiam na relação de Françoise com Pierre.

Françoise não se tranquiliza mais com as palavras de Pierre – "Somos um" –, descrevendo-as em termos bergsonianos como uma crosta sobre a realidade: "'Os seus sentimentos [...] são como os sepulcros brancos da Bíblia Sagrada [...] São firmes, são fiéis, podem até mesmo ser camuflados periodicamente com belas palavras'. Ela novamente foi tomada por lágrimas. 'Só que eles nunca deverão ser abertos, pois você só encontrará pó e cinzas dentro'". As revelações de Françoise são acompanhadas, como Bergson teria previsto, por fortes emoções. Quando Pierre apela à sua razão – "'Pare de chorar', ele disse. 'Gostaria de conversar racionalmente'" –, Françoise se rebela: "Na hora ele encontraria um excesso de argumentos adoráveis, e seria muito fácil ceder a eles. Françoise não queria mentir para si mesma [...] Ela odiava pensar naquele momento em que deixaria de chorar, para voltar ao mundo dos misericordiosos enganos" (*SCS*, p. 162; *LI*, p. 199-200). A linguagem e o intelecto se tornaram um meio de engano e de distorção para Françoise, que agora confiava mais em seus sentimentos do que nas palavras de Pierre.

Quando Pierre e Xavière se rebelam contra a sua tentativa de fazê-los trabalhar, Françoise se sente impotente: "Toda a felicidade dela dependia do livre-arbítrio dele, e sobre isso ela não tinha controle" (*SCS*, p. 172; *LI*, p. 213). Françoise tem ciência de sua falta de liberdade: "Já fazia muitos anos que ela havia deixado de ser um indivíduo [...] Nosso passado, nosso futuro, nossas ideias, nosso amor [...] nunca ela dizia 'Eu'. E no entanto, Pierre dispunha do próprio futuro e do próprio coração" (*SCS*, p. 175; *LI*, p. 216). A odisseia filosófica de Françoise para fora do engano também é uma busca pelo seu "eu" e pela liberdade. De acordo com Bergson: "Agir livremente é recuperar a posse de si, e voltar à pura duração" (*TFW*, p. 231-32).

As experiências de Françoise continuam a abalar o seu idealismo subjetivo. Carregada de seu quarto de hotel em uma maca, acometida por pneumonia, "Françoise era pouco mais que uma massa inerte [...] Ela foi carregada escada abaixo, com a cabeça à frente, nada além de uma peça pesada de bagagem, que os socorristas levavam de acordo com as leis da gravidade e com a própria conveniência pessoal deles". Ao usar os termos bergsonianos, Beauvoir ressalta a experiência encarnada de Françoise de si mesma como um objeto "inerte", sujeito à natural "lei da gravidade".

Com sua doença, Françoise descobre a si mesma levada para um mundo externo, cuja existência ela negava: "Doença, acidentes [...] guerra; esses infortúnios pessoais não podiam acontecer com ela [...] No entanto, lá estava ela, deitada em uma ambulância" (*SCS*, p. 179; *LI*, p. 222).

Françoise declara seu amor a Xavière, em um esforço de má-fé para criar um trio e "agarrar-se obstinadamente ao passado" (*SCS*, p. 209; *LI*, p. 262). "Ela se calava aos poucos na segurança de construções pacientes e pensamentos pesados [...] Bastava um olhar ingênuo de Xavière para destruir essa prisão, e agora [...] mil maravilhas surgiriam, graças a esse jovem anjo meticuloso [...] 'Minha preciosa Xavière', disse Françoise" (*SCS*, p. 211; *LI*, p. 264-65). Xavière permanece elusiva, mas em seu anseio e lamento, Françoise descobre satisfação na riqueza emocional do momento: "Totalmente atraída por aquela minúscula cabeça de ouro da qual sequer podia apoderar-se [...] sua felicidade fora estilhaçada, agora caía ao seu redor em uma chuva de momentos intensos" (*SCS*, p. 250; *LI*, p. 314). O tempo não é mais composto por instantes objetivamente mensuráveis, intercambiáveis. Focada em seu desejo e em seus sentimentos, Françoise entrou no mundo da experiência imediata.

Françoise sente seu solipsismo intelectual se erodir ainda mais numa cena dentro de uma casa noturna, onde Xavière, diante dos ciúmes de Pierre pelo relacionamento dela com Gerbert, queima de propósito a própria mão com um cigarro: "A garota pressionava a ponta acesa contra a pele, com um sorriso amargo curvando os lábios [...] Françoise se retraiu. Não era só a sua carne que se revoltava [...] Por trás daquele sorriso maníaco, havia um perigo mais definitivo do que qualquer um já imaginado [por Françoise]" (*SCS*, p. 283- 84; *LI*, p. 354). O que aterroriza Françoise é a experiência da consciência de Xavière, uma experiência confirmada pelo ciúme desta naquela noite: "Diante de Françoise [...] uma consciência alheia começava a surgir. Era como a morte, uma negação total, uma ausência eterna, e, no entanto, por uma contradição surpreendente, esse abismo do nada podia se fazer [...] existir por si mesmo em toda plenitude [...] a própria Françoise [...] se dissolvia nesse vazio, na infinitude que nenhuma palavra, nenhuma imagem, conseguia abarcar" (*SCS*, p. 291;

*LI*, p. 363-64). Mais tarde, Françoise explica sua experiência a Pierre: "'Descobri que ela tinha uma consciência como a minha. Já aconteceu de você sentir a consciência de outra pessoa por dentro?'. Novamente ela tremia [...] 'É inaceitável, sabe?'" (*SCS*, p. 295; *LI*, p. 369).

Como argumenta Edward Fullbrook, a originalidade da demonstração que Beauvoir faz da existência de outras mentes está no fato de que ela não conta com o argumento tradicional da analogia, mas sim com o "do evento fenomenológico de experienciar-se como objeto da consciência do outro".[14] A influência de Bergson fica aparente quando Beauvoir privilegia a experiência imediata em detrimento do teórico: "'O que me surpreende é que você seja tocada de maneira tão concreta por uma situação metafísica', diz Pierre. 'Mas é algo concreto', disse Françoise [...] 'Para mim, uma ideia não é teórica [...] Ela é sentida [*s'éprouve*]; se permanece teórica, para mim não conta'" (*SCS*, p. 301; *LI*, p. 375-76).

O colapso do solipsismo metafísico de Françoise não a livra de sua atração por Xavière, que ela continua perseguindo em vão. Mas quando a intensa relação de Pierre com Xavière é reavivada, "a rejeição dupla deles" desperta em Françoise um novo sentimento em relação a Xavière: "Com certa alegria, [Françoise] sentiu remexer dentro de si algo negro e amargo [...] algo forte e livre finalmente explodia. Era ódio" (*SCS*, p. 357; *LI*, p. 445). A descrição que Beauvoir faz do ódio de Françoise ecoa a descrição que Bergson faz, em *Ensaio sobre os dados imediatos da consciência*, do agir livre como "o eu profundo correndo para a superfície" e explodindo pela "crosta externa" da convenção social (*TFW*, p. 169). Então, em termos bergsonianos, essa revelação emocional reflete a liberdade e o mais profundo eu de Françoise – uma visão que sugere que a dissolução do solipsismo metafísico dela lhe apresentou um novo problema: o problema de um solipsismo moral.

A emergência da liberdade de Françoise também fica evidente em um passeio a pé com Gerbert, onde ela reúne coragem para lhe contar, hesitante, seu desejo por ele, e o convida a abraçá-la. "Pouco depois, Françoise passava a mão incredulamente por aquele corpo jovem, liso

14 *Ibidem*, p. 53.

e firme, que por tanto tempo pareceu fora de alcance. [...] 'Sempre fui louco por você', disse [Gerbert] [...] 'Estou muito feliz por não ter me desencorajado', ela disse. 'Eu também'. Ele encostou os lábios quentes contra a boca de Françoise e ela sentiu o corpo de Gerbert colar ao seu" (*SCS*, p. 368-71; *LI*, p. 458-62). Ao agir para suprir seus desejos, Françoise é recompensada com um milagre de nossa condição ambígua, quando a nossa corporeidade permite nos unir com outra consciência encarnada, superando assim, ainda que brevemente, a nossa separação. O corpo tem uma importância filosófica para Bergson, descrevendo-o como uma "imagem privilegiada", "a sede do afeto e [...] a fonte da ação, que adoto como centro do meu universo e como base física da minha personalidade" (*MAM*, p. 64). A hesitante decisão de Françoise, após tantos meses de desejo por Gerbert, também espelha a descrição que Bergson faz de um ato verdadeiramente livre como aquele em que "um eu [...] vive e se desenvolve por meio de suas próprias hesitações, até que a ação livre caia dele como um fruto maduro" (*TFW*, p. 176-77; *DIC*, p. 136).

Pierre, cujo caso com Xavière havia terminado, insistia que o caso de Françoise com Gerbert fosse mantido em segredo, já que ele havia convencido Xavière a amar Gerbert de forma exclusiva. Françoise concorda arrogantemente: "'Ganhei', pensou Françoise, triunfante. Ela voltava a existir sozinha, sem nenhum obstáculo no cerne de seu destino [...] Xavière era agora somente uma pulsação viva e oca" (*SCS*, p. 375; *LI*, p. 467). Xavière, tendo rejeitado o amor de Françoise, conquistou o seu ódio.

Vários meses depois, com a guerra já em andamento e os homens fora, Françoise leva Xavière para Paris, por uma nostalgia que é má-fé: "Não havia mais qualquer futuro. Só o passado era real, e era em Xavière que o passado se encarnava" (*SCS*, p. 387-88; *LI*, p. 481-82). Xavière remexe na escrivaninha de Françoise e descobre as cartas de amor de Gerbert e o caso secreto. Françoise se sente "esmagada por um peso mortal. Seu amor por Gerbert estava ali na sua frente, negro como uma traição". Ela implora para que Xavière entenda; Xavière se recusa: "Horrorizada, Françoise viu a mulher que Xavière confrontava com um olhar fuzilante, essa mulher que era ela mesma [...] 'Tive ciúmes dela. Roubei-lhe Gerbert

[...] Eu fiz aquilo, eu'". Enquanto Xavière existisse, a traição de Françoise existiria também: "'Minha cara culpada existe em carne e osso [...] Ou ela ou eu. Serei eu'" (*SCS*, p. 399-402; *LI*, p. 497-501).

Françoise entra na cozinha e fecha o registro do gás, depois volta para o quarto de Xavière: "'Me dê uma chance de não me sentir odiosamente culpada'". Xavière zomba dela: "'Prefiro cair morta'". Françoise põe a mão no fogão a gás e abre a válvula. "'Estou implorando', ela disse. 'Implorando!', riu Xavière. 'Não sou uma alma nobre'". Françoise sai do quarto; Xavière tranca a porta.

> Sozinha [...] Contava agora somente consigo mesma [...] [Françoise] entrou na cozinha e pôs a mão na alavanca do relógio de gás. Sua mão se tensionou [...] Diante de sua solidão, para além do espaço e do tempo, estava aquela presença inimiga, que por tanto tempo a esmagou com sua sombra cega: Xavière estava lá, existindo somente para si mesma [...] ela era absoluta separação. No entanto, bastava puxar aquela alavanca para aniquilá-la [...] Como era possível que existisse uma consciência que não a sua? Naquele caso, era ela que não existia. Ela repetiu, "Ou ela ou eu", e puxou a alavanca [...] Françoise estava sozinha [...] Ela agiu sozinha [...] Ninguém poderia condená-la ou absolvê-la. Seu ato foi só seu [...] Era a sua vontade que estava se realizando, nada mais podia separá-la de si mesma. Ela finalmente havia escolhido. Havia escolhido a si mesma. (*SCS*, p. 403-4; *LI*, p. 502-3)

O foco de Beauvoir na mão de Françoise, quando esta primeiro abre a alavanca do relógio de gás e depois a válvula do fogão, espelha o foco de Bergson no esforço muscular, em *Ensaio sobre os dados imediatos da consciência* – onde ele discute o esforço "de fechar o punho com cada vez mais força" (*TFW*, p. 24) –, e em sua discussão sobre a liberdade humana, em *Matéria e memória* – onde ele também foca no movimento da mão (*MAM*, p. 246). Bergson se interessa pela dependência que a liberdade tem do corpo – o qual tem "como única função preparar ações" (*MAM*, p. 82). Mas seria esse assassinato um ato livre ou um produto de engano e de má-fé, negando a realidade moral da existência do Outro, como Françoise negou anteriormente a sua realidade metafísica? Vejam a descrição que Bergson faz do ato livre em *Ensaio sobre os dados imediatos da consciência*:

> [...] nas profundezas do eu, abaixo das ponderações mais razoáveis sobre conselhos bem razoáveis, havia outra coisa acontecendo – um aquecimento gradual e um transbordamento repentino de sentimentos e ideias [...] Nós descobrimos que decidimos sem qualquer razão, e talvez até mesmo contra qualquer razão. Mas, em certos casos, essa é a melhor das razões. Pois a ação que foi executada [...] concorda com todos os nossos mais íntimos sentimentos, pensamentos e aspirações [...] e essa ausência de qualquer razão tangível é tanto mais notável quanto mais profunda for a nossa liberdade. (*TFW*, p. 169-70)

Beauvoir retrata o assassinato, em termos bergsonianos, como um ato de liberdade genuína – instintiva, irracional e antissocial. Françoise, antes a personificação da moralidade convencional, vê o seu ódio reprimido romper a crosta da convenção social. Ela experiencia o assassinato, que contraria qualquer razão, como a escolha de si mesma, e portanto como a expressão de seu eu mais profundo.

# 6 A filosofia na ficção de Beauvoir

*Mary Sirridge*

Certo crítico de um gênero que tem feito sucesso, o *reality show*, resume bem a sua proposta: a ideia básica é a de que quem assiste e quem é assistido mais ou menos se esqueçam das câmeras, "e de que o resultado seja bruto, repleto de emoção – e tedioso".[1] Esse crítico aponta que o tanto de edição que programas desse tipo sofrem para se adaptarem ao gosto dos europeus e dos norte-americanos significa que os espectadores certamente não estão recebendo uma fatia de realidade bruta. Ele levanta a hipótese de que *reality shows* são, em princípio, um paradoxo. Tal hipótese geral pode estar errada; os programas *Road Rules* e *Real World*, da MTV, parecem mostrar que adolescentes normais, discutindo seus sentimentos, podem se esquecer completamente das câmeras e se comportar de forma natural. Ainda assim, a própria disponibilidade do tipo de informação que é fornecida por *reality shows* levanta uma questão importante, antecipada por Simone de Beauvoir em sua contribuição ao fórum *Que peut la littérature?*, em 1965. Ela descreve como leu *The Children of Sanchez*, um relato reunido a partir de fitas com a gravação de conversas diárias entre um pai e seus quatro filhos ao longo de um período de oito anos.[2] Para ela, a vantagem desse formato de informações compiladas é que o leitor recebe a apresentação de uma vida familiar a partir de diferentes pontos de vista – o tipo de coisa que obras literárias costumam tentar fazer. Ela diz que seria possível produzir mais trabalhos do tipo. Com tecnologia, poderíamos gravar e apresentar informações sobre o funcionamento interno diário de qualquer tipo de unidade social. Se isso fosse feito, ela

1 CULLEN, Ed. "What's so Real about Reality TV?". *The Advocate*, 11 jun. 2000, H1.

2 LEWIS, Oscar. *The Children of Sanchez: Autobiography of a Mexican Family*. Nova Iorque: Random House, 1961.

pergunta: "A literatura ainda teria algum papel?". Beauvoir responde que sim (*QPL*, p. 74-75). A diferença entre informação e literatura, segundo ela, tem a ver com as características básicas da condição humana e com a maneira distinta como a literatura funciona.

Cada um de nós está "situado" em uma relação absolutamente individual – ou "singular" – com o mundo. E este é um único mundo para todos nós por ser "a interação entre todas as situações individuais que se sobrepõem e se envolvem". Existe uma plenitude que é o ser; e é a este ser que eu e os outros estamos conectados pelas nossas situações, nas quais estamos envolvidos por nossas ações. Experienciamos o mundo coletivamente, e experienciamos o outro como alguém que o postula e que está envolvido nele.

A singularidade de nossa situação individual é, em certo sentido, "irredutível". Eu tenho a minha própria "visão" ou "envolvimento" particular no mundo, algo que nunca é experienciado como completamente confundido com a visão e o envolvimento do outro. "Eu" nunca significa para o outro o mesmo que significa para mim; tampouco pode-se presumir que o "verde" ou a "angústia" se refiram a experiências idênticas para nós dois.

Mas, apesar da irredutível singularidade de nossa situação individual, os aspectos mais fundamentais de nossas existências distintas – e *a fortiori* de nossos envolvimentos distintos no mundo – são os mesmos: para cada um de nós existe um "gosto de nossa própria vida" singular, uma irredutível separação do outro por ter um ponto de vista ou um envolvimento particular e singular em relação ao mundo todo, uma morte única e distinta (*QPL*, p. 77). Essa similaridade significa que a situação de cada indivíduo não é completamente fechada em relação à do outro. A linguagem nos dá um meio de comunicação exatamente porque os aspectos básicos da situação de cada um são sempre os mesmos. Por exemplo, o outro consegue entender o que eu quero dizer com "eu", assim como consegue entender as minhas referências a "vermelho" e "verde" (*QPL*, p. 77-79).

Toda literatura genuína, autobiografia, romance ou ensaio tem um papel indispensável porque permite superar a nossa "irredutível separação" uns dos outros. Assim, a literatura autêntica se distingue nitidamente do que Beauvoir chama de "informação". Quando a "informação" é comunicada a mim, eu "anexo" algo à minha própria situação, ao meu mundo. Quando eu leio sobre a família Sanchez, a minha compreensão do mundo passa a incluir um México mais articulado e os membros da família que ali vivem e– substituindo a minha sensação indeterminada anterior de que "o mundo mais ou menos segue para além do sul do Texas". A "literatura" funciona de forma diferente: "Esse é o milagre da literatura e é o que a distingue da informação: uma verdade que é *outra* se torna minha sem deixar de ser outra. Abro mão do meu 'eu' em prol do 'eu' da pessoa que está falando; e ainda assim continuo sendo eu mesma" (*QPL*, p. 82).

Então, o poder especial da literatura é que ela nos permite ir além da nossa separação com o outro – exatamente por permanecermos cientes de que somos distintos, embora coabitemos um ponto de vista. A expressão "ponto de vista", diz Beauvoir, é aberta à objeção de que ela seria "meio idealista [...] como se a nossa relação com o mundo fosse simplesmente refleti-lo na consciência" (*QPL*, p. 80-81). É preferível falar sobre a "situação" de uma pessoa, o que denota a relação ativa e envolvida de cada consciência com seu mundo. Logo, quando eu leio literatura, permaneço perfeitamente ciente de que não sou Kafka ou Balzac; no entanto, adoto a situação do romancista, por assim dizer, de dentro para fora.

Para o escritor, a literatura tem dupla importância. Ela confere à transitória situação-em-andamento do autor uma certa imortalidade. Na medida em que a angústia ou a felicidade "irredutivelmente singular" de Beauvoir é expressa na literatura, ela pode se tornar a situação para nós como leitores também – ainda que uma situação compartilhada somente na imaginação. Essa relação única com a realidade em sua irredutível singularidade passa a existir de uma nova maneira. Ademais, para cada trabalho genuíno, a escrita é a tentativa de o indivíduo, como escritor, entender e tornar compreensível a relação entre duas "totalidades incompletas": o mundo e a experiência do indivíduo. Assim, a literatura permite que quem escreve atinja um autoentendimento através da compreensão de sua própria situação. Ao adotar o "eu" do autor, eu adoto essa "investigação" do mundo em seu livro, e compartilho de sua descoberta do eu e do mundo (*QPL*, p. 84).[3]

Essas ideias sobre o papel geral da literatura são uma constante no pensamento de Beauvoir. Contudo, ela vê uma diferença entre literatura de ficção e outros tipos de literatura. Ela aborda essa questão pela primeira vez em seu ensaio de 1946, "Littérature et métaphysique", no qual faz a distinção entre escrever metafísica e escrever "um romance metafísico". Beauvoir vê duas formas diferentes pelas quais um escritor consegue expressar ao leitor as ideias sugeridas pelo contato vivido do indivíduo com coisas e acontecimentos concretos – um contato que é em si inesgotável e influenciado pela ação, emoção e sentimento (*LM*, p. 1154). Ao escrever um ensaio metafísico, o indivíduo se força a expressar algum sentido universal em linguagem abstrata, e depois a impor essas ideias ao leitor (*LM*, p. 1154). Em comparação, até o "romance de ideias" faz um apelo mais radical à liberdade. Ao lerem um romance, as pessoas passam pela experiência das coisas e dos acontecimentos na imaginação; elas exercitam a liberdade de julgar, interpretar e reagir – como se o mundo do romance fosse a realidade (*LM*, p. 1154-55). Também para o autor, o romance é mais um experimento do que um tratado metafísico. É claro que os personagens de um romance não perambulam literalmente pelo quarto do escritor, exercitando sua liberdade para o espanto e a consternação deste. Contudo,

> Se ele quer que o leitor acredite nas criações que apresenta, é necessário que o romancista acredite nelas o suficiente para descobrir um significado que repercuta sua ideia original; isso dará origem a problemas, reviravoltas e desdobramentos imprevistos. Assim, com o desenrolar da narrativa, ele observa aparecerem verdades cujos rostos são desconhecidos a ele, e surgirem questões para as quais ele não tem resposta. (*LM*, p. 1157)

Outra fonte sobre a relação entre a ficção de Beauvoir e sua escrita não-ficcional é a sua autobiografia em vários volumes, publicada no início

---

3 "Investigação" (*recherche*) não é exatamente um termo técnico, mas tem tanto conotações científicas quanto ressonâncias com as autoexplorações de Proust.

de 1958, na qual ela descreve como processou e descobriu o significado das crises de sua experiência de vida por meio dos romances, ao "transpor" ocorrências reais para um mundo ficcional.[4] Os volumes de sua autobiografia são retrospectivos em relação à escrita dos romances, e as lembranças que Beauvoir tem de suas próprias intenções e motivações às vezes são suspeitas. Ainda assim, devido à notável justaposição entre literatura e autobiografia, "ficção metafísica" e reflexão filosófica, Beauvoir nos oferece uma rara oportunidade de examinar a relação entre o "romance de ideias" e os escritos filosóficos, à luz de suas próprias opiniões sobre o que ela estava tentando fazer em cada gênero, o que ela realizou, e o que cada realização significou.

Fica claro que Beauvoir vê os seus romances e ensaios filosóficos como um campo comum de referência nos acontecimentos históricos e nas pessoas de sua experiência de vida. No seu caso, tanto os "romances metafísicos" quanto sua autobiografia e ensaios filosóficos são *sobre* a sua experiência de vida à sua própria maneira. Por exemplo, o seu romance *Os mandarins* é descrito por Beauvoir no terceiro volume de sua autobiografia, *A força das coisas*, como uma tentativa de entender e de aceitar "ilusões desfeitas" (*FC*, p. 274). Para Beauvoir, isso significava, antes de tudo, um sentimento de derrota pessoal conectado à desintegração da esquerda na França pós-guerrra. Ela acabou por perceber que, em vez de uma oposição organizada e unificada à combinação de valores burgueses, a uma estrutura de classe rígida, e à repressão social e governamental – a qual ela associava à situação da França pré-guerra –, haveria um clima de constante acrimônia e rejeição por parte de aliados ideológicos dos tempos de guerra. Talvez menos óbvia na história do caso de Anne com um escritor americano, *Os mandarins* é uma tentativa de Beauvoir aceitar a sua própria decisão de se definir dentro desse mundo intelectual francês e em termos de sua vida com Jean-Paul Sartre. Ela diz que compôs os personagens e as suas interações para "afastar-me de minhas experiências recentes, para vê-las melhor [...] Eu estava interessada em todas as coisas que faziam o nosso mundo [...] Para falar de mim mesma, era preciso falar de *nós* no sentido que essa palavra tinha em 1944" (*FC*, p. 275).

4 *FC*. Harmondsworth: Penguin, 1968, p. 279.

*Os mandarins* não é de fato um romance filosófico. A sua história político-histórica é contada em termos de paixões individuais, amizades e rejeições; ao escrevê-lo, Beauvoir não apresentou uma filosofia da história de grande escala.[5] Mais importante talvez seja o fato de que, embora os temas familiares da posição filosófica dela estejam em evidência por todo o romance, eles não são essenciais para entender as motivações dos personagens, e eles não são em si a questão principal. Em certo ponto, a percepção de Anne de que ela e o marido agora viviam vidas paralelas se cristaliza; ela se lembra de vê-lo naquela manhã e de deter o olhar nos dentes dele, "a única coisa constante a respeito de um corpo". Ela percebe que logo poderia se ver olhando sozinha para Robert deitado em uma cama, "com a pele cerosa, um sorriso falso nos lábios". "Eles podem misturar as nossas cinzas", ela pensa, "mas não vão unir nossas mortes [...] cada um de nós está sozinho, preso em seu corpo, com as artérias endurecendo sob a pele que murcha [...] com a morte que amadurece silenciosamente dentro dele, e que o separa de todos os outros".[6] Esse vislumbre existencialista razoavelmente típico revela a extensão do sentimento de isolamento de Anne; contudo, o que a leva à beira do suicídio não é essa compreensão da separação existencial, essencial de cada indivíduo, mas sim o seu sentimento de futilidade diante das consequências da guerra e a sua percepção de que aquela que ela se tornou a impede de se tornar a pessoa que ela quer ser. Anne se afasta da morte ao pensar que não tem o direito de deixar o bebê no jardim para subir até seu quarto e tomar o cloral, e depois por pensar, de forma mais geral, que ela não tem o direito de impor seu cadáver e sua morte à sua família. "Eu morreria sozinha", ela pensa, "mas os outros é que viveriam isto, a minha morte" (*M*, p. 759). Mais uma vez, o pensar de Anne sobre sua morte é quase um estereótipo existencialista. Mas o que a afasta do suicídio não é essa percepção metafísica, e sim a sua própria personalidade: Anne é uma pessoa que é quem ela é através do outro e pelo outro. No final, o fato de ela pessoalmente não ter um propósito de vida não é motivo suficiente para se matar.

5 Em *Force of Circumstance*, especialmente nas páginas 276-84, Beauvoir descreve com detalhes como ela criou os personagens e construiu a narrativa de *The Mandarins*, de modo a ilustrar o mundo dos intelectuais franceses do pós-guerra, e até certo ponto "redimi-lo".

6 *M*. Londres: Fontana, 1960, p. 758.

Em comparação, os primeiros romances de Beauvoir, mais "metafísicos", são totalmente relacionados com os temas básicos da posição filosófica popularizada por ela mesma e por Sartre, e também por escritores-filósofos como Merleau-Ponty e Camus. Nesses romances, ideias existencialistas básicas e as suas consequências passam por uma investigação ativa. Isso é especialmente verdadeiro no caso do romance de 1943 *L'invitée* (*A convidada*), no qual a personagem principal confronta "o escândalo do Outro".

## *A convidada*: uma assassina verossímil?

*A convidada* é um romance intenso e belo que termina com um assassinato singularmente asséptico e razoavelmente não premeditado. Parada do lado de fora do apartamento de Xavière, com a porta trancada atrás de si, Françoise imagina Xavière do lado de dentro:

> Ela estava lá, existindo somente para si mesma, totalmente isolada, reduzindo a nada tudo que ela excluía; ela encerrava o mundo inteiro em sua própria solitude triunfante, expandia-se para fora sem limites, infinita e única; tudo que ela era, tirava de dentro de si; rejeitava qualquer controle sobre si, era separação absoluta. No entanto, bastaria empurrar aquela alavanca para aniquilá-la. Aniquilar uma consciência. "Como eu poderia?", pensou Françoise. Mas como poderia haver uma consciência que não fosse a sua própria? Nesse caso, seria ela a não existir. Ela repetia, "Ela ou eu?". Ela empurrou a alavanca. (*LI*, p. 418; cf. *SCS*, p. 403-4)[7]

Ao relembrar essa cena no segundo volume de sua autobiografia, *A força da idade*, Beauvoir diz que não se importava muito se o assassinato de Xavière seria a solução certa ou não – *A convidada* não era um romance escrito para provar qualquer argumento. De fato, Beauvoir descreve Françoise como alguém que "desistiu de procurar uma solução

---

7 Todas as traduções de *L'Invitée* são minhas. Comparem as páginas correspondentes em *She Came to Stay*. Nova Iorque: Norton, 1990.

ética para o problema da coexistência".[8] Alguém que diz que se consideraria satisfeita "se aqueles que são totalmente opostos à sua decisão ainda assim acreditassem nessa decisão" (*PL*, p. 340; *FA*, p. 123). Então, o que está em questão é se o leitor consegue acompanhar os eventos da narrativa a ponto de considerar verossímil, naquele momento final, que ligar o gás, deixando Xavière para trás da porta trancada com o gás aberto, era exatamente o que Françoise faria para se salvar inteira e livre da ameaça de uma dissolução. E isso de forma que fique claro que esse fim dramático da história de Françoise, Xavière e Pierre não foi só a maneira planejada e desesperada que Beauvoir encontrou de encerrar um romance que ela não sabia como terminar, mas sim "a própria força motriz por trás do romance e a sua razão de ser" (*PL*, p. 340; *FA*, p. 123).

Quando se conta secamente a história de Françoise, Xavière e Pierre, não parecem boas as perspectivas de se estabelecer esse tipo de credibilidade para o clímax dramático de *A convidada* – pois, diante disso, estas são pessoas normais navegando pelas complexidades ordinárias de um tipo cotidiano de situação. Pierre e Françoise encontram um caminho para uma vida conjunta e uma meta comum no trabalho revolucionário de Pierre no teatro. A intimidade deles cai na rotina. A adolescente Xavière se conecta primeiro com Françoise, depois cada vez mais com Pierre, oferecendo instabilidade e emoção a ambos. Para Pierre, em especial, ela oferece uma chance de ver tudo de forma renovada, sob uma luz crítica e nova. Em suas tentativas de atrair Xavière, Pierre trai o seu acordo com Françoise de várias maneiras. Ele flerta com a atitude desdenhosa de Xavière em relação a seus próprios valores e realizações, e demonstra um ciúme sexual rude e irracional quando Xavière começa a flertar com Gerbert pelas suas costas. Xavière começa a desgostar de Françoise e a ressenti-la, e exige que Pierre termine seu relacionamento com ela. Françoise, por sua vez, começa um caso com Gerbert. No final, Xavière se volta contra Françoise com raiva e ciúmes, e Françoise, com ciúmes da forma como Pierre se sente atraído por Xavière, além de confusa e culpada por seu próprio caso com Gerbert, reage abrindo o gás e deixando Xavière morrer. Se fosse só nisso que consistisse a história

8 PL. Harmondsworth: Penguin, 1965, p. 340.

de todos eles – um fio cotidiano de inevitabilidades melancólicas –, então o romance deveria ter um final comum.

Beauvoir certamente seria capaz de escrever um final corriqueiro para um conto ordinário sobre perda e desorientação. Na cena final de *Os mandarins*, Anne desce para se juntar à família, esperando que suas vidas de alguma forma lhe deem uma razão para viver a sua própria vida nos dez anos seguintes. Em "A mulher desiludida", uma mulher de meia-idade finalmente percebe que não tem lugar na vida; seu marido está envolvido nas exigências possessivas de sua jovem amante, e os filhos vivem a própria vida sem ela. Por fim, ela se senta sozinha em frente às portas comunicantes de seu apartamento, e sente o futuro agachado atrás da porta, como uma terrível presença. "A porta para o futuro vai se abrir", ela pensa; "Só existe essa porta e o que espreita por trás dela. Tenho medo. E não posso chamar ninguém para me ajudar. Tenho medo" (*FR*, p. 250-51; cf. *WD*, p. 220).[9]

Essas são resoluções cotidianas em vidas comuns que deram errado: viver pelo outro; paralisia; resignação. Se Xavière fosse somente uma ameaça cotidiana para Françoise em sua vida de meia-idade, então a história deveria ter um final ordinário. Contudo, matar alguém não é uma ação comum, como Beauvoir comenta em *A força da idade* (*PL*, p. 339). Beauvoir teme que Françoise, da forma como é apresentada, simplesmente não seja o tipo de pessoa que de fato mataria alguém, ou que Xavière não seja uma presença suficientemente maligna a ponto de despertar uma reação tão violenta (*FC*, p. 339). Ela especula que talvez devesse ao menos ter situado a história no interior rural, onde um conto de emoções ordinárias que adquirem uma intensidade violenta e dimensões trágicas seria mais verossímil (*FC*, p. 343).

A narrativa de *A convidada* ofereceu a Beauvoir várias oportunidades de concluir as coisas de uma forma ordinária. Quando Françoise se dá conta pela primeira vez de que Pierre e Xavière estão chegando a um acordo que a exclui, ela fica arrasada pela perda da reciprocidade de visão com Pierre, o que dava sentido ao seu mundo. Para Françoise, "foi como se o mundo tivesse se esvaziado; não havia nada mais a temer, mas tampouco nada mais a amar. Não havia absolutamente nada. Não havia

9 Todas as traduções de *FR* são minhas. Compare as páginas correspondentes em *WD*.

nada além de um acúmulo mal definido de momentos indiferentes, nada além de um enxame desordenado de carne e pensamento, com uma morte no final" (*LI*, p. 133; cf. *SCS*, p. 130).

Beauvoir poderia ter terminado *A convidada* com o momento de paralisia de Françoise, mas a narrativa continua. Enquanto Françoise esteve com pneumonia, Pierre e Xavière se aproximaram; durante a recuperação, o triângulo cuidadosamente equilibrado com Xavière se desintegra. Françoise fica arrasada ao perceber que Xavière há muito havia deixado de ser uma mera parte complementar de seu universo, tornando-se uma fonte viva e hostil de ciúmes e de resistência, e uma árbitra implacável de sua própria existência. Ela se tornou uma "consciência irredutível e alheia". Françoise sente-se completamente excluída; ela se permitiu dissolver nesse vasto universo no qual ela mesma não tem mais parte. "Por que deveria ser ela e não eu?", Françoise se pergunta. "Nunca ela havia atingido com tão perfeita lucidez seu próprio aniquilamento" (*LI*, p. 302; cf. *SCS*, p. 292).

*A convidada* poderia ter terminado logo aí do mesmo modo que "A mulher desiludida": com uma visão vívida do próprio aniquilamento. Mas Beauvoir segue com sua história. Por fim, Françoise descobre que incentivou uma reconciliação entre Pierre e Xavière, e que esta usou esse breve momento de entendimento mútuo para fazer com que Pierre traísse seu "amor pela devoção" que tinha por Françoise. Por fim, e de forma dramática, ela permite que seus sentimentos por Xavière convirjam em algo "forte e livre, abrindo-se afinal sem restrições; era ódio" (*LI*, p. 369; cf. *SCS*, p. 357). Se Beauvoir estava determinada a encontrar para Françoise uma forma de se livrar da armadilha de um triângulo destrutivo com Pierre e Xavière, certamente esse forte momento de cristalização emocional poderia ter servido como conclusão para o romance.

Contudo, o final definitivo de *A convidada* parecia necessário a Beauvoir quando ela escreveu o romance; ela chegou ao momento de paralisia de Françoise, seu instante de aniquilamento, ponto em que seu ódio por Xavière se cristaliza – e continuou sua história. Aparentemente, havia um tipo de lógica interna e dinâmica na história de Françoise que exigia o final que o romance teve. Beauvoir explica que o assassinato de

Xavière tinha um sentido pessoal profundo para ela, porque lhe permitiu processar a sua própria hostilidade em relação a Sartre e Olga (cf. *PL*, p. 238-43, 254-61, especialmente p. 340). Mas como a própria Beauvoir diz, a ficção vem da pulverização de recursos da vida real, de forma que algo novo, o trabalho, saia deles (*FC*, p. 280). O romance precisa funcionar e ter sentido – quando tem – em virtude de sua própria lógica narrativa.

Recapitulando seus trabalhos, Beauvoir diz sobre *Os mandarins* que ela evitou terminá-lo – assim como fez em *A convidada* – atribuindo à sua protagonista uma ação final "motivada por razões puramente metafísicas" (*FC*, p. 283). Portanto, parece que, para entender o que torna inevitável o assassinato de Xavière, precisamos olhar com mais detalhe uma segunda camada de narrativa "metafísica". A estrutura metafísica pela qual Beauvoir organizou a realidade, em 1943, foi a fenomenologia existencialista que ela resume em seu primeiro ensaio filosófico publicado, *Pirro e Cinéias*, no qual o ponto central de discussão é o confronto da consciência com o Outro, o "*scandale de l'autre*", e a necessidade da violência nesse confronto.

## A narrativa metafísica: encarnação, violência e recuperação

Em um nível "metafísico" mais profundo, *A convidada* é a história da encarnação de Françoise. No começo do romance, diz Beauvoir, Françoise não tem "literalmente nenhum '*moi*'" (*PL*, p. 338). Ela não tem um senso de si mesma como alguém com contornos definidos, em contraste com o mundo e com o outro. Ela se experiencia como uma espécie de senciência pura e transparente, a partir da qual o mundo se estende para fora descomplicadamente. "Estou no coração do meu mundo", ela pensa, "estou aqui no coração de minha vida [...] aonde quer que eu vá, o resto do mundo se move comigo" (*LI*, p. 13; cf. *SCS*, p. 14-15). Ela não tem senso de sua própria realidade no mundo, ou de sua presença para os outros; o seu próprio rosto "sempre foi uma surpresa agradável para ela quando o via em um espelho – normalmente, sequer se lembrava de que tinha um rosto" (*LI*, p. 21; cf. *SCS*, p. 22). Sua "felicidade" com Pierre não lhe dá nenhum senso de si mesma como pessoa, porque ela pensa em si e Pierre como reflexos perfeitos um do outro. Tudo que tem realidade para qualquer um dos dois tem um lugar no mundo comum e fluido que eles compartilham. Outros, como Gerbert e Xavière, são simplesmente parte desse mundo. Com todos, exceto Pierre – em cuja aparência ela quase não repara mais, não mais do que em sua própria –, ela fica extraordinariamente ciente de cabelos, olhos, e sensação de contato físico. Quando pensa neles, Françoise vê as vidas e experiências deles como uma extensão de sua própria vida e experiência. No café com Xavière, ela reflete que "o que mais a deleitava era ter anexado aquela pequena existência patética à sua vida; por ora, como Gerbert, Ines e Canzetti, Xavière pertencia a ela; nada dava a Françoise mais alegria do que esse tipo de posse" (*LI*, p. 19; cf. *SCS*, p. 20).

O primeiro sinal palpável de que esse mundo está se desintegrando é quando Françoise descobre que ela e Pierre não veem o comportamento de Xavière da mesma maneira. Ambos ficaram chocados ao descobrirem que Xavière havia contado a Gerbert que os três haviam saído escondidos sem ele para uma noite de diversão. Mas Françoise descobre que Pierre vê de forma favorável o que Xavière fez, assim como a justificativa muito suspeita dela do porquê ter feito isso:

> "Mas ela também não está mentindo totalmente; é preciso interpretar o que ela diz", disse Pierre. Ele falava como se ela se tratasse do oráculo de Delfos.
> "Aonde você quer chegar com isso?", perguntou Françoise, impaciente. Pierre deu um sorriso malicioso.
> "Não reparou que no final ela me repreendeu por não a ver desde sexta-feira?"
> "Sim", disse Françoise, "isso mostra que ela está começando a gostar de você".
> "Com aquela jovem, acho que começar e ir até o fim são a mesma coisa", disse Pierre.
> "Como assim?"
> "Acho que ela gosta muito de mim", disse Pierre, com um ar de presunçosa complacência que em parte era fingida, mas que em parte revelava uma satisfação íntima. Françoise ficou chocada.

> Normalmente, a grosseria calculada de Pierre a divertia. Mas ele respeitava Xavière, a afeição que transpareceu em seus sorrisos no Pôle Nord não fora fingida; o cinismo dele a deixou desconfortável. (*LI*, p. 117-18; cf. *SCS*, p. 115)

Françoise perde seu senso de total cumplicidade metafísica com Pierre. Ela o vê envaidecido, tolamente complicando em excesso Xavière em sua tentativa de interpretar o comportamento dela como uma resposta a si mesmo. A tentativa dele de se distanciar por meio de uma grosseria jocosa mostra que ele está mais interessado em Xavière do que gostaria de admitir. Françoise também percebe que Xavière a estava manipulando e a usando para interagir com Pierre, e assim começa a se perceber como algo no mundo, presente a outras pessoas como algo a ser avaliado, usado e abusado. Desse ponto em diante, Françoise fica cada vez mais ciente de si própria como definida e limitada, sendo uma mulher que nunca aprendeu a dançar e que nunca desceu o rio Colorado de canoa (*LI*, p. 150; cf. *SCS*, p. 149). Ela se torna intensamente ciente de que o outro tem uma presença à parte no mundo, que ela só vê por fora. E ela é lançada para aquele terrível momento de desorientação quando descobre que foi exilada do mundo sobre o qual antes dizia, feliz: "Estou no coração do meu mundo". Ela é aniquilada como o centro puro e transparente desse mundo, e cai tanto no mundo dos outros quanto em um envolvimento genuíno com eles. Beauvoir descreve esse primeiro estágio da encarnação de Françoise como uma queda de um tipo de "absoluta subjetividade": "Uma coisa a consolava de sua derrocada; limitada e vulnerável, ela se tornou uma criatura humana com contornos precisos, e situada com precisão em um certo ponto na terra" (*PL*, p. 338).

Em *Pirro e Cinéias*, esse tipo de "derrocada" é descrito por Beauvoir em termos filosóficos e abstratos. Nós somos antes de tudo "para nós mesmos", consciências, "o fato da transcendência que vem antes de cada objetivo ou propósito"; "não é para o outro que cada um de nós se transcende" (*PC*, p. 96). Mas estamos de fato no mundo: em algum nível, também devemos estar cientes de que não somos pura transcendência; "também desejamos escapar dessa contingência, da arbitrariedade da pura presença" (*PC*, p. 96). É em contraste com o outro e com os seus projetos que nós mesmos e as nossas ações e realizações têm o ser como parte do mundo (*PC*, p. 96); "Precisamos do outro para que a nossa existência se torne fundamentada e necessária" (*PC*, p. 96). Nós existimos para o outro na medida em que afetamos os seus projetos positiva ou negativamente. "Para o Outro, portanto, não somos nada além de um meio, mesmo quando impomos um obstáculo" (*PC*, p. 86). Outros podem exercer esse papel em nossa existência somente sob a condição de que os entendamos como consciências – como presentes a si mesmos da mesma forma que nós somos presentes para nós mesmos. O encontro com o Outro me traz cara a cara com um mundo que não é meu, que não é organizado de acordo com os meus valores e objetivos. O Outro, portanto, me apresenta uma "afronta" metafísica, ou "escândalo" (*PC*, p. 89).

"Obstáculo" e "escândalo" são, portanto, termos técnicos para Beauvoir. "Escândalo" tem uma abrangência considerável. No sentido mais estreito, o fato de que nós afrontamos o Outro com "escândalo" denota uma estratégia coexistencial particular contra este; "exigimos que ele entenda que o seu projeto é separado do nosso; tentamos nos tornar para ele um objeto de escárnio e de ódio; assim, não pode mais haver nenhuma cumplicidade entre nós" (*PC*, p. 106-7). No entanto, Beauvoir também usa "presença escandalosa" ou "existência escandalosa" em um sentido extremamente amplo – que denota à consciência a presença de qualquer coisa que não é, mas em especial a presença de uma consciência que não é. Eu sou uma existência tão escandalosa para o Outro só pelo fato de que, "não importa o que eu faça, eu existo diante dele. Estou lá para ele. Estou misturada à escandalosa existência de tudo que ele não é; eu sou a facticidade de sua situação" (*PC*, p. 89).

Mais tarde, Beauvoir critica *Pirro e Cinéias* por ser subjetivista e idealista demais, por tratar a existência pelo Outro como algo encontrado mais ou menos por acidente pelo indivíduo totalmente formado, envolvido em seu projeto, o qual é formulado no mundo de forma total e independente. Em seu julgamento, *Pirro e Cinéias* se torna vítima do próprio individualismo filosófico que ela tentava evitar (*FC*, p. 549). *A convidada* tem sucesso como romance onde *Pirro e Cinéias* é falho como tratado filosófico. Isso justamente porque Beauvoir apresenta de forma instintiva o estado original de inocência de Françoise como um tipo de falsa consciência. Françoise tinha uma insinuação ocasional acerca da importância dos outros como centros de consciência, como ela mesma; ela tinha o medo passageiro de que ela própria não fosse "nada além da imagem mental de outra pessoa" (*LI*, p. 15; cf. *SCS*, p. 16). Mais importante, em seus momentos vulneráveis, ela fica insatisfeita com sua falta de envolvimento no mundo: ela inveja Xavière por seu envolvimento extasiado no gosto "agudo e inesquecível" do aqui e do agora; e inveja Elizabeth, a irmã infeliz de Pierre, por um sofrimento que é "violento e real" (*LI*, p. 31; cf. *SCS*, p. 32). Françoise se questiona se na verdade não estaria ligeiramente entediada por sua felicidade com Pierre, "presa dentro da felicidade" (*LI*, p. 31; cf. *SCS*, p. 32), mas afasta rapidamente tal pensamento.

É com uma força impressionante que Xavière irrompe nesse mundo instável. Assim que discorda de Pierre a respeito de Xavière, Françoise reconhece que estava enganada ao pensar que eles haviam alcançado um estado de perfeita reciprocidade. Ela percebe que, na verdade, tentou se submergir em Pierre, que sempre manteve uma certa independência – a qual ele logo procura reafirmar assim que os seus objetivos divergem dos dela, o que acontece imediatamente quando ele começa a tentar uma ligação com Xavière. Françoise logo se torna dependente da visão que Xavière tem dela, porque essa visão lhe dá um senso autêntico de si mesma como "uma criatura humana com contornos precisos" (*PL*, p. 338), e não meramente uma espectadora pura e desencarnada ou um reflexo de Pierre. É essa dependência o que a expõe a uma visão arrasadora de Xavière como "escândalo", como um Outro irredutível, que surge com força aniquiladora, que existe em sua própria liberdade para si mesmo:

> Dia após dia, minuto após minuto, Françoise fugiu do perigo, mas aconteceu; ela finalmente encontrou o insuperável obstáculo que se insinuava indistintamente desde a sua infância. Por meio do prazer maníaco de Xavière, por meio do seu ódio e ciúme, o escândalo estourou sobre ela tão monstruoso e definitivo quanto

> a morte. Diante de Françoise, e ainda assim sem ela, tudo existia como uma condenação sem possibilidade de recurso: livre, absoluta, irredutível, uma consciência alheia surgia. Era como a morte, uma negação total, uma ausência eterna; e, ainda assim, em chocante contradição, esse abismo de não-ser podia fazer-se presente e fazer-se existir para si mesmo em sua plenitude. O universo inteiro foi tragado por ela; e Françoise, para sempre despossuída de seu mundo, dissolvia-se nesse vazio, cuja infinitude nenhuma palavra ou imagem conseguia abarcar. (*LI*, p. 301; cf. *SCS*, p. 291)

Pierre é tomado por algo entre perplexidade e diversão quando vê que Françoise fica afetada ao perceber que outra pessoa tem uma consciência como a dela: ele diz que o que o surpreende é ela ser tocada tão concretamente "por uma situação metafísica" (*LI*, p. 311; cf. *SCS*, p. 301).

Mesmo tendo a chance de romper o caso entre Pierre e Xavière, Françoise não o faz. Em parte, ela certamente teme que Pierre se ressinta caso ela lhe peça para abrir mão do relacionamento, e, de qualquer forma, ela não consegue continuar sentindo a mesma cumplicidade inocente com ele. Entre a rispidez de Pierre com ela, a leve projeção de lábios quando ele não consegue o que quer, e o sorrisinho bobo no rosto quando ele faz alguma investida frívola com Xavière, ela passou a esconder boa parte dos seus pensamentos dele, e estes são fatos que não podem ser desfeitos. Mas, em parte, Françoise também não está disposta a exigir o fim do caso, porque ela não consegue voltar a ser uma mera espectadora pura e sem envolvimento. Ela passou a desejar estar imersa em um fluxo de intensa autoconsciência, no ciclo de conflito e reconciliação, e na disputa por controle.

A dependência do Outro e suas consequências são uma preocupação central em *Pirro e Cinéias*. Os projetos humanos são separados, e até mesmo opostos; no entanto, os meus próprios projetos alcançam substância e existência somente na medida em que existem para o outro. Como resultado, às vezes eu devo sentir que estou condenada a me dividir entre a minha visão de mim mesma como um processo orientado para o meu próprio futuro e a visão que o Outro tem de mim, como fato no mundo em que os projetos dele devem ser realizados. É inevitável que para cada um de nós a interação com o Outro tenha um elemento fundamental de disputa por controle – cada um de nós tentando cooptar o Outro para estabelecer o controle de quem nós somos e de como o mundo será (*PC*, p. 111). Ademais, o próprio fato de que nós somos separados, com projetos distintos, significa que, quando cada um de nós tenta ocasionar um futuro que esteja alinhado favoravelmente com nossos respectivos projetos, tais projetos se entrelaçam em uma complicada interação de estratégia e contra-estratégia (*PC*, p. 105-6). "Para mim, é necessário que o Outro me projete para um futuro que eu reconheça como meu; sou decididamente detida se a minha ação alcança uma importância por me tornar útil para os meus inimigos" (*PC*, p. 106).

*Pirro e Cinéias* é profundamente ambivalente a respeito da transição dessa inescapável interação entre contenções mútuas e estratégicas para uma violência. Beauvoir diz que, por um lado, a justificativa para as minhas próprias ações requer que os outros reconheçam livremente o valor delas. A violência é uma simples negação do Outro como consciência; ela incorpora a determinação de interagir com o Outro como Objeto. Na medida em que eu simplesmente nego o projeto dos outros, eu o trato como "obstáculo"; perco a possibilidade de um reconhecimento e de uma aceitação significativa da parte deles, e assim qualquer possibilidade de as minhas próprias ações serem justificadas. "Abro mão de ser capaz de tratá-los como livres, e assim restrinjo o que eu mesmo posso ser" (*PC*, p. 116). A violência, portanto, derrota a si mesma porque o Outro como Objeto puro me é inútil no meu projeto de autovalidação.

Por outro lado, na época em que escreveu *Pirro e Cinéias*, Beauvoir se sentia fortemente atraída pela ideia de que, se a briga com o outro é onipresente e inevitável, então a violência é inevitável também. Enquanto existirem indivíduos em briga necessária um contra o outro, ela diz, "Estamos condenados a conter e a sermos contidos, porque nós somos condenados à violência. Somos condenados à violência porque o homem é dividido e oposto dentro de si mesmo, porque os homens são distintos e opostos um ao outro" (*PC*, p. 117).

É difícil ver exatamente como se chega a essa conclusão generalizada de que somos condenados à violência. A argumentação parece estar invertida. Parece na verdade que Beauvoir deveria argumentar aqui partindo da inevitabilidade da oposição com o outro, indo até a conclusão de que a situação de contenções mútuas é inevitável, e até a conclusão de que a violência é uma realização necessária dessa situação. Também não fica muito claro o que significa essa conclusão em termos reais, pois "violência" parece ser um termo semitécnico com uma abrangência problemática de significado. Ele pode ser usado de uma forma muito geral simplesmente para denotar um conflito de interesses – nesse sentido, existiria "violência" sempre que o meu projeto fosse incompatível com o seu, talvez sempre que avistássemos o mesmo par de sapatos em promoção, e certamente quando ambos tentássemos pegá-lo. Nesse caso, parece que eu não preciso deixar de reconhecer você como uma outra consciência. De fato, um nível normal de objetivos conflitantes parece ser, como diz Beauvoir em outra parte de *Pirro e Cinéias*, compatível com uma cooperação e uma comunicação com o outro. Mas "violência" também pode ser usada em um sentido mais estreito, para designar a situação na qual eu uso alguma espécie de força para eliminar você como um Outro significante. A violência no sentido mais amplo é inevitável, aparentemente; mas essa conclusão não é especialmente chocante para qualquer um que já tenha comprado em liquidações. No sentido mais estreito e mais extremo, entretanto, a violência parece ser uma estratégia de coexistência dentre muitas, e é difícil ver por que deveria ser inevitável em toda situação, ainda que Beauvoir tivesse razão a respeito da necessidade metafísica do conflito de interesses.

Ainda assim, em 1944, Beauvoir claramente tendia a pensar que a violência no sentido mais estreito e mais extremo era uma realização inevitável do estado de disputa, que por sua vez é a condição inevitável da nossa coexistência com o outro – mesmo que ela também reconhecesse que a violência fosse em algum sentido autodestrutiva. De fato, Beauvoir foi mais longe em sua avaliação positiva da importância da violência: "Pela violência, transforma-se uma criança num homem e uma horda numa sociedade. Renunciar à disputa é renunciar à transcendência, é renunciar à existência" (*PC*, p. 117). Assim, a violência pode dar origem a uma evolução, de um nível mais baixo a um nível mais elevado de consciência.

Isso se deve justamente ao fato de a violência ser a concretização e a real expressão da definição que o Eu tem de si mesmo e de seus projetos.

Não é por acaso que *A convidada* termina com um ato de violência. Como um Outro arquetípico, Xavière convida a violência. Ela é inteiramente egocêntrica, ao expressar repetidamente o seu desprezo por qualquer forma de ver as coisas ou de agir que não seja a sua. Xavière é completamente consumida por qualquer desejo ou atitude que se apodere dela. Quando lhe é negado qualquer objetivo, não importa o quanto seu interesse por ele seja frívolo, ela reage com ódio e com condenação cega. Quando fica irritada com tentativas de imposição de horários ou com expectativas de que ela vá adiar prazeres ou agir com decência e devoção, ela é completamente consumida pelo seu desprezo por Françoise:

> Pode ser que o meu desprezo englobe a pessoa inteira, e não somente alguma área específica de competência. É o projeto do seu ser como um todo o que nós rejeitamos, o que combatemos. Então o meu desprezo se torna desdém. Eu sou inteiramente indiferente à opinião de alguém por quem sinto desdém. Por desdém, se diz, "Não pedi a sua opinião", e até "Não vou falar com você", pois toda vez que falo, toda vez que me expresso, faço um apelo. O desdém verdadeiro é o silêncio. Ele remove o último vestígio de contradição, de escândalo. (*PC*, p. 106)

Em uma cena anterior, em que Françoise tem a sua aterrorizante visão de Xavière como um Outro maligno, Xavière se fecha em um de seus silêncios isolados. Seu silêncio aniquila Françoise, que pensa em Xavière como "um rosto lindo, com uma presença escandalosa à espreita por trás dele" (*LI*, p. 301; cf. *SCS*, p. 291). Mas Pierre estava presente naquela ocasião para mediar o momento de conflito. Na cena final do romance, Pierre e Gerbert partem para a guerra, deixando Xavière e Françoise sozinhas uma com a outra. Xavière sente fúria e desprezo por Françoise, e a sua rejeição a ela transborda em ação: Xavière se recusa a falar com Françoise e tranca a porta atrás de si. "Ela ou eu?", pergunta Françoise. E dessa vez ela recorre à violência; ao abrir o gás, ela garante que por trás daquela porta, onde Xavière estava dormindo, em breve não haveria mais nenhuma "presença escandalosa".[10]

> Sozinha. Ela havia agido sozinha. Tão sozinha quanto na morte. Um dia Pierre saberia. Mas mesmo ele só saberia por fora desse ato. Ninguém poderia condená-la ou absolvê-la. Seu ato pertencia a ela somente. "Fui eu que quis." Era a sua vontade que estava sendo feita, nada mais a separava de si mesma. Ela finalmente havia escolhido. Ela havia escolhido a si mesma. (*LI*, p. 418; cf. *SCS*, p. 404)

O título original do romance de Beauvoir, do qual ela abriu mão por insistência da editora, era *Légitime défense* [legítima defesa]; esse título certamente sugeria que a violência contra Xavière era justificável. Ademais, é difícil não ler essa cena final como uma emergência triunfante de Françoise como indivíduo autêntico. De pura espectadora no começo da narrativa, ela se transforma, por meio de sua disputa com Xavière, em uma agente livre ativamente encarnada no mundo, com uma consciência autêntica de si mesma separada dos outros. É a vontade de Françoise que está sendo feita. Através da violência, ela se liberta.

## Ambiguidade

*A convidada* não termina com uma visão de Françoise ciente de ter eliminado sua própria possibilidade de justificativa ao eliminar a visão destrutiva que Xavière tinha dela. O que houve com a compreensão que Beauvoir tinha da violência como uma estratégia autodestrutiva?

Um dos motivos, claro, é que dentro da história Françoise ainda projeta a reação do Pierre ausente como o Outro. Mais importante ainda é o fato de a própria natureza da ficção minar a visão de Françoise de que não há ninguém para testemunhar sua ação. Ela também está presente ao leitor, cujo acesso aos acontecimentos da história é mediado por uma

10 É com um instinto certo por credibilidade que Beauvoir faz com que a violência consista na ação perturbadoramente banal de abrir a alavanca do gás, unida à asséptica distância do corredor.

espécie de presença narrativa – descrita por Beauvoir em *A força das coisas* como um "monólogo" subjacente, que ocorre no presente, "permitindo que eu invada a narrativa, a omita, e comente livremente sobre ela" (*FC*, p. 283). No decorrer do romance, o "monólogo" de Beauvoir frequentemente solapa a visão de Françoise ao convidar o leitor a reinterpretar o que ela vê. Por exemplo, na cena em que Pierre e Françoise discordam quanto ao significado do comportamento de Xavière, Françoise fica genuinamente chocada e perplexa com a atitude dele. Já o leitor não fica nem perplexo, nem chocado; os acontecimentos no Pôle Nord – como vistos por Françoise, mas não compreendidos por ela – estabelecem que ela dá crédito demais a Pierre. Somente alguém tão determinado quanto Françoise a não encarar os fatos poderia deixar de ver que Pierre é um sedutor experiente e dedicado, com uma técnica muito praticada e transparente.

É sobretudo o monólogo de Beauvoir o que dá para *A convidada* a sua estranha ambiguidade. O tempo todo nós somos lembrados de que, juntamente à narrativa metafísica, juntamente aos acontecimentos "vividos num plano trágico" (*PL*, p. 241) por Françoise, existe outra narrativa – na qual tudo que vemos a partir da perspectiva de Françoise é uma história deprimentemente ordinária de dois intelectuais de meia-idade, que dão uma importância desproporcional ao caso deles com uma adolescente um tanto chata e egocêntrica. O ordinário também encontra uma expressão cortante nas reflexões ácidas de Elizabeth, onde o drama de Pierre, Françoise e Xavière é reduzido a "proporções irrisórias" (*PL*, p. 241). O leitor entra na segunda parte do romance através do olhar de Elizabeth. Considerando a maneira ridícula como Pierre e Françoise se estapeiam para agradar Xavière, ela pensa que não é de se espantar que a criança se acredite uma deusa (*LI*, p. 225; cf. *SCS*, p. 219). Para ela, Pierre perde qualquer noção de proporção quando ele fica obcecado – do contrário, como poderia ficar tão encantado com Xavière, de aparência tão comum? (*LI*, p. 224; cf. *SCS*, p. 218). Ao longo de todo o romance, a narrativa metafísica é constantemente desestabilizada pela presença de um segundo nível de narrativa corriqueira. É essa ambiguidade que dá ao romance o seu ar de integridade realista e autoconsciente. Ela também leva o leitor a uma tentativa contínua de desembaraçar o corriqueiro do metafísico, o qual ganha solidez e credibilidade ao ser confrontado com o ordinário.

Contudo, nos momentos finais de *A convidada*, é a visão metafísica que prevalece. O "monólogo" não enfraquece a visão de Françoise. O leitor não é convidado a ver a realidade mundana para além do desespero de Françoise em achar que ela não tem para onde ir – para além da sensação de ela estar incrivelmente ameaçada, de que não consegue evitar essa ação sem ela mesma ser destruída. A Françoise comum talvez não teria sido uma assassina verossímil. Mas, na cena final de *A convidada*, é a Françoise metafísica – a que passou pela encarnação e que se vê em risco de dissolução – quem nos confronta. Essa Françoise é inteiramente plausível em seu momento de triunfo. Justamente por escolher a violência definitiva, por escolher reduzir Xavière literalmente a um objeto, Françoise atinge um novo nível de seu próprio ser. Somente depois que o acorde final do romance se esvai é que o leitor retorna à desalentadora tarefa de tentar distinguir entre as afirmações conflitantes do metafísico e do ordinário.

Em 1963, Beauvoir tinha dúvidas se ela havia levado a cabo a narrativa de *A convidada* de forma convincente. Essas dúvidas, em geral, não tinham base alguma; Beauvoir havia encontrado uma maneira engenhosa de exercer o poder essencial que ela atribuía à literatura, especialmente à ficção. Justamente pela oscilação entre pontos de vista ordinários e existenciais, *A convidada* inevitavelmente leva o leitor para dentro de um mundo denso e substancial, aberto a interpretações alternativas. Assim, leva o leitor para dentro da visão filosófica que Beauvoir tem da política íntima entre o Eu e o Outro, de sua sufocante interdependência, e da importância da violência para a autodefinição, com uma força e com uma intensidade muito improváveis de se encontrar nos *reality shows*.

# 7 Cumplicidade e escravidão em *O segundo sexo*

*Susan James*

Na introdução de *O segundo sexo*, Simone de Beauvoir caracteriza a categoria do outro como primordial (*SS*, p. 16; *DS* I, p. 16).[1] Para entender as relações entre grupos sociais, incluindo homens e mulheres, devemos seguir a percepção de Hegel de que existe "na consciência em si uma hostilidade fundamental contra a consciência de todo outro; o sujeito só se põe em se opondo – ele se afirma como o essencial em oposição ao outro, que é o não-essencial, o objeto" (*SS*, p. 17; *DS* I, p. 17). Aqui, Beauvoir apresenta uma estrutura para explicar as relações entre os sexos que as torna contínuas com outras relações humanas. O fato de o homem ter de se esforçar para subjugar a mulher não é em si inesperado, já que exemplifica uma disposição universal também manifesta no comportamento de nações e raças, e mesmo na dos três viajantes que compartilham um compartimento, tornando todos os demais passageiros do trem "outros" vagamente hostis (*SS*, p. 17; *DS* I, p. 16). Contudo, o que surpreende é a extensão do sucesso do homem. Pois, embora a dominação seja normalmente uma conquista instável e temporária, frustrada por guerras, potlatches, comércio ou tratados, a mulher tem sido subordinada ao homem por toda a História. Portanto, a própria persistência dessa situação precisa ser explicada. Aqui, Beauvoir se põe a examinar uma diferença não de tipo, mas de grau. Entre as relações sociais que expressam a dinâmica primordial entre o sujeito e o outro, a dominação da mulher pelo homem é um caso extremo; ela fica na ponta de um espectro de formas de dominação de diferentes graus de persistência (embora sua

1 *SS*. Harmondsworth: Penguin, 1972; *DS* I e II. Paris: Gallimard, 1976.

imutabilidade a faça parecer alheia à História). A sua tenacidade é o que a torna enigmática. Somos encorajados a questionar: por que a relação entre homem e mulher não é mais volátil e mutável, como as relações entre outros grupos de pessoas? Ou, como coloca Beauvoir: de onde vem essa submissão no caso da mulher (*SS*, p. 18; *DS* I, p. 17)?

Embora inicialmente levante o problema nesses termos, nem sempre Beauvoir se atém a uma abordagem comparativa. Às vezes, ela explora uma visão da dominação da mulher em que as lutas entre os homens são irrelevantes. O homem, como retratado por essa linha de argumentação, é incessantemente transcendente em todos os aspectos de sua vida. Além de dominar a mulher, ele pertence às esferas sociais do trabalho, da política e da vida intelectual, onde existe como um ser transcendente juntamente aos outros, e onde a sua posição de sujeito é inequivocamente afirmada. Ao representar o mundo social mais amplo como uma região onde os homens confrontam uns aos outros como agentes livres, Beauvoir ignora as disputas por dominação que ocorrem dentro desse mundo. A criatura invencivelmente transcendente que consta em suas descrições mais grandiosas da masculinidade fica a mundos de distância daqueles homens que se veem na posição do outro, seja por suas crenças, classe ou cor. Como resultado, esses homens simplesmente não têm sua experiência de imanência reconhecida.

O retrato do homem como transcendente, que serve para fazer da dominação da mulher um problema singular e incomparável, aparece em pontos diversos de *O segundo sexo*. Mas ele é equilibrado em outras partes do livro – quando Beauvoir reconhece que ambos os sexos sofrem sujeição, e também que a experiência de dominação dos homens pode moldar o comportamento deles em relação às mulheres. Ela argumenta que, ao dominar a esposa, um marido compensa "todos os ressentimentos acumulados durante a infância e durante a vida que veio depois, ressentimentos que foram acumulados diariamente entre outros homens e cuja existência significa que ele é intimidado e ferido – tudo isso é expurgado em casa, quando ele libera sua autoridade sobre a esposa" (*SS*, p. 483; *DS* II, p. 297). Ele quer que ela seja o seu duplo e que repare sua autoestima "após um dia duro disputando com seus pares, cedendo a seus superiores" (*SS*, p.

483; *DS* II, p. 296). Ademais, quando a admiração dela não é suficiente, ele exerce seu poder recorrendo à tirania e à violência. Aqui conseguimos vislumbrar a complexidade do mundo masculino, que se revela, em um caráter hegeliano, não simplesmente como um domínio de sujeitos transcendentes, mas sim como um domínio em que tanto homens quanto mulheres podem se tornar imanentes. Então, em ambos os domínios pode se encontrar a disputa que é interpretada por Beauvoir como aquela entre senhor e escravo. Em ambos os domínios alguns indivíduos são confinados à condição do outro. Por esse motivo, a diferença crucial entre eles não é o fato de o domínio público conter homens uniformemente transcendentes, enquanto o privado contém homens transcendentes e mulheres imanentes. Na verdade, a transcendência e a imanência podem ser encontradas em ambos; mas, enquanto um homem que é subordinado no domínio público pode dominar a mulher no privado, ocupando assim posições tanto de sujeito quanto de objeto, essa possibilidade é negada à mulher. Com a importante exceção da mulher que afirma sua transcendência ao dominar seus filhos (*SS*, p. 527; *DS* II, p. 370), a mulher não tem um outro. Não existe nenhuma arena social onde ela possa ser reconhecida como sujeito. Portanto, sua luta para se tornar transcendente é invariavelmente obstruída.

Essa segunda linha da argumentação de Beauvoir a devolve à abordagem comparativa da qual ela parte, assim como à questão levantada: se o homem não é invencivelmente transcendente, e se, como ela afirma, "a tentação de dominar é a mais verdadeiramente universal, a mais irresistível que existe" (*SS*, p. 483; *DS* II, p. 297), o que impede a mulher de se tornar sujeito, seja pela objetificação de outras mulheres, seja objetificando homens? Beauvoir responde com dois argumentos interconectados: um amplamente social e psicológico; o outro mais abstratamente filosófico. O primeiro traça as imagens culturais de masculinidade e feminilidade, imagens em cuja luz homens e mulheres se entendem, junto das possibilidades e dos obstáculos contidos em seus autoentendimentos. O segundo argumento aplica a dialética senhor-escravo de Hegel. O homem, como senhor, estabelece a si mesmo como sujeito livre ao subjugar a mulher, que serve como o seu outro, permanecendo atolada em imanência.

Com esse segundo argumento, Beauvoir insere seu trabalho em uma estrutura hegeliana, e instrui seus leitores a entendê-lo em termos hegelianos. Contudo, como alguns escritores apontaram, é difícil ver exatamente como Beauvoir imagina a analogia entre as relações homem-mulher e senhor-escravo.[2] Em parte, isso se deve ao fato de que existem incompatibilidades entre a doutrina de Hegel e as dívidas de Beauvoir com o existencialismo de Sartre, do qual ela não se desvincula.[3] Em parte, também se deve ao fato de não ficar claro como ela mesma entendia Hegel.[4] Além disso, a interpretação é complicada por tensões entre a estrutura filosófica adotada por Beauvoir e as suas detalhadas análises sociais e psicológicas do dilema da mulher. Ao investigar essas tensões, filósofas feministas revelaram uma série de pontos nos quais Beauvoir se afasta tanto de Hegel quanto de Sartre. Dois dos mais importantes são as suas interpretações de cumplicidade em conexão com a corporeidade. A famosa admissão de Beauvoir – "de que os homens encontram na mulher mais cumplicidade do que o opressor normalmente encontra no oprimido" (*SS*, p. 731; *DS* II, p. 649) – chama atenção para um aspecto central da opressão, ao qual não há espaço dentro da explicação de Hegel sobre a relação entre senhor e escravo. De acordo com Hegel, o escravo foi derrotado em uma batalha na qual tanto ele quanto seu oponente arriscaram a vida. Portanto, não há nada voluntário a respeito da subordinação do escravo. Quando Beauvoir discute a

2 Para discussões recentes sobre esse ponto, ver CHANTER, Tina. *Ethics of Eros: Irigaray's Reading of the Philosophers*. Londres: Routledge, 1995, p. 65; MACKENZIE, Catriona. "A Certain Lack of Symmetry: Beauvoir on Autonomous Agency and Women's Embodiment". *In*: EVANS, Ruth (org.). *Simone de Beauvoir's* The Second Sex: *New Interdisciplinary Essays*. Manchester: Manchester University Press, 1998, p. 123-24.

3 Sobre a relação da filosofia de Beauvoir com a de Sartre, ver SOPER, Kate. *Humanism and Antihumanism*. Londres: Hutchinson, 1986; e KRUKS, Sonia. *Situation and Human Existence: Freedom, Subjectivity and Society*. Londres: Unwin Hyman, 1990.

4 Sobre o conhecimento de Beauvoir acerca de Hegel, ver GOTHLIN, Eva. *Sex and Existence: Simone de Beauvoir's Second Sex*. Trad. Linda Schenck. Londres: Athlone, 1996. Lundgren-Gothlin argumenta que Beauvoir segue Hegel ao enxergar a mulher como exterior à disputa entre senhor e escravo. Esse é o sentido no qual a mulher é o Outro absoluto do homem. Contudo, isso deixa em aberto a questão de como Beauvoir explica a cumplicidade da mulher, e devo argumentar que, ao lidar com esse tema, ajuda vê-la recorrendo à filosofias que não é a de Hegel.

cumplicidade da mulher, às vezes ela a apresenta como uma instância da má-fé sartreana, como uma recusa voluntária da liberdade e como uma aceitação da dominação. Contudo, sua sofisticada análise da posição na qual a mulher se encontra bate de frente com um diagnóstico muito reducionista, iluminando um aspecto da opressão ao qual nem Hegel, nem Sartre parecem fazer jus. Em sua impressionante explicação, a cumplicidade é concebida como a condição de um eu corporificado, cujas capacidades e, portanto, opções foram formadas pela sua circunstância social. Mais uma vez, o interesse dela pela forma como a nossa experiência influencia os nossos corpos e molda o que nós podemos fazer vai além da interpretação feita por Hegel das relações entre senhor e escravo. E, mais uma vez, existe uma discrepância em *O segundo sexo* entre a compreensão de corporeidade de Beauvoir e a sua concepção sartreana de humanos divididos entre transcendência e imanência. Embora Beauvoir continue a trabalhar com a concepção sartreana, sua própria explicação resiste a ela, minando assim a assimilação da cumplicidade com a má-fé.

Estabelecida de forma convincente em pesquisas recentes, a percepção de que as concepções de Beauvoir sobre a corporeidade e a cumplicidade não podem ser enfiadas na estrutura filosófica que ela mesma adota[5] levanta a questão do seu lugar na história da filosofia. Se o seu trabalho vai além dos legados de Hegel e Sartre, como podemos posicioná-lo? Como completamente original? Em dívida com Merleau-Ponty? Moldado por Nietzsche? Muitas possibilidades são sugeridas pelo próprio leque de referências de Beauvoir. Eu ofereço uma leitura de *O segundo sexo* que o coloca no contexto de uma tradição mais antiga: a investigação filosófica sobre o caráter da hierarquia social e as paixões que a criam e sustentam. Como se trata de uma longa tradição, eu só procuro discutir parte dela, embora seja uma parte com a qual Beauvoir estivesse certamente familiarizada. Mostro que, na filosofia francesa do final do século XVII, acreditava-se amplamente que as relações sociais hierárquicas

5 Ver, por exemplo: BUTLER, Judith. "Gendering the Body: Beauvoir's Philosophical Contribution". *In*: GARRY, A. e PEARSALL, M. (orgs.). *Women, Knowledge and Reality*. Boston: Unwin and Hyman, 1989, p. 253-62.

dependem dos sentimentos de admiração e desprezo, que supostamente operariam no corpo e através dele. Na economia resultante das paixões, as pessoas são interpretadas como cúmplices de sua própria dominação num sentido que se aproxima bastante daquele articulado por Beauvoir. Ao mesmo tempo, os escritores desse período sabem que ser dominado pode equivaler à servidão. Assim como Beauvoir, eles são sensíveis aos mecanismos pelos quais as pessoas se tornam de fato escravizadas. Nas primeiras discussões modernas sobre a hierarquia social, portanto, encontramos uma coleção de temas inter-relacionados recorrentes na obra de Beauvoir, e que de alguma forma a iluminam mais claramente do que o contexto hegeliano no qual ela geralmente é situada. Logo, minha argumentação chama a atenção para uma linha de discussão que foi amplamente negligenciada, mas que pode nos ajudar a entender as preocupações tanto de Beauvoir quanto de alguns de seus contemporâneos filósofos.

A análise que Beauvoir faz das relações entre homem e mulher presume que todos os seres humanos desejam estima ou admiração, e que eles só conseguem obtê-las de outros seres humanos. Essa visão é profundamente arraigada na psicologia moral do século XVII, onde é dramatizada por Arnauld e Nicole em um experimento mental elaborado para revelar as limitações do *l'homme machine*.[6] Imagine um mundo em que exista somente uma pessoa e no qual toda outra criatura aparentemente humana seja na verdade uma estátua mecânica. A única pessoa sabe perfeitamente bem que as estátuas, que por fora se parecem com ela, são inteiramente desprovidas de razão e pensamento. Mas ela é capaz de controlar os seus movimentos e de fazê-las se comportarem de uma maneira totalmente humana. Embora ela possa se divertir fazendo com que as estátuas demonstrem admiração por ela, as manifestações externas de respeito nunca alimentarão sua autoestima – pois não é de mero comportamento que essa pessoa precisa para despertar tal paixão, mas sim das reações apaixonadas de outros seres humanos, capazes de pensamento consciente. Três aspectos desse exemplo são relevantes aqui. Primeiro,

---

6 ARNAULD, Antoine e NICOLE, Pierre. *Logic or the Art of Thinking*. Jill Vance Buroker (trad. e org.). Cambridge: Cambridge University Press, 1996, p. 55.

Arnauld e Nicole estão preocupados com o papel da subjetividade nas relações sociais; embora não usem a linguagem de transcendência e imanência, eles compartilham da convicção de Beauvoir de que o nosso desejo por um outro só pode ser satisfeito por seres humanos. Segundo, eles focam nas interações *apaixonadas* entre pessoas. Por fim, se concentram nas paixões específicas de admiração e de autoestima que, como eu mostro, também exercem uma parte importante na argumentação de Beauvoir.

Entre os filósofos do século XVII, as paixões em geral são vistas como manifestações de uma sensibilidade natural e funcional aos danos e às vantagens que pessoas, objetos e situações podem nos trazer. Por exemplo, teme-se algo que seja percebido como potencialmente danoso. Ademais, ao contrário das percepções sensoriais, as nossas paixões nos levam a agir. Então, é por nossos medos, esperanças e amores que reagimos ao mundo.[7] Nas classificações dos afetos aos quais os primeiros filósofos modernos são tão apegados, uma posição central costuma ser dada tanto à estima ou admiração quanto ao desprezo ou desdém.[8] Essas paixões são evocadas por aspectos do mundo que nós percebemos como possuidores de grandeza e pequenez, ambos termos densamente descritivos, que podem se aplicar a coisas em função do tamanho, brilhantismo, nascimento, idade, sabedoria, virtude e assim por diante. Malebranche, por exemplo, explica que somos inclinados a admirar coisas que nos parecem grandes, como o céu noturno ou edifícios monumentais, e desdenhar de coisas que são pequenas, como insetos. Da mesma forma, somos inclinados a sentir admiração ou estima por pessoas cujo poder ou posição excedam os nossos, e desprezo por aqueles abaixo de nós na escala social.[9]

7 Essas suposições são compartilhadas por uma ampla gama de autores do século XVII. Para uma discussão mais aprofundada, ver JAMES, Susan. *Passion and Action:The Emotions in Seventeenth-Century Philosophy*. Oxford: Clarendon Press, 1997.

8 Descartes, por exemplo, descreve esses afetos como uma espécie de admiração, que em sua classificação é a primeira de todas as paixões. Ver DESCARTES, René. *Passions of the Soul*. *In*: COTTINGHAM, John, STOOTHOFF, Robert e MURDOCH, Dugald (orgs.). *The Philosophical Writings of Descartes*. Cambridge: Cambridge University Press, 1985, II: 54; *Les Passions de l'Ame*. G. Rodis Lewis (org.). Paris: Gallimard, 1988, II: 54.

9 MALEBRANCHE, Nicolas. *De la recherche de la vérité* (doravante *RV*). G. Rodis Lewis (org.). *In*: ROBINET, A. (org.). *Oeuvres completes*. 2 ed. Paris: Librairie Philosophique J.

Assim, a admiração e o desprezo podem ser despertados tanto por pessoas quanto por objetos. Mas, como somente pessoas podem retribuir essas paixões, as análises mais elaboradas e significativas delas lidam com relações humanas. Em uma narrativa especialmente rica, Malebranche explica que as nossas paixões são simultaneamente mentais e físicas. O medo, por exemplo, é constituído tanto por um sentimento quanto por uma configuração do corpo – uma constelação de expressões faciais, gestos e posturas que permite que as paixões sejam interpretadas, e que evoca respostas a paixões naqueles que as interpretam. Em alguns casos, tais transmissões de sentimento são mais ou menos miméticas; por exemplo, se eu percebo que alguém está desesperado, pode ser que eu também fique aflita (*RV* II, p. 92-93; *ST*, p. 351). Mas, em outros casos, incluindo a troca de desprezo e de estima, o processo é mais complexo.

Malebranche oferece uma explicação completa dos efeitos dessas paixões, os quais podem ser facilmente transmitidos por meio de um exemplo inventado.[10] Imagine um pedinte que aparece diante de um príncipe. Quando o pedinte percebe que a grandeza do príncipe é superior à de si mesmo, ele se sente vulgar e experiencia uma espécie de humildade. Ele também dá uma expressão corporal às suas paixões, manifestando sua pequenez em sua postura de súplica, com a cabeça baixa e o semblante respeitoso. Essas mudanças têm um efeito sobre o príncipe, que sente desprezo pela pequenez do pedinte, mas que ao mesmo tempo reconhece o ar submisso dele como uma resposta à sua própria grandeza. Ou seja, o semblante e o comportamento do pedinte fornecem ao príncipe evidências perceptíveis de sua própria grandeza, e, ao perceber isso, o príncipe sente orgulho e autoestima – paixões que por sua vez ele expressa arrumando a postura, olhando para o espaço acima da cabeça do pedinte, ou inflando o peito. Por fim, essas mudanças têm um efeito maior sobre o pedinte, que, juntamente à vulgaridade que já examinamos, sente uma espécie de autoestima. Parte da grandeza do príncipe o contagia,

Vira, 1972, I: 91, II: 127; MALEBRANCHE, Nicolas. *The Search After Truth* (doravante *ST*). Trad. Thomas M. Lennon e Paul J. Olscamp. Columbus, OH: Ohio State University Press, 1980, p. 31, 382.

10 Esse exemplo condensa a discussão de Malebranche em *RV* II, p. 120ff.; *ST*, p. 377ff.

por assim dizer, e sua conexão com uma pessoa maior do que ele mesmo aumenta sua autoestima. Quando ele deixa a corte, sai com a postura um pouco mais ereta e com passadas um pouco mais largas.

Malebranche enfatiza que esse diálogo de reforço mútuo é mecânico, querendo dizer que o nosso corpo é estruturado de tal maneira que nós expressamos as nossas paixões e somos movidos pelas do outro sem termos de pensar (*RV* II, p. 121-22; *ST*, p. 377). Até certo ponto, podemos aprender a controlar e a modificar essas reações. Mas a dependência mútua criada pela nossa disposição de admirar e de desprezar as pessoas por sua grandeza é um dos principais mecanismos que nos une em comunidades hierárquicas, onde cada estrato se alimenta do que está acima ou abaixo, dependendo dos demais para sua própria autoestima. É fácil se lembrar da dependência que o senhor de Hegel tem do escravo quando se lê a frase de Malebranche, quanto a que "o general de um exército depende de todos os seus soldados porque eles o respeitam. Muitas vezes é essa escravidão que produz sua *générosité*, e o desejo de ser apreciado por todos aqueles que o veem frequentemente faz com que ele sacrifique outros desejos que são mais urgentes e mais racionais" (*RV* II, p. 84; *ST*, p. 343; tradução modificada). Mas enquanto Hegel apresenta a dependência do senhor como uma consequência indesejada de sua subjugação do escravo, Malebranche a vê como aspecto de uma ordem social funcional e divinamente ordenada. Ele se interessa pelas relações hierárquicas entre homens – príncipes, cortesãos, magistrados, camponeses, filósofos – que precisam ser admirados e que são muito sensíveis à estima e ao desprezo do outro. A sensibilidade deles consiste em uma sintonia com as maneiras como essas paixões são encarnadas, junto a uma disposição natural de incorporar os níveis cambiantes de sua própria autoestima e autodesprezo. A capacidade de agir é moldada pelas paixões dirigidas a eles, e assim são vinculados a um sistema de troca que os torna vulneráveis, mas que ao mesmo tempo pode lhes conferir poder.

Todos os aspectos centrais dessa discussão do século XVII são recorrentes em Beauvoir, que aloca um lugar importante à admiração em sua análise das relações hierárquicas entre homem e mulher. Em seu papel como o outro, a mulher sustenta a autoestima do homem ao refletir para ele uma imagem de si mesmo; mas a imagem deve ser uma de admiração. Os homens "buscam encontrar em dois olhos vivos a imagem deles rodeada por admiração e gratidão, deificada" (*SS*, p. 217; *DS* I, p. 302). O *olhar* que é tão central na explicação de Beauvoir é significativo. O homem procura sua imagem em dois olhos humanos, busca a expressão facial da mulher para a confirmação de seu próprio valor, e é através do corpo que ela torna manifesta sua admiração. Essa paixão pode ter muitos objetos – alguns deles coincidentes com as formas de grandeza que interessam a filósofos como Malebranche; por exemplo, a mulher pode admirar o homem por sua força, poder, riqueza, munificência ou sabedoria. Assim, a relação entre homem e mulher lembra a relação entre homens na medida em que é uma relação entre quem tem e quem não tem. A riqueza de um homem pode lhe valer a estima de um que seja pobre, e um homem instruído pode ser estimado por um que não tenha estudo. Como as mulheres retratadas por Beauvoir são basicamente excluídas do domínio público, elas não têm as qualidades valorizadas que esse domínio pode fornecer. Sem estudos ou independência financeira, a admiração delas por homens que possuam essas qualidades é uma forma de troca apaixonada que também ocorre entre homens. Contudo, ao mesmo tempo, existem formas de admiração que o homem ganha especificamente da mulher, formas de grandeza às quais somente a mulher é sensível. Algumas das qualidades do homem, "e entre outras, suas qualidades vitais, só podem interessar à mulher; ele é viril, charmoso, sedutor, carinhoso e cruel somente em referência a ela. Se ele estabelece um valor mais elevado para essas virtudes mais secretas, ele tem uma necessidade absoluta da mulher; através dela, ele experienciará o milagre de parecer a si mesmo como outro, um outro que também é seu ego mais profundo" (*SS*, p. 216-17; *DS* I, p. 301-2). A necessidade do homem de ser estimado por seus poderes sexuais e eróticos está no cerne de sua relação com a mulher – e aqui também, como ilustra Beauvoir em todo *O segundo sexo*, a mulher é chamada a admirar o que falta nela mesma. A atividade e a independência do corpo masculino e da sexualidade masculina, em contraste com a passividade e a imanência da mulher, estabelecem os termos de uma relação na qual a mulher encontra traços a admirar no homem que ele não consegue admirar nela. A *grandeza*, como Beauvoir a interpreta, é explicitamente masculina; é disponível somente ao transcendente, sendo assim negada à mulher. "Como alguém pode esperar que ela mostre audácia, ardor, objetividade e grandeza? Essas qualidades aparecem somente quando um ser livre se lança através de um futuro aberto, emergindo muito além de qualquer dado" (*SS*, p. 616; *DS* II, p. 493). A vida da mulher, dedicada a cozinhar e lavar fraldas, "não é a forma de adquirir um senso de grandeza" (*SS*, p. 615; *DS* II, p. 492).

Se a mulher cria a autoestima do homem ao admirá-lo, como ele responde a ela? Embora Beauvoir admita que os homens às vezes sustentam sua ideia de valor próprio desdenhando de mulheres (ela cita Montherlant como um autor que precisa tornar as mulheres abjetas para que possa sentir desprezo por elas [*SS*, p. 238; *DS* I, p. 331]), ela sabe que a admiração de uma pessoa totalmente degradada normalmente é insatisfatória. Portanto, "o homem aspira vestir com sua própria dignidade o que quer que ele conquiste e possua" (*SS*, p. 113; *DS* I, p. 136). Recorrendo a uma ampla gama de fontes, Beauvoir enumera as qualidades que podem fazer valer ter a estima de uma mulher e despertar uma paixão responsiva no homem. Ele pode estimá-la pela disposição dela em satisfazer suas demandas e devido às muitas maneiras pelas quais ela se faz útil para ele (*SS*, p. 660; *DS* II, p. 557); pela habilidade de lhe dar prazer erótico; pela beleza; pela habilidade de entendê-lo e de entrar em seus projetos (*SS*, p. 637; *DS* II, p. 520); pela habilidade de ampliar o domínio da experiência dele; pela disposição em discutir com ele e ainda assim ser derrotada; e assim por diante. Aqui seria bom retornar por um momento a Malebranche, que identifica dois tipos de troca de estima. Em algumas situações, as pessoas estimam umas às outras por diferentes razões, como quando um nobre estima um filósofo por sua sabedoria e o filósofo estima o nobre por sua posição. As formas de grandeza que estão em jogo aqui podem não estar niveladas (Malebranche se queixa de que o status social impressiona mais do que a sabedoria dos filósofos), mas ambas são reconhecidas como admiráveis. Em outras situações, a estima não é recíproca; um príncipe pode não encontrar nada que respeitar em um criado, embora o seu reconhecimento da estima deste possa evocar uma resposta apaixonada e diferente, tal como um sentimento de leve benevolência. Contudo, mesmo aqui Malebranche argumenta que o criado pode obter alguma espécie de autoestima a partir de sua relação com o príncipe – se tal relação lhe permitir que ele se perceba compartilhando da grandeza deste. Assim, os membros inferiores de um lar, de uma corte, de uma guilda ou de uma profissão podem adquirir autoestima por associação com os grandes.

Beauvoir presume que ambos os tipos de troca ocorrem entre homem e mulher. Uma vez que as formas sexuais e sociais de grandeza às quais os valores mais elevados são atribuídos pertencem ao homem (seja por sua masculinidade, seja pela exclusão da mulher do domínio público), a mulher em comparação tem pouco a oferecer, e é particularmente dependente da associação com o homem para sua autoestima. Uma mulher ganha seu status social, riqueza e conexões de sua relação com um homem; ao mesmo tempo, ela o admira devido a um conjunto de qualidades e é admirada por ele devido a outro conjunto. A discussão de Beauvoir sobre essa forma de troca parte da estrutura fornecida pelos primeiros autores modernos, como Malebranche. Eles habitam um mundo onde os valores comparativos de diferentes tipos de grandeza são contestados com fervor – onde as alegações de virtude são regularmente postas contra as de status, e a verdadeira sabedoria compete com a falsa filosofia. Já as formas de grandeza disponíveis ao homem e à mulher são, como Beauvoir as articula, monolíticas. Como as mais valiosas estão acumuladas firmemente do lado masculino, a admiração do homem pela mulher não é qualificada por qualquer desafio à superioridade social ou sexual dele. Beauvoir chama a atenção aqui para um aspecto da hierarquia ignorado pelos primeiros escritores modernos. Ansiosos para vindicarem uma sociedade organizada em torno de graus de poder muito diferentes, Malebranche e muitos de seus contemporâneos concebem a estima e o desprezo como paixões que deslizam pela escala vertical de cima a baixo, indo da pequenez à grandeza, e servindo para unir os membros das diferentes classes sociais em um todo social relativamente harmonioso. Portanto, eles não se incomodam com o fato de que pode haver pontos nos quais os padrões de grandeza e de pequenez se alterem de tal maneira que tornam impossível a estima mútua. Tais bloqueios podem ocorrer nas relações entre homens, como aponta Beauvoir em um aparte sobre raça (*SS*, p. 289; *DS* I, p. 403), mas é claro que ela está mais interessada em como esses bloqueios atuam na divisão entre homem e mulher.

Como as percepções de Beauvoir sobre as diversas formas como essa divisão é interpretada já foram muito discutidas, nós só precisamos observar algumas das principais estratégias que ela identifica. As visões contrastantes do homem como ativo (e assim transcendente e em controle de si mesmo) e da mulher como passiva (e assim imanente e fora de controle) estão arraigadas em suas diferenças corporais. Entende-se que a maciez do corpo da mulher, as secreções que escorrem dele, a confusão de limites que ocorre durante a gravidez, a falta de controle da concepção, a penetração durante o ato sexual, e o caráter difuso do prazer sexual da mulher a tornam inerte e passiva em comparação com o homem. Da mesma forma, a aspereza e a contenção do corpo do homem, a clareza e a visibilidade de seus órgãos sexuais, seu clímax erótico bem definido, e seu papel no ato sexual contribuem para a associação entre masculinidade e atividade. Cada sexo entende e avalia a si mesmo em referência ao outro, e a superioridade e a inferioridade das autoimagens que o homem e a mulher internalizam são acentuadas por toda uma gama de outros recursos interpretativos. Primeiro, diferenças corporais que sejam uma questão de grau são imaginadas como oposições; por exemplo, embora o homem seja sujeito a secreções corporais incontroláveis, estas são obliteradas em comparação com o fluxo de sangue menstrual, o fluido amniótico, e assim por diante – de forma que somente a mulher emerge como um ser que vaza e que não tem limites. Segundo, "as categorias nas quais o homem pensa sobre o mundo são estabelecidas a partir do ponto de vista dele, como absolutas"; por exemplo, embora as diferenças corporais tornem cada sexo misterioso ao outro, o mistério só se atribui à mulher. "Sendo um mistério para o homem, a mulher é considerada misteriosa em essência" (*SS*, p. 286; *DS* I, p. 399-400). Por fim, a imprescritibilidade das diferenças corporais serve para neutralizá-las, de forma que a superioridade do homem e a inferioridade da mulher pareçam inevitáveis. Enquanto os administradores coloniais ou os generais podiam escapar de relações hierárquicas injustas ao abrirem mão de seus empregos, "um homem não podia deixar de ser homem. Então lá está ele, culpado contra sua própria vontade e trabalhando sob os efeitos de um erro que ele mesmo não cometeu; e cá está ela, vítima e megera também contra a própria vontade" (*SS*, p. 732; *DS* II, p. 652-53). A sociedade inculca em homens e mulheres como indivíduos uma compreensão normativa de seus próprios poderes corporais e sobretudo sexuais. Como estes são afirmativos para o homem e enfraquecedores para a mulher, estão criadas as condições para a admiração e o desprezo.

Como mostrei, a ênfase dada por Beauvoir à corporeidade trabalha com uma compreensão do "eu" que já havia sido central na filosofia francesa do século XVII. Assim como os escritores desse período, Beauvoir presume como verdade que nossas propriedades e nossos poderes são emocionais, e que nossas paixões são constituídas por e manifestadas em nossos estados e habilidades corporais. Na ordem social hierárquica discutida por Malebranche, a autoestima da pessoa é expressa em sua postura, movimento ou tom de voz habituais, e em sua reação àqueles que ela encontra. Ademais, esses traços moldam o que tal pessoa pode fazer e também o que ela pode ser. Analogamente, Beauvoir articula uma explicação da forma como a experiência que o homem e a mulher têm de si mesmos, como seres humanos corporificados, constitui suas paixões e capacidades. Sendo passiva, a mulher admira o homem e sofre sentimentos de humilhação e de autorrepulsa, e, com isso, sua identidade também molda e limita suas ações.

Em cada uma dessas explicações, podem ser encontradas duas interpretações complementares para a cumplicidade da base da pirâmide com o poder dos que estão acima. A primeira e mais importante é que a aceitação da subordinação social pode ser explicada pelas formas como as diferenças de poder são encarnadas e, portanto, pelas formas com que elas moldam a maneira como entendemos a nós mesmos, a maneira como os outros nos entendem, e o que conseguimos fazer. Assim como um homem de baixo status social que tentasse se comportar como um príncipe não conseguiria respeito à força, mas sim seria visto como vaidoso e ridículo, uma mulher que tentasse agir como homem seria vista como estranha (*SS*, p. 692; *DS* II, p. 601). Nessa medida – e aqui *O segundo sexo* implicitamente se afasta da explicação que Sartre dá para a má-fé –, a cumplicidade não é uma questão de escolha. Como Beauvoir resume seu argumento, "todos os principais aspectos da formação [da mulher] conspiram para barrá-la dos caminhos da revolta e da aventura" (*SS*, p. 730; *DS* II, p. 649). Ao mesmo tempo, os benefícios psíquicos que acompanham a subordinação social produzem um outro nó de afetos e interpretações. A grandeza de um príncipe contagia um pedinte, e a mulher "pode não conseguir reivindicar o status de sujeito por não ter recursos definidos, por sentir o vínculo necessário que a liga ao homem independentemente de reciprocidade, e por frequentemente estar muito satisfeita com seu papel como o outro" (*SS*, p. 21; *DS* I, p. 21-22). A autoestima obtida com a associação àqueles que possuem a grandeza ainda é autoestima. Mas essa forma de obtê-la depende de estratégias psicológicas que têm seu próprio custo. Como a mulher é "fadada à dependência, ela preferirá servir um deus a obedecer a tiranos" (*SS*, p. 653; *DS* II, p. 547). Portanto, ela projetará seus desejos em sua relação com o homem; "ela está disposta a reconhecer genialidade no homem que sacie os seus desejos" (*SS* 628; *DS* II 509); ela "julga seu juiz, e nega-lhe sua própria liberdade para que ele mereça continuar sendo seu senhor" (*SS*, p. 665; *DS* II, p. 563). Ao mesmo tempo, o seu senso de degradação sexual reforça a sua necessidade por estima; "nada além de elevada admiração pode compensar a humilhação de um ato que ela considera uma derrota" (*SS*, p. 658; *DS* II, p. 554). Beauvoir explora aqui o ressentimento de uma mulher em termos nietzscheanos, mas também ecoa seus primeiros antecessores modernos, que são igualmente familiarizados com a relação entre o nosso desejo por autoestima e a nossa disposição de projetar. Como observa Malebranche,

> A dependência que os homens têm do grandioso, do desejo de compartilhar da grandiosidade, e do glamour perceptível que os cerca, muitas vezes faz com que eles prestem honras divinas a meros mortais [...] Pois se Deus dá autoridade a príncipes, os homens

> dão a eles a infalibilidade, mas uma infalibilidade não limitada a certos assuntos, nem a certas ocasiões, e não vinculada a certas cerimônias. Os grandiosos sabem tudo por natureza; estão sempre certos, mesmo que decidam questões sobre as quais nada sabem. Examinar o que eles propõem é não saber como viver, duvidar deles é faltar com respeito, e condená-los é se rebelar, ou ao menos se exibir como tolo, extravagante e ridículo. (*RV* II, p. 333; *ST*, p. 168)

Assim, as relações hierárquicas, sejam entre homens e mulheres ou não, fornecem ao subordinado uma motivação para formar crenças ilusórias sobre seus dominadores. Contudo, essa ilusão não é completa, e se encontra em perpétuo conflito com o reconhecimento mais realista de que os grandiosos têm suas fraquezas.

Beauvoir retrata de forma vívida essa divisão e o sofrimento por ela causado. A mulher é presa na posição subordinada descrita até o momento, mas ao mesmo tempo fica distanciada dessa posição, de modo que diante do homem a mulher

> está sempre encenando; ela mente quando finge aceitar seu status como o outro não-essencial, mente quando apresenta a ele um personagem imaginário através de mimetismo, vestuário, expressões estudadas. Esse histrionismo requer uma tensão constante; quando está com o marido ou o amante, toda mulher é mais ou menos consciente do pensamento: "Não estou sendo eu mesma". (*SS*, p. 557; *DS* II, p. 411)

Quando vive e representa simultaneamente sua existência como o outro, a mulher é sucessivamente hipócrita, abjeta, resistente e servil, e experiencia uma gama relacionada de paixões. Ela é desonesta e hipócrita com o homem, que exige que ela se entregue a ele e reconheça sinceramente a superioridade de seus méritos.

> Ela mente para segurar o homem que lhe garante o pão de cada dia; há cenas e lágrimas, arrebatamentos de amor, crises de nervos – todas falsas – e ela também mente para escapar da tirania que aceita por interesse. Ele a encoraja nos fingimentos que adulam

> sua arrogância e vaidade; ela, por sua vez, usa contra ele seus poderes de dissimulação. (*SS*, p. 626; *DS* II, p. 506)

A mulher é humilhada pelo sexo e degradada pelo olhar julgador do amante. "Não é óbvio para a mulher mudar sua carne à vontade: quando ela não a esconde mais, ela a cede sem defesa [...] e é incapaz de sentir um orgulho arrogante pelo corpo, a menos que a aprovação masculina confirme sua jovem vaidade" (*SS*, p. 402; *DS* II, p. 159-60). O fato de ela saber de sua própria desvantagem a torna cruel e rancorosa, e "ela até ficará muito feliz se tiver a oportunidade de mostrar seu rancor a um amante que não tenha conseguido satisfazer todas as suas demandas: como ele não lhe dá o suficiente, ela se deleita impiedosamente em tomar tudo de volta dele" (*SS*, p. 732; *DS* II, p. 652). No final, ela é servil.

> A mulher se esgota em cenas arrogantes, e no final recolhe as migalhas que o homem se dá ao trabalho de jogar. Mas o que pode fazer, sem o apoio masculino, uma mulher para quem o homem é ao mesmo tempo o único meio e a única razão de viver? Ela é obrigada a sofrer cada humilhação; um escravo não pode ter o senso de dignidade humana; para um escravo, é suficiente escapar ileso. (*SS*, p. 615; *DS* II, p. 492)

Esse catálogo desanimador de estratagemas femininos é notavelmente conectado com as primeiras interpretações modernas dos efeitos corrosivos da subordinação. No século XVII, estudiosos da estima reconheceram perfeitamente que o papel dela em uma hierarquia social harmoniosa pode ser minado por paixões contrárias, e acreditavam que uma maneira de evitá-las seria manter uma certa distância entre as classes. As pessoas que só vislumbram um monarca em ocasiões cerimoniais podem levar uma imagem intacta de sua grandeza.[11] Mas – e esse é um problema particularmente agudo em relação a criados e cortesãos – a estima é facilmente destruída pela intimidade. Um cortesão que observe

11 LA BRUYÈRE, Jean de. *Les Caracteres* (doravante *C*). R. Garapon (org.). Bordas: Classiques Garnier, 1980, p. 222; *Characters* (doravante *Ch*). Trad. Henri Van Laun. Oxford: Oxford University Press, 1963, p. 116.6.

as doenças, as fraquezas e as tiranias de um príncipe provavelmente não o verá com estima plena, e na verdade os escritores costumam retratar o cortesão preso em uma posição estritamente comparável à da mulher de Beauvoir. Do mesmo modo que uma mulher é extremamente dependente do homem, a autoestima do cortesão depende mais do que o normal da grandeza do príncipe; nesse sentido, o cortesão não é mais do que uma versão pomposa do *valet de chambre*, que, como aponta sarcasticamente La Bruyère, julga a si mesmo pela fortuna das pessoas a quem ele serve (*C*, p. 264.33; *Ch*, p. 148.33). Mesmo que a relação hierárquica entre homem e mulher pareça inevitável a ambos, as cortes valorizam diferenças de classe social que garantam a supremacia do príncipe, de modo que a subordinação do cortesão não possa ser superada. Assim como uma mulher admira o homem, embora reconheça a distância entre a imagem que ela estima e a realidade, o mesmo se dá com o cortesão. A sua dedicação à grandeza do príncipe pode fazê-lo "prestar honras divinas a meros mortais" (*RV* II, p. 333; *ST*, p. 168), mas o seu conhecimento e desprezo concomitantes pelas fragilidades do príncipe geram o próprio leque de estratagemas que Beauvoir atribui à mulher. O cortesão é hipócrita; ele concorda com todas as opiniões do príncipe independentemente da rapidez com que elas mudavam (*RV* I, p. 333; *ST*, p. 168), ele dissimula constantemente (*C*, p. 221.2; *Ch*, p. 116.2), e é um bajulador inveterado (*C*, p. 224.18; *Ch*, p. 118.18). Abjeto perante o príncipe, ele compensa sua própria degradação dominando outros, e, assim como a mulher, ele é servil. "Os homens estão dispostos a serem escravos em um lugar se ao menos puderem dominar em outro. Aparentemente, na corte, um ar orgulhoso, imperioso e dominante é distribuído a eles para que o repassem na província; eles fazem exatamente o que é feito a eles, e são os verdadeiros símios da realeza" (*C*, p. 222-23.12; *Ch*, p. 117.12).

Há relatos do século XVII sobre os vícios habituais do cortesão, os quais iluminam dois aspectos conectados de sua servidão. Primeiro, ele é dependente da vontade arbitrária e das consequentes paixões do príncipe pelos aspectos externos de seu status social e de sua autoestima. Essa dependência o torna deferente, de forma que ele segue as opiniões e os gostos do príncipe em vez de desenvolver seus próprios. Segundo, embora se dedique à grandeza do príncipe, o cortesão também tem ciência das limitações dessa grandeza, e se vê dividido entre uma gama de paixões que são autoenganosas, tais como admiração excessiva, e outras paixões humilhantes, como o autodesprezo. Mas como essas características fazem do cortesão um escravo? De acordo com uma tradição neo-romana de pensamento republicano – a qual foi importante na política do século XVII –, um indivíduo é escravizado se for sujeito à vontade arbitrária de outro, como alguém que se sujeite a um rei que possua poderes arbitrários. O fato de tal rei ter o poder de impor restrições arbitrárias a alguém, independentemente de fazê-lo ou não, é suficiente para remover a liberdade de uma pessoa, que portanto só pode ser realizada em uma república de cidadãos livres.[12] Os primeiros escritores modernos que eu venho discutindo não são republicanos, claro. Malebranche, por exemplo, argumenta que o corpo político, além de cabeça e coração, também deve ter mãos e pés, "pequenas e grandes pessoas, pessoas que obedeçam e pessoas que comandem" (*RV* II, p. 72; *ST*, p. 333). No entanto, esses escritores compartilham com tal tradição republicana uma concepção dos vícios gerados pelas monarquias e por constituições comparáveis, e um desdém por esses vícios. Para eles, os cortesãos sofrem uma forma extrema de dependência, que tende a minar sua virtude e que os torna incapazes da franqueza, coragem ou amor-próprio que estão entre as qualidades de um *honnête homme*. Embora o cortesão não seja na visão deles privado de liberdade política, ainda assim ele não é livre socialmente e psiquicamente, e por isso é apropriado descrevê-lo como escravo.

Beauvoir insiste que as relações entre os sexos são diferentes de outros modos de opressão, alegando que a mulher é subordinada devido a uma diferença corporal da qual ela não consegue escapar. A barreira que impede que um cortesão se torne um príncipe é social. Mas o fato de a inferioridade da mulher estar inscrita em seu corpo a torna singularmente inevitável, criando assim uma forma de subordinação

12 Sobre essa concepção de liberdade, ver SKINNER, Quentin. *Liberty Before Liberalism*. Cambridge: Cambridge University Press, 1988; e PETTIT, Philip. *Republicanism: A Theory of Freedom and Government*. Oxford: Oxford University Press, 1977.

que é qualitativamente diferente de qualquer outra. E embora existam diferentes formas de grandeza às quais um cortesão possa aspirar, tais como elegência e astúcia, nenhuma delas está disponível à mulher. Os filósofos do século XVII que eu discuto oferecem uma visão que implicitamente contesta essas duas afirmações, e que é ao mesmo tempo adaptável a uma linha divergente de argumentação, encontrada em *O segundo sexo*. Segundo essa visão, algumas formas de grandeza são mais inevitáveis do que outras. Então, embora um cortesão possa aspirar plausivelmente a se tornar um pouco mais sábio, não há nada que ele possa fazer a respeito de sua falta de sangue real. Ele habita um meio onde essa deficiência é uma marca inescapável e definidora de inferioridade – uma marca que molda suas paixões e seu corpo, de modo que ele é tão formado por sua dominação quanto a mulher. Nesse estágio da argumentação, Beauvoir provavelmente apontaria que, enquanto o cortesão pode ir para o meio rural ou para o exterior, a mulher não pode se retirar da condição de mulher (*DS* II, p. 653). É um embasamento forte, mas essa objeção ignora o fato de que, na medida em que a subordinação tanto da mulher quanto do cortesão é corporificada, as diferenças em suas opressões são mais de grau do que de tipo. Só que é uma disputa morna, pois Beauvoir teria simpatia por essa visão. Como muitos comentaristas apontaram, ao insistir que a inferioridade corporal da mulher é inevitável, ela contraria sua afirmação de que o julgamento fervoroso que nós fazemos de nosso corpo é socialmente construído e suscetível a mudanças. Dividida entre essa convicção e o desejo de explicar por que a mulher sempre foi dominada, Beauvoir às vezes representa as diferenças corporais entre homem e mulher como desconexas das diferenças entre os próprios homens (e entre as mulheres, aliás). Mas, como ela também reconhece ocasionalmente (ver, por exemplo: *SS*, p. 372; *DS* I, p. 402), há pouco em sua posição geral que justifique tal divisão. A grandeza e a pequenez do homem estão inscritas no corpo dele, e o mesmo vale para a relação entre o homem e a mulher. Ademais, as diferenças corporais de tipos diversos – entre raças, nacionalidades, sexos e classes – podem contribuir para interpretações de inferioridade ou superioridade, e, assim, para a opressão ou subordinação.

Para alguns filósofos do século XVII, assim como para Beauvoir, a escravidão é definida por uma gama de características psicológicas e sociais, organizadas em torno das paixões da estima e do desprezo. Nessa medida, eles se baseiam em uma interpretação comum e profundamente arraigada de servidão. Contudo, um autor como Malebranche é relativamente tolerante à subordinação; embora condene a extrema deferência do cortesão, ele enxerga a hierarquia como um preço inevitável e apropriado à ordem social, e não parece pensar que a dependência seja intrinsecamente incompatível com a liberdade (*RV* II, p. 122; *ST*, p. 377). Um homem que seja dependente do patrão, um criado do amo, ou um inquilino de um proprietário de terras podem todos ser formados por hábitos de deferência, mas isso não os necessariamente torna escravos. Porém, Beauvoir adota uma linha totalmente diferente, argumentando em um espírito republicano que a liberdade só pode existir entre iguais – que não sejam vinculados por relações de dependência. Assim, sua visão estabelece um limiar muito mais baixo para a escravidão, tornando muitos de nós escravos, tanto homens quanto mulheres. Boa parte do fascínio de *O segundo sexo* está em sua análise das autoimagens disponíveis para a mulher, e da amarra psíquica resultante na qual ela se encontra. Dividida entre admiração e desprezo pelo homem e por si mesma, ela luta por formas de autorrespeito que são precárias e que são sujeitas à autodestruição. Assim como o cortesão que se esforça para ser sagaz ou elegante, as formas de grandeza disponíveis à mulher são sistematicamente inferiores àquelas das quais ela é excluída; e, assim como no caso do cortesão, a igualdade de estima está além de seu alcance. A concepção de Beauvoir para o que seria um escravo, portanto, é contínua com aquela encontrada em discussões do século XVII sobre a hierarquia social. Assim como ela, os primeiros filósofos modernos se interessavam profundamente pelas formas como a servidão era mantida, e pela cumplicidade envolvida. Assim como ela, eles explicavam a cumplicidade como um conjunto de atitudes corporificadas e afetivas, que contribuem para a nossa identidade. E assim como ela, eles enxergavam a estima e o desprezo como paixões centrais às nossas lutas por poder. Creio que a análise desses filósofos sobre a escravidão seja muito mais próxima da de Beauvoir do que a análise hegeliana, com a qual ela se alia. Ao contrário de Hegel, Beauvoir não traz nenhuma luz para a origem da escravidão – não há batalha, como na história do senhor e escravo de Hegel. Tampouco ela propõe uma saída – para a mulher, não há nenhum equivalente ao trabalho que permite ao escravo de Hegel transformar sua dominação. Portanto, vale olhar *O segundo sexo* em um contexto histórico mais longo, estendendo à mulher uma interpretação já existente da servidão, com efeitos dramáticos e revolucionários.

# 8 O Marquês de Sade pelo olhar de Beauvoir: fazendo da sexualidade uma ética

*JUDITH BUTLER*

## "Deve-se queimar Sade?"

São muitos os aspectos surpreendentes a respeito da forma como Beauvoir considera o Marquês de Sade. Beauvoir é feminista. Sade é aquele cujo nome deu origem ao fenômeno do sadismo sexual. Beauvoir escreveu profusamente sobre o empoderamento da mulher. Sade buscou, por meio do sexo, punir e controlar a mulher, e depois escrever, por meio de ficção e ensaios, um relato detalhado de sua forma de libertinismo. Ao nos perguntarmos por que Beauvoir lia Sade e por que é uma questão se ele deve ou não ser queimado, estamos perguntando: o que pode haver em comum – se é que há – entre uma filosofia do feminismo que se baseia na liberdade, como a que Beauvoir claramente faz, e uma filosofia – e prática – do libertinismo sexual, que em sua maior parte assume os aspectos prazerosos da dominação da mulher dentro da prática heterossexual?

Temos muitas questões complexas aqui, e seria bom considerarmos algumas delas. Quando Beauvoir pergunta se devemos queimar Sade, ela está se referindo a Sade como escritor. Devemos queimar os seus livros? Esse é um título incendiário em mais de um sentido. Fazer essa pergunta é relembrar a queima de hereges e santos, incluindo Joana d'Arc. É lembrar também a queima de livros, principalmente judaicos e heréticos, durante a Inquisição na Espanha do final do século XV e início do século XVI. Publicado em 1951, o ensaio de Beauvoir faz a pergunta logo depois da Segunda Guerra Mundial, período em que milhões de seres humanos foram dizimados por gás e fogo, além de por outros meios, e em que livros foram incinerados em esforços ritualizados de purificar o Estado nazista alemão de seus Outros indesejados (judeus, ciganos, homossexuais, comunistas, deficientes físicos, não-arianos, combatentes da Resistência). Como a própria Beauvoir aponta, o filho de Sade teria queimado os dez volumes de sua obra final, *Les journées de Florbelle*, em um ato de repúdio. Se queimarmos Sade, estaremos então queimando livros, e talvez assim nos associando àqueles que buscam atingir formas de pureza social, expulsando de maneira violenta partes da população e suas crenças.

Albert Camus, alinhado politicamente à resistência de esquerda, está entre aqueles que identificam Sade como alguém que prenuncia a crueldade maciça e sistêmica do regime nazista. Sua opinião, publicada antes do comentário de Beauvoir, é de que não faz sentido romantizar Sade como um filósofo da liberdade antiautoritarista – postura de parte do movimento surrealista: "Dois séculos antes e em menor escala, Sade exaltou a sociedade totalitarista em nome de uma liberdade frenética, que a rebelião na verdade não exige. Foi com ele que a história e a tragédia de nossos tempos realmente começaram".[1] Embora Beauvoir não responda diretamente ao ensaio de Camus, ela claramente discorda que Sade pertença aos momentos inaugurais do fascismo moderno. De fato, quando se recusa a queimar Sade, ela se distancia tanto da tática fascista quanto do moralismo de esquerda. Recusar-se a queimar sua obra é uma forma de insistir na importância da provocação ao pensamento que ela traz. Fica claro que, para Beauvoir, "queimar" obras perturbadoras não é nenhuma solução para o feminismo ou, de fato, para o humanismo existencial e a política progressista por ela adotada. Ao formular a pergunta dessa forma e naquela época, Beauvoir deixa claro que o feminismo e a filosofia não deveriam participar de tendências anti-intelectuais, que deveriam manter distância de práticas inquisitivas, e que a missão intelectual deles é permanecerem abertos às dificuldades e à diversidade da condição humana.

Assim, a questão da queima dos livros de Sade também se torna uma questão de direitos da "Primeira Emenda", como diria um americano.

1 CAMUS, Albert. "L'Homme revolté". *In*: QUILLOT, R.; FAUCON, L. (orgs.). *Essais d'Albert Camus*. Paris: Gallimard-Pléiade, 1965, p. 457.

Devemos aceitar como parte da troca pública de ideias a promulgação de opiniões que consideramos difíceis de aceitar ou até mesmo repugnantes? Devemos queimar Sade, ou podemos, mesmo não aceitando suas opiniões, aprender com elas? Devemos queimar Sade, ou podemos lê-lo e encontrar algo de importante para uma filosofia feminista da liberdade, inclusive uma filosofia da liberdade sexual? Ler Sade não é aceitar como verdadeiro ou certo o que ele escreve, mas sim considerar que é possível, por meio da reflexão sobre seu trabalho e objetivos, olhar de uma forma diferente a condição humana em suas dimensões fundamentalmente sexuais e generificadas, passando a nos conhecer melhor e a decidir nossos objetivos com maior cuidado.

Seria possível esperar que, como feminista, Beauvoir condenasse o tratamento cruel dado por Sade às mulheres, sua recusa em exercer a sexualidade como uma esfera de respeito mútuo, e sua prática de dominação e de violência em domínios sexuais. Mas Beauvoir claramente pensa que deveríamos ler Sade, e, de fato, em seu ensaio[2] ela nos fornece uma interpretação. Ao lê-lo, ela deixa claro somente que *vale a pena* lê-lo. Ela não o leva para a cama, por assim dizer, nem sugere que o toleremos ou que o tomemos como modelo de conduta; tampouco pensa que ele seja um exemplo de liberdade sexual como ela entende. No final, Beauvoir afirma que Sade comete o erro de interpretar a rebeldia como um ato puramente individual, ignorando o próprio significado de "ação", e recusando-se a abandonar um elitismo cultural que apoia suas estratégias sexuais e literárias. Embora não seja um modelo, ele fornece a ocasião para reflexões sobre a sexualidade. Por exemplo, pode um indivíduo obter um status absoluto e soberano nesse domínio? Pode algo como a singularidade radical ser atingida ali? Há uma outra questão ligada a esta: é possível alcançar outro ser através da carne? Um envolvimento apaixonado pode render a vontade do outro? Beauvoir deixa claro que Sade é interessante por pensar de forma crítica e construtiva sobre sexualidade

2 BEAUVOIR, Simone de. "Must We Burn de Sade?". *In*: *The Marquis de Sade: An Essay by Simone de Beauvoir*. Trad. Annette Michelson. Nova Iorque: Grove, 1953; "Faut-il brûler Sade?". *Les Temps modernes*, 74-75: 1002-33, 1197-230, dez. 1951 – jan. 1952.

e ética, uma visão que pode parecer paradoxal, visto que Sade não parece muito preocupado com ética. Podemos ficar tentados a presumir que o seu comportamento é antiético e que a sua disposição é patologicamente criminosa, mas Beauvoir reluta em se ater a tal explicação. Um aspecto surpreendente de sua leitura é que o comportamento de Sade, assim como a escrita dele (afinal, outra forma de comportamento), são estruturados por preocupações éticas. Mesmo seu "sadismo" – para usar o termo de forma anacrônica – deve ser entendido como motivado e moldado por preocupações éticas. Beauvoir observa que Sade está sempre se *justificando*, oferecendo uma defesa do crime à luz das condições sociais da época, pedindo que os outros entendam e aceitem sua escolha, e oferecendo-se como um exemplo crítico a ser seguido.

## A carreira de Sade

Antes de continuarmos refletindo sobre a visão que Beauvoir tinha de Sade, vamos ponderar sobre quem era Sade, o que ele fazia, e pelo quê ele era conhecido. Isso nos ajudará a entender quem é "o Sade" a quem Beauvoir se refere no título de seu ensaio. Nascido em 1740, Sade cresceu em uma família provençal cujo lado paterno mantinha uma linhagem aristocrática, enquanto sua mãe pertencia à família "Bourbon" reinante na França. Em 1724, antes de se casar com a mãe de Sade, o pai dele foi preso por acusações de sodomia (nos jardins das Tulherias). Em 1733, os pais de Sade se casaram, e seu pai teria dado início a um caso logo depois. Em 1740, após a morte de uma irmã mais nova, nasceu "Sade" (Donatien Alphonse François, Marquês de Sade). Sua mãe sofreu doenças crônicas durante a sua infância, e ele foi criado em Avignon e perto de Versalhes por cuidadores diversos. Depois de ser tutorado por um *abbé* (abade), Sade frequentou a escola em 1750 em Paris, depois entrou para o exército e chegou ao escalão de capitão da cavalaria de Borgonha. No exército, seu comportamento "devasso" não passou despercebido, e em 1763 ele contraiu uma doença venérea tendo um caso com alguém que não era sua noiva. Casou-se relutante com Renée-Pélagie de Montreuil no mesmo ano, e logo começou a alugar uma casa de campo para manter outros casos sexuais. Em 1765, estava profundamente endividado. Em 1768, o famoso "caso Arcueil" veio à tona. Sade mantinha uma pequena casa no vilarejo de Arcueil, para onde levava pessoas, principalmente mulheres, para encontros sexuais de tipos diversos, a maioria pagos. Uma mulher da classe trabalhadora, Rose Keller, chamou sua atenção e ele a atraiu com a promessa de emprego até sua *maison* em Arcueil. Ali, de acordo com o depoimento de Keller, ele a amarrou à força e a chicoteou; ela teria gritado descontroladamente enquanto ele pingava cera quente em suas costas, onde havia feito pequenas incisões com uma faca. Depois de um orgasmo supostamente violento, ele prendeu Keller em um quarto do qual ela escapou (pulando um muro do jardim para a rua, onde um grupo de mulheres a encontrou e a levou até a polícia). A investigação que se sucedeu deu origem a um escândalo que virou notícia em jornais de toda a Europa. Sade foi preso por seis meses e depois liberado – resultado de apelos especiais feitos em seu nome por familiares com acesso às autoridades reinantes. Depois disso, Sade lutou contra o ostracismo social, acumulou dívidas e se envolveu em duelos ilegais. Mais tarde, em 1772, ele foi acusado de sodomizar e de envenenar cinco prostitutas. Ele fugiu da justiça por vários meses, mas foi pego e preso. Escapou da prisão em 1773, sendo novamente encarcercado em 1777 – ao empregar como criadas domésticas, com a ajuda da esposa, jovens que teriam sido abusadas por ele –, e permaneceu preso em Vincennes por doze anos. De 1778 a 1789, ele escreveu várias obras literárias importantes, inclusive peças. Durante a queda da Bastilha, onde estava preso, Sade teria ajudado a incitar a multidão nas ruas a partir da janela de sua cela. Depois, foi transferido para outra prisão e solto em 1790. Em 1791, publicou uma de suas obras mais atemporais: *Justine ou les malheurs de la vertu* ("Justine ou os infortúnios da virtude"). Sade publicou tratados sobre libertinagem e contra o uso restritivo de leis, e foi preso novamente em 1793 por suas visões políticas. Em 1795, publicou *La philosophie dans le boudoir* ("A filosofia na alcova"), um de seus mais importantes tratados. Em 1799, publicou *La nouvelle Justine* ("A nova Justine") e depois foi preso novamente sob acusações de pornografia, mas foi transferido em 1803 para um asilo em Charenton. Em 1807, *Les journées de Florbelle*, seu último romance, com dez volumes, foi imediatamente apreendido pela polícia e queimado por seu filho. Em 1811, o próprio Bonaparte recusou um apelo de Sade por liberdade. Sade morreu em Charenton em 1814, época em que estava pagando por um caso sexual com uma garota de 17 anos.[3]

## A teoria sexual de Sade

Embora Sade fosse um romancista, muitas cenas de seus romances são consideradas relatos realistas de suas práticas sexuais – relatos detalhados e sistemáticos, acompanhados de dissertações didáticas sobre liberdade, sexualidade, lei e natureza. São descrições barrocas e às vezes tediosas de devassidão, entrecortadas por dissertações políticas e filosóficas. Todas elas contêm uma forte dimensão didática, e aconselham o público sobre as ordens da natureza, a irreprimibilidade do impulso, e o dano causado pela civilização e pela moralidade à força vital sexual dos seres humanos. Embora se possa concluir que Sade tivesse pouco em comum com o feminismo, é importante notar que ele defendia a liberdade sexual e os impulsos expressivos do indivíduo. Ademais, Sade não acreditava que a sexualidade servisse somente para satisfazer as necessidades da procriação.

Na verdade, Beauvoir observa que, para Sade, "a sexualidade não é uma questão biológica, mas sim um fato social" (*MBS*, p. 43). Ela se refere ao fato de que sempre há cenas de pessoas providenciando alguma forma de sexualidade para Sade. Mas ela também entende que, para ele, a sexualidade era parte de uma "natureza" que não se reduz ao impulso biológico. Beauvoir observa que ele usa o termo "natureza" de diferentes maneiras, às vezes de forma inconsistente. A sexualidade, por exemplo, tem uma dimensão natural, embora nada em sua organização natural ordene a procriação como forma social exclusiva ou privilegiada. Para Sade, existem dois tipos de impulso natural: o primeiro é desenfreado, energético e expressivo; o

3 Para uma cronologia completa da vida de Sade, ver BONGIE, Laurence. *Sade: A Biographical Essay*. Chicago: University of Chicago Press, 1998, p. 271-80.

segundo é autopreservador, e busca repelir a destruição do organismo. O impulso autopreservador costuma estar a serviço da civilização e da moralidade. Como resultado, tende a estar em guerra com o impulso energético ou expressivo. Sade contesta a força da civilização e suas leis, que reprimiriam e prejudicariam o lado energético dos seres humanos – efeitos nocivos que ele procurava combater promovendo a liberdade sexual, sob o nome de libertinagem. Para Sade, de acordo com Beauvoir, as leis criadas para cercear a natureza e suas crueldades não somente tornam tudo pior, como também propagam a crueldade em nome da "justiça": "As leis, em vez de corrigirem a ordem primitiva do mundo, só agravam a sua injustiça" (*MBS*, p. 62). Ela parafraseia Sade: "Ao erguer andaimes, a sociedade, longe de mitigar a crueldade da natureza, só a agrava. Na verdade, ela resiste ao mal cometendo um mal ainda maior" (*MBS*, p. 63).

O filósofo Michel Feher coloca a questão da seguinte maneira: "Se a libertinagem sadeana promove prazeres depravados – como sodomia, tribadismo, paixões cruéis, orgias assassinas, e assim por diante –, é sobretudo para combater o desequilíbrio 'ecológico' produzido por uma civilização repressora e por uma moralidade artificial".[4] Na medida em que a natureza primária se rebela contra a secundária, a energia procura rebater a força repressora da "preservação". Contudo, segundo Sade, para preservar o organismo não são necessárias leis repressoras. Dessa forma, Sade prevê a famosa distinção feita por Freud entre Eros (prazer) e Tânatos (morte), em *Além do princípio do prazer* (1920). Por essa distinção, o Eros – ou a libido – é contestado por uma pulsão de morte, associada à repetição, à compulsão e ao sadismo. Para Freud, o sadismo não tem a ver primariamente com o prazer, mas sim com um retorno, por meios repetitivos, a um estado de desindividuação do organismo humano: um retorno à natureza primária. Sade associa o sadismo à individualidade, mas também à natureza. Porém, para ele a natureza em si tem dois aspectos. Ele considera o impulso primário e energético como expressivo e potencialmente destrutivo, mas também entende que essa

4 FEHER, Michel. "Introduction: Libertinisms". *In*: FEHER, Michel (org.). *The Libertine Reader: Eroticism and Enlightenment in Eighteenth-Century France*. Nova Iorque: Zone Books, 1997, p. 35.

primeira natureza não consegue limitar seu poder de destruição por si só. Em certo sentido, a "primeira natureza" de Sade contém a energia de Eros além da destrutividade de Tânatos. É significativo que ambos os pensadores pensem que a "civilização" emerge não somente para restringir o afeto, para usar os termos de Freud, mas também para limitar seu potencial destrutivo. Dessa forma, Sade prefigura a crítica de Freud aos custos psíquicos e libidinais da "civilização" em *O mal-estar na civilização* (1930). Mas, enquanto Freud se pronuncia a favor da civilização e de sua canalização da pulsão de morte, Sade continua a defender o poder duplo do Eros natural para enfrentar a lei social e artificialmente repressiva da "civilização". Nos termos de Feher, de acordo com Sade, "a rejeição da procriação e a destruição de seres organizados são, portanto, as formas de conduta humana mais dignas da natureza" (*MBS*, p. 35). Para Sade, não existem leis naturais de proibição: por definição, a proibição é sempre artificial, e portanto sempre suspeita.

A libertinagem de Sade não é um simples hedonismo: ele não celebra a sensação sexual como tal, mas sim oferece uma abordagem sistemática para a gratificação sexual – uma ciência sexual na prática, uma arquitetura do encontro sexual. Beauvoir insiste que Sade elabora seus encontros sexuais, e que há uma operação estranha, mas inegável, de "princípios" em seu planejamento sexual, assim como na execução de seus atos sexuais e criminosos. De fato, nas palavras dela, ele é um "amante frio e cerebral" (*MBS*, p. 33). Embora possamos ficar tentados a pensar em Sade como alguém que exercita uma mera "liberdade frenética" (como afirma Camus), irrefletida e impulsiva, talvez seja mais perturbador e espantoso reconhecer que existe um método em sua "loucura", um esforço deliberado e calculado para atingir determinados efeitos. O imediatismo de seu sentimento é sempre absorvido por um plano. Não só ele tem um interesse intenso pela tecnologia da dor corporal, que seus escritos relatam em detalhes, como também se envolve em sua própria marca de ciência sexual, prevendo e infligindo dor e prazer em intervalos definidos através de meios específicos. Sade conquista um certo domínio nesse processo, que ele considera ao mesmo tempo "natural" e científico. Ele busca não somente criar a dor e o prazer de seu parceiro sexual, como também produzir a si mesmo como um instrumento perfeito e uma vontade soberana.

Embora não se possa dizer que sua crueldade é eticamente boa, ela se torna parte de uma ética, porque uma profusão de justificativas chegam para validar sua prática. De fato, Sade argumenta que, sob as condições da moralidade burguesa, onde reinam a intercambialidade e a indiferença dos indivíduos, a crueldade sexual é uma forma de se restabelecer a individualidade e a paixão. De acordo com Beauvoir, Sade questionava as relações fundamentais do eu e do Outro, buscando conhecer seus limites e as condições de suas possibilidades. "Esse comportamento", ela escreve, "compensa a distinção por tirania deliberada" (*MBS*, p. 33). Não é apenas que ele comete o mal ou escreve sobre ele. Sade oferece justificativas elaboradas para a supremacia do mal; Beauvoir alega que ele tem "uma convicção profunda de que o crime é bom" (*MBS*, p. 74). Ele diz muito claramente em 1795 que só espera "ter contribuído de alguma forma para o progresso do iluminismo" (citado em *MBS*, p. 47). Beauvoir resume a visão de Sade da seguinte maneira: "A virtude não merece nenhuma admiração ou gratidão, já que, longe de refletir as demandas de um bem transcendente, ela serve aos interesses daqueles que dela fazem um espetáculo" (*MBS*, p. 68). Assim, Sade contesta a hipocrisia da moralidade burguesa, sendo que ele mesmo entra em uma posição de moralismo. Ele contesta a indiferença que a moralidade burguesa promove; a cegueira à sua própria violência que tais abstrações como a universalidade e a igualdade infligem; e a destruição da natureza e da vida que a moralidade abstrata efetua. Beauvoir escreve: "Ele não poderia desculpar o Período do Terror: quando o assassinato se torna constitucional, torna-se meramente a expressão odiosa de princípios abstratos, algo sem conteúdo, desumano" (*MBS*, p. 26). Ao recorrer a valores distintos – oposição à falsa igualdade, à violência cometida por meio de falsa abstração –, Sade justifica seu próprio crime e crueldade. Ele repreende a si mesmo por não seguir os imperativos da natureza adequadamente, e dessa forma também entra em uma autocensura. Nesse sentido, talvez seja perverso que ele se torne um filósofo da liberdade para Beauvoir:

> [...] é mais como moralista do que como poeta que Sade tenta destruir a prisão de aparências. A sociedade confusa e mistificadora contra a qual ele se rebela sugere o *das Man* de Heidegger, no qual a autenticidade da existência é engolida. Para Sade, também é uma questão de reconquistar a autoridade por uma decisão individual. (*MBS*, p. 75)

De fato, Beauvoir insiste na contraintuitiva afirmação de que Sade está preocupado com a ética. Ademais, ela observa que a vida dele nos dá a oportunidade de pensar sobre como a ética se torna sexualizada no sadismo, e sobre quais formas de autoafirmação são possíveis dentro da sexualidade, quando as condições sociais funcionam contra a autoafirmação em outros domínios. Na verdade, as questões que Beauvoir levanta sobre a vida dele não são questões morais, do tipo "deveria-se agir de tal ou tal forma". Ela questiona se o que Sade faz, afinal – como pessoa, escritor, figura política –, realmente se classifica como "ação" – ou seja, como uma intervenção transformadora nas condições coletivas de existência. Contudo, para ela a questão não é somente o que ele "faz", mas também o que sua ação busca realizar: se transcende a atividade da negação pura, ou se de alguma forma pode ser considerada criativa e capaz de alterar as condições comuns da vida. Enquanto alguns críticos podem procurar explicar as ações políticas e as produções literárias de Sade em termos de sua sexualidade, usando-a como chave para entender os objetivos psicológicos tácitos de seu trabalho, Beauvoir rejeita essa visão. A sexualidade não é a chave para ela, já que a sexualidade em si deve ser explicada. Contudo, a forma de explicá-la não é só recorrendo a acontecimentos ou influências da infância, mas sim também situando tudo isso em termos de um projeto mais amplo que estruture e anime a vida de Sade.[5] Esse projeto nem sempre está alinhado com o que

5 Críticos como Pierre Klossowski ofereciam leituras psicológicas influentes com foco nas paixões de infância de Sade, especialmente seu suposto ódio pela mãe. "Os principais acontecimentos de sua vida parecem ter favorecido singularmente o mais raro e em geral menos evidente complexo de ódio pela mãe. É possível reconhecer facilmente sinais disso em cada momento de seu trabalho; podemos até mesmo considerá-lo como tema constante da ideologia sadeana" (KLOSSOWSKI, Pierre. "The Father and Mother in Sade's Work". Trad. Alphonso Lingis. *In*: *Sade My Neighbor*. Evanston, IL: Northwestern University Press, 1991, p. 127ff).

um indivíduo possa dizer ou pensar dele. É uma questão de interpretação. Beauvoir nos oferece um exemplo desse tipo de análise quando reconsidera Sade. Ela traz a questão de como entender essa vida à luz de como ele a viveu – de como, em seus diversos escritos e ações, ele assumiu uma relação específica consigo mesmo.

## Explicando Sade

O que podemos saber a respeito de Sade? Beauvoir observa que ele é, antes de tudo, um escritor, e que também é conhecido como "pervertido sexual". Estaria ela usando a palavra "pervertido" ironicamente? Estaria concordando com certas categorias sexológicas disponíveis a ela no início dos anos 1950? Ou simplesmente está nos dizendo que "pervertido" é como ele era e ainda é visto? Beauvoir deixa claro que a sexualidade dele revela a condição humana e que não deve ser considerada idiossincrática ou aberrante nesse sentido. Existe uma relação entre a escrita e a sexualidade de Sade: "Não é nem como escritor, nem como pervertido sexual que Sade chama a nossa atenção: é pela relação que ele criou entre esses dois aspectos de si mesmo" (*MBS*, p. 12). De fato, Beauvoir não tenta explicar a sexualidade de Sade ou seu desejo de dominar prostitutas, nem sua predileção por diversas formas de tortura sexual. A sexologia, o direito e a psiquiatria teriam reunido muitas dessas explicações, e afinal elas não interessavam Beauvoir, pelo menos não como formas de se chegar a uma verdade a respeito de Sade. De fato, ela tem interesse na relação entre sexualidade e sistemas explanatórios, em como um gera o outro. Mas ela não procura "explicar" Sade. "As aberrações de Sade começam a adquirir valor quando, em vez de tolerá-las como uma natureza fixa, ele elabora um imenso sistema para justificá-las" (*MBS*, p. 12). Mas ao mesmo tempo, se nós olharmos para os escritos dele buscando saber qual parte de sua vida está sendo comunicada ali, descobrimos que tais escritos não conseguem comunicar a vida, que permanece assim incomunicável. Isso não por causa de algum fato existencial sobre a vida e a comunicação, mas sim porque "ele [Sade] está tentando comunicar uma experiência cuja característica distintiva é a sua vontade de permanecer incomunicável" (*MBS*, p. 12). De fato, enquanto alguns críticos literários tentavam diminuir Sade como um escritor de segunda categoria, cujos trabalhos literários seriam afinal "ilegíveis" (*MBS*, p. 12), Beauvoir entendia essa própria ilegibilidade como um sintoma importante de sua personalidade e obra. Que tipo de pessoa busca se tornar incomunicável no ato da comunicação? Como podemos entender que ele escreva ao público, recusando-o ao mesmo tempo? Ele está publicando, mas fazendo-se difícil (se não impossível) de entender. Está expondo outro corpo, sujeitando-o ao seu controle, mas não cedendo a uma reciprocidade. Por meio da obscuridade, Sade retém sua individualidade soberana.

Claramente há aqui uma relação entre sexualidade e escrita. Mas é importante evitar duas armadilhas: a primeira seria reduzir a escrita à sexualidade, como se a sexualidade pudesse fornecer o princípio explanatório para a escrita; a segunda seria explicar a sexualidade por meio da escrita, o que aparentemente era o objetivo explícito de Sade. Então, não podemos usar os escritos para explicar a sexualidade, e não podemos usar a vida para explicar os escritos – já que ela é o que permanece incomunicável neles. E não podemos, como alguns psicanalistas tentariam fazer, usar a sexualidade para explicar tanto a vida quanto os escritos. Então como proceder? Sade não deseja comunicar sua vida em sua escrita. O que isso nos diz a respeito dessa vida, em especial de sua vida sexual, e de seus escritos? Diz que, embora os escritos busquem justificar a vida, eles a escondem, a protegem, a encobrem. E dessa forma não podem cumprir sua tarefa – pois como justificar uma vida que nunca de fato se torna visível? Embora a vida seja conduzida de acordo com "princípios", ela não pode ser entendida exatamente pelos termos por meio dos quais é apresentada. Para Beauvoir, existe algo especificamente obscuro a respeito de Sade, na forma como ele se reserva. De novo: "Ele tenta comunicar uma experiência cuja característica distintiva é a sua vontade de permanecer incomunicável" (*MBS*, p. 12). Mas para Beauvoir existe algo que, em geral, também é inexprimível a respeito de uma vida, e que seria uma certa operação de liberdade. Nós vemos seus efeitos, discernimos sua presença, mas a liberdade nunca é completamente definida pelos fenômenos nos quais ela é manifesta e pelos quais é discernida. Existe uma lacuna entre a liberdade à qual nos referimos, a que não conseguimos ver ou entender, e as expressões pelas quais ela é conhecida, sempre e somente de forma indireta. Ser um biógrafo é sempre se manter atento a essa dupla verdade, no caso: *que a liberdade é o que estrutura a vida, e que a liberdade em sua autonomia e pureza não pode ser compreendida diretamente.*

Beauvoir também presume que a sexualidade seja a expressão da liberdade, e que é, em especial, a expressão da liberdade para Sade. Talvez estejamos acostumados a pensar na sexualidade como uma pulsão, uma urgência, algo inconsciente, físico, para além do controle consciente, um surto da natureza, ou um domínio psíquico pré-consciente de necessidade e desejo. Beauvoir conhece essas teorias no início dos anos 1950, e seu ensaio as contesta de forma tácita e insistente. Alegar que a sexualidade pertence ao domínio da liberdade não significa dizer que o indivíduo se acomoda e, de uma distância instrumental, *decide* qual será sua sexualidade. Liberdade não é o mesmo que escolha deliberada e instrumental. De fato, eu ficaria tentada a dizer que a liberdade em si tem uma dimensão inconsciente para Beauvoir, e que os mecanismos da liberdade não estão na superfície para entendermos sem um ato relacionado de interpretação. A pessoa age, a pessoa produz e, ali no resultado – no feito, no trabalho –, está o vestígio da liberdade que foi – que deve ter sido – atuante o tempo todo. A pessoa só conhece sua liberdade após o fato, e é por isso que nós somos ao mesmo tempo responsáveis e ignorantes a respeito de nós mesmos.

Dois aspectos diferentes da liberdade de Sade são dignos de nota. Por um lado, (1) existe a resolução da liberdade em autoafirmação sexual – contra a lei, mas em nome de uma "ética" cuidadosamente criada. Por outro, (2) existe uma vontade de comunicar de tal forma que algo de si permanece incomunicável. Na medida em que a liberdade é sempre em um deslocamento ou como um deslocamento, Sade trabalha com a própria invisibilidade da liberdade em seu benefício, escondendo a si mesmo no ato da comunicação e através dela. Qual é a conexão entre a linguagem que se esconde e o sadismo sexual? Qual formação da vontade justifica ambas as atividades?

Quando Beauvoir procura entender Sade, ela não sonda as "causalidades" internas da psique dele, suas motivações, o que poderia ter causado seu desejo de assumir a forma que assumiu. Ela tem menos interesse nas causas do que nos objetivos, e prefere perguntar o que ele pretende realizar por meio da sexualidade, e como foi que essa sexualidade se tornou, por assim dizer, o domínio da realização para ele. Como ela se propõe a isso?

Beauvoir claramente tem interesse nas circunstâncias históricas, e faz uso delas ao tentar justificar Sade. Ela explica que ele pertence a uma "aristocracia decadente", e que, em sua vida burguesa, não havia nenhuma distinção especial ou singularidade disponível a ele. Ela chega a argumentar que ele se torna algo como um "déspota feudal" no domínio imaginário de sua vida sexual – que essa posição de soberania ressuscitada é uma compensação para uma posição de classe irreversivelmente decadente. Afinal, Sade escreve durante o período da Revolução Francesa (1789) e do Terror, e suas próprias raízes aristocráticas são retratadas como o inimigo das forças revolucionárias. Ele passa a se opor ao desenvolvimento da revolução no Reino do Terror e às suas aplicações brutais de princípios "universais". O Terror se tornou a ocasião na qual Sade vituperava a aplicação "legal" do assassinato: cidadãos que desobedeciam ao regime eram executados em nome da "lei", da "universalidade", da "igualdade" e da "justiça". Beauvoir localiza Sade nesse dilema histórico, uma vez que ele não consegue recuperar seu privilégio de classe, e que vive numa época em que soberania e privilégio aristocrático estão sendo desfeitos pelas forças sociais e políticas. Não só ele não pode mais habitar uma posição aristocrática, como também a aristocracia era para ele, mesmo quando criança, parte de um sonho passado, uma identidade já perdida, uma posição cada vez mais imaginária. De fato, quando Sade passa a se opor ao Terror, ele o faz em nome da natureza e da liberdade, não em nome de uma aristocracia perdida. Mas é outra coisa que acontece no domínio da sexualidade, algo que talvez não fosse compatível com as crenças políticas dele.

Na visão de Beauvoir, a prática sexual de Sade é inspirada por um desejo de recuperar o poder feudal em meio à vida burguesa: "Os descendentes de uma vocação decadente [a aristocracia], que no passado teve poder concreto, mas que já não tinha mais qualquer influência real sobre o mundo, tentaram reavivar simbolicamente, na privacidade do quarto, o status do qual eles se sentiam nostálgicos, do déspota feudal solitário e soberano" (*MBS*, p. 15). Então, nesse sentido, a posição soberana do aristocrata não pode ser de fato habitada por ele em seu mundo social existente: ela só pode ser presumida de uma forma imaginária. Beauvoir argumenta que a sexualidade é o espaço por onde essa suposição ocorre. Ela não usa a posição de classe de Sade como causa explanatória do caráter dele. Mas tal posição está lá, como perda, como sonho, e Sade a interpreta à sua própria maneira. É em relação a isso que ele deve se formar, mas isso não o define. Ele está claramente em um certo dilema histórico, mas também procura resolver esse dilema à sua própria maneira. Na visão de Beauvoir, os fatos sozinhos nunca são explanatórios, e nesse caso nós descobrimos que não temos muitos fatos, ou que eles são inconsistentes. "Não é na informação que se encontra o valor, mas sim nos valores que os fatos assumem para o próprio Sade". O que sabemos é que "ele fez de sua sexualidade uma ética" e de seus "gostos, princípios" (*MBS*, p. 15).

Para entender como Sade faz de sua sexualidade uma ética, precisamos perguntar como a sexualidade se torna o espaço e o meio pelos quais ocorre a solução imaginária dele para um status social perdido. Pelo que aprendemos com o relato de Beauvoir, ele é um conformista que honra seus compromissos no domínio do trabalho e do lar, ao mesmo tempo que frequenta bordéis para processar a recusa ou a negação das normas burguesas às quais costuma obedecer. Então, fora do domínio sexual, Sade obedece; dentro do domínio sexual, ele exige obediência.

Assim, Beauvoir deixa claro que ele vivia em um certo mundo burguês, do qual participava (antes de sua criminalização) não somente como um cidadão "normal", mas também como um cidadão que, para ela, desejava criar uma vida que satisfizesse a convenção social de todas as formas.[6] Como um bom cidadão, Sade experiencia a norma em sua

6 Biografias recentes questionaram essa suposição. Ver BONGIE, Laurence L. *Sade: A Bibliographical Essay*. Chicago: University of Chicago Press, 1998. Na França, o

pessoa e em sua ação, e se torna, nesse sentido, intercambiável com os outros. Então, Beauvoir conclui que a sexualidade se tornou para Sade um espaço privilegiado de liberdade, onde ele ainda podia alcançar a singularidade: "Havia somente um lugar onde ele podia se afirmar como tal [...] no bordel, onde comprou o direito de liberar suas fantasias" (*MBS*, p. 16). Na medida em que é capaz de comprar seu prazer ali, ele ainda opera firmemente dentro de um sistema mercantil. Na medida em que é o "direito" ao prazer o que ele compra ali, ele está introduzindo um certo individualismo burguês liberal, ainda que esse individualismo aparentemente se afaste de suas normas. Sade está claramente envolvendo sua própria história, seu contexto, ao mesmo tempo que tenta desafiar a normalização exigida pela vida social burguesa. De acordo com Beauvoir, ele não mostra nenhum sinal de que esteja tentando exceder os limites da normalidade *dentro* da vida burguesa – nenhuma aspiração de se tornar um grande empreendedor ou de se distinguir dentro do mercado ou dentro de seu mundo social: "Impressiona o fato de que, para além das paredes de sua 'casinha', não lhe ocorria 'fazer uso total de sua força'. Não há sinais de ambição nele" (*MBS*, p. 15). De fato, a sexualidade se torna produzida como o domínio no qual ele se afirmará. Essa afirmação é ao mesmo tempo uma afirmação de "si mesmo", de sua singularidade, mas também de um tempo passado, um tempo agora perdido: o tempo do déspota feudal. Então ele afirma sua singularidade, mas sempre através de um conjunto de normas que mostram as condições históricas e os objetivos embutidos em seu próprio desejo.

Se a princípio Sade parecia dominar e administrar seus próprios "eus", suas diferentes práticas, mantendo-as a uma distância significativa uma da outra, depois que foi preso por atos obscenos e cruéis (o caso Arcueil), ele perdeu não somente o controle, como também sua respeitabilidade burguesa. Onde ele está quando se encontra nesses diferentes "lugares" de

monumental *Vie du Marquis de Sade, avec un examen de ses ouvrages*, escrito por Gilbert Lely, foi publicado no ano após a primeira parte do ensaio de Beauvoir, em 1952, e depois em 1957. Mais recentemente, foi publicada uma defesa da vida e do trabalho de Sade. Ver LE BRUN, Annie. *Soudain un bloc d'abîme, Sade*. Paris: J.-J. Pauvert, 1986; e LE BRUN, Annie. *Sade, aller et detours*. Paris: Plon, 1989.

sua vida? Está realmente em casa quando está em casa? Está no trabalho quando está no trabalho? Seria correto dizer que ele está totalmente presente no bordel? Ou podemos supor que esse eu, dividido, nunca está onde Sade de fato está, mas sim fica sempre se esquivando do lugar onde ele poderia estar constituído? Existe uma operação específica de liberdade nessa constante passagem de um espaço para outro? Que tipo de liberdade poderia ser? E o que acontece quando, por sua própria ação, Sade finalmente é entregue à polícia e se torna causa de escândalo público?

Beauvoir tenta entender Sade nessa conjuntura. Mas entendê-lo significa *imaginá-lo*. Então ela conta a história dele, mas no modo de uma conjectura: talvez tenha acontecido assim, ele provavelmente pensou naquilo. Às vezes ela escreve sem marcar esse caráter conjectural de sua explicação, oferecendo um ponto de vista que reivindica um acesso especial à perspectiva de Sade. Ao mesmo tempo, Beauvoir não acredita exatamente na palavra dele, nem aceita as explicações do próprio Sade do que ele estava fazendo com sua vida – e ele deixou muitas. Beauvoir escreve em uma tentativa de reconstruir Sade, de restabelecer o que o mundo era para ele de um ponto de vista que é ao mesmo tempo imaginado como o dele e declarado como o dela. Assim, às vezes a escrita parece abrir mão do ponto de vista da própria Beauvoir, com ela escrevendo de uma perspectiva em terceira pessoa empática, que presume algum tipo de acesso à realidade de Sade. Em outros momentos, o ponto de vista dela marca o limite de seu próprio acesso: Beauvoir nasceu um século depois da morte de Sade, sendo obstruída por não ter um acesso direto a ele, e limitada a reconstruí-lo a partir de documentos legais remanescentes e textos escritos por ele.

Então, às vezes Beauvoir relata os sentimentos de Sade na época como se ela soubesse quais eram, e com um ar de certeza. Por exemplo, depois que Sade foi exposto e preso, ela escreveu: "Sade reagiu primeiro com súplicas, humildade e vergonha. Ele implorou que lhe permitissem ver sua esposa, acusando a si mesmo de tê-la ofendido gravemente. Implorou para confessar e abrir seu coração. Não era mera hipocrisia. Uma mudança horrível havia se dado da noite para o dia; práticas inocentes naturais, que até então eram fontes de prazer, haviam se tornado atos puníveis" (*MBS*,

p. 19). Beauvoir imagina que Sade pode ter experienciado o remorso da relação com sua mãe, e também que, depois do escândalo de 1763, ano de sua prisão, "Sade teve um pressentimento de que dali em diante e pelo resto da vida ele seria culpado" (*MBS*, p. 19).

## A simpatia crítica de Beauvoir

Tentar explicar Sade não é somente descobrir fatos históricos sobre ele, ler todas as palavras que ele deixou, mas também, literalmente mesmo, imaginar-se em seu lugar, como se ele estivesse totalmente presente na consciência da pessoa. Reconstruir uma vida é admitir essa vida na imaginabilidade humana. Tentar entender Sade é reconhecer que, se nada humano nos é estranho, até Sade terá de deixar de ser inimaginável. Ao imaginá-lo, Beauvoir está exemplificando uma tarefa de humanismo (pós-guerra), fazendo uma escolha pessoal, e também estabelecendo, de forma oportuna, o que é necessário para superar a dificuldade de se imaginar os outros que são repugnantes ou difíceis de entender. Beauvoir escreve que "Simpatizar com Sade muito prontamente é trai-lo" (*MBS*, p. 79). Isso pois simpatia é ao que ele busca resistir, em nome de uma disposição "natural" de infligir dor e incitar a carne. Então Beauvoir, com sua habilidade quase assombrosa de simpatizar com Sade, o trai justamente para conhecê-lo e para apresentá-lo a nós. Ela difere dele explicitamente nesse ponto, ao afirmar que, embora ambos prezem pelo individual, afinal eles têm visões diferentes sobre o quanto o indivíduo consegue superar sua própria individualidade. Assim como para Beauvoir a "ação", no sentido normativo, envolve o coletivo ou as condições compartilhadas de existência e a sua transformação, ela afinal culpa Sade por não conseguir emergir das táticas sensuais do individuo, e ir para um mundo comum. Assim, ela escreve: "É em nome do indivíduo que parece possível levantar as objeções mais convincentes às ideias de Sade; pois o indivíduo é bastante real, e o crime causa danos reais a ele. É aqui que o pensamento de Sade se prova *extremo*: a única coisa que tem verdade para ele é o que vem envolto em minha própria experiência; a presença interna do outro me é estranha"

(*MBS*, p. 76). Esta última afirmação, Beauvoir não conseguiria pronunciar em seu próprio nome. Pois o que ela faz nessa paciente elaboração de Sade é mostrar que a presença interna dele, legada em seus escritos e no que se escreve a seu respeito, *não* é estranha a ela. Beauvoir mostra que seria um erro não conseguir considerar Sade como uma possibilidade humana definida, que portanto é ao menos potencialmente nossa. De fato, todo o seu esforço de compreender Sade por meios biográficos seria ameaçado se a visão dele, que disputa a possibilidade de simpatia com outros, prevalecesse sobre a dela.

Enquanto Sade sustenta que o indivíduo só pode contar com suas próprias sensações e sentimentos, Beauvoir o refuta, dizendo que "os únicos vínculos certos entre os homens são aqueles que eles criam ao se transcenderem dentro de um mundo comum, através de um projeto comum [se transcendant dans un monde commun par des projets comuns (*FB*, p. 1224)]" (*MBS*, p. 76; minha tradução).

Beauvoir não aceita exatamente a proclamação explícita de Sade de que os humanos não têm nada em comum – de que eles são, individualmente, soberanos potenciais ou reais. Ela mostra, por exemplo, como na prática sexual de Sade ele presume que todos sejam vulneráveis à dor e ao prazer. E, quando se dirige ao seu público, oferecendo razões e exemplos para justificar seu crime, como ele presume que, por viver em um mundo lingústico comum, até certo ponto ele estaria se comunicando efetivamente com seu público. Mas existe também uma forma na qual Beauvoir aceita a visão de Sade sobre o possível solipsismo do indivíduo. Ela escreve, por exemplo, que Sade só contesta a existência de uma relação *a priori* entre um indivíduo e um Outro (*MBS*, p. 76-77), e que não é possível aceitar essa relação como uma realidade abstrata que exista antes da ação. Assim como Beauvoir, Sade não contesta a possibilidade de que tal relação seja criada. Podemos concluir provisoriamente que ambos acreditam que a relacionalidade é sempre atingida por meio da ação, e que um mundo compartilhado é a ordenação especial da ação. Se houver um reconhecimento ético do Outro, não será através de um esquema abstrato de igualdade humana ou de universalidade que envolva todos nós.

Para Sade, a conexão com o Outro terá de viajar pelo corpo, concebido como um limite que somente é superado, supondo que possa ser superado, através de uma ação sexual apaixonada e violadora.

Embora Beauvoir deixe claro que entende a "ação" no sentido normativo como algo coletivo, ela parece compartilhar com Sade uma percepção dos limites da coletividade. Ele trata o corpo humano como um limite que deve ser destruído, um limite além do qual reside uma pessoa ou uma vontade não corporal, sempre isolada, nunca totalmente alcançada. Beauvoir parece aprovar essa visão quando escreve: "Cada consciência só prova a si mesma; ela não tem direito de impor o valor que ela se atribui aos outros. Mas ela pode, de uma maneira singular e vívida, exigir o reconhecimento de tal valor em seus atos" (*MBS*, p. 77). Seria possível esperar que Beauvoir se opusesse a essa visão do corpo como um recinto e um limite, e oferecesse uma ideia da carne como algo que articula tanto a vontade em sua corporalidade quanto sua interconexão com o outro. Mas aqui parece que afinal não é o corpo o que nos livra do solipsismo para a intersubjetividade, e sim a "ação" – a qual nos impele para um projeto comum que, idealmente, não apagará os indivíduos singulares que tornam possível essa realidade também comum.

Mas permanece a questão: o corpo, descrito por Beauvoir em *O segundo sexo* como "uma situação", não implica também um mundo intersubjetivo e oferece uma saída do solipsismo e, consequentemente, também do sadismo? Ela não nos dá essa tranquilização neste ensaio, mas, ao discutir o sadomasoquismo, ela deixa clara a diferença entre sua visão e a justificativa sadeana (e sartreana também).[7] Pode-se considerar que aqui Beauvoir identifica a passividade como o elo entre o sádico e o masoquista, o dilema comum da corporeidade, que oferece uma alternativa à presunção da ontologia solipsista oferecida por Sade.

Beauvoir oferece uma leitura original do erotismo de Sade ao argumentar que ele é incapaz da experiência de perda de si mesmo: "Nunca

7 Para a explicação de Jean-Paul Sartre sobre o sadomasoquismo, ver "Concrete Relations with Others". *In*: *BN*. Nova Iorque: Philosophical Library, 1956, p. 361-412. Beauvoir não cita Sartre aqui, e fica claro que seu recurso à passividade, ao autismo, e ao frenesi constitui uma contribuição original para a teorização do sadismo.

em suas histórias a volúpia aparece como autoesquecimento, desmaio ou abandono" (*MBS*, p. 32). Juntamente a um desejo apaixonado pelo contato erótico, Sade também está sozinho, como se constitutivamente. Ela nota esse "isolamento emocional" como "a chave para seu erotismo" (*MBS*, p. 32). Paradoxalmente, embora Sade defenda a natureza e justifique seus diferentes atos recorrendo a ela, ou até mesmo repreendendo a si mesmo por não seguir os ditames dela mais rigorosamente, "ele nunca, nem por um instante, se perde em sua natureza animal; ele permanece tão lúcido, tão cerebral, que o discurso filosófico, longe de aplacar seu ardor, age como afrodisíaco" (*MBS*, p. 32). Assim como Sade não consegue chegar a uma "ação" que seja coletiva e transformadora, de acordo com Beauvoir, nos encontros sexuais ele também não tem a experiência necessária do frenesi. Beauvoir claramente pensa que o frenesi é essencial para o encontro sexual, mas acredita que Sade resiste a ele completamente. Sem o frenesi, não pode haver passividade, o que significa que os limites do eu não conseguem abrir caminho para a "unidade ambígua" dos amantes em uma interação sexual. Sem a capacidade de perder a lucidez, de passar por frenesi e por passividade, Sade permanece distante, isolado, "soberano" e, por fim, autorreferencial ou, nas palavras de Beauvoir, "autista" (*MBS*, p. 33). Esse "autismo", correlato psíquico do solipsismo filosófico, era o que impedia Sade de reconhecer a presença genuína de outro ser humano. De fato, na visão de Beauvoir, somente por meio de um entregue e passivo "esquecer-se de si mesmo" é que um indivíduo passa a entender a presença genuína do Outro.

Portanto, é exatamente nesse ponto do posicionamento de Beauvoir que Sade se diferencia dela. Ele não consegue superar sua lucidez, sua distinção. Para Beauvoir, as formas de tirania sexual dele são um esforço para compensar sua incapacidade, sua recusa à passividade e ao frenesi. Ele está, por assim dizer, sempre a uma distância de seu corpo, de sua capacidade de ceder e de esmagar a lucidez da consciência. Então, a única forma de retornar ao corpo que ele recusa é através da corporalização do Outro: "Um amante frio e cerebral observa com entusiasmo o gozo de sua amante e precisa se afirmar como seu autor, pois não tem outro meio de atingir seu próprio estado carnal" (*MBS*, p. 33). Beauvoir deixa claro que Sade não sente prazer em infligir dor a um corpo inerte ou insensível. Parafraseando a lógica dele, Beauvoir escreve: "Para que eu me torne carne e sangue através das dores que inflijo, devo reconhecer meu próprio estado na passividade do outro" (*MBS*, p. 34). Então, embora pareça inicialmente que Sade procura se diferenciar de suas amantes, sendo a vontade soberana que atua sobre o corpo do outro, afinal a única forma de tal "vontade soberana" sentir prazer em suas ações é imaginando, ainda que somente indiretamente e por deslocamento, a dissolução de sua própria soberania e de sua própria vontade. Para Beauvoir, o fato de às vezes Sade providenciar sua própria flagelação é mais uma prova da inexorabilidade dessa dialética. Da mesma forma, embora ele encene atos sobre os outros, muitas vezes ele organiza essas cenas de forma que ele mesmo seja *visto* encenando esses atos – pelos quais ele se torna um espetáculo dentro da cena. Assim, Beauvoir especula: "Ao contemplar a carne contra a qual ele comete as violências que ele mesmo sofre, ele se retoma como sujeito dentro de sua própria passividade [en contemplant sur une chair qu'il violente les violences qu'il supporte, il se ressaisit comme sujet au sein de sa passivité (*FB*, p. 1031)]" (*MBS*, p. 43-44; minha tradução).

Deste modo, Beauvoir mostra como Sade questiona essa dialética e como ele procura recusar a asserção dela sobre si mesmo. Mas Beauvoir também mostra, com o exemplo do homem que se recusa a reconhecer a presença do Outro, como ela mesma pode demonstrar a própria estrutura da intersubjetividade humana quando esta aparece dentro da interação sexual. Ao insistir em entender Sade, ao se render à lógica de sua conduta por meio de um método de simpatia crítica, Beauvoir refuta a tese dele de que o Outro não deve ser entendido. Ao trair os ditames sadeanos dessa forma, Beauvoir consegue esclarecer o que ela mesma entende por condição humana – o que sempre está em discussão na ação e na escrita de Sade. Beauvoir afirma que, embora Sade tenha escrito sobre assassinato, ele era contra a pena de morte, e que o seu erotismo dependia não somente da continuidade da vida de suas vítimas, como também da capacidade de reação delas: "Para obter prazer da humilhação e da exaltação da carne, deve-se atribuir valor à carne" (*MBS*, p. 26). Com relação às suas façanhas sexuais, Beauvoir faz concessões a Sade que podem muito bem parecer questionáveis: "De qualquer forma, ele tinha certeza de que um homem que ficasse satisfeito chicoteando uma prostituta de vez em quando era menos nocivo à sociedade do que um coletor de impostos" (*MBS*, p. 64). É mesmo Beauvoir, em um ato de simpatia crítica, quem oferece esse ponto de vista? Ou seria na verdade Sade? Suas vozes teriam se fundido? Estaria Beauvoir tão entregue à voz dele a essa altura que, afinal, não é possível saber se ela estaria ali fazendo uma distinção ética entre crueldade sexual e injustiça política? Se Sade comprava o direito de liberar suas fantasias no bordel, então certamente as mulheres que ali trabalhavam deveriam ter direito a condições decentes de trabalho, de saúde, e de proteção contra violência. O ponto ético não é ser contra a prostituição em si, mas sim aceitá-la como uma instituição social, pela qual se exige uma responsabilidade coletiva. Sade pode ter ajudado a admitir a realidade social da prostituição, mas o suplemento crítico a ele deve defender os direitos das prostitutas contra uma violência indesejada. Sob essas condições, a crueldade sexual faz parte do que deve ser adequadamente situado dentro da esfera da justiça política. O direito ao sexo, que Sade deixou tão claro, deve ser complementado por um direito à proteção sexual. É esse último ponto que Beauvoir não identifica como parte do domínio da justiça, embora fosse possível suspeitar que ela o fizesse.

O que Beauvoir deixa claro desde o início deste ensaio é que ela não procura nem romantizar, nem demonizar Sade. Para entender a importância ética dele, é preciso suspender julgamentos a seu respeito e adotar a simpatia crítica da biógrafa. A questão ética para Beauvoir não é se tal conduta deveria ou não ser tolerada, mas sim o que tal conduta nos diz sobre quem somos, e sobre como podemos conhecer o espectro completo das possibilidades humanas. Em resposta à injunção ética de que o indivíduo deve se conhecer, é preciso, por assim dizer, comprometer-se a conhecer Sade – ainda que (ou justamente porque) ele presumisse que tal conhecimento do Outro é impossível.

# 9 Beauvoir e o feminismo: entrevista e reflexões

*SUSAN J. BRISON*

## Entrevista[1]

BRISON: Ontem você concordou que não era suficiente que a mulher se colocasse exatamente na mesma situação que o homem para se emancipar, mas você não disse o que acha que precisamos fazer agora. Eu gostaria de te perguntar o mesmo que você perguntou para Sartre, uma pergunta que ele me pareceu evitar: "A mulher deve rejeitar completamente o universo masculino, ou deve encontrar um lugar para si dentro dele? Deve roubar suas ferramentas ou mudá-las? Estou pensando tanto em termos de ciência quanto de linguagem e de artes. Todo valor vem marcado pelo selo da masculinidade".[2]

DE BEAUVOIR: São muitas perguntas em uma. Acho que as feministas, pelo menos aquelas com quem estou envolvida, querem mudar não somente a situação da mulher, mas também o mundo. Ou seja, são mulheres que gostariam de ver um certo desmantelamento da sociedade. Elas acham que, se o feminismo fosse vitorioso, se a opressão contra a mulher fosse completamente eliminada, bem, a sociedade teria sua fundação abalada. Não se consegue atingir isso sem outros tipos de ação, como ações que apoiem luta de classes e imigração. Em outras palavras, sem todas as ações que se podem imaginar a favor da sociedade. Tudo isso deve estar ligado. Então, não é uma questão de a mulher tomar o lugar do homem neste

1 Essa entrevista com Beauvoir foi feita por Susan J. Brison e aconteceu em Roma no dia 7 de setembro de 1976. Foi traduzida por Thomas Trezise e por Susan J. Brison em julho/agosto de 2001. Este capítulo foi escrito por Susan J. Brison em 2001.

2 "Simone de Beauvoir interroge Jean-Paul Sartre". *In*: *Simone de Beauvoir et la lutte des femmes*. *L'Arc*, v. 61, 1975, p. 11.

mundo, mas sim de ela se emancipar de tal forma a simultaneamente mudar este mundo. Certo, você fez uma segunda pergunta. Se certas partes desse mundo, como a ciência, a literatura e a arte, que em grande medida, em uma medida enorme, foram desenvolvidas por homens em um mundo masculino, se nós poderíamos usá-las ou se deveríamos rejeitá-las totalmente? Acho que devemos usá-las. Eu acho que disse ontem que devemos usá-las naturalmente com uma grande dose de cautela, pois não vamos recriar a linguagem de um dia para o outro com base em iniciativas pessoais. A linguagem nunca é criada dessa forma, em nenhum país e em nenhuma época. Então, é claro que devemos nos apropriar da linguagem, mas ao fazê-lo nós temos de estar cientes de que a linguagem carrega a marca do homem. É universal, mas também singular. Por exemplo, existem palavras, como "viril", que têm uma conotação positiva para o homem, mas uma conotação que a mulher não tem por que aceitar. E é possível encontrar várias outras. De modo similar, para a ciência, é claro que dois mais dois é igual a quatro tanto para o homem quanto para a mulher. Mas a orientação dada à ciência é obviamente muito diferente dependendo de quem conduz a pesquisa, se é um homem ou uma mulher. O homem nunca se interessou particularmente pela biologia ou pela medicina da mulher. Se a mulher fosse assumir uma pesquisa séria, ela poderia, ou deveria, fazer isso mais de forma a... bem, a servir seu próprio sexo. O mesmo vale para a linguagem, a ciência, a arte e a literatura. Você pode, de fato, roubar as ferramentas e usá-las, mas precisa usá-las com cuidado e, aliás, nada impede que você as mude ao mesmo tempo.

BRISON: Em *O segundo sexo*, você escreveu que a mulher culturalmente condicionada à condição de mulher não sabe como fazer uso do tipo de treinamento técnico que lhe permitiria controlar as coisas (materiais). Ela não vê nenhuma utilidade na lógica masculina. Mas isso não poderia ser considerado um aspecto mais positivo na mulher? O "conhecimento da dominação" se provou tão destrutivo que agora é essencial preservar o seu contrário, ou seja, alimentar um real desejo de interagir com o mundo natural e com o outro. Como escreveu Hélène Cixous: "Não é uma questão de se apropriar de seus instrumentos, conceitos, espaços ou posições de dominação [...] Deixemos tudo isso para os ansiosos, para a angústia masculina e sua relação obsessiva com o controle, para a dominação, o saber 'como funciona' para 'fazer funcionar'".[3] Acho que você concorda com ela.

DE BEAUVOIR: Sim, o objetivo não é que a mulher simplesmente tome o poder das mãos do homem, já que isso não mudaria nada a respeito do mundo. É uma questão justamente de destruir essa ideia de poder. É isso. Quanto a isso, concordo completamente: a mulher deve dominar muitas, muitas coisas, mas não para tomar o poder e dominar o outro. Na verdade, estou certa de que essa ideia de dominação é um dos aspectos do universo masculino que devem ser totalmente destruídos – que devemos buscar reciprocidade, colaboração etc.

BRISON: Então, alguns aspectos do universo masculino devem ser destruídos. Parece-me que também existem alguns aspectos tradicionalmente femininos que deveriam ser preservados tanto no homem quanto na mulher, como você mesma diz para Sartre: "Se nos consideramos possuidoras de certas qualidades positivas, não é melhor transmiti-las para os homens em vez de suprimi-las nas mulheres?"[4]. Eu gostaria de saber quais qualidades você tinha em mente.

DE BEAUVOIR: Justamente por no geral não terem poder, as mulheres não têm os defeitos associados à detenção do poder. Por exemplo, elas não demonstram a presunção, a tolice, a complacência, e o espírito de emulação que existem no homem. A mulher tem mais ironia, mais desapego, mais simplicidade. Ela representa menos papéis, usa menos máscaras, e acho que o tipo de autenticidade que você encontra em muitas mulheres se deve ao fato de que, em certo sentido, elas precisam tê-la. E essa é uma qualidade que elas deveriam manter e também transmitir aos homens. Existe também a qualidade da devoção. A devoção é muito perigosa porque pode se tornar um modo de vida e pode devorar as pessoas às vezes, mas ela tem lados bons, se assim considerarmos o altruísmo. Na mulher costuma existir um tipo de cuidado com o outro que é inculcado nela pela educação, e que deveria ser eliminado quando assume a forma de

3 CIXOUS, Hélène. "Le rire de la Méduse". *In*: *Simone de Beauvoir et la lutte des femmes. L'Arc*, 61: 39-54, 1975.

4 "Simone de Beauvoir interroge Jean-Paul Sartre", *op. cit.*, p. 12.

escravidão. Mas o cuidado com o outro, a habilidade de dar ao outro, dar seu tempo, sua inteligência – isso é algo que a mulher deveria manter, e algo que o homem deveria aprender a adquirir.

BRISON: Se alguém não quiser definir a mulher de forma negativa em relação ao homem – defini-la como um homem inferior ou fracassado –, como é possível então defini-la de forma positiva? Como escreveu Cixous: "Eles nos enfiaram entre dois mitos horríveis, entre Medusa e o abismo".[5] Parece-me que Sartre também identificava a mulher com o "viscoso", com o que bloqueia a transcendência do em-si...

DE BEAUVOIR: Sartre não disse isso. Fui eu que falei da mulher como imanência. Mas o fiz considerando o papel que ela foi obrigada a exercer. Não é por natureza que ela é reduzida à imanência, mas sim pelo homem, quem a impede de agir, criar, transcender-se – como nós colocamos durante a era do existencialismo, como eu ainda colocaria hoje.

BRISON: Eu estava pensando em coisas um pouco mais simbólicas, como as palavras que ele escolheu para descrever a mulher: "pegajosa" e "viscosa".

DE BEAUVOIR: É possível que ele tenha tido alguns preconceitos machistas, como ele diz no diálogo comigo na *L'Arc*. Foi toda a sua educação e todo o seu passado que lhe deram ao mesmo tempo muita simpatia pelas mulheres e uma forma de olhar para elas como diferentes, até melhores, na visão dele, mas de fato diferentes dos homens. Uma definição positiva de "mulher"? A mulher é um ser humano com uma determinada fisiologia, mas essa fisiologia de forma alguma a torna inferior, tampouco justifica sua exploração.

BRISON: Você explicou em *O segundo sexo* que as mulheres dão muita importância ao prazer sensual por causa da imanência delas. Talvez seja verdade. Mas então o objetivo é desvalorizar a sensualidade ou redescobri-la no próprio centro de ambos os sexos?

DE BEAUVOIR: Bem, a escritora de *O segundo sexo* diz ambas as coisas. Eu também disse que existem mesmo muitas mulheres que são

5 "Le rire de la Méduse", *op. cit.*, p. 47.

completamente frígidas. Ou ao menos frígidas com os homens. E, por outro lado, existem algumas que, tendo descoberto o prazer, dão uma importância enorme a ele. Mas acho que, se elas consideram o físico tão importante, não é por causa de algum destino fisiológico, mas sim justamente por serem privadas de tantas outras coisas na vida. Elas têm tão pouco de um real interesse em suas vidas, que são levadas a conferir muito valor à parte, digamos, sexual ou sensual de sua existência. Isso vale também para as relações com as crianças, com os recém-nascidos etc. Elas sentem prazer ao amamentar etc. E tudo isso é muito importante para elas em grande parte por não terem quase nada além disso.

BRISON: Mas mesmo que a mulher pudesse transcender sua imanência, ela ainda deveria preservar sua natureza sensual.

DE BEAUVOIR: Ah, sim! Claro, tanto para o homem quanto para a mulher, a sexualidade deveria ser algo realmente livre e gratificante.

BRISON: Você disse ontem que se recusava a aceitar a ideia de um estilo unicamente feminino de escrita, que precisamos nos livrar de palavras "machistas", mas que não é uma questão de se criar uma nova linguagem.

DE BEAUVOIR: Sim, também era isso que eu estava dizendo agora há pouco, porque a linguagem nunca é realmente criada por iniciativas individuais. A linguagem não é voluntarista. É algo constituído através da circulação, entre a massa, e com reciprocidade, com tudo isso. E se você tenta criar uma linguagem artificialmente, nunca conseguirá torná-la uma linguagem real, e acabará cortando a comunicação com o outro. Acho que muitos dos livros de Cixous, por exemplo, são praticamente impossíveis de ler porque rompem a comunicação com o outro.

BRISON: Mas talvez seja necessário que escritores realmente inovadores sejam inicialmente um pouco incompreensíveis, como James Joyce em *Finnegans Wake*.

DE BEAUVOIR: Não sei. Nem sempre são incompreensíveis. Se eles tentam ser, como James Joyce em *Finnegans Wake*, o trabalho deles se torna muito, muito difícil de ler. Mas em *Ulysses* você encontra muitas partes bastante acessíveis, apesar de tudo.

BRISON: Concordo completamente com o que você disse ontem sobre como "toda mulher tem o direito de gritar, mas o grito deve ser escutado e ouvido [...]".

DE BEAUVOIR: Certo, isso mesmo.

BRISON: Mas o que você acha da ideia de "escrita de mulher" – com "mulher" no sentido de "feminista"? Ou seja, de uma escrita que se rebele para nos levar rumo à emancipação.

DE BEAUVOIR: Ah, sim! Sou totalmente a favor. Acho que as mulheres podem e até deveriam escrever – talvez nem todas as mulheres, enfim – livros feministas, livros que revelem a condição da mulher, que se revoltem contra essa condição e que levem outras mulheres a se revoltarem também. Eu mencionei para você, por exemplo, que realmente gosto do livro de Kate Millet, *Flying*. Gosto muito mais dele até do que do primeiro livro dela, o teórico, porque ali ela realmente expõe sua experiência como mulher, e todos podem lê-la e ver como uma mulher tenta lidar com suas tendências sexuais além da sociedade etc. Acho que as mulheres certamente têm novas coisas a dizer, coisas singulares, e que elas devem dizê-las. O que não aprovo é a escolha de uma linguagem que seja completamente diferente da linguagem comum, porque acho que isso corta a comunicação. Em um livro feminista como o de Kate Millet, a linguagem é normal, compreensível para todos. Na medida em que há coisas novas a dizer, elas devem ser ditas de uma forma que seja acessível.

BRISON: Muitos críticos perguntam por que você não retrata mulheres realmente emancipadas em seus romances. A ênfase é dada à vida amorosa de suas personagens. Mesmo uma personagem tão emancipada quanto Anne em *Os mandarins* é retratada primariamente por meio de sua vida amorosa, em vez de por seu interesse pelo trabalho ou pela vida política. Mas a forma como você representa personagens masculinos não parece seguir esse padrão. Isso significa que não há por que retratar mulheres emancipadas e relacionamentos ideais? Significa que, em uma sociedade onde a mulher ainda é condicionada a assumir os atributos tradicionalmente femininos da submissão e do autoapagamento, não adianta retratar mulheres emancipadas e relacionamentos ideais?

DE BEAUVOIR: Eu queria descrever as mulheres como elas são, não como deveriam ser. De fato, existem pouquíssimas mulheres realmente emancipadas. Não sei se existe uma, sequer. Não sei se existem até mesmo homens que sejam realmente completamente emancipados. Todo mundo é alienado de uma maneira ou de outra. Mas, de qualquer forma, eu queria uma mulher típica, como as que eu conheço, como elas são, e não uma mulher ideal. Em outras palavras, o que você sugere vai na direção do realismo socialista, onde sempre deve haver heróis positivos. Eu não queria ter heroínas positivas. Esse gênero de escrita – moralizador demais, didático demais – me irrita. Tenho muito mais interesse por mulheres que sejam mais divididas, ou seja, mais de acordo com a forma como as mulheres geralmente são. Não queria retratar mulheres realmente excepcionais.

BRISON: Entre as muitas razões que você deu para escrever, está o fato de você ter sentido a necessidade de "preservar, salvar o passado", "recuperar" a sua vida, além de comunicar a sua experiência. Mas era também sua intenção estabelecer um novo modo de vida, ainda que por meio da ausência desse modo, como em seus romances mais recentes, nos quais você descreve uma sociedade intolerável e relacionamentos destrutivos e tradicionais?

DE BEAUVOIR: Sabe, eu procurei diferentes coisas na escrita. Afinal, meus livros abarcaram muitos anos. É claro, existem os livros em que eu procuro recontar o passado, como minhas memórias e até certo ponto *Os mandarins*, no qual eu tentei capturar um período que eu vivi, e também um tanto *A convidada*. Há elementos autobiográficos por toda parte. Mas também tentei descrever a sociedade ao meu redor – fora de mim – para descrever como as coisas são no presente. Por exemplo, em *As belas imagens*, eu tentei descrever a sociedade ou, de qualquer forma, expor seu modo de fala, como eu disse em algum lugar. Tentei mostrar a sociedade tal como ela infelizmente é hoje. E depois, em *A mulher desiludida*, contei a história de uma mulher muito diferente de mim. No monólogo e na forma como eu retrato a "mulher desiludida", na verdade fui inspirada por mulheres que conheci, cujos apuros vi de perto, como no drama do rompimento. Mas àquela altura eu não estava mais envolvida em uma autobiografia, em relembrar o passado. Também tento descrever, entender o mundo como vejo, como sinto.

BRISON: Mas você imagina um novo modo de vida?

DE BEAUVOIR: Talvez, pode ser. Mas *As belas imagens* é uma denúncia, por assim dizer. É uma denúncia dessa sociedade, uma certa sociedade do consumo, do esnobismo, da falsidade das relações etc. Certamente.

BRISON: É desejável assumir uma posição política ao escrever romances? Ou existe um risco de a literatura se tornar propaganda?

DE BEAUVOIR: Acho que você escreve com tudo o que você é, incluindo opiniões políticas, incluindo sua situação como mulher. Você escreve com base em sua situação, mesmo que não fale a respeito dela. Obviamente, em *As belas imagens*, nunca há de fato qualquer posição explícita sobre política. Mas seria possível dizer também, ao ler o livro, que existe todo um mundo burguês que eu acho horrível e com o qual não quero nenhuma relação. Então, indiretamente, ele pode fazer você pensar num outro mundo, mais fraterno e verdadeiro. Mas não há um lado de propaganda em meus romances.

BRISON: De forma mais geral, na sua opinião, o objetivo da arte seria mostrar as coisas como elas são, ou "tornar possível" um mundo novo?

DE BEAUVOIR: Sartre falou muito bem disso em seus artigos sobre literatura, quando mostrou como a revelação através das palavras já significa agir sobre as coisas. Quando se dá um nome à opressão, à estupidez e à justiça, todas elas já são sentidas, e isso leva a um desejo por mudança. Certamente não é uma questão de simplesmente mostrar as coisas de uma maneira inteiramente externa, como no novo romance, por exemplo. Realmente não é tudo isso, a nossa noção. A ideia de literatura engajada talvez seja a noção de literatura não somente como compromisso, mas também como ato – um certo ato –, sem que, é claro, exagere-se as possibilidades de uma ação literária. Não se deve exagerar o efeito político da escrita. Veja, por exemplo, *O segundo sexo*. Eu sei que ele é muito lido hoje nos Estados Unidos e na França, pois vinte anos após sua publicação surgiram movimentos feministas. Então esses movimentos encontraram em *O segundo sexo* uma confirmação teórica de seu espírito. Mas, na época de sua publicação, *O segundo sexo* alcançou um número de mulheres individualmente, sem criar um movimento feminista. É uma vez que o movimento existe que o livro assume determinado valor.

BRISON: Um dos maiores problemas para as feministas contemporâneas é aquele problema que Sartre expressou: "Elas não têm base nas massas e me parece que a tarefa agora é atingi-las".[6] Mas como?

DE BEAUVOIR: É muito difícil, mas existem certas coisas que afetam todas as mulheres. Veja, por exemplo, o nosso sucesso na área dos direitos ao aborto. Todas as mulheres são afetadas por isso, tanto a mulher rica (um pouco menos, pois sendo rica ela pode ir para a Suíça ou outro lugar, mas ainda assim não é muito agradável) quanto a sua empregada. Existem coisas que estamos tentando fazer na França agora. Não sei quanto aos Estados Unidos, mas estamos tentando focar em coisas que interessem mais ou menos a todas as mulheres. Por exemplo, o movimento anti-estupro é de interesse tanto da mulher trabalhadora da esquina quanto da mulher operária de fábrica, assim como da garota que ainda vive em casa, que pode ser estuprada como qualquer outra. Então as ações contra o estupro podem interessar muitas mullheres. É o mesmo com os protestos contra a violência doméstica; isso também é muito importante para todas as mulheres porque existem vítimas desse tipo de abuso em todas as classes sociais, inclusive na classe média. Não se deve pensar que um advogado ou um médico não bate em sua mulher da mesma forma que um agricultor ou um operário bate. Até acho que o agricultor bate ainda menos, porque a esposa trabalha, é útil, então ele

6 "Simone de Beauvoir interroge Jean-Paul Sartre", *op. cit.*, p. 12.

não quer quebrar o braço ou a perna dela. Assim, precisamos encontrar questões pelas quais todas as mulheres possam se interessar e, com base nisso, fazê-las entenderem que seus problemas são vivenciados por todas as mulheres, não só por elas, criando um sentimento de solidariedade. Isso foi o que conseguimos fazer com o aborto, recebendo mulheres em clínicas de aborto antes de a lei ser aprovada: quando elas faziam um aborto, explicávamos por que estávamos fazendo aquilo, e elas percebiam que não estavam sozinhas no mundo, que existiam problemas. Elas viam outras mulheres e às vezes se juntavam ao movimento e ajudavam. Mas por ora é certo que na França – e acho que é igual nos Estados Unidos – o grande problema é que ainda não alcançamos as mulheres que são exploradas de outras formas, seja diretamente, nas fábricas, seja porque são esposas de trabalhadores e são exploradas como tais. A escolha da ação depende das circunstâncias. Nos exemplos que acabei de mencionar – estupro e abuso doméstico –, os movimentos contra eles aconteceram porque havia julgamentos em andamento, investigações, enquetes. E as mulheres começaram a se manifestar um pouco. Foram encorajadas a falar. E quanto mais elas falavam, mais se tornava claro que a violência sexual é um crime – um crime muito, muito comum, que realmente afeta todas as classes sociais. Então precisamos encontrar os pontos onde os interesses das mulheres de todas as classes se cruzam. É isso o que as feministas deveriam estar buscando, na minha opinião.

BRISON: Agora uma pergunta um pouco mais pessoal: quais são os seus atuais projetos?

DE BEAUVOIR: No momento, estou trabalhando basicamente em alguns projetos de filmes. Estão fazendo um filme de *A mulher desiludida*. Isso é para a televisão, *Canal 3*. Além disso, estou com um projeto bem grande, um filme baseado em *O segundo sexo* com uma diretora sueca chamada Mai Zetterling, que fez alguns filmes feministas excelentes. Ela fez um filme chamado "As Garotas". Não viu? Bom, é realmente lindo. Então levaremos dois anos para terminar esse filme e para tentar olhar diferentes aspectos da condição da mulher. Estou realmente interessada nele. Faremos uma colaboração e estou empolgada, já que filmes, quando bem-feitos, têm um impacto muito grande sobre as pessoas. Eles podem conscientizar as mulheres sobre muitas coisas, mais do que os livros, e podem facilmente chegar às esposas da classe operária e trabalhadora, já que hoje em dia todos têm TV. É uma forma de falar com todas as mulheres. É mais eficaz através do cinema ou da televisão do que através de livros que elas não vão ler. Alcançá-las por meio de livros é meio difícil. Eu estarei ocupada com isso no próximo ano, talvez até nos próximos dois anos, porque será algo demorado, já que *O segundo sexo* cobre toda a condição da mulher.

BRISON: E quais são os projetos de Sartre no momento?

DE BEAUVOIR: Sabe, o Sartre já não enxerga muito bem. Pelo menos ele não consegue ler ou escrever. Está trabalhando com um secretário que também é um amigo. Eles estão tentando escrever um livro juntos, um livro sobre a questão do "poder e da liberdade". O problema do poder parece interessar a todos no momento, portanto o estão abordando. Seu amigo lê para ele, eles conversam, seu amigo faz anotações etc. Eles estão estudando o imenso tema do poder e da liberdade. O que exatamente é o poder? E como é possível conciliar um certo tipo de poder com a liberdade? Ou será que todo poder deve ser completamente suprimido? Por exemplo, em movimentos feministas franceses – e o mesmo problema ocorre nos Estados Unidos –, as feministas recusam qualquer hierarquia, qualquer burocracia, praticamente qualquer organização que seja. Bem, está tudo desorganizado e, por isso, tudo volta para si mesmo. Não é uma democracia de verdade, porque aquelas que falam mais alto, ou com mais facilidade, falam o tempo todo, e as outras não conseguem ser ouvidas. Isso é muito horrível também, e cria muita dificuldade para o movimento feminista. É difícil porque as líderes acabam sendo sempre as mesmas, quase sem querer. Mas elas ainda são as líderes, e têm certo poder. Algumas ficam muito felizes com isso. Mas outras não gostam, porque é cansativo, requer muita responsabilidade, e, é claro, reproduz padrões masculinos a ponto de fazê-las tentarem evitá-los. Essa questão do poder é muito difícil. Mesmo.

## Reflexões: teoria e prática no feminismo da fase posterior de Beauvoir

Embora *O segundo sexo*, publicado pela primeira vez em 1949, tenha inspirado mulheres do mundo todo a repensarem sua situação e a mudarem sua vida, ele foi ignorado ou depreciado por um número surpreendente de feministas durante a chamada "segunda onda" do movimento, nos anos 1970, especialmente na França. Simone de Beauvoir sequer foi mencionada nos primeiros textos feministas de Hélène Cixous, Luce Irigaray e Julia Kristeva.[7] Suzanne Lilar declarou, em um livro publicado na França em 1970, que "está na hora de perder o respeito por Simone de Beauvoir, está na hora de profanar *O segundo sexo*".[8] E Jean Leighton, em um livro publicado nos Estados Unidos em 1975, acusou Beauvoir de "misoginia"[9] e de escrever "uma diatribe contra o sexo feminino".[10] De acordo com Leighton, "*O segundo sexo* insiste com firmeza que a transcendência, a ação, a criatividade e o poder são virtudes masculinas por excelência, e são elas que determinam o valor humano [...] A ação e a transcendência são masculinas e boas; o ser e a imanência são femininos e ruins. A menos que a mulher renuncie à 'feminilidade' e se iguale ao homem em seus próprios termos, ela continuará sendo inferior".[11]

Beauvoir foi atacada por feministas não somente em textos acadêmicos, mas também em círculos ativistas. Anne Tristan e Annie de Pisan descrevem um encontro (em Paris, no ano de 1970) do incipiente movimento de emancipação das mulheres na França (o "Mouvement de Libération des Femmes", MLF). Nesse encontro, o anúncio de que Simone de Beauvoir havia concordado em assinar um manifesto em prol da legalização do

7 Ver MOI, Toril. *Simone de Beauvoir: The Making of an Intellectual Woman*. Oxford: Blackwell, 1994, p. 182-83; e MARKS, Elaine. *Critical Essays on Simone de Beauvoir*. Boston: G. K. Hall, 1987, p. 1-5.

8 LILAR, Suzanne. *Le Malentendu du deuxieme sexe*. Paris: Presses Universitaires de France, 1970, p. 14 (minha tradução).

9 LEIGHTON, Jean. *Simone de Beauvoir on Woman*. Cranbury, NJ: Associated University Presses, 1975, p. 221. Tanto Leighton quanto Lilar se identificavam como feministas.

10 *Ibidem*, p. 118.

11 *Ibidem*, p. 213.

aborto foi recebido com a resposta: "O que isso tem a ver? Não queremos esse tipo de feminismo aqui. *O segundo sexo* está ultrapassado".[12]

Os principais argumentos levantados na época contra *O segundo sexo*, e contra a própria Beauvoir – que supostamente teria as mesmas visões cerca de vinte e cinco anos depois –, eram de que Beauvoir valorizava os valores "masculinos" e depreciava os "femininos", e de que ela defendia que a mulher precisava simplesmente conquistar as posições de poder detidas pelo homem para de fato se emancipar. Beauvoir fez pouco para contestar essas acusações. Pelo contrário, ela reforçou essa visão, primeiramente se recusando a responder a críticos, mas também sugerindo, em entrevistas e publicações, que suas visões não haviam mudado desde que publicara *O segundo sexo*. Em 1972, ela escreveu que, "No que diz respeito à teoria, minhas opiniões continuam as mesmas; mas do ponto de vista prático e estratégico, minha posição mudou".[13]

Seria possível acusá-la de permitir a proliferação desses malentendidos. Mas também seria possível dar-lhe crédito por permanecer acima da rixa da política feminista francesa – que era terrível e logo ficaria pior. Um dos primeiros grupos feministas de Paris, "Psychanalyse et Politique" (ou "Psych et Po"), liderado pela psicanalista Antoinette Fouque, dedicava-se à celebração da diferença feminina e rebaixava Beauvoir a uma masculinista reacionária. Elas fundaram a editora *Des Femmes* e conseguiram registrar legalmente os nomes "Mouvement de Libération des Femmes" e "MLF" como marcas comerciais – proibindo na prática que qualquer um que não fizesse parte da organização se autodeclarasse membro do movimento de emancipação das mulheres. A animosidade da "Psych et Po" pela marca de feminismo de Beauvoir nunca amainou. Quando Beauvoir morreu em 1986, Antoinette Fouque escreveu um artigo para o *Libération* atribuindo a Beauvoir um "universalismo intolerante, assimilador e esterilizador, repleto de ódio, e reducionista da alteridade".[14]

---

12 TRISTAN, Anne e PISAN, Annie de. "From Beauvoir to the Women's Movement". *In*: MOI, Toril (org.). *French Feminist Thought: A Reader*. Oxford: Blackwell, 1987, p. 48.

13 BEAUVOIR, Simone de. *All Said and Done*. Nova Iorque: Warner Books, 1975, p. 462.

14 Citada em MOI, Toril. *Simone de Beauvoir*, *op. cit.*, p. 182.

Embora houvesse discordâncias ideológicas profundas entre o "Psych et Po" e Beauvoir, a acusação de intolerância era infundada (sem mencionar irônica, considerando que o "Psych et Po" registrou o próprio nome do movimento de emancipação da mulher). Em meados dos anos 1970, os comentários de Beauvoir sobre o feminismo indicavam exatamente o oposto de intolerância: ela apontava uma abertura ao inesperado e direções empolgantes que o movimento iria tomar. O prefácio dela para a coleção de ensaios feministas *Les femmes s'entêtent*[15] (*As mulheres protestam* – também um trocadilho com "les femmes sans tête", ou "mulheres sem cabeça") começa com a exortação: "Perturbation, ma soeur" ("Perturbação, minha irmã"). Tal exortação sinaliza sua rejeição quase anárquica das hierarquias, sua recusa em ser a líder desse movimento sem líderes. Quando a *L'Arc* (uma publicação que dedicava cada edição ao trabalho de uma figura intelectual famosa diferente) decidiu fazer uma edição especial sobre Beauvoir em 1975, ela insistiu que fosse intitulada *Simone de Beauvoir et la lutte des femmes* (*Simone de Beauvoir e a luta das mulheres*); que outras mulheres aparecessem na capa com ela; e que a edição consistisse em ensaios não sobre Beauvoir, mas sim escritos por diferentes teóricas feministas. Foi nesse volume que o ensaio de Hélène Cixous "O riso da Medusa", que elogiava a "écriture féminine" ("escrita feminina"), foi publicado pela primeira vez. Os editores do volume escrevem na introdução que queriam transmitir o "inimitável jeito de ser aberto ao outro" de Simone de Beauvoir.[16]

Na primavera de 1976, eu escrevi para Simone de Beauvoir perguntando se poderia encontrá-la. Parecia-me que as acusações feitas por um número considerável de feministas francesas contra ela eram infundadas, e eu queria saber como ela responderia. Fiquei surpresa de descobrir que suas visões sobre o feminismo não haviam mudado nada desde 1949 (quando ela não se descrevia como feminista). Ela havia, em uma entrevista de 1966 com Francis Jeanson, se denominado como "feminista

---

15 BEAUVOIR, Simone de. Prefácio de *Les Femmes s'entêtent*. Paris: Gallimard, 1975, p. 11-13.

16 A expressão usada por eles foi "poreuse aux autres" (porosa para os outros), que sugere um grau ainda maior de relacionalidade, de fato misturando-se com os Outros (*L'Arc*, v. 61, 1975, p. 2).

radical" e discutido uma ampla gama de maneiras de ser uma feminista radical. E quando Beauvoir escreveu, em 1972, que ela mantinha a sua argumentação em *O segundo sexo* ("que todas as ideologias masculinas são dirigidas a justificar a opressão das mulheres, e que a mulher é tão condicionada pela sociedade, que ela consente essa opressão"), ela acrescentou que sua visão de que "'Não se nasce mulher, torna-se mulher' [...] só precisava ser complementada pela afirmação 'Não se nasce homem, torna-se homem'. Pois a masculinidade também não é dada no começo".[17] Parecia-me improvável que ela (ainda) defendesse (se é que um dia defendeu) que as mulheres simplesmente se tornassem mais parecidas com os homens. Falei que queria perguntar a ela, entre outras coisas, sobre sua relação atual com o movimento feminista na França e em outros lugares, e sobre as formas como suas visões poderiam ter mudado desde a publicação de *O segundo sexo*. Eu queria saber que tipos de ações políticas ofereciam a maior chance de transformar radicalmente a sociedade, na opinião dela. Eu vinha lendo Cixous[18] sobre *l'écriture féminine* e queria perguntar sobre as visões de Beauvoir a respeito do potencial revolucionário da escrita – em especial da escrita das mulheres. E, com a audácia adolescente dos meus 21 anos, me prontifiquei a contar para ela sobre minhas experiências com o feminismo nos Estados Unidos, sugerindo que certas generalizações que ela havia feito a respeito da combatividade (*vis-à-vis* os homens) da *femme américaine* (mulher americana) não eram de fato justificadas.[19]

Eu também escrevi (com uma franqueza hoje bastante constrangedora) que fiquei perplexa com seus conceitos de "amor contingente" e "amor necessário". Se, como Sartre havia escrito, não existia algo como um amor fora dos atos de amor,[20] então como um suposto "amor necessário", que aparentemente se tornou parte indelével da autodefinição de

17 *All Said and Done*, *op. cit.*, p. 462-63.

18 CIXOUS, Hélène. "Le rire de la Méduse", *op. cit.*

19 Em uma entrevista com Francis Jeanson em 1966, Beauvoir descreveu a postura feminista de tratar o homem como um adversário como "très 'femme américaine'" (muito "mulher americana") e "extrêmement irritant" (extremamente irritante) – JEANSON, Francis. *Simone de Beauvoir ou l'entreprise de vivre*. Paris: Editions du Seuil, 1966, p. 264.

20 SARTRE, Jean-Paul. "The Humanism of Existentialism". *In*: BASKIN, Wade (org.). *The Philosophy of Existentialism*. Nova Iorque: Philosophical Library, 1965, p. 48.

uma pessoa, poderia ser qualquer outra coisa além de um ato ilusório de fé? Eu escrevi que, mesmo no amor, cada indivíduo permanece radicalmente livre para escolher novos projetos, novos futuros, e cada relação muda constantemente, às vezes de formas imprevisíveis. Então, como é possível um amor que seja ao mesmo tempo "essencial" (necessário, permanente e imutável) *e* autêntico? O que não escrevi foi que eu também estava preocupada, de um ponto de vista moral, com a posição daqueles que foram relegados, tanto por Beauvoir quanto por Sartre, ao status de amores contingentes. Eu havia lido recentemente a crítica de Nelson Algren ao livro de memórias de Beauvoir, *A força das coisas* (no qual ela narrava seu caso "contingente" com Algren), além de algumas entrevistas dolorosamente cáusticas com ele sobre o tema de seu relacionamento com ela. "Qualquer um que consiga vivenciar o amor de forma contingente tem uma mente que enlouqueceu recentemente", ele escreveu. "Como o amor pode ser *contingente*? Contingente a *quê*?"[21]

Beauvoir concordou em me encontrar. Recebi uma bolsa para passar o verão de 1976 em Paris, pesquisando tendências recentes no feminismo francês. Em setembro, me encontrei com Beauvoir em Roma, no *Albergo Nazionale*, onde ela e Sartre haviam passado o final do verão por muitos anos.

Ela me cumprimentou cordialmente, e fiquei surpresa (como outras feministas jovens ficaram na época) com sua conduta muito respeitável, de fato feminina – e seu esmalte vermelho. Ela me perguntou se eu gostaria de um *scotch* ("un whisky"). Nunca saberei se isso foi porque seu período com Algren em Chicago a convenceu de que todos os americanos gostam de *scotch* ou porque eu parecia realmente nervosa. De qualquer forma, eu provei uísque pela primeira vez e comecei a fazer as perguntas.

Logo ficou claro que ela havia, de fato, revisto suas visões sobre o feminismo desde que escreveu *O segundo sexo*. Ela não achava que o

21 ALGREN, Nelson. "The Question of Simone de Beauvoir" (crítica de *Force of Circumstance*). *Harper's Magazine*, mai. 1965, p. 136. Para discussões recentes sobre a natureza problemática da distinção feita por Beauvoir e Sartre entre amor necessário e amor contingente, ver HAWTHORNE, Melanie C. (org.). *Contingent Loves: Simone de Beauvoir and Sexuality*. Charlottesville: University of Virginia Press, 2000; e LAMBLIN, Bianca. *A Disgraceful Affair*. Boston: Northeastern University Press, 1996.

objetivo da emancipação da mulher era que as mulheres se tornassem mais parecidas com os homens ou assumissem suas posições de poder em uma sociedade capitalista, tampouco pensava que o advento de uma sociedade socialista automaticamente garantiria uma igualdade às mulheres. Ela acreditava que a escrita poderia ajudar a mudar o mundo, mas rejeitava completamente a ideia de uma écriture féminine que se baseasse na premissa de valores distinta e essencialmente femininos.

Nós conversamos sobre o potencial político da *littérature engagée* (literatura engajada) e sobre os limites da escrita como catalisadora de uma transformação social. Eu perguntei a ela sobre as dificuldades filosóficas e pessoais de se ter relações de amor "contingentes" enquanto se sustentava uma relação "necessária". E ela respondeu, sucintamente, "sim, é difícil", ou algo nesse sentido, então deixei o assunto de lado. Algumas horas depois, perguntei se poderia fazer uma entrevista gravada mais formal com ela no dia seguinte. O fato de ela estar disposta a passar mais uma tarde conversando com uma jovem estudante, que estava simplesmente interessada em seu trabalho, era um sinal de sua extraordinária generosidade.

Na entrevista que se seguiu, Beauvoir respondeu àqueles que diziam que ela estaria chamando as mulheres a se tornarem mais parecidas com os homens: "[...] não é uma questão de a mulher tomar o lugar do homem neste mundo, mas sim de ela se emancipar de tal forma a simultaneamente mudar este mundo". Longe de defender que as mulheres assumissem as posições de poder dos homens, ela afirmava que "o objetivo não é que a mulher simplesmente tome o poder das mãos do homem, já que isso não mudaria nada a respeito do mundo. É uma questão justamente de destruir essa ideia de poder".

Beauvoir reconheceu que, justamente por causa das maneiras como a mulher foi oprimida, ela não tem "os defeitos associados à detenção do poder". Contudo, ela rejeitava a noção de que a mulher teria algumas características essencialmente femininas positivas, que valessem ser promovidas: "Uma definição positiva de 'mulher'? A mulher é um ser humano com uma determinada fisiologia, mas essa fisiologia de forma alguma a torna inferior, tampouco justifica sua exploração".

Isso está longe da valorização da diferença feminina, encontrada em outras escritoras feministas francesas da época. Embora Beauvoir reconhecesse que o físico e o sensual deveriam ser uma fonte de prazer tanto para a mulher quanto para o homem, ela também afirmava que, se as mulheres

> consideram o físico tão importante, não é por causa de algum destino fisiológico, mas sim justamente por serem privadas de tantas outras coisas na vida. Elas têm tão pouco de um real interesse em suas vidas, que são levadas a conferir muito valor à parte, digamos, sexual ou sensual de sua existência. Isso vale também para as relações com as crianças, com os recém-nascidos etc. Elas sentem prazer ao amamentar etc. E tudo isso é muito importante para elas em grande parte por não terem quase nada além disso.

Não é difícil ver por que ela discordava de Cixous, que defendia que as mulheres deveriam ser encorajadas a escrever com uma voz distintamente feminina, "em tinta branca", com o leite de suas mães.

No entanto, Beauvoir era "totalmente a favor" de escritos feministas – "livros que revelem a condição da mulher, que se revoltem contra essa condição e que levem outras mulheres a se revoltarem também" – contanto que fossem escritos em linguagem acessível. "Na medida em que há coisas novas a dizer", ela defendia, "elas devem ser ditas de uma forma que seja acessível". Para Beauvoir, escrever é um tipo de ação política, uma forma de mudar o mundo ao revelá-lo. Como escreve Sartre: "O escritor 'engajado' sabe que palavras são ação. Ele sabe que revelar é mudar, e que só é possível revelar quando se planeja mudar".[22] A linguagem, para Beauvoir, não é uma mera expressão do pensamento. Tampouco reflete meramente alguma realidade pré-existente. "Nenhum trabalho que faça referência ao mundo pode ser uma mera transcrição, já que o mundo não tem o poder da fala", ela escreve. "Os fatos não determinam sua própria expressão; eles não ditam nada. A pessoa que os narra descobre o que tem a dizer sobre eles através do ato do dizer."

22 SARTRE, Jean-Paul. *"What is Literature?" and Other Essays*. Cambridge, MA: Harvard University Press, 1988, p. 37. Na entrevista acima, Beauvoir cita, com aprovação, a discussão de Sartre sobre a literatura comprometida/engajada.

Embora Beauvoir acreditasse que a escrita tinha um potencial político, ela também alertava para a superestimação do poder da ação literária. Desde o início dos anos 1970, ela se preocupava com a ação direta, a reforma legislativa, os problemas verdadeiros e cotidianos de mulheres reais. Isso contrastava com a pauta da "Psych et Po", cuja "principal luta", de acordo com Claire Duchen, "era contra a masculinidade na cabeça da mulher; não contra as condições materiais da vida da mulher, ou contra a discriminação que pode ser mudada por meio da legislação, mas sim, como diz a feminista Nadja Ringert, [...] contra o 'falo em nossas cabeças'".[23] Em um artigo escrito em 1972, o coletivo "Psych et Po" distinguia o poder masculino do feminino da seguinte forma:

> O poder da mulher não é legal, patriarcal, sádico, pederasta, e não diz respeito à representação, liderança, nomes, estupro, repressão, ódio, avareza, conhecimento, ordem, individualismo, abstrações. É um não-poder da matriz, dos nascimentos, das doações, do caos, das diferenças, das liberdades coletivas, das aberturas, dos corpos, dos reconhecimentos, da remoção de censura, do prazer, do fora-da-lei, é um poder-para, um agir-pensar-fazer, por/para todas as mulheres, todas.[24]

Beauvoir não gostava do tipo de revolução vinda de dentro que estava sendo proposto por partidárias da diferença feminina. Afinal, o que conta é o que as pessoas *fazem*. Em sua entrevista com John Gerassi, em "*O segundo sexo*: vinte e cinco anos depois", publicada no início de 1976, ao descrever como ela havia percebido, depois de 1968, que a luta de classes não havia eliminado a necessidade de uma luta de sexos, Beauvoir reconhece que, cada vez mais, grupos de esquerda "se sentem obrigados a manter seus líderes machões sob controle. Isso é progresso. Aqui, em nosso jornal *Libération*, a maioria de orientação masculina se sentiu obrigada

---

23 DUCHEN, Claire. *French Connections: Voices from the Women's Movement in France*. Amherst: University of Massachusetts Press, 1987, p. 48.

24 Do periódico *Le torchon brûle*, v. 3, 1972; citado em DUCHEN, Claire. *Feminism in France: From May'68 to Mitterrand*. Londres e Nova Iorque: Routledge & Kegan Paul, 1986, p. 36.

a deixar uma mulher se tornar diretora. Isso é progresso. Os homens de esquerda estão começando a tomar cuidado com o que falam, estão..." – e nesse ponto Gerassi interrompe para perguntar: "Mas é para valer? Digo, eu aprendi, por exemplo, a nunca usar a palavra 'chick',[25] a prestar atenção às mulheres em qualquer discussão em grupo, lavar a louça, limpar a casa, fazer supermercado. Mas será que sou menos sexista em meus pensamentos? Rejeitei os valores masculinos?". Ao que Beauvoir responde: "Você diz, no seu íntimo? Sendo bem sincera, quem se importa? Pense por um minuto. Você conhece um sulista racista. Sabe que ele é racista porque você o conhece desde sempre. Mas agora ele nunca usa o termo 'crioulo'. Ele escuta todas as queixas dos negros e tenta fazer o melhor para lidar com elas. Faz um esforço para criticar outros racistas. Insiste que crianças negras recebam uma educação acima da média para compensar os anos sem estudos. Dá referências para pedidos de empréstimo feitos por negros. Apoia os candidatos negros em seu distrito tanto com dinheiro quanto com seu voto. Você acha que os negros se importam que ele continue sendo tão racista quanto antes 'na alma'?". E continua: "Duas gerações que sintam que precisam parecer não-racistas o tempo todo, e a terceira geração crescerá de fato não-racista. Então finja ser não-sexista e continue fingindo".[26]

Beauvoir valorizava clareza, precisão, linguagem acessível e ação. Como uma intelectual politicamente engajada, ela estava ciente dos limites da vida do espírito – e do poder da caneta. Quando a conheci, ela frequentava manifestações, e ia a reuniões de grupos que combatiam o estupro e a violência doméstica e que faziam lobby por mudanças legislativas. Ela havia praticamente parado de escrever e estava se dedicando a projetos de cinema e televisão que alcançariam um público maior de mulheres. Na última década de sua vida, a teórica feminista francesa mais influente do século XX se dedicou à prática política.

Eu senti muita falta de sua linha de ativismo feminista quando me pareceu que as teóricas feministas tendiam a priorizar a teoria abstrata no

25 N. T.: "chick" é um termo pejorativo para "garota", dependendo do contexto.

26 GERASSI, John. "Simone de Beauvoir: *The Second Sex* 25 Years After". *Society*, 13 (2): 81-82, jan./fev. 1976.

lugar das experiências verdadeiras de mulheres reais, em detrimento tanto dos estudos quanto da agenda política delas. Eu me deparei com um exemplo alarmante disso na primavera de 1992, quando estive na França enquanto fazia pesquisas jurídicas para me preparar para o julgamento do homem que me estuprou e que quase me matou no sul da França em 1990. Fui até aquela que ainda hoje é a maior livraria feminista de Paris, a *Librairie des femmes* (fundada pela "Psych et Po"). Na loja, enquanto havia uma estante inteira (com várias prateleiras) dedicada aos Études lacaniennes, encontrei somente dois livros de autores franceses sobre violência contra a mulher (sendo um a reimpressão de uma transcrição de 1978 de um famoso julgamento por estupro na França).

Uma colega minha que é libertária define "liberdade" como falta de lei. Quando penso em falta de lei, penso em mim mesma presa em um barranco por um homem que tentou me matar e parecia que iria sair impune. Liberdade é algo totalmente diferente. Os debates atuais dentro do feminismo dos Estados Unidos, sobre liberdade e sobre o poder do Estado, me lembram do conflito nos anos 1970 entre Beauvoir e as feministas – que situavam o potencial emancipatório da mulher fora das leis do Estado, para além dos sistemas de discurso e de conhecimento dominados pelo homem, no "não-poder da matriz [...] da remoção de censura, do prazer, do fora-da-lei".

Beauvoir recusava essa versão de uma utopia feminista. Ela rejeitava as dicotomias pressupostas por aqueles que perguntavam: deve a mulher usar ou rejeitar as "ferramentas" masculinas – como linguagem, ciência, arte e lei – para entender e controlar o mundo? Sua resposta para essa pergunta é um chamado à ação que rompe o tipo de aporia induzida, às vezes, por uma implacável teorização: "Você pode, de fato, roubar as ferramentas e usá-las", ela respondeu, "mas precisa usá-las com cuidado e, aliás, nada impede que você as mude ao mesmo tempo".

# 10 A vida-história nas memórias de Beauvoir

*Miranda Fricker*

> A vida é um objeto muito estranho; num momento é translúcido, noutro totalmente opaco; um objeto que faço com minhas próprias mãos e que me é imposto, cuja matéria-prima o mundo me fornece e depois me rouba novamente, pulverizado pelos acontecimentos, disperso, quebrado, riscado, mas ainda com sua unidade; é um objeto tão pesado e inconsistente: essa contradição cria muitos mal-entendidos.[1]

## A criação de uma vida-história

No Interlúdio entre as partes I e II de *A força das coisas* (o terceiro título autobiográfico de Simone de Beauvoir),[2] ela reflete sobre como a vida é um objeto peculiar. A peculiaridade aumenta quando a vida é vista nem tanto como uma coisa vivida, mas sim como um objeto de contínua representação escrita – um objeto passível da dupla-publicidade envolvida quando se narra a história de vida de uma pessoa em um livro publicado de memórias. Para a autora, parte dessa peculiaridade deve inevitavelmente se refletir de volta na própria vida vivida – porque, quando o projeto da escrita de um livro de memórias é iniciado, e a vida se infunde na página, a perspectiva do registro escrito também começa a se infundir na experiência de vida. Certas experiências assumirão o aspecto de um tema. Certos

---

1 *FC*. Harmondsworth: Penguin, 1965, p. 276.

2 Talvez exista alguma margem para decidir quais dos escritos de Beauvoir contam entre seus livros autobiográficos, mas eu creio que não seja controverso considerar que essas quatro obras abrangem suas memórias completas: *Memórias de uma moça bem-comportada*; *A força da idade*; *A força das coisas*; e *Tudo dito e feito*. Beauvoir também tem duas obras semi-autobiográficas: *Uma morte muito suave* e *A cerimônia do adeus*.

acontecimentos terão o significado de uma aberração, de um divisor de águas, da confirmação de um padrão, de uma nêmese, e assim por diante, mesmo quando estão sendo espontaneamente vividos. Sabemos que, mesmo quando criança, ainda que por puro romantismo, Beauvoir pensava em sua vida como uma "adorável história" em formação. Mais tarde, ao relacionar o seu senso de total liberdade pessoal com o de Sartre, que era somente um pouco mais maduro, ela diz: "Eu ainda queria que a minha vida fosse 'uma história adorável que se tornou realidade à medida que eu a fui contando para mim mesma', e a retoquei com melhorias em alguns pontos enquanto a contava" (*PL*, p. 363). Esse sentimento por fim diminuiu durante a Ocupação Alemã, quando ela se descreve como "finalmente preparada para admitir que a minha vida não era uma história que eu narrava para mim mesma, mas sim um acordo entre mim e o mundo" (*PL*, p. 484). Seja "adorável" e enfeitada, ou radicalmente livre, ou como um acordo com as circunstâncias, parece que Beauvoir sentia consistentemente a sua própria vida como uma história viva.

Isso é extremamente apropriado para uma escritora com compromissos existencialistas, embora a postura da vida-como-vida-história seja realmente somente uma versão exagerada de como seria viver uma vida significativa – uma vida com um formato narrativo particular. O formato de qualquer vida como história significa que o método apropriado para entendê-la e para representá-la é igualmente narrativo. Assim, ela não deve ser concebida sincronicamente em termos de Ser, mas diacronicamente em termos de Devir. E como é possível esperar que se entenda a natureza de um Devir sem ser *narrando* tal natureza? Essa concepção de vida se alinha com a percepção antiessencialista de Beauvoir, que ganha a sua mais famosa expressão na frase que abre o segundo livro de *O segundo sexo*: "Não se nasce mulher, torna-se mulher".[3] Essa é a versão madura de sua desconfiança inicial quanto a categorias de identidade essencialistas – uma desconfiança que se expressava de forma impetuosa quando ela era uma jovem professora:

3 *SS*. Harmondsworth: Penguin, p. 295. Em francês é melhor: "On ne naît pas femme: on le devient" (*DS* I, p. 285).

> Um dia, ela [Olga] perguntou o que *realmente* significava ser judeu. Com absoluta certeza, eu respondi: "Absolutamente nada. Não existem judeus; somente seres humanos". Muito tempo depois, ela me contou a impressão que ela havia causado ao adentrar a sala do violinista e anunciar: "Meus amigos, vocês não existem! Foi a minha professora de filosofia quem disse!". (*PL*, p. 165)

Essa é uma indicação importante do desenvolvimento intelectual de Beauvoir, pois nos apresenta ao ingênuo precursor de sua visão mais madura. Ela lembra seu comentário imponderado com vergonha (*PL*, p. 460), mas também explica:

> Eu tinha razão em rejeitar o essencialismo; eu já sabia que abusos poderiam vir na esteira de conceitos abstratos como "alma eslava", "caráter judaico", "mentalidade primitiva" ou *o eterno feminino*. Mas o universalismo ao qual me voltei também me afastava da realidade. O que me faltava era a ideia de "situação", que sozinha permite definir de forma concreta grupos humanos sem escravizá-los a um padrão atemporal e determinista. Mas não havia ninguém fora do contexto da luta de classes que me desse o que eu precisava. (*PL*, p. 165-66)

A forma como Beauvoir apresenta o incidente, como um estágio de seu desenvolvimento intelectual pessoal, exemplifica a maneira como ela molda sua autonarrativa com os contornos da narração. Uma das formas mais importantes como ela cria a história de sua vida é narrando compromissos intelectuais, ou a passagem deles – como fases de um desenvolvimento, como uma maturação. Ademais, a história contada ganha uma sonoridade especial por meio de um contraponto entre tais desenvolvimentos pessoais e os eventos na escala mais ampla da história mundial. Importantes acontecimentos mundiais se encontram em uma espécie de harmonia com as ocorrências pessoais, porque o indivíduo é afetado por eles, é sensível a eles. A história de vida pessoal de Beauvoir acaba sendo pontuada pelos ritmos da História.[4] O próprio advento da

4 Na introdução de *FC*, ela diz: "A forma como a história aconteceu para mim dia a dia é uma aventura quase tão individual quanto meu desenvolvimento subjetivo" (p. v-vi).

guerra, por exemplo, é conectado não só simbolicamente como também causalmente ao despertar de uma consciência histórica para ela:

> Com toda a ingenuidade de uma criança que acredita no vertical absoluto, eu pensava que a verdade do mundo era fixa [...] Na paz que nos foi concedida, fermentavam a justiça e a razão. Construí minha felicidade sobre terra firme e sob constelações imutáveis. Que mal-entendido! Não era um fragmento de eternidade o que eu havia vivido, mas sim um período transitório dos anos pré-guerra. (*PL*, p. 599)

Para representar uma vida é preciso apresentar uma história. Embora isso não impeça totalmente uma apresentação temática (como a dada em *Tudo dito e feito*), isso de fato torna uma narrativa cronológica simples mais natural. Ater-se à cronologia permite que a passagem dos anos conte a sua própria história; minimiza o papel do escritor-como-intérprete que resumiria e reorganizaria os vislumbres de si para criar um autorretrato geral, enfatizando no lugar a ideia de processo temporal e de transformação – a passagem do "então" para o "agora". Beauvoir menciona isso no Interlúdio de *A força das coisas*:

> por que me submeti à ordem cronológica em vez de escolher uma outra construção? Refleti sobre essa questão, e hesitei. Mas o que conta acima de tudo em minha vida é que o tempo passa; envelheço, o mundo muda, minha relação com ele varia; mostrar as transformações, os amadurecimentos, as deteriorações irreversíveis dos outros e de mim mesma – nada me importa mais do que isso. E isso me obriga a seguir obedientemente o fio dos anos. (*FC*, p. 276)

No prólogo de seu volume final de memórias, *Tudo dito e feito*, a atitude de Beauvoir em relação à vida se torna quase que completamente retrospectiva, com pouco senso de uma jornada contínua, de um futuro com promessas. Então é justo que ela troque a forma cronológica por uma narrativa organizada em temas, com um tom distinto de "encerramento": "Eu não sinto mais que estou me movendo rumo a um objetivo, só que estou inevitavelmente escorregando para dentro da minha sepultura". Mas nos primeiros volumes, a disciplina diferente do mapeamento cronológico é necessária. Especialmente em *Memórias de uma moça bem-comportada* e *A força da idade*, que relatam a sua infância e o início da idade adulta, a distância de idade entre a autora madura e os seus antigos eus recomenda fortemente a abordagem cronológica. Por não ter mais acesso direto à menina ou à jovem que ela já foi um dia, a literalidade da disciplina da documentação cronológica permite que Beauvoir situe de forma responsável seus sujeitos dentro de uma história pessoal comum. Isso permite que ela os coloque dentro de um único Devir, e assim redescubra seus antigos eus no contexto adequado. Essa estratégia narrativa é bem pensada para permitir que o fio dos anos seja tecido novamente, ao mesmo tempo que preserva a integridade da criança ou da jovem que ela foi.

Em *Memórias*, aquele espírito das crianças de que coisas incríveis estão por vir gera um pulsante ritmo teleológico na narrativa da jovem Simone, que é acentuado repetidamente pela forma autoral com que ela molda sua história. *Memórias* constrói a jovem Simone como uma figura de profunda rebeldia, ainda que frustrada, contra as restrições arbitrárias da propriedade burguesa. Uma noite, por exemplo, em La Grillière, Simone estava sozinha como de costume no campo, mas dessa vez voltou tarde para casa e quase perdeu o jantar. Como castigo, sua mãe a proibiu de sair dos limites da propriedade no dia seguinte:

> Passei o dia sentada no gramado ou percorrendo as alamedas com um livro nas mãos e fúria no coração. Do lado de fora, as águas do lago se quebravam em pequenas ondas, sem mim, sem nenhuma testemunha: era insuportável. "Se ao menos estivesse chovendo; se houvesse *alguma* razão para essa proibição tola", pensei, "eu me conformaria". Mas voltava a ferver dentro de mim, intacta, a revolta de minha infância.[5]

Essa fúria se torna muito mais suportável graças à sua intensa aliança com a adorada amiga Zaza. Mas há um significado narrativo especial nessa intimidade, nem tanto pela frente comum formada contra as irracionalidades de uma criação burguesa, mas mais pela importância da

5 *MD*. Harmondsworth: Penguin, 1959, p. 126.

morte de Zaza e da substituição dessa intimidade entre mulheres por uma entre homem e mulher – no caso, entre ela e Sartre. Como aponta Ursula Tidd, cada uma dessas duplas – Simone e Zaza; Beauvoir e Sartre – se baseia em uma oposição a valores burgueses, de forma que "Beauvoir constrói sua representação autobiográfica de individualidade [...] através de duas relações diferentes com o Outro: a reciprocidade (com Zaza e Sartre) e o conflito (em oposição à burguesia)".[6]

Simbolicamente, é ao sufocante peso da convenção burguesa que Zaza sucumbe na morte. Ela morre, por razões não muito claras, em um momento de insustentável angústia por sua ligação amorosa com Jean Pradelle (Maurice Merleau-Ponty) – ligação que seria considerada inapropriada para as convenções. Com a devida reserva, deve-se dizer que a forma como Beauvoir apresenta a morte de Zaza, associada a restrições burguesas, não é preto no branco. Embora a conexão simbólica certamente esteja ali,[7] ela não é criada à custa de justiça para com as pessoas envolvidas. Não se deve ignorar que Beauvoir tem o cuidado de retratar tanto a mãe de Zaza quanto a de Pradelle de uma forma flexível e humana. A questão é que essas qualidades vêm tarde demais:

> Madame Mabille colocou sua [Zaza] para dormir e ligou para o médico; teve uma longa conversa com Pradelle: ela não queria ser a causa da infelicidade de sua filha, e não era contra o casamento deles. Madame Pradelle também não era; ela tampouco queria causar a infelicidade de alguém. Tudo se acertaria. Mas Zaza estava com 40 °C de febre e delirava. (*MD*, p. 359)

Uma vez dispensada essa devida justiça, *Memórias* se encerra com a morte de Zaza e com o testemunho de Beauvoir de sua experiência do que hoje em dia poderia se identificar, talvez levianamente, como uma espécie de "culpa do sobrevivente":

---

6 TIDD, Ursula. *Simone de Beauvoir: Gender and Testimony*. Cambridge: Cambridge University Press, 1999, p. 130.

7 Posteriormente, Beauvoir se refere à morte de Zaza com termos muito fortes, como um "assassinato por seu ambiente, seu meio" (*AS*. Nova Iorque: Paragon House, p. 10).

> Os médicos chamaram de meningite ou encefalite, ninguém sabia ao certo. Teria sido uma doença contagiosa ou um acidente? Ou teria Zaza sucumbido à exaustão e à angústia? Ela aparecia com frequência para mim à noite, com o rosto todo amarelado sob uma touca rosa, e me olhava com reprovação. Lutamos juntas contra o destino revoltante que nos espreitava, e por muito tempo eu acreditei que havia pago por minha própria liberdade com a morte dela. (*MD*, p. 360)

Seja qual for a explicação clínica para a morte de Zaza, ela marca o fim da dependência que Simone tinha dos adultos, e o fim de uma intimidade entre mulheres que abre caminho para uma aliança com um homem que é destinado a se tornar o novo principal "Outro" de Beauvoir. Pouco antes de narrar os acontecimentos que culminam na morte de Zaza, e de preparar o caminho para o espírito de transição com o qual o livro termina, Beauvoir cita a anotação que ela fez em seu diário sobre seu primeiro encontro com Sartre, de forma a deixar muito claro como ele virá a ser uma figura importante em sua vida: "'Por que estou impactada por esse encontro, como se algo tivesse *realmente* acontecido comigo, afinal?' Algo *havia* acontecido comigo, algo que indiretamente viria a moldar todo o resto da minha vida: mas eu só viria a saber disso depois" (*MD*, p. 311). Assim, o fim de *Memórias* não é um encerramento, mas justamente uma abertura para um futuro empolgante que promete uma nova aliança, embora uma em que a empolgação de Beauvoir – e mesmo sua experiência de liberdade prometida – permaneça indelevelmente marcada por uma dolorosa consciência de que tal fuga para a independência não é o destino de toda jovem.

Seria tentador associar a inflexão de pesar que acompanha a recém-encontrada independência de Beauvoir ao seu tremendo e antigo medo da morte.[8] Mas a perda de Zaza e a marca que ela deixa na experiência de liberdade de Beauvoir não são narradas nesses termos. A perda é uma

8 Por exemplo, "Uma tarde, em Paris, eu percebi que estava condenada à morte. Eu estava sozinha na casa e não tentei controlar meu desespero: gritei e puxei o carpete vermelho" (*MD*, p. 138); também em *PL* (Harmondsworth: Penguin, 1962, p. 578-79), onde ela fala em "horrores da noite"; e ver *PL*, p. 603.

ofensa trágica contra a intensa solidariedade que era a base da relação pessoal das duas jovens. Não tem nada a ver com o horror da mortalidade em si. Foi só muito mais tarde, durante a guerra, que uma morte em particular veio a causar em Beauvoir a experiência de ser confrontada, como se pela primeira vez, pelo caráter absolutamente definitivo de nossa condição mortal. Essa experiência veio com a notícia da morte de sua jovem vizinha e amiga, Bourla: "Nunca na minha vida eu tive de lidar com a horrível incerteza do nosso estado mortal de uma forma tão irrefutável" (*PL*, p. 579). A importância da morte de Zaza é menos abstrata do que isso, tem menos a ver com a condição humana, e mais com a condição social específica da impotência diante das restrições burguesas que Simone e Zaza sofreram juntas, em solidariedade. Assim, a perda de Zaza é mais pessoal e mais política do que qualquer choque abstrato da mortalidade. Foi preciso uma façanha de imaginação política para interpretar a burguesia em guerra contra as mulheres, ao passo que os ultrajes da guerra efetiva, que de fato roubaram Bourla do mundo assumiram uma forma mais reconhecível.

Nessas apresentações sutilmente diferentes dos encontros de Beauvoir com a morte, como quando ela retrata seus acessos de fúria na infância e a passagem definitiva para a independência pessoal, nós a vemos usando a cronologia de um narrador – moldando e colorindo sua autonarrativa no processo.

## Mecanismos de autonarrativa

Beauvoir sabe contar não simplesmente uma "história adorável", mas sim uma história em grande parte verdadeira[9] de um desenvolvimento pessoal situado: uma vida na história – um Devir. A narrativa de uma vida-história, onde existe a distância psicológica entre autor e

9 A honestidade não envolve uma revelação total, pois é compatível com (na verdade, sendo considerada uma virtude, ela implica) a discrição: "Devo alertar [...] [aos leitores] que não tenho nenhuma intenção de contar tudo a eles. Descrevi minha infância e adolescência sem qualquer omissão. Mas, embora eu tenha conseguido, ou assim espero, narrar a minha história de vida desde então sem excesso de constrangimento ou indiscrição, não posso tratar meus anos de maturidade da mesma forma desprendida [...] Existem muitas coisas que eu pretendo firmemente deixar na obscuridade" (*PL*, p. 8).

sujeito, abre um espaço para a ironia como meio de comentário e crítica. Para Beauvoir, a ironia é a técnica-chave da autonarração, e isso acontece principalmente em seus dois primeiros livros autobiográficos, onde há a maior distância de idade e de perspectiva entre o autor e o eu-narrado. Em *Memórias*, a ironia muitas vezes assume uma forma abertamente autodepreciativa (embora sempre afetuosa). Ela escreve, por exemplo:

> Eu perambulava colocando bandeiras dos Aliados em todos os vasos de flor. Brincava de ser uma valente Zouave, filha heroica do regimento. Escrevia em todo lugar com giz colorido: *Vive la France!* Os adultos admiravam minha devoção à causa. "Simone é uma patriota fervorosa", eles diziam, com alegre orgulho. Segurei o sorriso e saboreei o elogio. (*MD*, p. 27)

Aqui, é claro, ela está zombando não só de si mesma, como também dos adultos, cujas atitudes se refletem no comportamento da jovem Simone.[10] Mais tarde, em *A força da idade*, a ironia com frequência também vem em tom zombeteiro, embora talvez de forma menos indulgente, pois agora Beauvoir está falando de jovens adultos. Ela descreve, por exemplo, o idealismo malcriado dela e de Sartre em termos devidamente sardônicos: "O homem devia ser recriado, e o processo seria em parte nossa responsabilidade. Nós não consideramos contribuir para essa mudança exceto pelos livros: assuntos públicos nos entediavam. Esperávamos que os acontecimentos se dessem de acordo com os nossos desejos, sem que tivéssemos de nos envolver" (*PL*, p. 15). O tom irônico é o canal para a atitude crítica necessária que apimenta a cronologia – o que gera a personalidade intelectual irônica que dá vida a esses volumes. Sem tal ironia, haveria pouca tensão crítica entre o autor e o eu-narrado, e a história de vida se achataria em uma laboriosa documentação linear. O sorriso sarcástico de Simone, a ironista, é um contrapeso crucial à seriedade de Beauvoir, a documentadora.

O mecanismo específico da ironia envolve três lados: o autor da ironia; o leitor que compartilha a piada; e o sujeito narrado, que é assim

10 Sobre a forma como Beauvoir usa a ironia, ver TIDD, Ursula. *Simone de Beauvoir*, *op. cit.*, p. 112-16; e PILARDI, Jo-Ann. *Simone de Beauvoir: Writing the Self – Philosophy Becomes Autobiography*. Westport, CN: Greenwood Press, 1999, p. 49-52.

retratado sob determinada perspectiva. Mas a mecânica geral da narrativa, da qual a ironia é uma parte, envolve um quarto lado essencial: o leitor construído. Qualquer leitor de verdade pode assumir uma visão interpretativa das coisas que seja diferente daquela assumida pela posição-do-leitor construída no texto. Por exemplo, quando Beauvoir explica sua antiga suposição de que seu marido teria de ser seu "superior", a autora explica:

> Por que eu insisti que ele deveria ser superior a mim? Não acho que eu estivesse buscando uma imagem paterna nele; eu valorizava a minha independência [...] seríamos dois companheiros. Mas a ideia que eu tinha da nossa relação era influenciada indiretamente pelos sentimentos que eu tinha pelo meu pai. Minha educação, minha cultura, e o estado atual da sociedade, tudo contribuía para me convencer de que as mulheres pertenciam a uma casta inferior [...] Se no sentido absoluto um homem, que era membro da espécie privilegiada, e que já tinha uma grande vantagem sobre mim, não valia mais do que eu, então concluí que, em um sentido relativo, ele valia menos: para poder reconhecê-lo como meu igual, ele teria de se provar superior a mim. (*MD*, p. 145)

Aqui se enfatizam as influências condicionantes da educação, cultura e sociedade. Mas vislumbres anteriores da relação de Beauvoir com o pai deixam claro um mecanismo psicológico mais pessoal, pelo qual a autoestima dela passou a depender de uma certa identificação com ele. Pois a maneira como o pai de Simone encorajava e elogiava as suas conquistas intelectuais se baseava em uma aniquilação simbólica da pessoa feminina dela: "Papai costumava dizer com orgulho: 'A Simone tem o cérebro de um homem; ela pensa como um homem; ela é um homem'" (p. 121). Ademais, a classificação objetivista de "superior" – e a sua contraparte inevitável, "inferior" – reflete um estilo essencializador de julgamento (talvez especialmente característico da cultura francesa, embora certamente não exclusivo dela). Esse estilo cria um território peculiarmente traiçoeiro para uma mulher intelectual despontante. Tal estrutura de referência, tão categorial e objetivista para uma habilidade intelectual, é uma estrutura que quase força estudantes sérios a se classificarem nesses termos julgadores. E num clima onde a mulher intelectual é uma intrusa em um território simbolicamente e de fato masculino, seria necessário um ego surpreendente para que ela se categorizasse como estando entre os superiores emergentes desse jogo (os homens), quanto mais aguentar a hostilidade que tal ousadia provavelmente inspiraria. Esse aspecto um tanto geral da cultura intelectual que cercava Beauvoir provavelmente seria um fator significativo nas repetidas e sinceras declarações dela de sua inferioridade em relação a Sartre. Acho que isso é parte da explicação do porquê ela considerava "confortável" insistir em admirá-lo, mesmo que por uma característica tão enfadonha quanto a "teimosia" em uma ambição confessa de continuar escrevendo sob quaisquer circunstâncias: "Da maneira como eu via, a determinação exibida por Sartre o colocava acima de mim. Eu o admirava por ele segurar seu destino com as próprias mãos; longe de me sentir embaraçada com o pensamento de sua superioridade, eu sentia conforto naquilo" (*PL*, p. 26).

Há um episódio em particular no qual qualquer leitor com um mínimo de consciência feminista (especialmente alguém com experiência de vida como estudante de filosofia) certamente verá que a posição de leitor construída por Beauvoir é tristemente, ainda que instrutiva, desconfortável. O episódio em questão é a "discussão" das ideias emergentes da jovem Simone sobre ética com o seu igualmente jovem colega de filosofia, Jean-Paul. Aqui, os leitores de fato talvez desejassem um tom de ironia crítica dirigido contra o jovem Sartre por parte da madura Beauvoir, mas eles só encontrarão ingenuidade. O incidente ocorre na Fonte de Médici, nos Jardins de Luxemburgo, e aparece em *Memórias de uma moça bem-comportada* como um momento crucial na trajetória intelectual da jovem Beauvoir. Esse incidente recebeu uma forte leitura feminista por Michèle Le Doeuff, e a cena é definida de forma mais eficaz por uma citação de Le Doeuff, que começa com a relevante passagem de *Memórias*:

> "Dia após dia, o dia inteiro, eu me comparava com Sartre, e em nossas discussões eu simplesmente não estava à sua altura. Em uma manhã, nos Jardins de Luxemburgo, perto da Fonte de Médici, resumi para ele a moralidade pluralista que eu havia fabricado para mim mesma, para defender as pessoas de quem eu gostava, mas

> com quem eu não queria me parecer: ele a destruiu. Eu me apegava a ela, porque me permitia adotar meu coração como árbitro do bem e do mal; eu me debati por três horas. No fim, tive de admitir a derrota; além disso, eu havia percebido que, durante a nossa discussão, muitas das minhas opiniões se baseavam somente em preconceitos, má-fé [oh] ou irreflexão, que o meu raciocínio vacilava e as minhas ideias estavam confusas. 'Não tenho mais certeza do que penso, ou se sequer penso', observei, completamente desconcertada. Não havia nenhum orgulho envolvido. Eu era curiosa por natureza, mais do que arrogante, e preferia aprender a brilhar."
>
> Segue uma página muito triste que mostra Beauvoir "de repente insegura a respeito de suas verdadeiras habilidades" e fascinada pelo grupo formado por Sartre, Nizan, Aron e Politzer, que a "impressionavam" por todo tipo de razão, umas melhores que outras. É uma história surpreendente, que mostra que, mesmo quando se sabe uma quantidade enorme de filosofia, nunca se sabe o suficiente para lembrar, no momento certo, que "brilhar" ou "impressionar o outro" não é seu objetivo. "Não ter certeza" e "aprender" se aproximam mais do que se chama de "pensar" na ética da disciplina.[11]

A interpretação de Le Doeuff perspicazmente retrata o absurdo que é um rapaz convencer totalmente uma jovem, em uma única conversa no parque, da completa inutilidade dos pensamentos dela quanto a uma ética pluralista. E traz à tona o *páthos* inerente na gigante autora feminista mais velha, que narra o episódio de uma forma que mostra que ela permaneceu convicta (daí o factivo "percebi") de que Sartre estava certo. E convicta de que ela mesma, quando jovem, havia sido de fato culpada de "má-fé" *et cetera* em suas breves esperanças por um projeto no qual ela almejava – ridículo! – adotar seu "coração como árbitro do bem e do mal". Mas talvez possamos fazer mais uma observação aqui, que acrescenta uma nova dimensão a esse *páthos*. A razão pela qual a posição construída pode não ser confortável para a leitora de hoje se deve em grande parte à maior consciência feminista e à maior participação feminina na vida acadêmica,

---

11 LE DOEUFF, Michèle. *Hipparchia's Choice: An Essay Concerning Women, Philosophy, Etc.* Trad. Trista Selous. Oxford: Blackwell, 1991, p. 136. O "oh" é de Le Doeuff.

pela qual Beauvoir tanto fez como pioneira. Qualquer mulher que tenha tido a experiência de ser uma estudante de filosofia entre uma maioria de rapazes encontrará uma pungência especial na cena narrada, pois é muito óbvio o que está acontecendo. Que estudante de filosofia do sexo feminino nunca teve *essa* experiência discursiva com algum rapaz inteligente, pronto para ser superior perante um mínimo de encorajamento? A mulher se vê como plateia de um ensaio geral da autoridade intelectual emergente do homem, e essa experiência normalmente envolve estar na parte receptora de uma torrente (talvez ingenuamente entusiasmada) de energia competitiva, ainda tão automática em tantos rapazes, e tão estranha a tantas jovens. Elas podem ou não ter os recursos políticos e emocionais para experienciar tal troca pelo que ela é. Beauvoir não tinha esses recursos – embora tivesse muita determinação pessoal e disciplina intelectual para se sair bem. Então ela não poderia fazer o que a jovem estudante de filosofia deveria realmente fazer para sobreviver, como hoje se sabe: evitar essas conversas, ou neutralizar (melhor) seu impacto, desprezando-as como "uma daquelas". Pensar nessas conversas como chuva. Isso é essencial, pois ou se encontram os recursos para se resistir a uma conspiração numa dinâmica sócio-intelectual pela qual o homem é retratado como "o inteligente" (nem que seja para evitar a indignidade, de fato o tédio, de repetidas competições), ou corre-se o risco de se tornar alienada de todo o empreendimento. Se tais experiências forem levadas com a metade da seriedade que elas parecem ter no momento – metade da seriedade com que Beauvoir as sentia –, então aos poucos a pessoa passará a pensar que "filosofia não é para mim". É por essa razão que hoje parece tão doloroso que isso seja basicamente o que Beauvoir passou a pensar. Ela logo passou a se identificar não como filósofa, mas sim como escritora.

O fato de essa pancada discursiva, pelas mãos de um amigo intelectualmente turbulento chamado Jean-Paul (cuja fatal vantagem aqui incita um maldoso lembrete de que ele, diferente dela, foi reprovado na primeira vez em sua *agrégation* [ver *MD*, p. 275]), ter sido um momento crucial na trajetória intelectual da jovem Beauvoir coloca em evidência a enorme dívida que as intelectuais têm com essa mulher. Foi o gênero que a fez precisar estar com um homem que ela pudesse ver como seu superior, e foi o gênero que fez com que ela obtivesse um homem assim. Nós temos uma dívida considerável para com Beauvoir: pelos melhores recursos conceituais e hermenêuticos que nós temos hoje para enxergar tais repressões filosóficas cotidianas como as performances de gênero banais que elas realmente são. Eu penso que seja esse aspecto em particular do episódio o que justifica a sinistra interpretação que Le Doeuff faz do comentário de Sartre: "A partir de agora, vou proteger você" (*MD*, p. 339). Pois acredito que isso mostra que nós podemos aceitar a interpretação sem nos comprometermos com quaisquer motivações sinistras pessoais que Sartre pudesse ter. Afinal, não se pode esquecer de que ele estava tão sujeito ao gênero quanto ela (ainda que nunca fosse uma desvantagem para ele), e, assim, provavelmente ele poderia perder muito em qualquer incapacidade de entregar a performance discursiva de um ser superior autoproclamado como tal – de fato, de acordo com a justificativa que Beauvoir dá à própria psicologia dela, Sartre teria corrido o risco de perdê-*la*. O gênero é a força sinistra em funcionamento aqui, mais do que o ebuliente Jean-Paul. Talvez exista um certo equilíbrio poético em tudo isso: se Zaza pagou pela liberdade de Simone, existe a impressão de que Beauvoir pagou pela nossa.

Então, Beauvoir parece ter trocado a identidade de filósofa pela de escritora em grande parte por causa do que o incidente de Médici resume. No entanto, de forma geral, sua decisão certamente foi boa, em parte porque ela tinha uma excelente queixa intelectual contra o programa filosófico do modo como este se apresentava a ela:

> Nesse campo, os espíritos genuinamente criadores são tão raros que não adianta eu me perguntar por que não tentei conquistar um lugar entre eles: seria melhor explicar como certos indivíduos são capazes de obter resultados desse delírio conjunto que é um sistema, e de onde vem sua obstinação, que confere aos seus padrões o valor de chaves universais. Eu já disse que as mulheres não são predispostas por natureza a esse tipo de obstinação. (*PL*, p. 221)

Beauvoir é comprometida com a natureza irredutivelmente ambígua da realidade, e, portanto, com a sua resistência natural à sistematização filosófica. Uma versão mais forte dessa ideia fica explícita em um comentário de *A força da idade*, onde o ponto é mais geral, no sentido de ser dirigido para a natureza inerentemente sistematizante da linguagem em si: "Eu defendia que a realidade se estende para além de qualquer coisa que possa ser dita a respeito dela; que, em vez de reduzi-la a símbolos capazes de expressão verbal, nós deveríamos enfrentá-la como ela é – cheia de ambiguidades, desconcertante e impenetrável" (*PL*, p. 145). Assim, seu ceticismo a respeito da sistematização parece se estender à escrita de forma bem geral: a ambiguidade fundamental do mundo, da vida, significa que esta se esquivará de qualquer tentativa de confiná-la em palavras. Contudo, ao passo que a filosofia como Beauvoir a via – como algo que suscitava a dotação de "padrões provisórios com o valor de chaves universais" – é essencialmente incapaz de abrir espaço para a ambiguidade, as formas literárias são mais capazes de deixar a ambiguidade num cenário. Assim, ela pode dizer sobre suas próprias memórias: "Tentei apresentar os fatos da maneira mais franca possível, sem simplificar suas ambiguidades ou envolvê-las em falsas sínteses, mas oferecendo-as para a interpretação do próprio leitor" (*PL*, p. 368).

Com isso, Beauvoir é bem clara no sentido de que ela "não queria falar com a voz abstrata" do filósofo (*MD*, p. 208), embora haja mais a ser dito sobre as motivações específicas por trás dos seus escritos sobre o "eu". A insatisfação com a filosofia é uma razão negativa geral, mas as razões positivas expressas são muitas, e com frequência são específicas desse título em questão. Um dos objetivos dela ao escrever *A força das coisas*, por exemplo, era simplesmente deixar tudo claro quanto à publicidade mentirosa trazida pela fama dela e de Sartre. Perto do fim do livro, ao discutir as mentiras espalhadas sobre ela na imprensa, Beauvoir escreve: "Em grande parte, foi meu desejo por estabelecer a verdade dessas questões o que me fez escrever essas memórias, e muitos leitores de fato disseram que as ideias que eles tinham de mim antes eram totalmente equivocadas" (*FC*, p. 648-649). Mas em *A força da idade*, ela diz que espera prestar aos leitores o serviço de mostrar-lhes o contexto biográfico de seu trabalho: "Nenhum livro assume seu significado total sem o leitor conhecer as circunstâncias e o contexto de sua origem, e sem ter algum conhecimento da personalidade de seu autor. Ao dirigir-me diretamente aos meus leitores, eu espero prestar esse serviço a eles" (*PL*, p. 8). Depois disso, ela apresenta ainda outra argumentação, dessa vez a favor do livro de memórias, que teria uma importância universal, a qual pode ser instrutiva: "Se qualquer indivíduo [...] se revela honestamente, todos acabam se envolvendo, em maior ou menor grau. É impossível para alguém lançar luz sobre sua própria vida sem em algum ponto iluminar a vida de outros" (*PL*, p. 8). Essas diversas motivações expressas para escrever sobre sua vida passam uma impressão um tanto incidental, e, embora elas certamente sejam genuínas, eu suspeito que elas não se aprofundam muito. Contudo, existe uma motivação subjacente mais profunda e mais sutil para as extensas autonarrações de Beauvoir. Eu a interpreto como alguém fundamentalmente motivada a contar sua história de vida por uma motivação essencialmente ética: alcançar a solidariedade com os seus outros "eus", que viveram diferentes capítulos da mesma vida.

## Motivações para escrever: livro de memórias ou autobiografia?

Se Beauvoir tem motivação para documentar os acontecimentos de sua vida, mas também para narrar o seu "eu" moldando esses acontecimentos como uma história, então sua escrita se alterna entre o gênero da autobiografia e o do livro de memórias. Seria inútil fingir que estes são gêneros de diferenças precisas, com limites para os quais exista uma unanimidade. Contudo, eu concordo com a prudente observação de Catharine Savage Brosman – de que a ampla variação nos conceitos de autobiografia

> não precisa obscurecer o propósito em comum das verdadeiras autobiografias: não somente narrar uma vida, mas iluminá-la, o que significa identificar e escrutinar esses elementos que moldam um destino, e assim canalizar o significado do eu em sua trajetória temporal [...] A questão é que o processo linguístico de verbalização [...] se torna o meio conectado com o projeto de uma autocompreensão do escritor; o eu é "inscrito" no texto, atingindo assim uma nova realidade, a qual tanto reproduz quanto amplia o eu.[12]

12 BROSMAN, Catharine Savage. *Simone de Beauvoir Revisited*. Boston: Twayne, 1991, p. 134.

Já o propósito do livro de memórias é "narrar as experiências e os acontecimentos associados do sujeito, mas sem subordiná-los à busca pelo 'eu interno' ou por seu retrato. Em outras palavras, as memórias são principalmente o registro do que aconteceu com o eu e o seu entorno, não a interpretação do eu".[13] Por essa ótica da distinção entre esses dois gêneros, todas as narrações do eu feitas por Beauvoir podem ser categorizadas como memórias, em graus diversos. Contudo, fica claro que – apesar de ser o único livro que inclui a palavra "memória" no título – *Memórias de uma moça bem-comportada* se aproxima muito mais de uma obra autobiográfica, no sentido dado por Brosman. De fato, a forma como a própria Beauvoir descreve seu projeto ecoa a ideia de Brosman sobre o sujeito autobiográfico se tornar "inscrito" no texto: "Peguei aquela criança e aquela adolescente, abandonadas nas profundezas do passado, e as dotei de minha consciência adulta. Dei a elas uma nova existência em preto e branco, em folhas de papel" (*PL*, p. 7). É somente em *Memórias* que Beauvoir realmente cria uma nova *persona* – por meio da recriação da menina que ela foi no passado. E somente ali sentimos Beauvoir buscando um "eu interno" na pessoa daquela menina, aparentemente há tanto tempo perdida. Mas esses aspectos genuinamente autobiográficos do livro são, de certa forma, mais um resultado de necessidade do que de intenção. Eles resultam principalmente da grande distância temporal e psicológica entre autora madura e jovem sujeito, visto que a memória de Beauvoir em si não consegue trabalhar o mesmo tanto na recriação dessa fase de sua vida quanto na de fases posteriores. A distância obriga Beauvoir a reconstruir muito mais do que a lembrar, e (embora sempre deva haver alguma reconstrução na lembrança) é isso o que traz a *persona* da *jeune fille rangée* em conexão com o texto da forma que é específica à autobiografia, como diz Brosman.[14]

Mas existe outra diferença importante entre uma autobiografia e um livro de memórias. Nos livros de memórias, cuja fonte principal deve ser as memórias em si, certamente é essencial que elas sejam escritas pelo

13 *Ibidem*, p. 135.

14 Observem também nessa conexão o comentário de Beauvoir de que *Memórias de uma moça bem-comportada* tem "um caráter ficcional que falta nos volumes posteriores" (*AS*, p. 14).

próprio sujeito que as viveu. Não é meramente por definição que autor e sujeito sejam a mesma pessoa; é crucial para o objetivo das memórias como gênero, e para os padrões pelos quais podemos julgar sua qualidade e interesse. De fato, é um aspecto perfeitamente desculpável das memórias que elas possam nunca transcender uma perspectiva extremamente subjetiva – essa é a sua característica prerrogativa. Em compensação, a autobiografia é simplesmente a autoversão da biografia. O autobiógrafo naturalmente terá um acesso mais privilegiado ao recurso da memória do que o biógrafo. Mas esse acesso é meramente um efeito colateral vantajoso da identidade (por assim dizer) fortuita do autor-sujeito. Na autobiografia, tal identidade não afeta nem o objetivo nem as virtudes-padrão do gênero, que são fundamentalmente as da escrita biográfica em geral: objetividade, imparcialidade, explanação, esclarecimento. Se isso for verdade, então a autobiografia deve ser concebida como uma biografia que por acaso é escrita pelo próprio sujeito; ao passo que nas memórias é essencial que autor e sujeito sejam o mesmo. Isso tem conexão com a distinção enfatizada por Brosman: o projeto de criar uma *persona*, um retrato-em-palavras de uma vida interna, é um projeto que se pode assumir de uma posição razoavelmente objetiva (se totalmente informada); ao passo que o projeto de narrar experiências puxadas da memória deve começar com uma posição distintamente subjetiva, vinda da pessoa que teve essas experiências em primeira mão. Embora moldado retrospectivamente e recontado com o senso narrativo do escritor, é crucial que o objetivo do livro de memórias se origine da participação em primeira mão numa vida que constitua o seu ser autônomo.

Deve ficar claro que a origem necessariamente subjetiva e em primeira mão, que estou afirmando ser essencial para as memórias e não essencial para a autobiografia, não tem nada a ver com qualquer afirmação de que a posição em primeira mão traga algum acesso especial à verdade da vida. Pelo contrário: Beauvoir tem razão em infundir seu texto com um senso de opacidade da memória, e com as dificuldades específicas da autocompreensão. Isso explica por que ela muitas vezes enfatiza justamente que seu projeto não é se *conhecer*, ou apresentar uma *interpretação* do eu – o autorretrato é o fardo do autobiógrafo. Na verdade, seu projeto é simplesmente apresentar sua história de forma que o leitor possa chegar a uma interpretação própria. De fato, existe inclusive alguma razão para se pensar no leitor como alguém com mais acesso ao sujeito das memórias do que a própria autora:

> Acredito até hoje na teoria do "ego transcendental". O eu (*moi*) só tem uma objetividade provável, e qualquer um que diga "eu" só entende a parte externa dela; alguém de fora consegue ter um retrato mais claro e mais preciso. Repito que essa justificativa pessoal não é oferecida de forma alguma como uma "explicação". De fato, uma das minhas principais razões para tentá-la foi ter percebido que o autoconhecimento é impossível, e o melhor que se pode esperar é a autorrevelação. (*PL*, p. 368)

Então, ao reconhecer a opacidade do eu, Beauvoir pretende conhecer a si mesma com o tempo, contando sua história e tornando seus eus passados existentes para os outros ao publicar a palavra escrita: "Eu queria me fazer existir para os outros transmitindo, o mais diretamente possível, o gosto da minha própria vida: fui mais ou menos bem-sucedida" (*AS*, p. 463). Esses motivos gêmeos de conhecer a si mesma enquanto apresenta sua própria história aos outros constituem o principal meio para Beauvoir de estabelecer solidariedade com os seus eus passados. Mas a tarefa de contar sua história depende de um projeto mais simples de autoinquirição: há lacunas a serem preenchidas e perguntas a serem respondidas. De fato, é como se ela fosse repetidamente atraída a estender suas memórias no volume seguinte pelo encanto das perguntas ainda não respondidas no volume atual – em especial aquelas perguntas feitas no final de *Memórias de uma moça bem-comportada*. Isso se reflete no prefácio de *A força da idade*, onde Beauvoir explica:

> Eu não tinha nenhum plano de levar aquele projeto adiante [...] quando completei o *Memórias de uma moça bem-comportada*, nenhuma voz do passado falou comigo, me encorajando a continuar a história. Decidi me voltar para uma outra tarefa, mas na ocasião me vi incapaz de fazê-la. Abaixo da última linha daquele livro havia um ponto de interrogação invisível, que não me saía da cabeça.

> Liberdade, eu tinha... mas liberdade para fazer o quê? Que nova direção minha vida tomaria como resultado de todo esse rebuliço e comoção, a batalha campal que havia culminado em uma libertação vitoriosa? (*PL*, p. 7)

Movida pelos apetites de uma leitora, Beauvoir-a-autora é repetidamente impelida a embarcar no próximo capítulo de sua vida-história.

## Unidade na solidariedade

Conhecer a si mesmo abrindo-se para o outro pode ser uma tarefa difícil. Aquele "objeto estranho" – aquela coisa "dispersa, quebrada" que é uma vida – é tudo que uma pessoa tem para seguir em frente. E Beauvoir certamente parece ter tido uma percepção de si que foi quebrada e desintegrada, mas não necessariamente de um jeito ruim. Em um momento, ela experiencia um senso de fragmentação simplesmente como resultado de sua *persona* pública emergente. Sobre a calorosa recepção que teve seu primeiro romance, *A convidada*, Beauvoir lembra: "Uma colunista literária, ao discutir os novos livros da Gallimard, se referiu a mim como 'a nova romancista mulher da firma'. As palavras tilintavam alegremente na minha cabeça. Como eu teria invejado aquela jovem de feição séria, que agora embarcava em sua carreira literária, se ela possuísse qualquer outro nome que não o meu – mas ela *era* eu!" (*PL*, p. 558). Essa autoalienação cotidiana e feliz não se aprofunda muito, e a estranheza do reconhecimento público é dissipada por simples habituação: "Eu havia me acostumado a viver dentro da pele de uma escritora, e agora raramente me via olhando para esse novo personagem e dizendo: Sou eu" (*FC*, p. 46). A autoalienação ocorre de uma forma menos feliz quando ela se dá conta da experiência de ser "velha": "Um dia eu disse para mim mesma: 'Tenho quarenta anos!' [...] o estupor que tomou conta de mim na época ainda não me deixou [...] Quando leio Simone de Beauvoir impresso, é como se estivessem me contando sobre uma jovem, que por acaso sou eu" (*FC*, p. 656).

Então a autoalienação pode ser positiva ou negativa para Beauvoir. Mas, se alguém busca especificamente conexões entre o senso de identidade não integrado dela e a natureza de seu projeto "memorialista",[15] então um comentário sobre os seus eus passados em *Tudo dito e feito* é particularmente revelador. Ao referir-se ao seu projeto de reunir todos os fragmentos de sua vida em retrospecto, Beauvoir diz: "Estou me comportando como se a minha vida fosse continuar para além do meu túmulo, já que consegui reconquistá-la em meus últimos anos. Mas eu sei muito bem que 'não posso levá-la comigo'. Vou morrer *tudo*" (*AS*, p. 40). Ela vai "morrer *tudo*", já que viveu *tudo*. Suas narrativas de si são fundamentalmente um projeto que reúne todos esses eus e, mediado por uma troca intersubjetiva com o leitor, gera tanto uma conexão intrapessoal e serial quanto uma aliança ético-política. A conexão com o leitor e a conexão com os eus passados são partes essenciais de um mesmo projeto – pois é através da publicidade específica de sua vida-história, lida por outros, que Beauvoir pode escapar de uma armadilha solipsista no presente.

Essa busca por uma aliança intrapessoal é onde o senso do eu não integrado de Beauvoir encontra seu papel mais positivo e seu ponto ético. Para Beauvoir, a possibilidade de uma atitude ética em relação ao outro – a possibilidade de solidariedade com ele – está intimamente ligada à desintegração do eu. É assim, por exemplo, que ela descreve a transformação que uma consciência repentina da história provocou nela: "A história derreteu em mim e eu me dissolvi em fragmentos. Acordei e me vi espalhada pelos quatro cantos do mundo, ligada por cada nervo meu a cada indivíduo" (*PL*, p. 369). Na atitude de Beauvoir em relação à criança que ela foi no passado, talvez fique muito óbvio que uma motivação fundamental para sua história foi ela estabelecer solidariedade com seus eus passados por meio da publicidade das memórias: "Eu estava pensando na minha infância, e me veio uma de minhas primeiras lembranças: a flor que me acusaram de colher no jardim da tia Alice. Eu pensava no quanto eu adoraria um dia escrever um livro que evocasse a sombra dessa menina do passado distante – e nunca pensei que teria a chance de fazer isso" (*PL*, p. 326). Nesse episódio, a pequena Simone (antes da intervenção de seus pais – que passam uma boa impressão aqui,

15 Ela cunha esse termo em *FC* (p. vi); o francês também é "un mémorialiste".

já que eles com razão acreditam na filha) tem a frustrante experiência de ser injustamente acusada de pegar a flor da tia. Esse episódio ressoa com uma ambição intrínseca aos livros de memórias: revelar-se para um público adequadamente crédulo.[16] As condições para isso são construídas no próprio mecanismo textual do livro de memórias – de forma a explicar o senso mais literal em que o leitor está envolvido nas relações de solidariedade buscadas: o leitor, o autor e o sujeito das memórias são todos colocados nessas relações de confiança, necessárias para um testemunho pessoal bem-sucedido. Beauvoir testemunha sua vida, contando a história dos seus eus passados, para que eles possam ser devidamente compreendidos e, onde necessário, para que seus diversos "sinais de socorro"[17] possam ser vindicados. As memórias são dessa forma presumidas pelo tipo de confiança que idealmente atende toda espécie de revelação pessoal. Essa confiança facilita a solidariedade da autora com os seus eus passados justamente por meio do leitor que se junta a ela no testemunho. É desnecessário dizer que esse não é um ponto empírico sobre a possibilidade de se acreditar ou não em tudo que está escrito num livro de memórias. Mas é um ponto sobre as relações entre as posições do autor, do leitor e do sujeito que são construídas no texto de um livro desse tipo.

Eu espero ter mostrado que atestar através da documentação e da formação os diferentes capítulos de uma única vida-história é, para Beauvoir, fundamentalmente uma forma de criar linhas de solidariedade com os seus eus passados. Ofereci uma leitura das memórias dela como um projeto de alinhamento intrapessoal, tanto psicológico quanto ético. A autonarrativa alinha a autora madura com essas mulheres mais jovens, com quem ela compartilha uma vida singular, e cujas experiências de frustração e de injustiça ela pretende atestar publicamente em retrospecto. Assim, embora essa vida-história seja somente de Beauvoir, ela possui uma importância ética especial para muitos. Isso pois o compromisso de

---

16 Portanto, eu concordo com Tidd que a autobiografia de Beauvoir é fundamentalmente testemunhal, mais do que confessional; ver TIDD, Ursula. *Simone de Beauvoir*, *op. cit.*, cap. 6.

17 "Por muito tempo eu quis registrar a história dos meus primeiros vinte anos; e também nunca me esqueci dos sinais de socorro que o meu eu adolescente enviou para a mulher mais velha, que mais tarde viria a me absorver, em corpo e alma" (*PL*, p. 7).

Beauvoir com a criação de relações de solidariedade, formadas com os Outros do seu próprio passado, exemplifica o compromisso feminista dela com a solidariedade feminina em geral. É esse ímpeto ético, no coração da sua autonarrativa, que afinal integra a história de Beauvoir. De fato, é o que integra o seu próprio eu – pois a conquista da solidariedade por fim devolve a "unidade" àquele objeto "disperso, quebrado" que é a vida.

# 11 A ambiguidade do mal segundo Beauvoir

*Robin May Schott*

*A vida por si só não é bem, nem mal.*
*É o lugar do bem e do mal,*
*segundo o que dela se faz.*

Montaigne.[1]

Para Simone de Beauvoir, tanto a vida do homem quanto a da mulher é marcada fundamentalmente por acontecimentos históricos. Em referência à sua própria vida, ela diz: "A Resistência, a Libertação, a guerra na Argélia [...] são coisas que marcaram eras, pelo menos para mim [...] É isso que marca as grandes épocas de nossas vidas, são os eventos históricos, os envolvimentos históricos que se tem nesses eventos maiores. Isso é muito mais importante do que qualquer outro tipo de diferença".[2]

Desde os seus primeiros escritos, publicados durante a Segunda Guerra Mundial, o trabalho de Beauvoir foi marcado por uma consciência dessas crises históricas e dos consequentes dilemas delas. O que fazer quando se sabe dos campos de concentração nazistas? Esquecer seria igual a trair os mortos? Ou render-se à dor da lembrança seria trair os vivos? Que ação é necessária diante da ocupação nazista da França? Como é possível conciliar a necessidade de ações terroristas com a implacável noção de que nenhum cálculo de fins e meios pode apagar a perda de uma vida humana? Podem os campos de trabalho forçado soviéticos ser comparados com os campos de concentração nazistas? Ou eles tinham

1 Citado no início de *Por uma moral da ambiguidade*.

2 WENZEL, Hélène Vivienne. "Interview with Simone de Beauvoir". *In*: *Simone de Beauvoir; Witness to a Century* (edição especial da *Yale French Studies*, 72: 5-32, 1986), p. 25.

algum sentido positivo ou justificativa? Como é possível viver em uma cidade ocupada quando os seus ocupantes são os próprios cidadãos, como durante a guerra da Argélia? Como é possível viver quando a pessoa se vê "através dos olhos de mulheres que foram estupradas vinte vezes, de homens com ossos quebrados ou de crianças enlouquecidas"?[3]

As reflexões de Beauvoir sobre esses eventos dependem dos conceitos de liberdade, ação e responsabilidade que ela emprega em seus ensaios filosóficos, literários e sociológicos/históricos. Ela nunca procura justificar de forma sistemática seu uso do conceito de mal. Porém, esse termo aparece repetidamente em todos esses escritos durante o que ela chamou de seu "período moral", após a ocupação nazista na França, em 1940.[4] Eu proponho que o conceito de ambiguidade que ela trata explicitamente em *Por uma moral da ambiguidade* fornece uma chave para entendermos sua abordagem do problema do mal em sua época. A ambiguidade do mal na obra de Beauvoir se manifesta em três níveis diferentes de análise: (1) em termos da ontologia, ou seja, na medida em que tanto a facticidade quanto o risco do mal estão presentes nas estruturas fundamentais da existência humana; (2) em termos dos males da opressão social e política, da injustiça e da miséria; e (3) em termos da representação simbólica do mal nas culturas, que associa o mal especialmente ao feminino.

## A ontologia existencial e o mal

Em *Por uma moral da ambiguidade*, Beauvoir introduz o conceito de ambiguidade como algo central para o existencialismo, que ela considera "a única filosofia na qual uma ética tem espaço" (*EA*, p. 34). A existência humana é pega em um trágico paradoxo: o ser humano sabe que é mente, consciência e intencionalidade, que é um fim em si; ao mesmo tempo, o ser humano é matéria. Ele não consegue se libertar de sua condição natural, não consegue escapar de ser um objeto ou um instrumento para o outro. É esmagado por forças incontroláveis e, afinal, a obra de sua vida é a construção

---

3 *FC*. Nova Iorque: Putnam, 1965, p. 369.

4 SIMONS, Margaret A. *Beauvoir and* The Second Sex. Lanham, MD: Rowman & Littlefield, 1999, p. 168.

da morte (*EA*, p. 7-9). Filósofos anteriores propunham uma ética que abordava esse paradoxo por meio da negação. Eles buscavam afirmar uma ou outra metade dessa relação – seja reduzindo os humanos à mente, à interioridade ou à eternidade, seja afirmando o mundo sensível, a exterioridade e a transitoriedade. Hegel abordava esse dilema no espírito da reconciliação: a natureza em si pode ser preservada e transformada por sua espiritualização. Beauvoir vê todas essas estratégias filosóficas como atos de covardia. Ela diz que, em vez de procurarmos fugir da complexidade da condição humana, deveríamos "tentar encarar a verdade de frente [...] assumir a nossa ambiguidade fundamental" (*EA*, p. 9). E foi o existencialismo que conseguiu definir a si mesmo como uma "filosofia da ambiguidade". Ele levou a sério o elemento do fracasso na condição humana. Ele define os seres humanos antes de tudo como uma negatividade. Beauvoir escreve: "Ele [*sic*] está primeiro a uma distância de si próprio, e só pode coincidir consigo se aceitar nunca se juntar a si mesmo. Existe dentro dele um perpétuo jogo com o negativo, e assim ele escapa de si, de sua liberdade" (*EA*, p. 33).

Uma vez que os humanos não são objetos dados na natureza, e uma vez que eles têm uma relação consigo mesmos, se questionam e podem ou afirmar ou tentar escapar de sua liberdade, existe então um fracasso envolvido na condição humana. "Sem fracasso, não há ética" (*EA*, p. 10), observa Beauvoir. Somente o existencialismo dá "um papel de verdade para o mal" (*EA*, p. 34). Na filosofia de Sócrates, Platão e Spinoza, o mal é explicado como engano. Ninguém é deliberadamente mau. Somente um conhecimento adequado é necessário para evitar o engano do mal. Também é difícil para a ética kantiana explicar como sujeitos autônomos, que dão a lei moral para si mesmos, podem rejeitar expressamente essa lei. Formas otimistas de humanismo veem o mundo e os seres humanos como completos em si, e assim não podem justificar o mal.

De acordo com Beauvoir, somente o existencialismo pode explicar como uma "vontade pervertida" ou uma "vontade perversa" é possível, porque o existencialismo coloca a estrutura da negatividade como primária na existência humana. É somente através da possibilidade da má vontade, dessa fuga da realidade, que pode ser significativo falar em virtude, vitória, sabedoria ou alegria. Assim, é somente através de uma compreensão do fracasso humano e da possibilidade do mal que é possível realizar uma reflexão ética sobre o bem, o mal e sobre todos os valores intermediários que marcam a realidade da existência humana.

Existe um aspecto da condição humana no qual enfrentamos não somente a inevitabilidade do fracasso, como também a total negação de nossa existência. Esse aspecto é a inevitabilidade da morte e o cárater definitivo dela. Beauvoir cita Montaigne em sua frase de abertura em *Por uma moral da ambiguidade*: "O trabalho contínuo de nossa vida é construir a morte" (*EA*, p. 7). Pode-se dizer que os humanos nascem morrendo, e que a degradação já está presente desde a primeira hora de vida. A ênfase na morte como característica definidora da existência humana é encontrada em outros filósofos existencialistas também. Em *O segundo sexo*, Beauvoir cita a importância da máxima de Heidegger para *O ser e o nada* de Sartre, de que a verdadeira natureza do ser humano está ligada à morte. Sem a morte, a relação dos humanos consigo mesmos e com o mundo seria profundamente desajustada. Assim, a frase "O homem é mortal" deve ser entendida como muito mais do que uma afirmação observacional.[5] De fato, os próprios textos de Beauvoir são repletos da dolorosa e irrevogável presença da morte, desde a morte do bebê de Louis em *O sangue dos Outros*, que o narrador descreve como seu confronto com "o mal original",[6] até a morte de Diego, de dezesseis anos, em *Os mandarins*, morto pelos nazistas em Paris sem um túmulo ou uma data de morte, apesar de ele ter alegado que "uma vitória nazista não entra nos meus planos",[7] e até a morte da própria mãe de Beauvoir em *Uma morte muito suave*. A morte é irrevogável – Beauvoir escreve repetidamente que os mortos permanecem mortos. Mesmo a cristandande reconhece que "o significado mundano da vida eterna era a morte".[8]

O mal da morte parece estar no fato de ela reduzir os humanos à sua animalidade e à aniquilação de seus projetos de vida.[9] A morte anula a

5 *SS*. Nova Iorque: Vintage Books, 1954, p. 7-8.

6 *BO*. Harmondsworth: Penguin Books, 1964, p. 10.

7 *M*. Nova Iorque: Norton, 1956, p. 32.

8 *VED*. Nova Iorque: Pantheon Books, 1965, p. 60.

9 Beauvoir descreve a dificuldade que sua mãe teve para usar uma comadre enquanto estava em uma casa de repouso antes de morrer. "Sim", respondeu sua mãe, "os mortos

nossa liberdade, sendo ao mesmo tempo o que nos marca como humanos. Assim, a morte é também o que torna a condição humana ambígua, e o mal associado à morte deve ser ambíguo. Ele nunca pode ser discutido separadamente das circunstâncias concretas nas quais é infligido, como nenhum aspecto da condição humana pode ser – daí a importância das discussões históricas e políticas de Beauvoir. As circunstâncias circunscrevem o grau do mal da morte. Por exemplo, Beauvoir chama o linchamento de "mal absoluto [...] é uma falha sem justificativa ou desculpa" (*EA*, p. 146).[10] Mas mesmo as mortes naturais, como a de sua mãe idosa, não são inteiramente livres de seres humanos que infligem tortura e engano a outros.[11]

Assim, o problema do mal não é meramente uma questão de vontade perversa. É também fundamentalmente arraigado nas condições da existência humana – na morte como um mal que pode ser acentuado ou diminuído, mas do qual nunca seremos poupados. O mal também é imanente à condição humana através da estrutura eu-outro da consciência – estrutura que é a fonte da oposição e da violência, embora também possa ser uma fonte de solidariedade. Em *Por uma moral da ambiguidade*, Beauvoir escreve que a "relação eu-outro é tão indissolúvel quanto a relação sujeito-objeto" (*EA*, p. 72). Esse tema é evidente desde suas primeiras reflexões, como anotado em seu diário de 1927, onde ela escreve: "O tema é quase sempre a oposição entre um eu e o outro que sinto desde o começo da vida". Beauvoir descreve a si mesma como alguém que "espera impacientemente pelo dia em que não haverá mais o *outro* nem o *eu*, mas

certamente fazem isso em suas camas". Beauvoir acrescenta: "Nessa mulher toda formal e espiritualista, era também uma forma de coragem assumir a nossa animalidade com tanta decisão" (*VED*, p. 54).

10 Beauvoir não condena a violência ou o ato de matar propriamente dito como uma perversidade. Ela expressa a ambivalência dos intelectuais franceses em relação à violência na esteira da Resistência e da revelação dos campos de trabalho soviéticos no pós-guerra. Algumas formas de violência que resultam em morte podem ter uma "justificativa ou desculpa", e algumas podem representar "aquele elemento necessário de fracasso que há envolvido em qualquer construção positiva". Eu retornarei abaixo à discussão sobre a violência.

11 Beauvoir escreve sobre o tratamento de sua mãe na casa de repouso: "Havia começado uma corrida entre a morte e a tortura [...] Como espírito onisciente mau, eu conseguia ver, por trás dos bastidores, que ela estava lutando, muito distante, em solidão humana [...] Eu sofria desesperada uma transgressão que era minha sem que eu fosse responsável por ela, uma transgressão que eu nunca poderia expiar" (*VED*, p. 58).

somente e definitivamente o *nós*".[12] Para Beauvoir, a realidade dos conflitos humanos seria incompreensível se o indivíduo buscasse compreender a sociedade humana meramente como *Mitsein* ou como companheirismo baseado em solidariedade. É somente entendendo o caráter fundamental da oposição que os conflitos sociais se tornam compreensíveis. Beauvoir segue Hegel ao ver esse conflito entre o eu e o outro como uma expressão de interdependência. É a simultaneidade da interdependência e da oposição o que explica como "Somente o homem pode ser um inimigo do homem; somente ele pode lhe roubar o significado dos seus atos e da sua vida". E acrescenta: "É essa interdependência que explica por que a opressão é possível e por que é odiosa" (*EA*, p. 82).

Beauvoir considera essa separação entre opressor e oprimido como um "mal que divide o mundo" (*EA*, p. 97). Assim, a estrutura de oposição e de interdependência das relações humanas é uma condição para a existência da divisão e da violência, e explica por que "o mundo sempre esteve e sempre estará em guerra" (*EA*, p. 119).[13] Embora essa estrutura das relações interpessoais forme o horizonte para a existência humana, a opressão e a escravização não são inevitáveis. Beauvoir escreve: "É possível se elevar acima desse conflito se cada indivíduo reconhecer livremente o outro [...] de uma maneira recíproca". Mas alcançar um reconhecimento recíproco através da amizade e da generosidade requer uma "luta incessantemente esboçada, incessantemente abolida", o que deixa um ser humano "incessantemente em perigo nas relações com os seus semelhantes" (*SS*, p. 158). Em outras palavras, embora a oposição e a divisão – que Beauvoir em outros lugares descreve como perversas – sejam imanentes à existência humana, elas também podem ser confrontadas com um esforço constante de resistência.

Portanto, no nível ontológico, Beauvoir aborda a questão do mal através de uma análise das estruturas fundamentais do eu e da existência humana. Os seres humanos existem como negatividade, existem em

---

12 Ver SIMONS, Margaret A. "From Murder to Morality: The Development of Beauvoir's Ethics". *International Studies in Philosophy*, 31 (2): 1-20, p. 199.

13 Contudo, fatores econômicos, políticos e sociais – tais como capitalismo, racismo e sexismo – são decisivos no que diz respeito aos conflitos se tornarem institucionalizados ou enrijecidos.

relação a si mesmos com a constante possibilidade de uma relação imperfeita. Suas ações sempre envolvem fracasso, embora haja momentos de indulto. É o fracasso que torna o mal possível. Mas é o fracasso também o que torna a ética tão significativa. O mal é uma realidade inerradicável na condição humana, como em relação ao mal da morte que constantemente assombra a vida. O mal é também uma possibilidade inerradicável por causa da estrutura eu-outro da consciência, que cria conflito e oposição tanto em relação aos outros quanto em relação ao eu do próprio indivíduo. Mas, em todos esses sentidos, o mal deve ser reconhecido como ambíguo. A morte também é aquilo que torna humana a vida. Embora a relação eu-outro seja uma fonte de conflito, esse conflito pode ser enfrentado com o espírito da resistência pela amizade e pela generosidade, para assim avançar rumo à solidariedade humana.

## Mal social

Tanto em *Por uma moral da ambiguidade* quanto em *O segundo sexo*, Beauvoir identifica a opressão social e a escravização de seres humanos com o conceito de mal. Em *O segundo sexo*, ela se refere à perda da liberdade, a qual identifica como imanência, nos seguintes termos: "Essa derrocada representa uma falha moral, se consentida pelo sujeito; se lhe for infligida, significa frustração e opressão. Em ambos os casos, é um mal absoluto" (*SS*, p. xxxiii). Nesse sentido, as discussões de Beauvoir sobre as diferentes formas de opressão social podem ser entendidas como um discurso sobre o mal. Agora eu considerarei como o conceito de ambiguidade para Beauvoir modula a discussão dela sobre opressão social.

Embora seus romances e ensaios sejam repletos de referências aos males sociais contemporâneos, e aos dilemas de ação por eles criados, é na discussão que Beauvoir faz sobre sexismo e racismo nos Estados Unidos que ela desenvolve análises de formas concretas de opressão. Como abaixo eu discuto *O Segundo Sexo* em referência a representações do mal, foco aqui nas reflexões de Beauvoir sobre o racismo durante sua temporada de quatro meses nos Estados Unidos, em 1947. Essas reflexões foram publicadas em *A América Dia a Dia*.[14] Elas contribuem para uma fenomenologia da opressão que traça a dimensão política das relações entre indivíduos. Nesse sentido, sua análise da opressão social pertence a um discurso compartilhado por Richard Wright, em *Filho Nativo*, Jean-Paul Sartre, em *Reflexões sobre a questão judaica*, e Frantz Fanon, em *Pele Negra, Máscaras Brancas*.[15]

Em *A América Dia a Dia*, Beauvoir assume o problema do racismo não só como um problema para os negros, mas também como um problema de brancos em suas atitudes consigo mesmos e com os negros. Ela concorda com a análise de Myrdal, em *Dilema Americano*, de que o problema do negro é antes de tudo um problema do branco.[16] O medo e o ódio que os brancos têm de si mesmos é o que os leva a projetarem nos negros imagens de sensualidade e de naturalidade animal. O medo que eles sentem dos negros – como na recusa da maioria dos nova-iorquinos brancos de entrar no Harlem – é o reverso do próprio remorso e ódio que sentem por si mesmos. Os brancos vivem os privilégios de sua pele em má-fé: "É a si mesmos que eles têm medo de encontrar na esquina" (*AD*, p. 46). E os brancos dos escalões mais baixos da hierarquia social usam seus privilégios raciais para se sentirem superiores a *alguém*, e dessa forma eles não tentam melhorar sua própria posição inferior (*AD*, p. 243).[17] Eles racionalizam sua visão de que os negros *são* inferiores pela referência às supostas características naturais e presumidas da raça, e assim não

14 Em *Beauvoir and* The Second Sex (p. 167-84), Margaret Simons mostra que a análise de Beauvoir sobre o racismo nesse livro – bem como sua análise do sexismo em *O segundo sexo* – foi profundamente influenciada pelo trabalho de Richard Wright e por sua amizade com ele. Beauvoir leu pela primeira vez o livro de Wright, *Native Son*, logo após a sua publicação em 1940. Ela conheceu Wright em Paris em 1946, e ele foi seu guia e anfitrião durante boa parte da visita dela aos Estados Unidos, em 1947. *A América Dia a Dia* é dedicado a Ellen e Richard Wright. Simons argumenta que a influência intelectual de Wright sobre Beauvoir pode ser encontrada no conceito dele do Outro oprimido; em sua abordagem fenomenológica ao estudo da opressão; na forma como ele redefine um modelo, para a luta contra a opressão, que rejeita tanto o marxismo ortodoxo quanto o liberalismo; e em seu conceito de identidade cultural como base para o engajamento político.

15 WRIGHT, Richard. *Native Son*. Nova Iorque: Harper, 1940; SARTRE, Jean-Paul. *Anti-Semite and Jew*. Trad. George J. Becker. Nova Iorque: Schocken, 1948 [1946]; FANON, Frantz. *Black Skin, White Masks*. Trad. Charles Lam Markmann. Nova Iorque: Grove, 1967 [1952].

16 *AD*. Trad. Carol Cosman. Londres: Phoenix, 1999, p. 302.

17 Sartre faz uma análise similar de antissemitas em *Anti-Semite and Jew* (*op. cit.*).

conseguem entender o sentido do verbo *to be*[18] – entender que esta é uma situação que evoluiu (*AD*, p. 237). Enquanto viajava pelo Sul dos Estados Unidos de ônibus, presenciando a segregação dos negros em banheiros, restaurantes, salas de espera e nos próprios ônibus, Beauvoir escreveu: "[...] foi a nossa própria pele que se tornou pesada e sufocante; sua cor nos fazia queimar"; e "[...] somos o inimigo sem querer, somos responsáveis pela cor da nossa pele e por tudo que isso implica" (*AD*, p. 204, 228). O ódio arrogante dos brancos não os impede de terem uma atitude de ambivalência em relação aos negros. Embora os sulistas brancos nunca fossem comer na mesma mesa que um negro, eles comiam a comida preparada pelos negros, e confiavam seus próprios filhos aos cuidados deles (*AD*, p. 237). E embora Beauvoir sublinhe que os brancos são responsáveis pelos privilégios da cor de sua pele, muitos estudantes e intelectuais brancos nos Estados Unidos não se sentem responsáveis por nada, porque não acham que possam fazer nada (*AD*, p. 102). Beauvoir teve esse mesmo sentimento quando ela não se atreveu a oferecer seu lugar na frente de um ônibus a uma mulher negra que havia desmaiado, porque "o ônibus inteiro seria contra, e ela seria a primeira vítima da indignação de todos" (*AD*, p. 231).

Ao descrever a atitude dos negros, Beauvoir segue o preceito de Wright de que, para eles, cada momento de suas vidas é penetrado pela consciência social de ser negro, pela consciência acerca do mundo branco, do qual o negro tira o seu significado (*AD*, p. 67). Essa consciência racial resulta na dupla face do negro – na qual um lado é dirigido expressamente para os brancos (*AD*, p. 240).[19] Assim, Beauvoir observa que, embora os negros sejam famosos pela risada, um aparente sinal de felicidade em sua situação, esta é uma máscara usada por eles simplesmente por ser esperada deles. O outro lado da dupla face é um ódio silencioso pelos brancos, em protesto contra a dependência econômica e política em que são pegos. Beauvoir observa que, na economia paternalista do Sul, que ainda prevalecia em 1947, os negros dependiam exclusivamente da boa

18 N.T.: *to be* em inglês quer dizer tanto "ser" quanto "estar".

19 Beauvoir cita aqui *Black Boy*, de Wright, bem como *Caste and Class in a Southern Community*, de John Dollard.

vontade de seus senhores para viver (*AD*, p. 211). Embora a atitude dos negros seja basicamente de protesto e de recusa, eles precisam se adaptar às condições nas quais se encontram. Portanto, a atitude deles "oscila entre submissão e revolta" (*AD*, p. 245). Mas ela também observa que, desde a Segunda Guerra Mundial, quando muitos negros foram os próprios soldados que ajudaram a libertar a Europa, eles têm expressado cada vez mais uma vontade de revolta (*AD*, p. 216).

A jornada de Beauvoir pelos Estados Unidos lhe revelou não somente luzes neon, farmácias, sorrisos e prosperidade, mas também outra verdade: "a verdade da pobreza, da exaustão, do ódio, da crueldade e da revolta – a verdade do mal" (*AD*, p. 89). Qual é a importância de ela juntar o termo *mal* com a fenomenologia da opressão racial que ela mesma esboça nesse livro? O que essa fenomenologia revela a respeito de seu conceito de mal? Eu acho que isso indica que o "mal" não é algo que exista de forma abstrata, para um Outro. Porém, essa atitude abstrata de fato marcou muitos americanos, que se recusaram a acreditar nas atrocidades alemãs, mantendo um humanismo baseado em negação (*AD*, p. 74). Essa visão do mal como algo que diz respeito a outra pessoa, mas não a si mesmo, está associada a uma concepção do bem e do mal como categorias distintas e opostas. Essa atitude é o que pode levar à visão de que os japoneses, por exemplo, são o diabo encarnado, o que portanto pode justificar a detenção dos japoneses que viviam nos Estados Unidos durante a Segunda Guerra Mundial. Tal atitude nega a "ambiguidade do julgamento", nega que alguém algum dia seja obrigado "*a ficar do lado do Mal*" (*AD*, p. 76, 379). E tal atitude também nega que os problemas possam ser tão complexos a ponto de não existirem soluções inocentes ou virtuosas para eles. Ao manter o termo moral *mal* em referência a opressões sociais e a misérias, Beauvoir insiste que o mal faz parte das nossas realidades vividas, e que modula as atitudes e ações humanas, estando do lado do opressor ou do oprimido. A existência do mal está presente, portanto, na forma como uma mulher branca trata uma mulher negra em um ônibus, ou na maneira como um músico de jazz negro ouve os aplausos da plateia branca, sabendo que não seria bem-vindo ao se sentar entre eles. É em referência à existência desses males sociais que a complexidade das atitudes e das ações humanas deve ser entendida.

Beauvoir desenvolve uma fenomenologia da opressão no contexto das relações sexuais também. As suas discussões sobre relações tanto raciais quanto sexuais articulam uma antropologia filosófica que postula uma interdependência e uma reciprocidade entre indivíduos – seguindo a explicação de Hegel sobre a dialética senhor-escravo. O senhor precisa do escravo tanto para conquistas econômicas quanto para o reconhecimento de sua própria superioridade. É com base nessa necessidade que Beauvoir retrata as atitudes do opressor como definidas fundamentalmente em relação ao oprimido. O racista branco precisa se sentir superior ao negro para existir perante o próprio olhar.

Contudo, outras explicações para o mal da opressão indicam que nem sempre a interdependência determina a relação entre opressor e oprimido. Em *Eichmann em Jerusalém*, Hannah Arendt retratou as atitudes de Eichmann como algo definido principalmente em relação à família e aos superiores dele no regime nazista – o que explicava a "banalidade" da irreflexão de suas atitudes em relação aos judeus.[20] Zygmunt Bauman, em *Modernidade e Holocausto*, ressalta o processo da racionalização e da modernização como uma pré-condição para o Holocausto.[21] Os nazistas não obtiveram seu autorreconhecimento em relação aos judeus tanto quanto se desligaram da interação humana com eles. Ervin Staub, em *The Roots of Evil*, mostra como o comportamento moral dos indivíduos evolui gradualmente.[22] Se um indivíduo é treinado para ser cruel com judeus, muçulmanos ou sérvios, então ele tipicamente integra esse comportamento à sua autoidentidade, ao remover estes Outros da categoria de seres humanos com quem seria possível ter um relacionamento moral. Assim, ao contrário de Beauvoir, eu sugiro que a análise filosófica do conflito humano através da dialética do reconhecimento é inadequada

20 ARENDT, Hannah. *Eichmann in Jerusalem: A Report on the Banality of Evil*. Nova Iorque: Viking, 1965.

21 BAUMAN, Zygmunt. *Modernity and the Holocaust*. Ithaca, NY: Cornell University Press, 1989.

22 STAUB, Ervin. *The Roots of Evil: The Origins of Genocide and Other Group Violence*. Cambridge: Cambridge University Press, 1989.

para justificar como os seres humanos criam situações extremas de mal, como a do genocídio. A antropologia filosófica de Beauvoir pode explicar formas *desvirtuadas* de reconhecimento – ou seja, a relação equivocada do eu, como no caso da superioridade racial branca. Mas essa explicação não aborda a capacidade do ser humano de se separar das relações de interdependência com os oprimidos de uma forma que lhe permita cometer atrocidades. Eichmann, por exemplo, pode ter encontrado reconhecimento como pai e como burocrata leal entre sua família e colegas nazistas, mas por acaso ele buscou reconhecimento dos judeus que ele ajudou a aniquilar? Como destaca Arendt em *Eichmann em Jerusalém*, a atitude dele para com as vítimas era de indiferença e de distanciamento.

Como pode a ênfase dada por Beauvoir à ambiguidade da ação humana ser conciliada com sua afirmação de que algumas ações, como o linchamento, são um *mal absoluto*? Em *Por uma moral da ambiguidade*, ela descreve o mal absoluto como "uma falha sem justificativa ou desculpa". Aqui Beauvoir compara o linchamento com a supressão de cem membros da oposição, que "pode ter um significado e uma razão; é uma questão de manter um regime que traz para uma imensa massa de homens uma melhora ao destino deles" (*EA*, p. 147). Em outras palavras, ela não está condenando todas as formas de assassinato ou de execução, mas somente aquelas que não são necessárias, aquelas cometidas inutilmente – daí o debate em *Os mandarins*, que questiona se os campos de trabalho forçado soviéticos eram necessários ou se foram um erro (*M*, p. 406-407). Mas já que não é possível saber com antecedência as consequências das ações de uma pessoa, uma vez que a aposta sempre pode estar equivocada, é difícil condenar qualquer forma de violência como um *mal absoluto*. Essa implicação é complicada para Beauvoir, já que ela não quer minimizar opressões ou atrocidades chamando-as de ambíguas. Uma atitude minimizadora está associada muito de perto aos esforços para justificar injustiças como erros, ou para *integrá-las* como produtivas para a criatividade humana.[23] Mas, para justificar o termo *mal absoluto*, Beauvoir precisa deixar de discutir a lógica da ação e passar a discutir a lógica da

23 Observem o desprezo de Henri pela declaração de Louis de que "A arte é uma tentativa de integrar o mal" (*M*, p. 289).

história. O linchamento representa uma "civilização obsoleta [...] uma luta de raças que precisa desaparecer", ao passo que suprimir a oposição significa apoiar um regime que está construindo um futuro (*EA*, p. 146).

Porém, em termos de lógica das atitudes e ações humanas, não é possível evitar a ambiguidade do mal: o fato de que, de vez em quando, escolhe-se o lado do mal. Esse é o caso quando alguém aceita como naturais os privilégios de raça (como a pessoa branca e racista nos Estados Unidos) ou os privilégios da identidade nacional (como o cidadão francês consciente de que seu governo coopera com a tortura, o estupro e o erro judicial em suas colônias). Mas ficar do lado do mal também pode ocorrer quando se busca ao mesmo tempo resistir a ele. Foi esse dilema que marcou a Resistência à Ocupação Nazista na França, e que é exemplificado pelo dilema da violência.

Em *Pirro e Cinéias*, Beauvoir se recusa a chamar a violência de maldade. Nesse texto, ela escreve que o risco causado à própria liberdade justifica que se tratem como objetos aqueles que a silenciariam. Quando falha a persuasão, então a violência é um recurso necessário (*PC*, p. 116).[24] Nesse texto, Beauvoir não considera que a violência possa ser uma privação da subjetividade vivida por alguém. Embora ela tenha reconhecido posteriormente que, para uma pessoa ser livre, sua liberdade deve ser *concretamente* realizada, ela ainda defendia que a violência é inevitável na ambiguidade da liberdade, e que às vezes a violência se justifica. Em *Por uma moral da ambiguidade*, Beauvoir escreve: "Assim, contestamos cada condenação e cada justificativa *a priori* da violência praticada que visa um fim válido. Ela deve ser legitimada concretamente" (*EA*, p. 148).

A violência é sempre um ultraje, mas às vezes é um ultraje justificável e até necessário. O dilema da violência é um tema central no romance de Beauvoir *O sangue dos Outros*, assim como em *Os mandarins*. Pode a violência terrorista contra os soldados nazistas durante a Ocupação ser justificada, considerando que "todos os meios são ruins" (*BO*, p. 190)? É justificada a violência contra os colaboradores que não foram julgados pelos tribunais franceses após a Libertação? Ambos os exemplos demonstram

24 Ver a discussão de Debra Bergoffen em *The Philosophy of Simone de Beauvoir*. Albany, NY: State University of New York Press, 1997, p. 54ff.

a *ambiguidade* da ação. Mas a ambiguidade, nesse contexto, parece oscilar entre duas posições distintas: que a violência às vezes é justificável, e portanto ela não é perversa; ou que a violência às vezes é justificável, mas também é perversa. A última posição é exemplificada por Albert Camus em *O homem revoltado*, onde a condição paradoxal do rebelde é a de que ele é bom, mas comete o mal.[25] Beauvoir parece adotar a primeira posição em *Pirro e Cinéias* e em *Por uma moral da ambiguidade*; mas ela parece adotar a segunda posição em *A América Dia a Dia* e em *Os mandarins*. Nesses últimos textos, Beauvoir admite que "a complexidade de diversos fatores cria problemas que vão além de todas as soluções virtuosas" (*AD*, p. 79), e que, em relação à política, "o mal intervém" (*M*, p. 588). Assim, seja por meio da cumplicidade, seja pela intervenção ativa no lado do bem – como na luta contra as injustiças e atrocidades do fascismo –, também se pode estar do lado do mal.

Na discussão de Beauvoir sobre o mal social, sua ênfase na interdependência dos indivíduos e na ambiguidade do julgamento e da ação torna difícil explicar o que ela chama de "mal absoluto". Nos seus textos, esse conceito aparece quando ela se distancia da perspectiva do agente e se move para uma discussão sobre a lógica da história. Eu também sugeri que outras formas de distanciamento podem ser necessárias para explicar o mal em sua forma extrema – isto é, um distanciamento que ocorre dentro das relações humanas concretas. Deve-se notar que, quando Beauvoir mais tarde discute brevemente atrocidades como o Holocausto, em seus prefácios ao livro de Jean-François Steiner, *Treblinka*, e ao texto de Claude Lanzmann, *Shoah*, ou quando ela descreve com detalhes o estupro e a tortura durante a custódia policial da jovem argelina Djamila Boupacha, ela não menciona nenhuma vez os termos *mal* ou *ambiguidade*. Ela prefere

25 Em *The Rebel* (trad. Anthony Bower. Nova Iorque: Vintage, 1956, p. 285), Albert Camus escreve: "Se a rebeldia existe, é porque a falsidade, a injustiça e a violência fazem parte da condição do rebelde. Portanto, ele não pode alegar absolutamente que não mata ou mente sem renunciar à sua rebeldia, e aceitar, de uma vez por todas, o mal e o assassinato. Mas ele tampouco pode concordar em matar e mentir, já que o raciocínio inverso que justificaria o assassinato e a violência também destruiria a razão para sua insurreição. Assim, o rebelde nunca consegue encontrar a paz. Ele sabe o que é bom e, contra sua vontade, comete o mal".

termos como *horror*, *injustiça*, e *mundo desumanizado*.[26] O conceito da ambiguidade do mal que Beauvoir usa em seu "período moral" aparentemente é inadequado às realidades vividas desses horrores extremos.

## Representações do mal

Em *O segundo sexo*, Beauvoir desenvolve outra dimensão de sua análise do mal, no caso: as *representações* culturais do mal. O seu estudo enciclopédico é uma análise de como as culturas criaram um imaginário do mal feminino para se defenderem das ameaças do mal e da ambiguidade que são inescapáveis na situação humana. E, observa Beauvoir: "A representação do mundo, como o mundo em si, é o trabalho dos homens" (*SS*, p. 161). Essas representações do mal, é claro, contribuíram para a produção do mal social, que ela também analisa extensamente neste livro em relação à opressão da mulher. Assim, o conceito de mal é um fio central em todo *O segundo sexo*, embora o índice da tradução para o inglês forneça uma única referência de página (*SS*, p. 90).[27]

Embora a morte seja um mal inerente à condição humana, é a representação da morte como uma mulher o que marca boa parte dos sonhos, medos e ídolos humanos. A mulher se torna o intermediário entre o homem e a natureza, e é na natureza que "ele nasce dela e morre dela" (*SS*, p. 162).[28] É através da própria fecundidade da mulher que ela dá à luz um bebê e assim condena o homem à morte. Beauvoir observa: "Na maior parte das representações populares, a Morte é uma mulher, e cabe às mulheres lamentarem os mortos, porque a morte é trabalho delas" (*SS*, p. 166). No amor, o homem também se abandona à sua carne, que é destinada ao túmulo, e assim, mais uma vez, "a aliança entre Mulher e

26 STEINER, Jean-François. *Treblinka*. Trad. Helen Weaver. Prefácio de Simone de Beauvoir. Nova Iorque: Simon & Schuster, 1967, p. 7-12; LANZMANN, Claude. *Shoah: An Oral History of the Holocaust – The Complete Text of the Film*. Prefácio de Simone de Beauvoir. Nova Iorque: Pantheon, 1985, p. iii-vi; BEAUVOIR, Simone de; e HALIMI, Gisèle. *Djamila Boupacha*. Trad. Peter Green. Nova Iorque: Macmillan, 1962, p. 9-21, 194-97.

27 Voltarei a essa referência em relação ao conceito de ambivalência para Beauvoir.

28 As referências às mulheres e à morte foram tiradas do capítulo de Beauvoir, "Dreams, Fears, Idols".

Morte é confirmada" (*SS*, p. 186). Beauvoir indica que é através da representação da morte como uma mulher que o homem procura separar as dimensões natural, carnal e mortal de sua própria existência das suas aspirações puras, intelectuais e espirituais.

O risco ontológico do mal, presente na estrutura eu-outro da consciência, também está representado como o feminino – pois é por meio dessa dinâmica de oposição e de interdependência que a mulher é marcada como o Outro na cultura humana. No prefácio de *O segundo sexo*, Beauvoir observa que, de acordo com Hegel, toda consciência se pretende essencial, ao contrário do Outro, que é inessencial (*SS*, p. xx). Mas, enquanto o Outro estabelece uma afirmação recíproca para se definir como essencial, nas relações entre os sexos falta essa reciprocidade. A mulher se torna o Outro. Beauvoir associa explicitamente a representação da mulher como Outro com o mal. Ela escreve sobre Eva e Pandora: "O Outro – ela é a passividade que confronta a atividade, a diversidade que destrói a unidade, a matéria em oposição à forma, a desordem contra a ordem. A mulher, portanto, se dedica ao Mal" (*SS*, p. 90). *O segundo sexo* pode ser lido como um extenso argumento para a alegação de que "a opressão das mulheres é perversa" – uma alegação que é coerente com a discussão de Beauvoir sobre o mal tanto ontológico quanto social. Mas a *representação* cultural da mulher como o mal não personifica a afirmação de que "a opressão das mulheres é perversa". Na verdade, tal representação personifica a afirmação de que "mulheres são perversas". O que significa a redução cultural da frase "a opressão das mulheres é perversa" à frase "mulheres são perversas"? Beauvoir aborda esse problema tanto pelo conceito da ambiguidade quanto pelo da ambivalência, que ela usa no parágrafo seguinte em referência às atribuições contraditórias da mulher:

> E a ambiguidade dela é somente a do conceito do Outro; é a da situação humana enquanto esta se define em sua relação com o Outro. Como já se disse, o Outro é o Mal; mas, sendo necessário ao Bem, ele vira o Bem; através dele, conquisto o Todo [...] E é por isso que a mulher não encarna nenhum conceito estável; através dela realiza-se sem cessar a passagem da esperança à frustração, do ódio ao amor, do bem ao mal, do mal ao bem. Não importa

> sob qual aspecto que se considere, é essa ambivalência o que nos impressiona primeiro. (*SS*, p. 162)

Beauvoir afirma que a ambiguidade da mulher é a ambiguidade que está na ideia do Outro. Este supostamente refutaria a lógica da identidade. Ele tem inúmeros representantes, como os negros, os judeus e as mulheres. Mas a mulher nunca pode desocupar essa categoria. Por ser especialmente associada ao Outro, ela parece reter as mesmas qualidades dessa categoria – ou seja, parece refutar a lógica da identidade, sendo uma representante repleta de características múltiplas e contraditórias. Entretanto, como a representação das mulheres como ambíguas e múltiplas explica a imagem cultural delas como o mal? Beauvoir invoca aqui a lógica psicológica da projeção: os homens tentam resistir à ambiguidade da condição humana alocando-a somente às mulheres: "Ele projeta nela o que deseja e teme, o que ama e odeia" (*SS*, p. 223).

Mas, além de explicar a atribuição do mal às mulheres por uma lógica psicológica, Beauvoir sugere algo similar a uma lógica de sistemas simbólicos. A ambiguidade da mulher se divide em duas posições distintas: a mulher ou como mãe dedicada ou como amante pérfida. Beauvoir escreve: "Ela representa de uma forma carnal e viva todos os valores e antivalores que dão sentido à vida [...] entre esses polos claramente fixados, pode-se discernir uma multidão de figuras ambíguas, lastimáveis, odiosas, pecaminosas, vitimizadas, coquetes, fracas, angelicais, diabólicas" (*SS*, p. 217). Ademais, "ela encarna todos os valores morais, desde o bem até o mal, e os seus opostos" (*SS*, p. 223). Beauvoir não faz nenhum esforço para esclarecer a relação entre os dois conceitos – ambiguidade e ambivalência – que ela invoca para explicar a conjuntura entre a mulher e o mal. Ao que parece, quando Beauvoir se refere às imagens de pessoas que encontramos na literatura e na vida – ou seja, à perspectiva do agente –, ela usa o termo *ambiguidade* para se referir à multiplicidade de possibilidades. Mas quando ela se refere a um sistema conceitual bipolar – aos opostos de bem e mal, de ódio e amor –, ela invoca o termo *ambivalência*.[29] Parece

29 Observem que isso está relacionado à noção de ambivalência para Freud, a qual se refere à simultaneidade do ódio e do amor pelo mesmo objeto.

haver uma lógica dentro desse sistema conceitual de instabilidade que leva cada conceito a se transformar em seu oposto.

Em outras palavras, para abordar a redução cultural da frase "a opressão das mulheres é perversa" para a frase "a mulher é perversa", Beauvoir implicitamente conta com os conceitos de ambiguidade e de ambivalência. A ambiguidade se refere à perspectiva do agente, à projeção que o homem faz de seus vários medos e sonhos sobre a mulher. Mas Beauvoir não explica a grande questão: por que essa projeção não é recíproca? Em sua discussão sobre o linchamento, ela teve de ir além de uma perspectiva do agente e entrar em uma lógica da história para julgar esse ato como absolutamente perverso. Em *O segundo sexo*, ela precisa ir além da perspectiva do agente e entrar em outro nível de discurso para explicar o "mal absoluto" que é as mulheres serem definidas como o Outro, como o objeto, como a imanência (*SS*, p. xxxiii). A sua invocação da ambivalência em referência à mulher como o Outro lhe dá mais uma ferramenta de análise. A lógica dos conceitos opostos pode elucidar como certas representações da mulher se tornam sedimentadas na cultura, apesar de seu caráter contraditório e até mesmo por causa desse caráter.[30] Assim, a questão de o porquê a alteridade não ser recíproca entre os sexos não é mais meramente uma questão para a psicologia da mulher. A tentativa – ou a tentativa fracassada – de a mulher projetar seus medos e desejos nos homens se torna secundária em relação à forma na qual a lógica da ambivalência, no conceito da alteridade, atribui às mulheres os conceitos opostos e mutuamente necessários de bem e mal. Assim, para entender a redução cultural na afirmação "mulheres são perversas", é necessário entender como o mal é um conceito instável, que é necessário para o bem, e que se transforma em bem, sendo assim marcado pela ambivalência. O uso que Beauvoir faz do termo *ambivalência* não explica *por que* as mulheres são identificadas com o mal, porém explica *como* essa identificação é mantida, apesar das represertrações simultâneas da mulher como a virgem ou como a boa mãe.

30 Penelope Deutscher argumenta em *Yielding Gender* (Londres e Nova Iorque: Routledge, 1997) que é exatamente devido às suas contradições que um discurso patriarcal se mantém.

A representação do mal como feminino logicamente teve repercussões negativas sobre a situação da mulher, e assim contribuiu para um mal social. A consequência mais óbvia de tais mitos é que eles produzem uma cumplicidade da mulher com sua própria privação de liberdade. Por exemplo, Beauvoir observa que o mito da Cinderela, pelo qual uma jovem parece esperar sua fortuna e felicidade de algum Príncipe Encantado, "é nefasto porque divide a força e os interesses dela" (*SS*, p. 153-154). Ademais, como a mulher é privada das possibilidades para uma ação genuína, ela mesma assume uma concepção enviesada do mal. Segundo Beauvoir, a mulher assumiria uma posição maniqueísta, que claramente separa o bem e o mal como entidades coexistentes e distintas. Tal visão de mundo, que segundo Beauvoir caracteriza a atitude da dona de casa em sua guerra contra a sujeira, se contrasta com um reconhecimento da "ambiguidade de todas as soluções" (*SS*, p. 675). Os mitos da "mulher perversa" têm um papel em outras formas de opressão e de violência também. É notório que os linchamentos no Sul muitas vezes ocorriam quando homens negros eram suspeitos de terem relações sexuais com mulheres brancas. Nesses casos, o que estava em jogo não era só a imagem da mulher como boa ou pura, como quem devia ser protegida, mas também a imagem dela como perversa ou poluída, como suspeita de gozar de sua própria degradação. Representações de mulheres como perversas também podem ter um papel na violência física e na tortura delas – como em estupros de guerra e em torturas de mulheres acusadas de trabalharem para insurrecionistas coloniais. Assim, a representação do mal como feminino tem um papel no confronto com males ontológicos presentes na condição humana, assim como um papel nos males sociais pelos quais são oprimidos, por exemplo, mulheres, negros, e aqueles que trabalham para movimentos de libertação nacional.

## Conclusão

Quais são as implicações da análise de Beauvoir sobre o conceito moral de mal em termos de ambiguidade? Como eu tentei mostrar acima, ela trabalha por meio da presença do mal em três níveis diferentes de análise: (1) as condições ontológicas da negatividade, da morte, e da estrutura eu-outro de consciência; (2) as realidades sociais que encarnam o mal como relações de opressão entre indivíduos; e (3) a representação do mal na forma do feminino. Em todos esses níveis, Beauvoir mostra que o problema do mal deve ser pensado em relação à ambiguidade da condição humana.

A centralidade do conceito de ambiguidade para Beauvoir indica a primazia da perspectiva do agente em suas reflexões sobre a ética. É desse ponto de vista – o do indivíduo que confronta o dilema da ação e da cumplicidade –, que a ambiguidade se torna um conceito rico em potencial explanatório. Contudo, como eu também tentei mostrar, existem duas fronteiras nas quais se divide essa abordagem à ética baseada em agentes. Ambas as fronteiras tocam no que Beauvoir chama de *mal absoluto*. Em um dos casos, como no exemplo do linchamento, ela se volta a uma perspectiva baseada na dinâmica do desenvolvimento histórico para justificar o juízo moral. No outro caso, que envolve a persistência da opressão de mulheres, ela se volta à lógica das representações para explicar como se sustentou a representação da mulher como o mal.

Mas a essa altura, seria possível parar para considerarmos se o conceito de ambiguidade de Beauvoir é adequado para a abordagem da perspectiva do agente na ética. Para fins de comparação, eu aponto brevemente para a maneira como Claudia Card conceitualizou o problema do mal, com base no que ela chama de o *paradigma da atrocidade*. Sua estratégia é focar em atrocidades, as quais incluem: genocídio; escravidão; tortura; estupro como arma de guerra; armas biológicas e químicas; violência doméstica; e abuso infantil. Card argumenta que "os principais aspectos dos males tendem a ser óbvios no caso das atrocidades, tornando-os mais fáceis de se identificar e reconhecer".[31] Ela ressalta dois aspectos centrais das atrocidades: que elas são perpetradas e que elas são sofridas. Assim, Card fornece a seguinte definição de mal: "Um mal é um dano que (1) é razoavelmente previsível

31 CARD, Claudia. *The Atrocity Paradigm: A Theory of Evil*. Oxford: Oxford University Press, 2002, p. 9.

(ou reconhecível); que (2) é infligido (ou tolerado, agravado e mantido) culpavelmente; e que (3) priva, ou corre sério risco de privar, o Outro do básico necessário para tornar a vida possível e tolerável ou decente (ou para tornar uma morte decente)".[32] Pode-se dizer que a abordagem de Card, assim como a de Beauvoir, se baseia nas perspectivas dos agentes, embora ela assuma como ponto de partida as situações dos extremos. Card analisa a posição do perpetrador – ou seja, do agente que inflige conscientemente um dano – e a posição da vítima – ou seja, de quem sofre o dano. Ambas as perspectivas podem ser alinhadas com a análise que Beauvoir faz da relação entre opressor e oprimido. Com a referência de Beauvoir à ambiguidade, a perspectiva do perpetrador de um dano mostra-se complexa. Não é mais necessário falar em boa ou má vontade, mas sim deve-se abordar a questão de uma vontade ambígua, que seja boa e má ao mesmo tempo. Essa abordagem reconhece a complexidade da perspectiva do perpetrador. Porém, a ambiguidade não se sustenta em referência a situações de dano extremo, onde os perpetradores se distanciaram da interação com suas vítimas, e assumiram conscientemente ações que trouxeram sofrimento ou morte a elas. O termo *ambiguidade* também revela a complexidade da perspectiva do oprimido – por exemplo, na dinâmica da cumplicidade e na dupla-máscara como estratégia de sobrevivência. Mas é um termo menos frutífero em relação à perspectiva do sofredor do dano em situações extremas, especificamente. Na verdade, a ambiguidade tem uma conotação que parece desvalorizar o caráter extremo de um dano infligido. Nesse sentido, é importante focar na natureza do sofrimento em situações extremas, como Card faz em sua análise.[33]

Situações extremas que geram o uso do termo *mal absoluto* revelam os limites do conceito de ambiguidade de Beauvoir. Por um lado, a forma como ela usa a ambiguidade pressupõe a demanda por reconhecimento mútuo; assim, ela não pode abordar as atitudes e os comportamentos de indivíduos quando esse reconhecimento não é invocado. Por outro lado,

32 *Ibidem*, p. 16.

33 Esse também é o ponto de partida de Nel Noddings em *Women and Evil* (Berkeley e Los Angeles: University of California Press, 1989). Ver CARD, Claudia. *Atrocity Paradigm*, *op. cit.*, p. 11.

situações extremas revelam que a perspectiva do agente na ética é limitada como tal. Mas, como indica Beauvoir, existem outros recursos disponíveis para abordar o problema da ética em situações extremas: um discurso da dinâmica histórica e um discurso das representações simbólicas. Esses discursos não somente contribuem para a tarefa descritiva da ética – de compreender como situações de extremos são geradas –, mas também contribuem para o trabalho normativo dela – de fazer julgamentos sobre essas situações. O discurso histórico sustenta a invocação de valores emancipatórios na ética; ao passo que o discurso da representação simbólica sustenta a análise da ambivalência na representação do mal como feminino, também sustentando estratégias de disrupção ou de subversão em relação a formas de representação como esta. Assim, o conceito de ambiguidade desenvolvido explicitamente por Beauvoir precisa ser suplementado por esses outros recursos, os quais ela invoca de forma implícita. Desenvolver essa dimensão de seu legado pode levar a uma análise de múltiplas camadas da ética – uma análise que pode abordar o problema do mal em situações extremas.

# 12 Simone de Beauvoir: (re)configurando a diferença sexual

*Debra B. Bergoffen*

## Certezas existenciais

"Não se nasce mulher, torna-se mulher". Essas palavras tão citadas de *O segundo sexo* se tornaram a peça central da primeira onda do feminismo e a marca registrada de sua autora, Simone de Beauvoir. O significado delas, desenvolvido nas descrições contidas em *O segundo sexo* sobre a vida diária da mulher, parecia óbvio antigamente. Elas pareciam apontar para a diferença entre sexo e gênero, além de indicar como os seres humanos nascidos com vagina eram habituados e iniciados nos papéis dos adultos chamados mulheres. Hoje, as coisas parecem menos claras. Essas palavras significariam que sexo e gênero são radicalmente distintos, que qualquer corpo sexuado pode se tornar qualquer gênero que escolher? Qualquer corpo pode se tornar uma mulher? Será que a crítica feita por Beauvoir ao discurso de que "biologia é destino" deve ser entendida como um argumento a favor da completa maleabilidade do corpo? Ou suas palavras nos alertam para o fato de que diferentes materialidades do corpo humano nos constituem como sexualmente distintos, mas que as diferenças de sexo/gênero ordenadas pelo patriarcado são epistemologicamente insustentáveis, eticamente intoleráveis, e politicamente injustas (*SS*, p. 267)?[1]

---

1 *SS*. Nova Iorque: Vintage Books, 1989. Para entender as maneiras como a frase "Não se nasce mulher, torna-se mulher" virou tema de leituras que levantaram essas questões, ver BUTLER, Judith. "Sex and Gender in Simone de Beauvoir's *Second Sex*". *Yale French Studies*, 72: 35-49, 1986; e WITTIG, Monique. "One is not Born a Woman". *In*: *The Straight Mind*. Boston: Beacon, 1992, p. 21-32. Para entender as maneiras como a medicina e a tecnologia também tornaram essas palavras ambíguas e controversas, ver WILCHINS,

"Não se nasce mulher, torna-se mulher". Quando escritas originalmente, essas palavras produziram efeitos chocantes. Logo se tornaram centrais à crítica feminista do patriarcado, e com o tempo se tornaram familiares, óbvias. Teóricas contemporâneas e tecnologias avançadas levaram essas palavras de volta à sua origem radical. Sem permitirem um retorno à posição de que não existe distinção entre sexo e gênero, e longe de nos garantirem que o sexo produz o gênero, os pensadores e as tecnologias de hoje nos mostraram que o que parecia ser uma separação clara entre natureza e cultura é na verdade uma fronteira difusa. As experiências dos transexuais, dos transgênero e dos intersexo revelam as formas como sexo e gênero se confundem. Elas também sugerem que perguntar se sexo e gênero são fatos naturais ou construtos culturais é fazer a pergunta errada. Nada humano é dado naturalmente, assim como nenhum construto cultural surge do nada.

Creio que Beauvoir, cujo legado para nós inclui o conceito de ambiguidade, teria gostado do rumo que as coisas tomaram. Pois, ao considerarmos essas hoje famosas palavras, em vez de considerarmos óbvio o significado delas, aprendemos mais a respeito da complexidade do pensamento de Beauvoir e mais sobre a situação da mulher dentro do patriarcado. Somando-me àqueles que celebram as palavras "Não se nasce mulher, torna-se mulher" como um convite para repensar as estruturas do patriarcado, eu trago essa conhecida frase de *O segundo sexo* a algumas das passagens menos conhecidas do manifesto feminista de Beauvoir – para mostrar que, ao argumentar a favor da igualdade das mulheres, ela também estava argumentando a favor da diferença sexual delas. O que é singular a respeito desse argumento é seu recurso ao conceito de ambiguidade.

Beauvoir abre *O segundo sexo* com uma pergunta: "O que é uma mulher?" (*SS*, p. xix). Dentro do espaço de uma página, ela determina que, embora seja certo que as mulheres existem, também é claro que a existência da mulher só pode ser admitida condicionalmente (*SS*, p. xxi). Beauvoir tem certeza de que as mulheres existem, porque ela não pode

---

Ricki Anne. *Read My Lips: Sexual Subversion and the End of Gender*. Ithaca, NY: Firebrand Books, 1997; e KESSLER, Suzanne J. *Lessons From the Intersexed*. New Brunswick, NJ: Rutgers University Press, 1998.

duvidar de que ela mesma exista. Ela deve, se deseja afirmar sua própria existência, "*antes* de tudo dizer: eu sou uma mulher; e sobre essa verdade devem se basear todas as outras discussões" (*SS*, p. xxi; ênfase adicionada). Contudo, sua certeza existencial é repleta de problemas, pois, uma vez que Beauvoir pede uma definição de mulher (dela mesma, na medida em que ela é antes de tudo uma mulher), ela descobre que há tantas explicações fornecidas (muitas das quais opostas entre si) que ela acaba não conseguindo dizer quais são reais ou verdadeiras, se é que alguma de fato é. Pega no dilema cartesiano, ela tem certeza de que ela é, mas duvida de quem seja. Beauvoir não pode seguir a estratégia de Descartes, pois reconhece uma certeza que escapou a ele. Existem dois tipos humanos distinguíveis: homens e mulheres. É impossível identificar-se como um ser humano sem primeiro assumir o seu lugar no campo sexual. A certeza de ser sexuado é indissociável da certeza existencial de ser humano.[2]

Ao notar o que Descartes deixou passar, Beauvoir entende a desatenção dele. Como homem, o sexo/gênero de Descartes não é notado. Ele pode considerá-lo como irrelevante para sua própria identidade porque, como homem, ele é "o tipo humano absoluto" (*SS*, p. xxi). O termo sexuado/generificado que o identifica – *homem* – também é usado para designar os seres humanos em geral, e assim sua existência como distintamente sexuado/generificado passa despercebida (*SS*, p. xxi). O filósofo do *cogito*, ansioso para evadir a ilusão dos sentidos, é enganado pela linguagem. Ao tomar cuidado para evitar qualquer preconceito, ele não consegue discernir os vieses patriarcais embutidos em seu discurso meditativo.

Beauvoir não consegue seguir o caminho de Descartes para a certeza. Ela é mulher. Seu sexo/gênero é o negativo do tipo humano absoluto. Seu nome – *mulher* – nunca é usado para designar seres humanos em geral. Como uma mulher que também é filósofa, Beauvoir não pode começar com o *um* – o sujeito neutro. Ela não pode escapar do peso dos sentidos.

2 Para uma discussão sobre a relação entre Descartes e Beauvoir, ver SIMONS, Peg. "Beauvoir's Early Philosophy". *In*: *Beauvoir and* The Second Sex: *Feminism, Race and The Origins of Existentialism*. Nova Iorque: Roman & Littlefield, 1999, p. 202; e BAUER, Nancy. *Simone de Beauvoir: Philosophy and Feminism*. Nova Iorque: Columbia University Press, 2001, cap. 2.

Ela é uma mulher. Para ela, o *dois* – a certeza existencial sexuada/generificada de ter de ser homem ou mulher – é o ponto necessário de partida.

Descartes não é o primeiro filósofo a ser enganado pela linguagem, assim como Beauvoir não é a primeira filósofa a notar as formas como esta (des)informa a epistemologia e a metafísica. Nietzsche acusou todos os filósofos de confundirem as estruturas gramaticais com categorias filosóficas, mas mesmo ele não viu o que Beauvoir viu, pois também era um homem patriarcal. Por mais atento que fosse às diferenças, ele não examinou o significado ou a estrutura da diferença sexual – o *dois* que é a condição da possibilidade de muitos que são Outros, mais do que serem repetições do mesmo *um*.[3]

A epistemologia do *um* de Descartes produz a mentira da consciência abstrata, que se torna o sujeito autônomo do Iluminismo. Tal epistemologia fundamenta a política tradicional do contrato social que garantia a liberdade para os homens (o sexo/gênero identificado como o *um*) removendo as mulheres (o segundo sexo/gênero) do cenário político.[4] *A República* de Platão antecipa essa estratégia, traçando a linha entre essa epistemologia do *um* e a política da exclusão. Ao mostrar como a primeira é a base necessária da última, *A República* também mostra por que a diferença sexual é politicamente intolerável. As mulheres podem participar da governança do Estado Ideal somente se a diferença delas for apagada. Platão é mais acessível do que a maioria dos pensadores políticos: ele reconhece que, para serem membros da classe guardiã, as mulheres devem ser contadas como homens, e ele determina que isso é possível porque a diferença sexual é uma diferença humana mais acidental do que essencial, também reconhecendo a dificuldade de se sustentar esse apagamento da diferença sexual. Por isso, a mentira política é o que compensa a recusa da diferença sexual, ao instituir a realidade necessária e natural da diferença de classe.[5]

---

3 Ver IRIGARAY, Luce. "The Blind Spot of an Old Dream of Symmetry". *In*: *Speculum of the Other Woman*. Trad. Gillian C. Gill. Ithaca, NY: Cornell University Press, 1985, p. 11-132.

4 Ver PATEMAN, Carole. *The Disorder of Women: Democracy, Feminism and Political Theory*. Stanford, CA: Stanford University Press, 1989.

5 Para uma discussão provocadora sobre a relação entre as formas como as estruturas sociais compensam pela minimização das diferenças sexuais, criando outras diferenças

De acordo com a nobre mentira de *A República*, existe somente uma mãe – a Mãe Terra –, de quem somos todos filhos. Portanto, as mulheres não seriam essencialmente mães, e nós não seríamos de fato nascidos de mulheres. Ao tornar a mulher e o homem igualmente periféricos ao nascimento da criança, a nobre mentira nos torna diferentes somente na medida em que somos feitos de ouro, prata ou bronze. Podados de nossas diferenças corporais sexuadas, nós somos segregados de acordo com as nossas capacidades mentais. A política do Iluminismo inverte a explicação de Platão para a diferença. A diferença sexual é afirmada, enquanto a diferença de classe (pelo menos na teoria) é negada. Sua nobre mentira, de que as mulheres são naturalmente mães, e portanto inaptas para a vida pública, difere em conteúdo, mas não em intenção, da mentira de Platão. Pois o mito do Iluminismo, como o mito de *A República*, é voltado a convencer aqueles que tiveram negado o acesso ao poder, com base em sua diferença, de que sua exclusão é justa. Os excluídos devem ser convencidos de que sua exclusão é uma questão de destino e, na verdade, uma forma de inclusão, necessária para o bem comum. É em nome dessa justiça que a mulher consente em se tornar o Outro inessencial: aquele que existe somente como parte subordinada do *um* (homem). E é somente na medida em que cumpre seu papel como tal objeto parcial (por exemplo, a esposa, a mãe, a companheira) que ela contribui para o bem do objeto total (o homem). Tornando-se esse objeto parcial, esse Outro inessencial, essa mulher patriarcal, Simone de Beauvoir descobre que é impossível experienciar a si mesma para si mesma, e que é impossível saber se ela própria realmente existe.

Diferentemente de Descartes, cujas dúvidas são autogeradas, o questionamento às certezas existenciais de Beauvoir vem de fora. O problema não é que ela duvide de *seus* entendimentos de quem ela própria é. O problema é que ela não tem recursos com os quais *ela* possa produzir um entendimento de si mesma para duvidar. Tudo o que Beauvoir sabe sobre si mesma é "simplesmente o que o homem decreta" (*SS*, p. xxii). Os homens decretaram que, sendo mulher, ela não pode existir para si

fundamentais, ver a discussão de Julia Kristeva sobre o sistema indiano de castas em *Powers of Horror: An Essay on Abjection* (trad. Leon S. Rioudiez. Nova Iorque: Columbia University Press, 1982, p. 79-81).

mesma. Esse decreto é contestado pela experiência imediata de si própria como "mulher que existe para si mesma". A mulher é confrontada por uma escolha impossível, podendo ou negar a certeza de que existe para si mesma, ou negar a certeza de que é uma mulher. A categoria patriarcal do Outro inessencial a mantém nessa posição impossível. A mulher deve ao mesmo tempo se separar das certezas de sua própria existência e dividir essas certezas. Deve recusar a experiência da certeza que amarra o seu "ser para si mesma" ao seu "ser uma mulher", e ao mesmo tempo aceitar a ideia de que sua existência como mulher a impede de existir para si mesma. Como não nasceu mulher (patriarcal), ela deve se tornar uma. E como mulher patriarcal, descobre que a dúvida está no cerne de seu ser. Não somente o "eu" com o qual a mulher se identifica lhe foi dado por um homem – sendo portanto um indicador suspeito de quem ela é –, como também a experiência pela qual ela pode se descobrir torna-se suspeita, anulada, pelo decreto patriarcal.

Se a política do patriarcado depende de mistificações que têm o poder (derivado de suas alianças epistemológicas, metafísicas e linguísticas) de falsificar as certezas da experiência, então recuperar essas certezas vividas se torna uma estratégia política necessária. Torna-se uma questão de encontrar as brechas nessa trama de decertificações-mistificações e de encontrar maneiras de explorá-la. Torna-se uma questão de encontrar o lugar onde a experiência da alteridade "essencial" da mulher contesta sua posição como o Outro inessencial. Acima de tudo, torna-se uma questão de encontrar o lugar onde a epistemologia e a política do *um* possam ser contestadas pela experiência vivida do *dois*. Ao seguir o exemplo de Beauvoir, eu encontro esse lugar no casal heterossexual – pois é aqui, nas intimidades da carícia, que a experiência imediata do *dois* pode encontrar sua voz e contestar o *um* patriarcal.[6]

Dentro do mundo ocidental moderno, essa voz está começando a ser ouvida publicamente. A ideologia do casal heterossexual patriarcal, embora ainda viva e forte em muitas comunidades religiosas e movimentos seculares (como o movimento do casamento pactual nos Estados Unidos),

6 Adrienne Rich encontra essa abertura na experiência da maternidade, em *Of Woman Born: Motherhood as Experience and Institution* (Nova Iorque: Norton, 1996).

não é mais universalmente aceita. O "eu vos declaro homem e esposa" vem sendo substituído por "eu vos declaro marido e esposa"[7]. Como homem e esposa, o casal replicava o domínio do *um* sujeito (homem). Como marido e esposa, o casal invoca o domínio do *dois* – nenhum deles reivindica a posição de único sujeito. Cerimônias religiosas que incluíam o ritual da leitura da história da costela, presente no *Gênesis*, em muitos casos passaram a adotar o costume de ler a explicação, dada pelo *Gênesis*, de uma criação igual e simultânea. O modelo do objeto parcial e do objeto total dá lugar à imagem biblicamente sancionada de dois objetos totais. As leis que definiam a mulher como propriedade do marido e que negavam o status da mulher casada como legalmente adulta estão praticamente esquecidas no Ocidente. Como uma mulher não é mais obrigada a inscrever-se num lugar em que ela seja parte do homem, ou obrigada a se identificar com a obrigação de servir, agradar e completá-lo, ela pode agora processar o marido por estupro e abuso. Antes vulnerável e sujeita a sofrer um divórcio, ela agora pode pedir o divórcio.

A estratégia patriarcal de afirmar que os homens podem representar toda a humanidade é minada por esses fatos que vão mudando localmente. Essas mudanças íntimas, sociais e políticas pareceriam indicar que a crítica feminista começou a fazer efeito, ou que foi reconhecida a injustiça de se invocar a ideia da diferença sexual para justificar a subordinação das mulheres aos homens, ou ainda que o patriarcado estaria prestes a definhar – pois esse seria o efeito de se permitir que a mulher afirmasse a certeza de sua experiência de "ser mulher que existe para si mesma". Contudo, ainda não está claro se o patriarcado está pronto para ver o *dois* antes do *um* – ou seja, se está pronto para ver o sujeito como sexuado ou se continuamos onde Platão nos deixou (onde o sexo é considerado acidental para o status de um indivíduo como sujeito, e onde o *sujeito* é identificado como o *um*). Até que isso se torne claro, a existência da mulher permanecerá incerta.

A questão pode ser colocada como uma série de perguntas. A justiça será feita quando a existência da mulher para si mesma for reconhecida,

---

7 N.T.: em inglês, respectivamente "man and wife" e "husband and wife". Em português, a expressão usada é "marido e mulher".

ou seja, quando ela também for identificada como o *um*? A justiça requer a resolução das dúvidas da mulher a respeito de sua própria existência como mulher, ou seja, requer o reconhecimento do *dois*? Seria a primeira experiência de uma mulher como sexuada produto de uma mistificação patriarcal que deveria ser falsificada? É uma certeza existencial o que requer certificação? Ao perguntarmos para Beauvoir qual seria a resposta dela para essas perguntas antes mesmo de formularmos a nossa, nós descobrimos que *O segundo sexo* fala em duas vozes. Sua voz dominante e mais conhecida parece sustentar a lógica do *um*, ao passo que sua voz contida e menos ouvida considera tal lógica problemática. Essa última voz é ouvida pela primeira vez na abertura de *O segundo sexo*, onde Beauvoir pergunta se ela mesma existe como mulher. Ela fala sobre suas objeções à filosofia abstrata, sobre sua atenção à corporeidade, sobre sua insistência na importância da situação. Essa voz é ouvida com mais clareza na discussão que Beauvoir faz sobre o casal e o vínculo heterossexual, pois é ali que ela encontra recursos para descobrir algo a respeito das mulheres que não seja decretado pelos homens. É ali que ela nos alerta para as maneiras de como sua ideia de ambiguidade nos permite pensar o *dois* antes do *um*, e nos permite pensar no *um* baseado no *dois*. Ao ficarmos atentos a essa voz, nós podemos atender ao chamado de Beauvoir para "sair desse impasse; [e] descartar as vagas noções de superioridade, inferioridade e igualdade que até aqui corromperam todas as discussões, e recomeçar do zero" (*SS*, p. xxxiii).

## Um novo começo

Para Beauvoir, recomeçar do zero significa adotar a perspectiva de uma ética existencial onde a justiça de uma instituição política seja julgada não de acordo com os critérios do bem comum ou da felicidade individual, mas sim em termos de liberdade. Ela escreve: "Da nossa parte, defendemos que o único bem público é aquele que assegura o bem privado dos cidadãos; criticam-se as instituições de acordo com sua eficiência em oferecer oportunidades concretas aos indivíduos" (*SS*, p. xxxiv).

Por "oportunidades", Beauvoir quer dizer que ela estipula que ser humano significa ser possuído por uma necessidade ontológica de se transcender – que a existência humana é justificada por meio de sua expansão em um futuro indefinidamente aberto, pelo seu envolvimento em projetos livremente escolhidos, e pela sua busca por outras liberdades (*SS*, p. xxxiv-xxxv). Quando essas possibilidades são impedidas, Beauvoir diz que existe uma "degradação da existência [...] na vida bestial da sujeição a determinadas condições [...] [que] são um mal absoluto" (*SS*, p. xxxv).

Beauvoir começou nos alertando para a diferença entre os sexos, e agora insiste na identidade ontológica deles. O patriarcado passava a ser identificado como perverso – não porque recusasse a diferença sexual embutida na certeza existencial de nossa existência, mas sim porque usava tal diferença sexual para rejeitar a necessidade ontológica humana de se envolver em projetos livremente escolhidos de transcendência. Teria Beauvoir nos trazido de volta para o domínio do *um*? Talvez, mas talvez não. Existe a questão do vínculo, assim como a discussão ambígua do casamento, ou ainda a atenção à experiência erótica vivida do casal heterossexual.

Conhecendo a posição de Beauvoir sobre a certeza do *dois* (sua certeza de que ela é uma mulher, não um homem), e cientes de sua afirmação ética de projeto, transcendência e liberdade, nós podemos antecipar e entender a crítica que ela faz ao casamento. Contudo, lidar com o que é surpreendente e não com o que é previsível a respeito dessa crítica nos leva às complexidades do pensamento dela. A primeira surpresa é que a crítica de Beauvoir ao casamento seja histórica, e não absoluta. Ela considera o casamento objetável em sua forma corrente. Porém, ela não compara tal forma à sua estrutura essencial, e nos diz que nós não sabemos quais são as possibilidades do casamento. A segunda surpresa é que sua crítica ao casamento não seja uma crítica ao casal heterossexual (*SS*, p. 425-83). Ao juntar essas duas surpresas, eu descubro que Beauvoir vê o casal heterossexual como o local onde as mistificações que posicionam a mulher como o Outro inessencial podem ser contestadas. Ao evitar julgamentos sobre a instituição do casamento, creio que Beauvoir esteja deixando aberta a possibilidade de que essa instituição, que reside no coração do patriarcado, possa ser a ruína deste. Isso pois, se é a experiência vivida do vínculo do casal heterossexual o que inspira a estrutura do casamento, então o paradigma desse tipo de casal, que agora sustenta a política patriarcal, perderia seu poder sobre o imaginário erótico e político.[8]

Para descobrirmos o que está acontecendo, nós precisamos retornar à pergunta que perturba Beauvoir desde o início. Ela observa que as mulheres não são o único grupo a ser explorado. O que as torna únicas é a recusa delas em exigir reconhecimento como sujeitos: a recusa delas em se rebelar. Ao tentar entender essa recusa, que é comparável a tentar entender por que as mulheres consentem em se casar, Beauvoir propõe a seguinte explicação: "A mulher não se reivindica como sujeito porque lhe faltam os recursos concretos, porque ela sente o vínculo necessário que a liga ao homem mesmo sem reciprocidade, e porque muitas vezes ela se satisfaz com seu papel de *Outro* [inessencial]" (*SS*, p. xxvii).

Duas partes dessa explicação são familiares. Primeiro, a ideia de que à mulher faltam recursos se refere à necessidade de oportunidades econômicas, e pede uma solução liberal ou marxista. Segundo, a ideia de que a mulher está satisfeita com seu papel como o Outro inessencial nos lembra da categoria existencial da má-fé – que censura a mulher por não aceitar as responsabilidades da liberdade. Contudo, a ideia de que a mulher sente o vínculo necessário que a liga ao homem mesmo sem reciprocidade não nos leva para caminhos liberais, marxistas ou existenciais. Na verdade, tal ideia nos direciona para a ética da ambiguidade de Beauvoir, e para as possibilidades que essa ética reserva a uma política liberatória baseada no *dois*.

Ao identificar a mulher, mas não o homem, como comprometida com o valor do vínculo, Beauvoir descobre uma diferença fundamental entre as atitudes deles em relação ao casal heterossexual. A diferença é histórica, não necessária. Dada a onipresença do patriarcado, ela parece essencial. A diferença é esta: embora tanto homens quanto mulheres precisem e desejem o Outro, eles vivem suas necessidades e desejos de forma diferente. O homem orienta seu desejo em torno das exigências da reciprocidade; já a mulher privilegia o vínculo. O homem sacrifica o desejo pelo vínculo às demandas da reciprocidade; a mulher renuncia às exigências da reciprocidade em nome do vínculo.

8 Para reflexões sobre essa relação, ver SADE, Marquês de. *Justine, Philosophy in the Bedroom and Other Writings*. Trad. Austryn Wainhouse. Nova Iorque: Grove, 1966.

Para entendermos adequadamente essa diferença entre homens e mulheres, nós precisamos focar nos termos *necessário* e *reciprocidade*. Lida historicamente, a necessidade de vínculo com o homem que a mulher sente se refere ao fato de que a ela faltam recursos concretos para sua própria independência. Lido do ponto de vista do patriarcado, esse sentimento de vínculo é sinal de uma dependência natural, traduzida da seguinte maneira: a mulher precisa de um homem, não consegue existir sozinha. Presume-se que a mulher não privilegiaria o vínculo, não o vivenciaria como necessário, se pudesse exigir reciprocidade, se fosse menos dependente.

O patriarcado valoriza a reciprocidade mais do que o vínculo. Ele vê a demanda do homem por reciprocidade como uma demanda por reconhecimento, e interpreta essa demanda como um sinal de independência e de autonomia. Dizem que o homem subordina o valor do vínculo aos valores do reconhecimento e da reciprocidade porque ele consegue se manter sozinho. Para os homens patriarcais, a questão é clara: sem reconhecimento, não há relacionamento. É melhor romper ou recusar o vínculo. É melhor estar sozinho do que aceitar um relacionamento sem reconhecimento.

Se nós olharmos com distanciamento para as interpretações patriarcais dessas diferentes atitudes em relação ao casal heterossexual – ou seja, se pararmos para pensar antes de falarmos dessa diferença em termos de independência do homem e dependência da mulher –, descobriremos certas possibilidades fenomenológicas. Para apreciarmos totalmente essas possibilidades, precisamos nos voltar para *Por uma moral da ambiguidade*. Pois é nessa obra, corrigindo a tradicional interpretação fenomenológica da relação entre consciência e ser, que Beauvoir nos introduz à diferença em que se baseia o conceito de ambiguidade. É nessa obra que encontramos os recursos para tratar da voz calada de *O segundo sexo*.[9] Beauvoir escreve:

> Graças ao [homem], o ser se desvela e ele quer esse desvelamento. Existe um tipo original de apego ao ser que não é a relação "querer ser", mas sim a relação "querer desvelar o ser". Ora, aqui não há

9 Para uma discussão ampliada sobre intencionalidade, a voz implícita de Beauvoir, e o casal heterossexual, ver BERGOFFEN, Debra B. *The Philosophy of Simone de Beauvoir: Gendered Phénoménologies, Erotic Generosities*. Albany, NY: State University of New York Press, 1997.

> fracasso, mas sim sucesso [...] eu me deleito justamente com esse esforço por uma posse impossível [...] Isso significa que o homem, em sua vã tentativa de *ser* Deus, faz-se existir *como* homem [...] Não lhe é permitido existir sem aspirar a esse ser que ele nunca será. Mas é possível, para ele, querer essa tensão, mesmo com o fracasso que ela envolve. (*EA*, p. 12-13)

Com essa descrição da consciência – como algo que engloba dois momentos intencionais e duas formas de se identificar com o ser –, Beauvoir identifica dois tipos de transcendência. Cada um é caracterizado por um desejo único: desejos que contestam um ao outro. O desejo por desvelamento (do primeiro momento intencional) não pode assumir o desejo por possessão (da segunda intencionalidade) sem negar a si mesmo. O desejo por possessão não pode aceitar a falta de propósito do desejo por desvelamento sem negar a si mesmo. Como se estivessem contestando e negando uns aos outros, esses diferentes desejos e seus respectivos modos relacionados de transcendência se entrecruzam. O "desejo por desvelar o ser" se vê movendo-se na direção do mundo que ele desvela possessivamente. O "desejo por possuir o mundo" se vê contrariado. Em seu fracasso, ele é levado de volta ao momento do desvelamento, e busca novos mundos para possuir. Para nos marcar como essa tensão entre desejos divergentes, contestadores e negadores que se entrecruzam, Beauvoir nos chama de *ambíguos*. Nem esse desejo, nem aquele; somos a ambiguidade dos dois desejos que se atravessam. Somos o *um* do fluxo ambíguo – o qual é também e necessariamente um *dois*.

Para entendermos o sentido completo da nossa ambiguidade, nós devemos nos lembrar de que o movimento do desejo que ela identifica nunca é o movimento isolado dos desejos de um sujeito autônomo. Em *Por uma moral da ambiguidade*, esses desejos são identificados como os desejos de um sujeito singular, sempre envolvido em um mundo, e sempre envolvido com os Outros. Em *O segundo sexo*, esses desejos são identificados como os desejos de sujeitos sexuados, cujo engajamento no mundo e com os Outros é sempre e necessariamente uma questão de sua situação social, política e econômica corporificada. Ao nos alertar para as demandas patriarcais de reconhecimento – que estruturam as relações entre os homens, e que circunscrevem as relações entre eles e as mulheres –, e ao prestar atenção às formas como a mulher desiste de reivindicar reconhecimento pelo valor do vínculo, Beauvoir nos direciona para as formas como o patriarcado enviesa o nosso engajamento uns com os outros, ao determinar o sexo e ao cortar os desejos ambíguos da consciência.[10] Beauvoir nos mostra que, ao transformar a ambiguidade da nossa *dupla* consciência na clareza dos sujeitos de *único* sexo (sujeitos que devem encarnar somente *um* desejo de consciência), o patriarcado inverteu a relação entre desvelamento e possessão. Ele determina como masculino o modo secundário de transcendência associado com o desejo de possuir o mundo e o privilegia como a marca original do sujeito. Por outro lado, ele determina como feminino o modo inaugural de transcendência associado com os desejos de desvelamento, os quais o próprio patriarcado define como fracos e passivos e identifica como a marca registrada de um Outro secundário e inessencial.

O que significa dizer que a mulher sente necessidade de vínculo? Quais são as implicações do fato de que ela desconsidera as exigências de reciprocidade em nome do vínculo? Como esse desprezo e esse sentimento de necessidade fornecem pistas para escapar dos impasses do patriarcado? Qual tipo de diferença sexual emergiria caso a diferença sexuada do Outro inessencial (o estratagema da lógica do *um*) fosse rejeitada, e em seu lugar fosse forjada uma lógica de diferença sexual através do conceito da ambiguidade? E se fizéssemos um experimento? E se a descrição de consciência (presente em *Por uma moral da ambiguidade*) fosse lida dentro das discussões sobre o casal heterossexual, a generosidade, a dádiva e o erótico (presentes em *O segundo sexo*)?

---

10 Para uma discussão detalhada desse fenômeno, ver BERGOFFEN, Debra B. "Disrupting the Metonymy of Gender". *In*: OLKOWSKI, Dorothea (org.). *Resistance, Flight, Creation: Feminist Enactments of French Philosophy*. Ithaca, NY: Cornell University Press, 2000, p. 97-112.

## O experimento

Vestindo o meu jaleco de laboratório filosófico, eu começo interpretando o compromisso da mulher com o vínculo (citado em *O segundo sexo* como uma explicação parcial da recusa dela em se rebelar). Eu interpreto tal compromisso como uma expressão concreta da relação original da consciência com o ser. Essa relação, por sua vez, é identificada em *Por uma moral da ambiguidade* como o desejo de desvelamento, sendo mais bem descrita como uma passividade ativa. Como desejo, ela é ativa. Porém, como um modo de consciência, receptivo ao desdobramento que se chama de "mundo", ela é passiva. Como intencionalidade, ela é uma passividade ativa. Tal relação original também pode ser entendida como uma generosidade desinteressada. Desinteressada pois se recusa a impor a lente de seu propósito ao ser. E generosa porque, ao se tornar o local do desvelamento deste, ela não pede nada em troca. Tal "generosidade passiva-ativa" pode ser mais bem entendida no conceito de *dádiva*. As dádivas – situadas fora dos campos da troca, da dívida e da responsabilidade – também estão fora dos campos da reciprocidade e do reconhecimento. Não há dívida, demanda por reconhecimento e lei de troca. Sendo generosa, a dádiva representa o desejo que se deleita com a alteridade revelada do mundo. Quando eu vivo esse deleite, e quando eu me abstenho da transcendência do propósito, eu vou em direção ao mundo, situando-me dentro dele. Em vez de fugir da espontaneidade de ser revelada neste momento do desvelamento, eu me permito encontrar a alteridade do mundo, e eu me permito avaliá-la por si mesma, e não pelo uso que possa ser feito dela. Eu celebro o vínculo entre nós, o vínculo que torna o nosso encontro possível. E eu permito me tornar vulnerável à surpresa do acontecimento.

Uma vez que a questão da intencionalidade e da relação (presente em *Por uma moral da ambiguidade*) é transformada na questão dos relacionamentos (presente em *O segundo sexo* e *Deve-se queimar Sade?*), a experiência da vulnerabilidade se torna crucial. Do ponto de vista fenomenológico, a nossa relação com o mundo nos marca como ambíguos. Do ponto de vista existencial, os nossos relacionamentos nos marcam como vulneráveis; e, para vivermos a nossa ambiguidade, devemos correr o risco de nos tornar vulneráveis. *Por uma moral da ambiguidade* revela a nossa tendência de recusar as tensões da consciência vivida. *O segundo sexo* e *Deve-se queimar Sade?* apontam para as maneiras como fugimos das vulnerabilidades dos relacionamentos vividos – fuga essa codificada pelo patriarcado. Ao ensinar à mulher que ela deve se tornar mulher e que ela deve subordinar seu desejo por reciprocidade e por reconhecimento às demandas do vínculo, o patriarcado ensina que ela deve ser generosa e não assumir os riscos do reconhecimento – associados aos desejos do segundo momento intencional. Ao ensinar para o homem que ele deve ser homem e que ele deve subordinar seu desejo por vínculo às demandas do reconhecimento e da reciprocidade, o patriarcado ensina que ele deve exigir reconhecimento e recusar os riscos da vulnerabilidade. As ambiguidades fenomenológicas e existenciais são então bifurcadas em identidades sexuadas/generificadas patriarcais. Contudo, tais identidades e os seus valores e riscos associados não são considerados de forma igualitária – pois o patriarcado privilegia os riscos do reconhecimento. E mais, ele associa esses riscos com a violência: é exigindo que se recebe reconhecimento. O único reconhecimento que vale é o conquistado em combate ou em competição – aquele que vem de se defender como um homem. Ao barrar as mulheres da esfera da violência ativamente iniciada (já que claramente não é feminino para uma mulher se defender como um homem), o patriarcado as barra das competições necessárias ao reconhecimento. Assim, ele torna impossível tanto para homens quanto para mulheres viverem a ambiguidade do desejo deles. A mulher codificada como mulher deve viver os desejos da generosidade. Já o homem codificado como homem, não. Ele deve viver o desejo de ser Deus. Já ela, não.

A análise de Beauvoir sobre os desejos duplos da intencionalidade (presente em *Por uma moral da ambiguidade*) fornece a base fenomenológica para expor os desvirtuamentos do patriarcado. As análises dela do corpo eroticamente encarnado (presentes em *O segundo sexo* e *Deve-se queimar Sade?*) nos mostram como contestar esses desvirtuamentos. Pois é aqui, no corpo eroticamente encarnado, que o desastre do desvirtuamento patriarcal fica mais claro. É aqui que o fenômeno da ambiguidade é concretamente vivido. As espontaneidades do desejo erótico tumultuam os códigos patriarcais da subjetividade e do risco – agora, o momento da generosidade da revelação é mais importante. Aqui, os desejos de reciprocidade se combinam com a experiência da vulnerabilidade mútua, e se desacoplam das esferas da violência, da competição e da troca.

As formas como os mitos eróticos do romance e do amor sustentam o poder patriarcal estão bem documentadas. As formas como o erótico é corrompido por práticas sádicas, masoquistas e abusivas também são bem conhecidas. Voltar-se para o erótico para se contrapor a mistificações patriarcais é algo perigoso. Pedir para que ele nos mostre um caminho para sair do patriarcado significa pisar em um campo traiçoeiro. Esse experimento é arriscado. Ele apela para as técnicas de agrupamento como uma maneira de se defender das seduções do erótico patriarcal. Sabendo das limitações dessas técnicas, eu não me afirmo ser capaz de voltar à experiência erótica em si. E sabendo das possibilidades dessas técnicas, eu permito que, ao usá-las, nós possamos despir o erótico de muitos de seus atuais disfarces, e que possamos, dessa forma, recuperar o conceito de ambiguidade para uma ética da diferença sexual.

As seguintes passagens de *O segundo sexo* definem o meu caminho: "Em ambos os sexos, ocorre o mesmo drama da carne e do espírito, da finitude e da transcendência; ambos são corroídos pelo tempo e jazem à espera da morte, ambos têm a mesma necessidade essencial um do outro" (*SS*, p. 728); "A experiência erótica é a que revela de forma mais pungente aos seres humanos a ambiguidade de sua condição; nela, eles se fazem cientes como carne e espírito, como outro e como sujeito" (*SS*, p. 402); e "[...] em meio à febre carnal [homens e mulheres são] um consentimento, uma dádiva voluntária, uma atividade; eles vivem, cada um à sua maneira, a estranha ambiguidade da existência feita corpo" (*SS*, p. 728).

Essas passagens deixam certas coisas claras. Primeiramente, que nós somos devolvidos às questões de necessidade e de vínculo. Enquanto o patriarcado compara a valorização do vínculo com a necessidade da mulher, no "drama da carne" os amantes experienciam e afirmam sua alteridade encarnada e sexuada, assim como sua necessidade mútua. Em vez de colocarem os valores do vínculo e das demandas por reconhecimento em oposição, os amantes vivem o vínculo carnal como uma súplica encarnada. Cada um corre o risco de ser violado em sua alteridade. Cada um pede para ser recebido pelo outro em sua vulnerabilidade. Cada um se oferece ao outro como uma dádiva encarnada. Cada um vive seu próprio excesso com o outro. Cada um se volta para o outro na generosidade do desvelamento, onde o desejo desinteressado mergulha nos fluxos da carne. Aqui, prevalece o espírito da nossa intencionalidade original.

Contudo, assim como o primeiro momento intencional, o erótico não é nem estável, nem autossustentável – sendo logo tomado pelo segundo momento de intencionalidade (o desejo de ser Deus). Os juízos se instalam para capturar e para estabilizar o fluxo da dádiva. Uma distinção é feita entre as preliminares e "o ato". O erótico é identificado com os projetos de coito, de orgasmo e de reprodução. Dada a nossa ambiguidade, esses movimentos são inevitáveis. Mas o que não é inevitável são as intervenções particulares do patriarcado. Nós não somos destinados a esquecer as generosidades excessivas do erótico, a nos abster da dádiva da carne, ou a equiparar o risco à violência. Não é necessário escolher entre o vínculo e o reconhecimento. Nenhuma necessidade nos leva a valorizar o compromisso com o reconhecimento mais do que o compromisso com o vínculo. Nada requer a estabilização da alteridade sexuada/generificada nas categorias patriarcais de homem e mulher.

Por vermos o erótico como a intencionalidade original concretamente vivida, e por experimentarmos com o argumento de que nossa crítica ao patriarcado deveria ser guiada pelo evento da generosidade erótica, nós podemos criticar as diferenças sexuais estabelecidas em duas frentes. Primeiro, nós somos capazes de identificar a origem dessa codificação atual da diferença sexual na perversa (e equivocada) interpretação patriarcal da relação entre vulnerabilidade, risco e subjetividade. Segundo, da perspectiva do erótico, nós vemos que tal interpretação não é inocente. Ela é conduzida pelo anseio em fugir da inevitável frustração do desejo de ser Deus. Ao igualar o risco à subjetividade, a subjetividade ao reconhecimento e o reconhecimento à violência, o patriarcado pacifica aqueles cujos corpos são designados como fortes. Isso permite que eles acreditem que sua força os salvará do fracasso – permite a fantasia da invulnerabilidade de um James Bond.

No patriarcado, a realidade vivida do sujeito vulnerável e sexuado (que está sempre em risco perante o Outro, e que deve fracassar na tentativa de possuir o mundo) é trocada pelo mito do homem e da mulher. Segundo esse mito, o homem é um sujeito real, porque assume os riscos associados à violência, ao passo que a mulher é definida como o sexo mais frágil. Como tal, ela é considerada inapta para os riscos associados à violência, e, impedida de assumir esses riscos, é posicionada como o Outro inessencial, o sujeito inadequado. É impossível para a mulher – na medida em que é mulher – desafiar a posição do homem como sujeito. Ele pode ser vulnerável perante outros homens, pode fracassar em sua tentativa de possuir o mundo no mundo dos homens. Mas entre as mulheres ele sempre tem a garantia do sucesso. A mulher não contestará o status do homem como sujeito, sendo estranha ao mundo dos riscos. Os riscos de se valorizar o vínculo são invisibilizados. Os riscos associados ao seu corpo – como os do parto, por exemplo – seriam impostos a ela por natureza. O erótico vivido explode esse mito do corpo passivo da mulher, torna os riscos do vínculo visíveis, e revela a equação patriarcal do risco, da violência e da subjetividade. O erótico vivido nos mostra que as vulnerabilidades da carne estão embutidas na nossa sexualidade; que essas vulnerabilidades são entrelaçadas na experiência existencial, imediata e certa da existência; e que elas estão espiraladas dentro da nossa condição humana sexualmente corporificada.

Contudo, mais do que fornecer os princípios de uma crítica, o erótico do *dois* oferece uma orientação ética e política positiva. Ele nos leva a formular uma ética baseada no princípio da generosidade – onde a abertura à alteridade recebe valor moral. O erótico do *dois* nos direciona para uma política onde os projetos de libertação e onde os julgamentos do bem e do mal afirmam nossa responsabilidade um com o outro, de modo a lembrarmos nossa vulnerabilidade um ao outro. O paradigma do único sujeito (o objeto [do homem] total e o objeto [da mulher] parcial), criado pelo casamento patriarcal, é substituído pelo paradigma do casal. Nesse paradigma, a generosidade da dádiva, mais do que as demandas por reconhecimento, constitui as formas como os objetos totais ambiguamente sexuados retornam si mesmos um ao outro.

Esse paradigma também questiona a suposição de que somente casais heterossexuais seriam legítimos. No modelo patriarcal, o casal funde a diferença sexual de objetos parciais em um objeto total completo. Como um casal heterossexual patriarcal, nós somos *um*. Já no modelo de Beauvoir, a diferença sexual deve ser recalculada. Tanto o homem quanto a mulher são objetos ambíguos totais que trazem ao casal sua diferença de alteridade. É difícil para nós imaginarmos a alteridade dessa forma, pois ela parece nos trazer de volta ao *um*. Mas Beauvoir nos direciona a pensar na ambiguidade onde o *dois* nunca se funde em *um*.

Quando eu tento imaginar a diferença sexual segundo Beauvoir, gosto de pensá-la como uma diferença erótica carnal, que não equivale à diferença sexual corporificada. A vagina e o pênis são somente uma maneira de encontrar o Outro erótico. Embora as discussões de Beauvoir sobre o casal em *O segundo sexo* falem na alteridade erótica em termos heterossexuais, creio que essas discussões levam para muito além do erótico heterossexual propriamente dito. Eu trago o retrato de Beauvoir sobre intencionalidade para as descrições dela sobre a contestação do erótico ao casal heterossexual patriarcal. Uma vez que faço isso, vejo que a diferença erótica que nos atrai para o drama da carne não pode ser equiparada à diferença entre homem e mulher. A diferença sexual heterossexual é somente uma das instâncias da alteridade. Com a generosidade receptiva do momento intencional originário, nós envolvemos o Outro em suas exuberantes proliferações. E o evento erótico registra tal exuberância. Com a permissão de falar em seu próprio registro, o evento erótico nem valida o roteiro patriarcal da alteridade heterossexual, nem legitima a demanda patriarcal de que o casal seja necessariamente heterossexual. Ele implode os significados patriarcais do erótico, transformando os significados e as experiências vividas da alteridade. Tal implosão repercute as maneiras como nós entendemos as diferenças de sexo/gênero. Repercute as maneiras como entendemos a alteridade erótica do *dois*.

Uma ética e uma política guiadas pelos princípios desse erótico, vivido da alteridade do *dois*, carregam duas injunções. Primeiro, que eu sou ordenado a assumir as tensões da minha ambiguidade. Segundo, que eu sou ordenado a não violar a vulnerabilidade do Outro. Juntas, essas injunções criam a abertura para um encontro entre nós – uma abertura que podemos chamar de "espaço de intersubjetividade generosa". Dentro do patriarcado, tal espaço é um lugar feminino. Assumindo o legado de Beauvoir, eu experimento com a possibilidade de transformá-lo – de um lugar reservado àquelas que se tornaram mulheres ao espaço da diferença sexual. E como tal, esse espaço de intersubjetividade generosa afirma o valor que a mulher como mulher representou por toda a era patriarcal: o valor do vínculo. Trata-se de um espaço que transforma esse valor feminino em um valor de diferença sexual e erótica. É um espaço que se recusa a permitir que o valor do vínculo seja corrompido pelas demandas de um sujeito comprometido com a intersubjetividade da violência e da violação. Um espaço que se recusa a permitir que esse valor se torne um valor sacrificial. Um espaço que rejeita a ideia de que aqueles que valorizam o vínculo sejam obrigados a se submeter às demandas daqueles que afirmam ser Deus. Um espaço que se recusa a subordinar aqueles que valorizam os riscos da transcendência do desvelamento àqueles que valorizam os riscos da transcendência do projeto. Recusa-se a determinar esses diferentes modos de transcendência como "masculino" ou "feminino". Recusa-se a apagar as diferenças sexuais pelas quais nós vivemos a ambiguidade do nosso desejo.

Ao entrarem na abertura da intersubjetividade generosa, homens e mulheres se permitem ser guiados pelas generosidades do evento erótico. Homens e mulheres abraçam as suas capacidades de passividade ativa. Assumem os riscos da carne, da dádiva e do vínculo. Testemunham contra os mitos e a política do *um* – que tornam duvidosa a existência da mulher ao testemunhar a experiência da certeza vivida do *dois*. Desafiam as injustiças dos mitos da feminilidade, praticando a justiça da ambiguidade e da diferença sexual.[11]

---

11 Para uma explicação convincente da forma como um lugar tradicionalmente feminino pode se tornar o local de uma transvaloração que conteste a injustiça, ver ELSHTAIN, Jean Bethke. "Mothers of the Disappeared: An Encounter with Antigone's Daughters". *In*: BASSIN, Donna; HONEY, Margaret; e MAHRER, Meryle. *Representations of Motherhood*. New Haven: Yale University Press, 1994.

# 13 Beauvoir e a biologia: uma segunda leitura

*Moira Gatens*[1]

Entre as muitas frases decididamente citáveis do *corpus* de Sigmund Freud, estão aquelas sobre o que uma menina supostamente diria quando visse pela primeira vez o pênis de um irmão ou de um coleguinha: "Ela julga e decide em um instante. Ela o vê, sabe que não o tem e quer tê-lo".[2] Ainda que um leitor generoso fosse concordar com a polêmica suposição de Freud, permanece a dúvida: o que a menina vê e julga em uma segunda, terceira ou até mesmo quarta vista? De acordo com Simone de Beauvoir, o que Freud pensa sobre o papel que a anatomia tem na formação da vida psíquica da mulher se baseia em um "modelo masculino", e a inveja "não poderia surgir de uma simples comparação anatômica". "Essa protuberância", continua Beauvoir, "esse frágil caule de carne só pode inspirar [na menina] indiferença ou até mesmo repulsa. A cobiça da menina, quando existe, resulta de uma valorização prévia da virilidade. Freud a encara como óbvia, quando seria necessário explicá-la".[3]

Sem considerar nada como óbvio, Beauvoir argumenta que, se as meninas julgarão ou não o pênis como invejável, "insignificante ou até mesmo risível" (*SS*, p. 300), dependerá de sua importância – de seu valor simbólico e social "dentro de suas vidas como um todo". De qualquer maneira, não importa a atitude que uma menina possa adotar, "é errado

---

1 Quero agradecer às seguintes pessoas pelos valiosos comentários e pela ajuda com as referências: Paul Patton, Linnell Secomb, Natalie Stoljar e Elisabeth Thomas. Meus agradecimentos a Claudia Card pela paciência e generosidade.

2 FREUD, Sigmund. "Some Psychical Consequences of the Anatomical Distinction Between the Sexes". *In*: *The Standard Edition of the Complete Psychological Works of Sigmund Freud*. James Strachey (trad. e org.). Londres: Hogarth, 1978 [1925], v. 19, p. 252.

3 BEAUVOIR, Simone de. *The Second Sex*. Trad. H. M. Parshley. Harmondsworth: Penguin, 1975, p. 73 (ênfase minha).

afirmar que tem a ver com um dado biológico" (*SS*, p. 307). Diferente de Freud, Beauvoir procura oferecer uma explicação abrangente dos desejos, das atitudes e dos julgamentos da menina ou da mulher, uma vez que estes são formados dentro da existência dela como um todo, sempre situada. Sendo leal à afirmação existencialista de que "a existência precede a essência", Beauvoir oferece a seguinte advertência aos leitores de *O segundo sexo*: "Quando eu emprego as palavras *mulher* ou *feminino*, obviamente não me refiro a nenhum arquétipo ou essência imutável que seja; deve-se subentender a frase 'no estado atual da educação e dos costumes' após a maioria das minhas afirmações" (*SS*, p. 31; ênfase no original). Aparentemente se esquecendo dessa advertência, ou talvez compreensivelmente confusos com o termo qualificador "após a *maioria* das minhas afirmações" (mas quais?), muitos dos que contribuíram para a avaliação crítica de *O segundo sexo* consideraram os comentários de Beauvoir sobre biologia, corpo feminino, e feminilidade como essencialistas e depreciativos.[4]

Este capítulo argumenta que, apesar do número crescente de comentários sobre Beauvoir e biologia, muitos críticos continuam ignorando elementos vitais na explicação dela sobre o papel exercido pela biologia no ser – ou, como ela insiste, no "tornar-se" mulher. Tais críticos interpretam de forma equivocada a visão de Beauvoir sobre a condição da mulher, e assim não conseguem notar a relevância contínua de sua filosofia para os leitores dos dias de hoje. Este capítulo se divide em quatro partes. Na primeira, eu considero os objetivos gerais de *O segundo sexo*, incluindo a principal pergunta de Beauvoir: por que a mulher ocupou o lugar do "Outro" na cultura e na história humana? Na segunda parte, ofereço uma explicação para a opinião de Beauvoir sobre a importância dos significados culturais da biologia, juntamente a uma avaliação crítica de alguns comentários feministas exemplares que interpretam essa visão como algo que favoreça um construcionismo social radical. A terceira parte questiona a suposição geral de que Beauvoir foi a mãe da distinção entre sexo e gênero, e eu sugiro ainda que as visões atuais dela sobre diferença sexual

4 Ver, por exemplo: OKELY, Judith. *Simone de Beauvoir: A Re-reading*. Londres: Virago, 1986, p. 89-99.

são mais complexas do que tal distinção binária permite. Por fim, eu argumento que a opinião de Beauvoir sobre biologia – em uma "segunda leitura" – pode resultar em uma visão do sujeito humano mais radical do que a visão que as feministas supunham que Beauvoir tivesse até então.

## A mulher como o "outro"

> Não sabemos se as mulheres ainda existem, se elas sempre existirão, ou se é desejável ou não que elas existam... (*SS*, p. 13)

Comentaristas de *O segundo sexo* costumam não notar até que ponto suas preocupações são motivadas pela ética. O objetivo do estudo é determinar o que é uma mulher, ou qual é a sua "situação" presente, e explorar o que ela pode se tornar, ou suas "possibilidades". No entanto, esse objetivo não é buscado em um vácuo. Não é uma busca desinteressada por conhecimento. Na verdade, *O segundo sexo* é movido por valores, especialmente o da liberdade, seu mais elevado valor. Mas também é movido pelo desejo de solidariedade, especialmente entre homem e mulher, e, afinal, por um apelo por emancipação. A dimensão ética que estrutura o texto fica clara em sua introdução. Ecoando os sentimentos de John Stuart Mill, Beauvoir escreve: "Eu tenho interesse nas fortunas do indivíduo definidas não em termos de felicidade, mas sim em termos de liberdade" (*SS*, p. 29). Ao rejeitar a felicidade como um indicador adequado do valor de uma vida – porque "não se sabe muito bem o que a palavra *feliz* significa e ainda menos quais valores autênticos ela pode mascarar" –, Beauvoir prefere favorecer a perspectiva de uma moral existencialista. A partir dessa perspectiva, "cada sujeito se coloca concretamente através de projetos que servem como um modo de transcendência; ele conquista a liberdade somente através de uma busca contínua por outras liberdades. Não existe outra justificativa para a existência presente além de sua expansão para um futuro indefinidamente aberto" (*SS*, p. 28-29).

A partir dessa perspectiva existencialista, o ser humano não tem uma natureza fixa, uma essência ou uma forma determinada de ser. Como se verá mais tarde, isso não significa que a biologia, a história e a cultura sejam irrelevantes para o que um ser humano pode se tornar. Mas tais elementos constitutivos da situação geral de uma pessoa não podem ditar *quais* significados, significâncias e valores serão escolhidos. O sexo biológico de um indivíduo pode ser experienciado como uma dádiva ou como um fardo; a cor da pele pode ser vivida como orgulho ou vergonha; e o status social pode ser vivido em resignação ou revolta. Para se entender o "ser" de uma mulher, deve-se oferecer uma explicação *tanto* para "o que a humanidade fez da fêmea humana" (*SS*, p. 69) *quanto* para como qualquer mulher individual se tornou o que ela é atualmente por meio do exercício de sua liberdade, visando formar atitudes e se comprometer com projetos diante de sua situação total. Para algumas mulheres, pode ser que a situação total na qual elas "se tornam mulher" seja tão restringida por fatores sociais, econômicos e históricos, que elas se veem impedidas de exercer sua liberdade. Esse é um caso de opressão. Contudo, em outras circunstâncias, um indivíduo pode consentir que o peso da liberdade de escolha seja carregado por outro, e nesse caso o indivíduo é moralmente culpado. Beauvoir considera ambos os casos como "um mal absoluto" (*SS*, p. 29). Uma das linhas dominantes em *O segundo sexo* é a sondagem de qual tipo de mal absoluto (opressão ou culpabilidade moral) caracteriza o caso da mulher. Previsivelmente, essa questão não tem uma resposta simples. A análise que Beauvoir faz da "mulher como o Outro", e da responsabilidade da mulher, ou não, por essa condição, não pode ser entendida sem alguma explicação sobre sua filosofia das relações intersubjetivas.

Em uma adaptação da filosofia de Hegel e de Sartre, Beauvoir mantém que "a categoria do *Outro* é tão primordial quanto a própria consciência" (*SS*, p. 16; ênfase no original). Ademais, "o sujeito só pode ser posto ao ser oposto – ele se coloca como o essencial, como oposto ao outro, o inessencial, o objeto" (*SS*, p. 17). No caso da diferença sexual, a oposição entre o eu e o outro é intensificada porque "a dualidade dos sexos, como toda dualidade, se traduz em um conflito" (*SS*, p. 21). Contudo, a hostilidade de cada sujeito em relação a cada outro sujeito não impede a possibilidade de "ser-com" (*Mitsein*) com os outros. Não há nada na ontologia humana que impeça relações recíprocas, embora tais relações sejam mantidas "às vezes em inimizade, às vezes em amizade, sempre em um estado de tensão" (*SS*, p. 93).

O quebra-cabeça para Beauvoir é entender por que as relações entre as mulheres e os homens se reificaram na posição oposicional, e por que a mulher foi trancada no polo subordinado do Outro, do inessencial, do objeto. Essa breve explicação da visão de Beauvoir sobre as relações intersubjetivas deveria servir para demonstrar até que ponto *O segundo sexo* é, primeiramente, um livro de ética – ou seja, um livro que tem a preocupação de investigar, em primeiro lugar, as responsabilidades morais dos sujeitos humanos livres; em segundo lugar, os males conjuntos da opressão e da cumplicidade com ela; em terceiro lugar, o escopo para a solidariedade entre sujeitos cuja posição primordial seja se oporem um ao outro e tentarem reduzir o Outro a uma coisa; e, por fim, investigar os meios pelos quais aqueles que foram objetificados e subordinados possam se libertar (e, por isso mesmo, também libertar seus opressores).

Dada essa interpretação de *O segundo sexo* como um projeto ético, a estrutura do livro pode ser entendida como uma tentativa de explicar os diversos elementos que constituem a situação da mulher como o "Outro". Também pode ser entendida como uma tentativa de explicar como essa situação consta na capacidade das mulheres de exercer a liberdade, e assim transformar a condição sócio-histórica que elas herdaram de suas antepassadas. O desfecho da análise de Beauvoir é sua afirmação de que o contorno da vida de uma mulher como indivíduo será estruturado, embora não determinado, pela situação biológica, econômica, histórica e cultural dela; pelas atitudes dos outros; e pelas características afetivas e inteligência criativa que ela traz para sua situação. Na análise final, nenhum desses fatores pode ser separado de forma significativa dos outros, e juntos eles formam os contornos que constituem o formato geral de uma vida.

## Biologia, o "corpo", e o construcionismo social

> A mulher, como o homem, é o seu corpo; mas seu corpo é outra coisa que não ela. (*SS*, p. 61; ênfase no original)

A estrutura existencial e fenomenológica que Beauvoir traz para sua análise da mulher impede a possibilidade de qualquer sugestão de que a natureza, o caráter ou a situação da mulher possa ser reduzida à constituição biológica dela. A liberdade humana é inexorável, e a biologia de uma pessoa não consegue oferecer nenhuma indicação do que alguém deveria escolher ou quais projetos deveria adotar. A capacidade de parir uma criança, mesmo a de ser mãe, não dita nem como "viver" tais capacidades ou papéis, nem o que se pode decidir fazer com a vida de alguém no futuro. Isso porque, para Beauvoir, um "existente não é nada além do que faz; o possível não supera o real, a essência não precede a existência; em pura subjetividade, o ser humano *não é nada*" (*SS*, p. 287; ênfase no original). Embora a biologia tenha um papel crucial na decisão da saúde, do sexo, da força, e até da longevidade de uma pessoa, ela não determina, e, de acordo com Beauvoir, nem consegue determinar, como esses fatores são interpretados ou como são vividos pelo sujeito livre. É por isso que Beauvoir pode, por um lado, afirmar que dados biológicos "são uma das chaves para a compreensão da mulher", e que "constituem um elemento essencial de sua situação", e, por outro, negar que "eles estabeleçam para ela um destino fixo e inevitável" (*SS*, p. 65).

A parte no livro I intitulada "Os dados da biologia" foi o foco de décadas de estridentes críticas ao suposto essencialismo de Beauvoir. Ao mesmo tempo, forneceu material para aqueles que interpretavam Beauvoir como uma construcionista social, e não é difícil entender por quê. Considerem as seguintes afirmações como um apoio para a primeira visão, essencialista:

> [...] a individualidade da fêmea é combatida pelos interesses da espécie [...] (*SS*, p. 57)
>
> Desde o nascimento, a espécie toma posse da mulher e tenta afirmar-se sobre ela. (*SS*, p. 58)
>
> Desde a puberdade até a menopausa, a mulher é o palco de uma peça que nela se desenrola e que não lhe diz respeito pessoalmente. (*SS*, p. 60)

> [...] aqui encontramos *a conclusão mais surpreendente dessa pesquisa*: a mulher, de todas as fêmeas de mamíferos, é ao mesmo tempo aquela mais profundamente alienada (sua individualidade é vulnerável a forças externas) e aquela que resiste de forma mais violenta a tal alienação; em nenhuma outra espécie, a escravização do organismo à reprodução é mais imperiosa ou aceita com mais relutância. (*SS*, p. 64; ênfase minha)

Essas afirmações parecem endossar uma visão da desvantagem biológica da mulher, e contar a história de uma relação intrinsecamente alienada entre o corpo feminino e a condição da mulher: "[...] seu corpo não é ela, é outra coisa" (*SS*, p. 61). Consideradas isoladamente, tais afirmações também apresentam um problema muito sério para a estrutura filosófica privilegiada por Beauvoir: a fenomenologia existencialista. Beauvoir cita a visão de Merleau-Ponty de que "eu sou o meu corpo", e de que o meu corpo pode ser comparado com "um esboço preliminar do meu ser total" (*SS*, p. 61, nota 10). Ela diz ainda que o corpo deve ser entendido como o "instrumento da nossa influência sobre o mundo" (*SS*, p. 65). E assim, onde fica a influência da mulher sobre o mundo, ou a identidade entre seu corpo e sua subjetividade? Para responder adequadamente a essa questão, é necessário lembrar que fatos brutos sozinhos não conseguem determinar a ação humana. Cabe ao próprio sujeito humano escolher como ler e como usar as cartas que recebeu na vida. Em algumas formas, o jogo de cartas é uma boa metáfora para a situação do sujeito humano, que não pode determinar as convenções que regem o jogo, o valor das cartas, ou a mão que recebe, mas ainda assim é livre para escolher como joga o jogo. Sofrerá uma derrota antecipada se sentir que recebeu uma mão ruim, ou a interpretará como um desafio? Jogará um jogo "seguro" ou audacioso? É através das atitudes que ela forma, e da maneira de exercer sua liberdade, que a mulher decidirá como seu corpo é vivido.

Agora, considere as seguintes afirmações, que apoiam a segunda visão construcionista social:

> [...] os fatos não podem ser negados, mas em si não têm sentido. Uma vez que nós aceitamos a perspectiva humana, interpretando

> o corpo com base na existência, a biologia se torna uma ciência abstrata; sempre que o dado fisiológico (como a inferioridade muscular) assume um significado, esse significado logo é visto como dependente de todo um contexto. (*SS*, p. 66-67)
>
> [...] não é na fisiologia que os valores podem ser baseados; são os dados da biologia que assumem os valores que o existente lhes confere. (*SS*, p. 68-69)
>
> Portanto, é à luz de um contexto ontológico, econômico, social e psicológico que devemos esclarecer os dados da biologia. (*SS*, p. 69)
>
> Não é a natureza que define a mulher; é ela que se define retomando a natureza em sua afetividade. (*SS*, p. 69)

Não é fácil saber como equilibrar os dois tipos de afirmação. É claro, existe a tentação de remover a ambiguidade, fazendo uma leitura seletiva, enfatizando um conjunto de afirmações em detrimento do outro. Essa foi a tendência nos estudos feministas sobre Beauvoir e a biologia, uma tendência que eu abordo abaixo.

A falta de clareza do pensamento de Beauvoir convida a esse tipo de leitura feminista insatisfatória do "ou/ou". Tais interpretações *ou* insistem no construcionismo social de Beauvoir – porque a ambiguidade parece sumir quando se defende um valor "absoluto" (no que diz respeito à vida humana, não existem "verdades absolutas") – *ou* entendem os comentários negativos de Beauvoir sobre a corporeidade feminina como uma evidência constrangedora de seu "essencialismo" e de sua incapacidade de escapar de avaliações misóginas do corpo feminino.[5]

Em um revolucionário ensaio, publicado originalmente em 1986, Judith Butler ofereceu uma interpretação de *O segundo sexo* que influenciou muito toda uma geração a tentar teorizar a "mulher" e "o corpo".[6] Os processos pelos quais se torna mulher, de acordo com Butler, não têm

5 Para uma explicação abrangente da recepção de *O segundo sexo* pelas feministas da "segunda onda", ver PILARDI, Jo-Ann. "Feminists Read *The Second Sex*". *In*: SIMONS, Margaret A. (org.). *Feminist Interpretations of Simone de Beauvoir*. University Park, PA: Pennsylvania State University Press, 1995, p. 29-43.

6 BUTLER, Judith. "Sex and Gender in Simone de Beauvoir's *Second Sex*". *In*: FALLAIZE, Elizabeth (org.). *Simone de Beauvoir. A Critical Reader*. Londres e Nova Iorque: Routledge, 1998, p. 29-42. Outras referências a esse artigo aparecerão entre parênteses no texto.

a ver com os dados da biologia feminina, mas sim com a interpretação e os valores sociais. Considere a polêmica frase de Butler, de que, "se ser mulher é uma interpretação cultural do ser fêmea, e se essa interpretação não exige de forma alguma que se seja fêmea, então parece que o corpo feminino é o *locus* arbitrário do *gênero* 'mulher'" ("Sex and gender", p. 30; ênfase minha). Ao considerar que o "corpo como situação" é a palavra definitiva na explicação de Beauvoir para a subjetividade humana, Butler argumenta que "o corpo é um *campo de possibilidades interpretativas* [...] um elo entre cultura e escolha" ("Sex and gender", p. 38; ênfase no original). Ela entende que esse campo interpretativo envolve dois aspectos: primeiro, que o corpo é "um *locus* de interpretações culturais"; segundo, que o corpo também é "a situação de ter de assumir e interpretar esse conjunto de interpretações recebidas" ("Sex and gender", p. 38). Visto que Butler interpretou que, para Beauvoir, "mulher" deveria ser entendido como um gênero (culturalmente variável), pode-se dizer que "nós nos tornamos os nossos gêneros, não os nossos corpos" ("Sex and gender", p. 32).

Algo deu errado nessa explicação do "corpo como situação" – ao menos na medida em que pretende ser uma leitura de Beauvoir. Há dois pontos que requerem uma análise mais profunda. Primeiro: Beauvoir defende que o corpo feminino é o *locus* arbitrário do "gênero" mulher? Segundo: é viável manter que a situação corporificada da mulher equivale a uma série de (re)interpretações (ou "cultura e escolha") contínuas? Em cada um desses casos, as visões de Beauvoir só contam parte da história. Primeiramente, a ideia de que a relação entre a experiência vivida da mulher e o corpo feminino seja arbitrária é diretamente contradita por Beauvoir. Ela defende que, apesar da variabilidade cultural ou histórica nas interpretações da diferença sexual, sempre permanecerá uma certa relação entre o corpo feminino e a condição da mulher. Por exemplo, o erotismo da mulher e, portanto, seu mundo sexual têm uma forma especial própria, e assim não podem deixar de gerar uma sensualidade, uma sensibilidade, de natureza especial. Isso significa que as relações dela com o próprio corpo, com o corpo do macho, e com a criança nunca serão idênticas às relações que o homem tem com o próprio corpo, com o da fêmea, e com a criança (*SS*, p. 740).

Embora seja um erro exagerar na interpretação dessa passagem, Beauvoir certamente está reivindicando um elo entre a especificidade do corpo feminino, suas capacidades, e a forma como a condição da mulher será vivida em *qualquer* e *cada* situação sócio-histórica. Defender que as capacidades do corpo – entendidas em termos naturalistas ou biológicos – sempre requerem interpretação, como Beauvoir defende, não significa o mesmo que defender que o corpo em si seja uma interpretação ou uma construção social pura. Butler tem razão ao argumentar que "'ser' fêmea e 'ser' mulher são dois tipos muito diferentes de ser" ("Sex and gender", p. 31). Contudo, o salto para a afirmação de que só existe uma relação arbitrária entre o corpo feminino e o "gênero" mulher não pode ser facilmente justificado como uma leitura de Beauvoir. Ademais, como eu ainda argumentarei, Beauvoir não entende de forma alguma que "mulher" seja uma categoria de *gênero*.[7]

Em segundo lugar, interpretar a explicação de Beauvoir do corpo como situação em termos de "um campo de possibilidades interpretativas" (ou como um elo entre cultura e escolha) não consegue cuidar suficientemente da seriedade com a qual Beauvoir trata o materialismo histórico e o aspecto econômico. As condições econômicas de qualquer sociedade – o meio pelo qual ela reproduz suas condições materiais de existência – são um elemento crucial na situação de seus membros. No caso da "horda primitiva" ou dos "nômades", que Beauvoir trata no livro I, o *fato* das capacidades reprodutivas da mulher e o *fato* da força superior do homem são o que inevitavelmente se torna socialmente significativo. Diferenças sexuais situadas constituem as condições que requerem interpretação. Em algumas condições, o custo físico para as mulheres de suas capacidades reprodutivas pode torná-las incapazes de se sustentar adequadamente ou de sustentar seus filhos. Beauvoir se refere a tais condições

7 Outras teóricas fizeram essa argumentação, sendo a mais surpreendente Stella Sandford, que pergunta: "Existe uma distinção entre sexo e gênero em *O segundo sexo*?". Ela responde que "a noção de 'mulher' em *O segundo sexo* não é simplesmente traduzível na categoria de 'gênero', de fato [...] ela atravessa ou problematiza a distinção tradicional entre sexo e gênero" (SANDFORD, Stella. "Contingent Ontologies: Sex, Gender and 'Woman' in Simone de Beauvoir and Judith Butler". *Radical Philosophy*, v. 97, set./out. 1999, p. 21). Muito obrigada a Elisabeth Thomas por me apresentar esse artigo.

como aquelas em que "temos um primeiro fato muito carregado de consequências" (*SS*, p. 94). Quanto menos domínio uma sociedade tem sobre seu ambiente, mais limitada será a gama de possíveis interpretações das diferenças biológicas entre os sexos. Além do mais, o corpo sofrerá as consequências dos valores que são atribuídos a ele, formando assim um *loop* interativo entre corpos e valores. Certamente, não é uma questão de mera interpretação quando uma sociedade prefere alimentar meninos no lugar de meninas em tempos de fome, tendo como resultado saúde e longevidade superiores para os homens. O poder que os valores sociais têm de influenciar o bem-estar material dos indivíduos, e portanto suas oportunidades de vida, é certamente uma das razões pelas quais Beauvoir afirma que a opressão é "um mal absoluto".

A explicação histórica geral dada por Beauvoir para a civilização humana pretende mostrar que, em algumas circunstâncias, as diferentes biologias do homem e da mulher inevitavelmente assumirão significados sociais de imensa importância. Seu argumento em *O segundo sexo* não é de que o corpo natural não tenha influência sobre valores sociais, ou de que seja um "valor absoluto". Seu argumento, na verdade, diz respeito às mulheres no Ocidente em meados do século XX, e às possibilidades abertas a elas de criarem um novo futuro para além do que Beauvoir entende como os "fatos históricos" de suas condições passadas de existência. Ela insiste que um fato histórico não consegue estabelecer "uma verdade eterna; ele só pode indicar uma situação que seja histórica na natureza exatamente por estar passando por mudanças" (*SS*, p. 723).

Assim como Butler, Julie K. Ward faz uma contribuição significativa para os estudos sobre Beauvoir ao articular cuidadosamente os dois sentidos de "corpo" que ela encontra em *O segundo sexo*. Ward tem a preocupação de se dirigir a críticos que interpretem a explicação de Beauvoir do corpo feminino como essencialista. Ela avisa que, ao ler *O segundo sexo*, ela seguirá o princípio heurístico de procurar um significado mais profundo, capaz de conciliar afirmações aparentemente contraditórias. Os dois sentidos de "corpo" que Ward encontra em *O segundo sexo* são: primeiro, "o corpo concebido como matéria inerte, 'uma coisa'"; e, segundo, o corpo como "situação", ou seja, a forma como "o corpo físico é experienciado, dadas as condições sociais e econômicas".[8] Essa distinção certamente está presente na análise de Beauvoir, e serve para desafiar qualquer visão que afirme deduzir o papel ou a condição de uma mulher a partir de suas capacidades biológicas. Ao mesmo tempo, essa distinção é usada para articular como algumas dessas capacidades podem ser realçadas ou restringidas por condições econômicas e sociais.[9] No entanto, ela não justifica a afirmação de que, juntamente ao gênero, "o corpo em si é socialmente construído" ("Two senses of 'Body'", p. 226). Tampouco sustenta a visão "de que não existe corpo natural" ("Two senses of 'Body'", p. 238). Quando confrontada com o problema do "ou/ou" – seja o construcionismo social ou o essencialismo –, Ward, assim como Butler, opta por um dos lados (o construcionismo social) em detrimento do outro.

As interpretações de Beauvoir pelo viés do construcionismo social se baseiam em afirmações como "o corpo não é uma *coisa*, *é* uma situação" (*SS*, p. 66; ênfase no original). Essa afirmação ocorre no contexto das reflexões de Beauvoir sobre as possibilidades e capacidades da mulher em contraste com o que ela atualmente é ou foi. No contexto do essencialismo, isso pode parecer hipócrita, considerando que um sujeito é e deveria ser julgado pelo que faz, não pelo que poderia fazer. Mas, na medida em que o existencialismo tem a ver com o sujeito livre, "um ser que é transcendência e superação, nunca se pode encerrar as contas" (*SS*, p. 66). É nesse contexto que Beauvoir ainda acrescenta:

> Entretanto, dirão, na perspectiva que eu adoto – a de Heidegger, Sartre e Merleau-Ponty –, que, *se* o corpo não é uma coisa, é uma

8 WARD, Julie K. "Beauvoir's Two Senses of 'Body' in *The Second Sex*". *In*: SIMONS, Margaret A. *Feminist Interpretations*, *op. cit.*, p. 231. Outras referências a esse artigo aparecerão entre parênteses no texto.

9 Seigfried coloca bem isso, argumentando que, para Beauvoir, "Embora os valores e o significado assumam e transformem os fatos biológicos, tais fatos por sua vez exercem uma função limitante sobre a gama de opções disponíveis. Para os humanos, a escolha é decisiva, porém ela não funciona em um vácuo, mas sim funciona vinda de situações reais" (SEIGFRIED, Charlene Haddock. "Second Sex: Second Thoughts". *In*: AL-HIBRI, Azizah Y.; SIMONS, Margaret A. (orgs.). *Hypatia Reborn: Essays in Feminist Philosophy*. Bloomington, IN: Indiana University Press, 1990, p. 318).

> situação: é o instrumento da nossa influência sobre o mundo, *o esboço dos nossos projetos*. A mulher é mais fraca que o homem, tem menos força muscular, menos glóbulos vermelhos, menor capacidade respiratória, corre mais devagar, levanta menos peso, não consegue competir com o homem em praticamente nenhum esporte; não consegue enfrentá-lo em uma briga. A toda essa fraqueza devem ser somadas a instabilidade, a falta de controle e a fragilidade já discutidas: *estes são fatos*. (*SS*, p. 69; ênfase minha)

É claro, Beauvoir segue argumentando que tais fatos não carregam significados fixos – os atos livres de indivíduos, as escolhas feitas na sociedade, e os contextos materiais da vida são o que determinará a importância deles. Além disso, os próprios fatos não são estáveis: na vida contemporânea, nós estamos começando a ver que enorme diferença pode fazer para as conquistas esportivas das mulheres quando elas conseguem desfrutar de oportunidades, nutrição e treinamento similares aos dos homens. O argumento de Beauvoir é que, do ponto de vista do existente livre, ciente de si mesmo e de sua situação, os fatos não têm qualquer força para determinar que ele faça ou se torne este ou aquele sujeito – pois, como ela defende, "o ser humano *não é nada*" (*SS*, p. 287; ênfase no original), ao que poderíamos acrescentar: "[...] fora o que ela faz livremente de si mesma, considerando os fatos de sua existência". Mesmo no contexto de discussão sobre biologia, feminilidade e condição da mulher, Beauvoir tem a dimensão ética do existencialismo firme no lugar.

Para ela, "tornar-se mulher" não envolve elementos de escolha e interpretação. Isso pois o existente humano sempre existe dentro de uma cultura particular, com aspectos econômicos, históricos e sociais específicos, os quais devem ser negociados. Entender a diferença sexual em termos de gênero, performatividade, interpretação e escolha é somente parte da história ambígua de Beauvoir, porque, para ela, a história inteira envolveria compreender o "tornar-se mulher" como um projeto ético – um projeto que é necessariamente uma ética da *ambiguidade*.[10]

10 Claudia Card argumenta de forma similar quando sugere que se pense a respeito da orientação sexual em termos de autenticidade e responsabilidade, no contexto dos comentários de Beauvoir sobre "atitudes lésbicas" em *O segundo sexo*. Ver CARD, Claudia.

## A distinção entre sexo e gênero, e o conceito de mulher

> A divisão dos sexos é um dado biológico, não um momento da história humana. (*SS*, p. 19)

Muitos veem Beauvoir como a mãe da distinção entre sexo e gênero – ou seja, a distinção que permite separar o inato do adquirido ao propor que a natureza biológica (ou *sexo*) da mulher é uma coisa, e que a identidade socialmente construída (ou *gênero*) é outra. Por exemplo, Butler argumentava que a famosa fala de Beauvoir – "Não se nasce mulher, torna-se mulher" – "distingue o sexo do gênero e sugere que o gênero é um aspecto da identidade que se adquire gradualmente" ("Sexo e gênero", p. 30). Contudo, apesar das leituras oferecidas por Butler e outras, é improvável que Beauvoir entendesse "mulher" em termos de *gênero*.[11] Se por acaso Beauvoir fosse fazer uma distinção entre sexo e gênero, há muita evidência em *O segundo sexo* que sugere que ela teria feito essa distinção de uma forma diferente da adotada pelo feminismo contemporâneo. Não é a mulher ou as mulheres o que Beauvoir identifica como categorias de gênero em todo *O segundo sexo*, mas sim a feminilidade – ou seja, os modos de comportamento, aspectos e valores típicos que convencionalmente diferenciam a mulher do homem. As características típicas que Beauvoir observa em todo o seu estudo incluem dependência, passividade, fraqueza, docilidade, "limpeza", narcisismo, inferioridade,

---

"Lesbian Attitudes and *The Second Sex*". *In*: AL-HIBRI e SIMONS, *op. cit.*, p. 290-99. Ver também MOI, Toril. *Simone de Beauvoir: The Making of an Intellectual Woman*. Oxford: Blackwell, 1994, cap. 6 (no qual Moi argumenta sobre a importância do papel da ambiguidade em *O segundo sexo*).

11 Para complicar a questão, existe um problema de tradução em jogo aqui. Várias teóricas apontaram para o fato de que em francês não há termos diretos para traduzir "sexo" e "gênero". Sandford ("Contingent Ontologies"), por exemplo, escreve: "Em *O segundo sexo*, é possível encontrar as palavras *sexe* (obviamente), *la femme* ou *les femmes* (a mulher ou as mulheres), *la féminité* (a feminilidade, substantivo), *féminin/féminine* (adjetivo) e *la femelle* ou *les femelles* ("a fêmea" ou "as fêmeas"), e também *femelle* como adjetivo, geralmente junto da palavra *humaine* – ou seja, em expressões como 'a fêmea humana'". Ver também MOI, Toril. *Sexual/Textual Politics*. Londres: Methuen, 1985, p. 97 – tal obra entende que esse problema de tradução tem consequências políticas importantes para a recepção dos "feminismos franceses" em contextos anglófonos.

timidez, coquetismo e impotência. Não é simplesmente a mulher ou simplesmente o corpo feminino o que ela deseja criticar. Beauvoir deseja criticar os modos (generificados) de ser que se atrelam à mulher (entendida tanto como "símbolo" quanto como "existente concreto individual") e que se atrelam ao corpo feminino (a "base" material para o existente). Esses modos de ser atuam para privar a mulher da oportunidade de se tornar um sujeito ético e autêntico. Tal privação funciona através do confinamento forçado dela ao polo negativo da autoconcepção positiva do homem. E funciona ao negar à mulher simbolicamente e de fato o acesso à concepção (supostamente neutra) do que significa ser um sujeito humano livre. Outro nome para essa privação é opressão. Se a mulher tem os meios para se libertar desse confinamento social e histórico mas não age, então ela se torna cúmplice de sua própria opressão e é moralmente culpada. Por isso, para Beauvoir, "tornar-se mulher" – pelo menos para mulheres que vivem no Ocidente em meados do século XX e depois – é um processo inevitavelmente ético.

Segundo explicação de Beauvoir, é a feminilidade em si – ou, pelo menos, a feminilidade constituída sob condições opressivas – que deveria ser abandonada. Ela deixa claro seu ponto de vista na conclusão de *O segundo sexo*, onde observa que a briga entre os sexos "continuará enquanto homens e mulheres não conseguirem se reconhecer como iguais; ou seja, *enquanto a feminilidade for perpetuada como tal*" (*SS*, p. 727-728; ênfase minha). É a feminilidade, e não a mulher, que é o *locus* apropriado do gênero e alvo das farpas de Beauvoir, porque ela entende a feminilidade socialmente sancionada em termos de "mutilação" (*SS*, p. 429). A feminilidade é "mutiladora" porque nega às mulheres a oportunidade de elas exercerem suas capacidades *humanas* de escolha. A psicanálise, por exemplo, demonstra um viés desse tipo contra as mulheres quando aceita de forma acrítica "as categorias masculina e feminina como a sociedade as define atualmente". Beauvoir diz ainda:

> Sempre que ela se conduz como ser humano, declara-se que ela se identifica com o macho. Suas atividades esportivas, políticas e intelectuais, seu desejo por outras mulheres, são todos interpretados

> como um "protesto viril"; a recusa comum de levar em conta os valores que ela almeja, ou de se transcender, evidentemente leva à conclusão de que ela está, como sujeito, fazendo uma escolha inautêntica. (*SS*, p. 428)

"O principal mal-entendido subjacente a essa linha de interpretação", retorque Beauvoir, "é que se admite como *natural* para o ser humano fêmea se fazer uma mulher *feminina*" (*SS*, p. 428; ênfase no original). Supostamente são suas visões sobre a feminilidade que explicam sua confusa aprovação da "mulher 'moderna' [que] aceita os valores masculinos" (*SS*, p. 727). Ou seja, onde os homens audaciosamente ocuparam tanto o polo masculino quanto o meio-termo neutro e humano, é certo que as mulheres deveriam tomar de volta esses valores, que expressam a atividade e a transcendência, como valores que também são apropriados para elas.

Então há pelo menos três termos em ação em *O segundo sexo*: o "ser humano fêmea"; a "feminilidade"; e "mulher". Beauvoir diz algumas coisas surpreendentes sobre as conexões entre esses termos – coisas que contestam uma divisão nítida entre sexo e gênero. Por exemplo, em sua discussão sobre a mulher pós-menopausa, ela escreve: "[...] ela não é mais vítima de forças esmagadoras; ela é ela mesma, ela e seu corpo são um. Às vezes se diz que mulheres de uma determinada idade constituem 'um terceiro sexo'; e, na verdade, embora elas não sejam machos, *elas não são mais fêmeas*" (*SS*, p. 63; ênfase minha). Claramente existe muito mais ambiguidade na explicação de Beauvoir sobre "o segundo sexo" do que alguns comentaristas reconhecem. A Tabela 1 tenta capturar pelo menos cinco formas diferentes nas quais Beauvoir descreve a existência como fêmea, como feminina e como mulher. Mas é claro que pode haver outras permutações que a tabela não consegue refletir (ou que ela não menciona). O valor nas fileiras registra a presença ou ausência em cada indivíduo (1-5) das três características que encabeçam cada coluna. A fileira 1 descreve uma fêmea humana biológica que é feminina e que atende aos critérios normativos para a condição da mulher atuais em sua situação cultural e histórica. A fileira 2 descreve uma fêmea humana biológica que não é feminina, mas que ainda assim se identifica e é identificada pelos outros como mulher. A fileira 3 descreve uma mulher humana biológica que não é feminina e que não se identifica, nem é identificada pelos outros, como mulher. A fileira 4 descreve uma mulher pós-menopausa que é feminina e que se identifica e é identificada pelos outros como mulher. Ou seja, aquelas que ocupam a fileira 1, e que vivam o suficiente, com o tempo inevitavelmente ocuparão a fileira 4. (Pode haver quem queira argumentar que certos indivíduos transgênero também pertencem a essa fileira.) A fileira 5 descreve uma mulher pós-menopausa que não é feminina, mas que ainda assim se identifica e é identificada pelos outros como mulher. Ou seja, aquelas que ocupam a fileira 2, e que vivam o suficiente, com o tempo inevitavelmente ocuparão a fileira 5.

Tabela 1 – *Estados de existência*

| Fêmea | Feminina | Mulher |
|---|---|---|
| 1. Sim | Sim | Sim |
| 2. Sim | Não | Sim |
| 3. Sim | Não | Não |
| 4. Não | Sim | Sim |
| 5. Não | Não | Sim |

É difícil ver como a noção de "mulher" na Tabela 1 pode ser entendida em termos de distinção entre sexo e gênero. Ao mesmo tempo, parece ser o caso, como mencionado acima, que o corpo feminino tem de fato um papel crucial a exercer no que significa se tornar mulher. Se a distinção entre sexo e gênero é uma comparação inapropriada a se impor ao *O segundo sexo*, o que constituiria uma leitura feliz de "tornar-se mulher"? Tal leitura claramente deve tratar com o devido respeito a importância da biologia; os significados, as interpretações e os valores, tanto culturais quanto pessoais, atrelados à biologia; os elementos psicológicos, fenomenológicos e comportamentais de ser "feminina"; e, por fim, a existente humana livre situada, que é designada "mulher".

Em um artigo recente que aborda o notório problema do "essencialismo" na teoria feminista contemporânea, Natalie Stoljar oferece uma explicação engenhosa e muito promissora da mulher como um "conceito de agrupamento".[12] Stoljar não está diretamente preocupada com Beauvoir ou com *O segundo sexo*, mas os problemas que ela aborda em grande parte nascem das formas problemáticas como esse texto foi interpretado. Além disso, a teoria de Stoljar para a mulher como um "conceito de agrupamento" trata com o devido respeito o *desiderato* listado acima.

Stoljar deriva a ideia de um conceito de agrupamento da noção de Wittgenstein de semelhanças de família – ou seja, a ideia de que algumas coisas no mundo, embora não idênticas, se assemelham o suficiente para receber uma designação em comum. O exemplo preferido de semelhança de família é o do conceito de "jogo", que pode incluir uma diversidade de atividades (pular, correr) e de objetos (raquetes de tênis, bolas de futebol, peças de xadrez), mas que ainda assim constitui uma prática reconhecivelmente comum. A explicação de Stoljar para "mulher" como um conceito de agrupamento é composta por quatro elementos gerais:

> Primeiro: a condição de mulher é atribuída com base no sexo feminino. O sexo feminino inclui as características de uma fêmea humana (cromossomo XX, características sexuais, e morfologia geral) e outras características corporais como modo de andar ou timbre de voz. Segundo: uma gama de aspectos fenomenológicos de como se *sente* uma mulher, ou que são tipicamente associados à mulher, sensações físicas como cólicas menstruais [...] a fenomenologia também inclui sentimentos que são produto de fatores sociais, como [...] medo de estupro. Terceiro: há papéis tais como o uso de indumentária típica feminina, ou opressão com base no sexo [...] Por fim, há autoatribuições e atribuições do outro [...] chamar a si mesma de mulher e ser chamada de mulher. (STOLJAR, Natalie. "Essence, Identity", p. 283-84; ênfase no original)

Assim como qualquer jogo não precisa satisfazer todos os elementos que entrem no conceito de "jogo", não é necessário que toda mulher

12 STOLJAR, Natalie. "Essence, Identity, and the Concept of Woman". *Philosophical Topics*, 23 (2): 261-94, 1995. Outras referências a esse artigo aparecerão entre parênteses no texto.

como indivíduo satisfaça todos os elementos do conceito de "mulher". Stoljar lista cinco vantagens do modelo que apresenta. Primeiro: embora o seu conceito de "mulher" envolva crucialmente a biologia feminina, não é necessário que toda mulher como indivíduo satisfaça essa condição, contanto que ela satisfaça o suficiente dos demais elementos. Como explica Stoljar, tratar a mulher "como um conceito de agrupamento explica tanto por que o sexo feminino é centralmente importante para a noção de mulher, quanto como os indivíduos podem ser mulheres sem serem do sexo feminino" ("Essence, Identity", p. 285). Segundo: ser mulher se torna uma questão de grau nesse modelo. Terceiro: ser mulher não é entendido totalmente como uma questão de relações sociais – ou "valores absolutos" –, já que permite um papel para o "corpo natural" e para a diferença sexual biológica. Quarto: o conceito de agrupamento pode explicar como mulheres de contextos muito diferentes podem ainda assim se identificar umas com as outras com base em "similaridades sentidas", sem negar as reais diferenças (como classe, raça, idade, sexualidade, etnia) que dividem as mulheres. Por fim, em quinto lugar: embora a classe ou o tipo "mulher" seja de fato uma classe de semelhança, ainda assim ela inclui muitos elementos construídos, sendo portanto um conceito passível de revisão. No contexto de *O segundo sexo*, pode-se dizer que "mulher" é um conceito que envolve um "tornar-se".

O tratamento inovador de Stoljar para o termo "mulher" como um conceito de agrupamento é uma forma mais produtiva de interpretar as visões de Beauvoir sobre a "mulher" em *O segundo sexo*. Ele cobre totalmente a noção de "situação" e assim empresta coerência ao conceito de "mulher", sem negar a diversidade de situações nas quais a mulher como indivíduo afirma suas liberdades. A forma como ela trata o termo "mulher" inclui fatos biológicos, mas não o faz de forma reducionista.[13] No entanto, Stoljar não está diretamente preocupada com as questões que dominam *O segundo sexo*, e a sua noção de mulher como um "conceito

13 De fato, Stoljar admite prontamente o personagem transgênero Dil, do filme *The Crying Game*, dentro do tipo "mulher" (ainda que Dil preencha as condições um tanto marginalmente).

de agrupamento" só tem implicações indiretas para o "tornar-se mulher" como um projeto ético. A parte final deste capítulo retorna a essa questão.

## Biologia, ambiguidade e ética

> A ciência considera o caráter como uma reação secundária a uma *situação*. (*SS*, p. 14; ênfase no original)

Eu sugeri que aspectos importantes da "filosofia da mulher" de Beauvoir, que são relevantes para a mulher de hoje, foram desconsiderados em interpretações contemporâneas de *O segundo sexo*. Argumentei que o debate entre essencialismo e construcionismo social, que rastreia a distinção entre sexo e gênero, ofuscou as dimensões éticas da explicação de Beauvoir para o "tornar-se mulher". Em parte, debates como este foram muito dominantes no feminismo contemporâneo por se entender com frequência que as explicações naturalistas ou biológicas da natureza humana cancelam a liberdade humana e a agência social. Mas está claro que Beauvoir não compartilhava dessa visão sobre a natureza ou a biologia. Para ela, a situação do existente era composta tanto por fatos quanto por valores, tanto por natureza quanto por cultura, e tanto por biologia quanto por consciência.

A epígrafe desta parte sugere que Beauvoir tinha ciência das formas interdependentes como os dois termos de cada par (fatos/valores; natureza/cultura) podem ser entendidos. Ademais, sua perspectiva filosófica era declaradamente antidualista. Talvez mais importante ainda seja o fato de que o incessante jogo entre os dois termos de um par, como natureza e cultura, é o que constitui a nossa situação sempre como ambígua – algo que envolve um "tornar-se" livre, em vez de um mero "ser". Devolver essa ambiguidade essencial a *O segundo sexo* abre-o para pesquisas contemporâneas na biologia, as quais corroboram o caráter essencialmente indeterminado do complexo natureza-cultura. Susan Oyama, por exemplo, introduziu o termo *interacionismo construtivista* para descrever sua visão de que organismos e seus ambientes se desenvolvem codependentemente e se codefinem. Ela vê a natureza "como um resultado, não uma condição inicial; múltipla, não unitária; e indissociável de circunstâncias particulares de desenvolvimento".[14] Para Oyama, "os organismos organizam seu entorno mesmo quando são organizados por ele".[15] Essa ideia desafia a visão de que, onde há vida humana envolvida, a natureza sempre já é cultura, ou a visão de que não existe corpo natural, justamente porque dizer essas coisas dá continuidade a uma visão dualística da vida que (parte da) ciência contemporânea rejeita.[16]

Charlene Seigfried sugeriu que a noção de Beauvoir para "o corpo não como uma coisa, mas como uma situação, [fornece] um modelo melhor não somente para explicações culturais, como também para explicações biológicas" – e ela cita alguns trabalhos feministas promissores em biologia evolucionária contemporânea que estariam na direção certa.[17] Embora Seigfried tenha dúvidas de que as pesquisas da própria Beauvoir em ciências biológicas tenham grande valor hoje, ainda há muito a ser elogiado nas caracterizações feitas por ela sobre todos os domínios do conhecimento humano. Por exemplo, ela sempre assumiu a postura da modéstia epistêmica – existem fatos, é claro, mas esses fatos estão constantemente passando por mudanças; existem verdades, mas essas verdades não são estáticas. Devolver essa ambiguidade essencial à condição humana também envia as preocupações éticas de *O segundo sexo* de volta ao palco central.

Beauvoir mostra como a situação da mulher – sua biologia, sua história, seu contexto econômico, social e simbólico, *e* o desejo do homem de ser sujeito soberano[18] – se compôs para fazer dela "o Outro".

---

14 OYAMA, Susan. *The Ontogeny of Information: Developmental Systems and Evolution*. Durham, NC: Duke University Press, 2000, p. 125.

15 *Ibidem*, p. 169.

16 OYAMA, Susan. *Evolution's Eye: A Systems View of the Biology-Culture Divide*. Durham, NC: Duke University Press, 2000, p. 180-81.

17 Ver SEIGFRIED, Charlene. "Second Sex: Second Thoughts", *op. cit.*, p. 311. Nancy Tuana ofereceu uma perspectiva similar sobre a necessidade de o feminismo contemporâneo ir além da posição "ou/ou" do essencialismo versus construcionismo. Ela escreve: "Precisamos desenvolver estruturas que nos permitam ver a adaptação biológica e a adaptação cultural como processos interdependentes. As inovações culturais podem ter consquências biológicas, que por sua vez podem ter consequências culturais, e assim por diante" (TUANA, Nancy. "Refusing Nature/Nurture". *In*: AL-HIBRI e SIMONS, *op. cit.*, p. 84-85).

18 Este capítulo não considerou as responsabilidades éticas dos homens em relação à situação das mulheres. Beauvoir é muito clara nessa questão – os homens são cúmplices

As questões que ela coloca para os leitores na introdução – "Como pode um ser humano na condição da mulher alcançar a realização? Quais caminhos estão abertos para ela? Quais estão bloqueados? Como recuperar a independência em um estado de dependência? Quais circunstâncias limitam a liberdade da mulher e como elas podem ser superadas?" (*SS*, p. 29) – atuam como incentivos para se libertar do papel de "Outro" e ir além do presente "para um futuro indefinidamente aberto" (*SS*, p. 29). Não se pode saber com antecedência quais são as possibilidades futuras da mulher, porque não existe nenhuma verdade (fixa). E quem sabe disso melhor do que ninguém é a mulher.

> A mulher não pensa positivamente que a verdade seja algo *além* do que os homens afirmam; antes, ela reconhece que a verdade *não existe*. Não é somente a natureza mutável da vida o que a faz desconfiar do princípio da identidade, nem são os fenômenos mágicos que a cercam o que destrói a noção da causalidade. É no coração do mundo masculino em si, é em si mesma pertencente a esse mundo, que ela se depara com a ambiguidade de todos os princípios, de todos os valores, de tudo que existe. (*SS*, p. 624; ênfase no original)

Talvez o significado, sem falar na verdade, de *O segundo sexo* sempre envolva uma incompletude necessária. O significado de "mulher", afinal, é um significado-devir, e a própria Beauvoir argumentava que são as mulheres que devem decidir coletivamente seu próprio futuro. Certamente foi um pensamento similar o que a levou a escrever, somente dez anos após a publicação de *O segundo sexo*: "Se o meu livro ajudou as mulheres, foi porque ele as expressou, *e em troca elas lhe deram sua verdade*".[19]

---

na perpetuação da situação da mulher-como-Outro. Para uma amostra de algumas de suas críticas mais condenatórias ao papel do homem na situação da mulher, ver *SS*, p. 728-37.

19 BEAUVOIR, Simone de. *The Force of Circumstance*. Harmondsworth: Penguin, 1963, p. 203 (ênfase minha).

# 14 *A velhice* de Beauvoir

*Penelope Deutscher*

Um dos aspectos mais desanimadores do trabalho de Simone de Beauvoir certamente é a forma negativa como ela retrata a velhice em *O segundo sexo* e outras obras. Nos anos 1940, Beauvoir argumentava que era a "atratividade erótica e [...] a fertilidade de uma mulher o que, na visão da sociedade e na sua própria, fornecia a justificativa da existência dela".[1] Por essa razão, ela retrata o envelhecimento como a privação da feminilidade e do valor para uma mulher. Ela descreve repetidamente a experiência como *une mutilation*. Beauvoir sugere que a experiência da maioria das mulheres é similar: "Muito antes da mutilação definitiva [*la définitive mutilation*], a mulher é assombrada pelo horror do envelhecimento" (*SS*, p. 587; *DS* II, p. 400). Ela escreve confiantemente, sem fazer distinção, a essa altura de sua obra, entre as experiências da velhice para mulheres de diferentes culturas, épocas ou histórias de vida.[2]

Como costuma acontecer muito em seus textos, a retórica de Beauvoir aborda dois lados simultaneamente. Por um lado, em todo *O segundo sexo* ela retrata visões da sociedade sobre feminilidade e envelhecimento que ela mesma não endossa. Por outro, sua escrita parece às vezes ser cúmplice dessas visões, sendo um exemplo disso o seu uso da brutal palavra *mutilação*. Beauvoir usa tal termo para nos lembrar à força de que a rejeição a mulheres mais velhas, por parte da esfera pública e dos

1 *SS*. Londres: Picador, 1988, p. 587; *DS* II, p. 399.

2 Posteriormente, em *La Vieillesse* (*A velhice*), Beauvoir daria mais atenção a tais diferenças ao discutir variações no tratamento aos idosos em diferentes períodos históricos. Embora deixe claro que ela "se limita a estudar as sociedades ocidentais", ela discute o que entende como certas exceções, tais como a condição privilegiada de homens mais velhos na China (*OA*. Harmondsworth: Penguin, 1977, p. 102; *V*, p. 99).

domínios de valor, deveria ser vista como uma forma violenta de exclusão social. Mas o leitor ainda não se convence de que Beauvoir resista de forma adequada à desvalorização das mulheres mais velhas, e uma razão para isso é a ausência de uma retórica de oposição em *O segundo sexo*. O leitor espera, mas não recebe, menções às muitas mulheres que escreveram, trabalharam, amaram e foram valorizadas em uma idade avançada. Será que a palavra *mutilação* corrobora a perturbadora crença de Beauvoir de que uma mulher mais velha é de fato mutilada? Talvez o termo funcione retoricamente dessas duas formas em seus escritos – ao mesmo tempo retratando a visão da sociedade e a encorajando.

A escrita de Beauvoir sobre a velhice responde em parte uma das famosas perguntas que ela faz em *O segundo sexo*: o que é uma mulher? Sua resposta acaba associando a feminilidade a restrições etárias. Beauvoir já é uma mulher, mas ainda assim ela observa na primeira página de *O segundo sexo* que é exortada a ser mulher ou a ser "mais mulher". Beauvoir se aprofunda na questão reconstruindo o que essa exortação presume que as mulheres sejam. De acordo com "Da maturidade à velhice", mulheres mais velhas não são mais consideradas mulheres. Crianças e adolescentes, como ainda não são mulheres, talvez esperem ansiosamente por esse futuro, uma vez que as pessoas ao seu redor também esperam por sua futura feminilidade em nome delas. Mas uma mulher mais velha não tem esse futuro pelo qual esperar, e seus pares normalmente não esperam que seu destino ainda inclua uma maior encarnação de uma feminilidade valorizada. Por esse motivo, Beauvoir propõe: "[...] quando chegam os primeiros sinais desse processo irreversível e predestinado que é a destruição de todo o edifício construído durante a puberdade, ela sente o toque fatal da própria morte" (*SS*, p. 588; *DS* II, p. 400). Nessa passagem, vemos que Beauvoir não considera o envelhecimento como um tipo de mutilação intrínseca. Na verdade, uma mulher a experiencia no contexto de uma puberdade socialmente vivida, na qual o seu valor foi fortemente associado à sua fertilidade, à sua aparência e à sua juventude. No contexto de tal edifício, o envelhecimento pode muito bem significar para muitas mulheres um tipo de morte antes da morte. No contexto desse edifício construído durante a puberdade, que forma tão profundamente a subjetividade feminina, Beauvoir considera que envelhecer deve em algum nível representar uma forma de morte antes da morte para todas as mulheres.

Nesse sentido, seu argumento é claro, mas falta uma voz contrária. Beauvoir costuma afirmar, em oposição a estereótipos restritivos sobre a mulher, a possibilidade de experiências alternativas. Karen Vintges argumentou que Beauvoir retratava, de modo autobiográfico, sua própria vida de maneira a lembrar os leitores de que as mulheres poderiam viver vidas independentes, ativas, inteligentes e eroticamente expressivas perante os preconceitos.[3] Contudo, na maioria de seus escritos (até *A velhice*), Beauvoir não consegue rebater com possibilidades alternativas os estereótipos a respeito da subjetividade idosa. Ela não reavalia de forma positiva a subjetividade idosa, como havia feito em relação à feminilidade adulta, oferecendo significados fortes e alternativos.

Existe mais uma razão pela qual leitores questionam se Beauvoir não teria meramente agravado a visão de que se sofre uma mutilação da corporeidade e da subjetividade em uma idade avançada. Beauvoir demonstrava encarar muito mal o início da própria velhice,[4] retratada em seus textos autobiográficos como trágica e assustadora. Essa atitude parece ser antecipada por partes de "Da maturidade até a velhice" (em *O segundo sexo*), que retratam como uma mulher "olha impotente para a degradação desse objeto carnal com o qual ela se confunde [*avec lequel elle se confond*]" (*SS*, p. 588, tradução modificada; *DS* II, p. 400). Tais descrições são ecoadas mais tarde por passagens de *A força das coisas*, nas quais Beauvoir retrata a si mesma como alguém que olha impotente para o próprio envelhecimento dessa exata forma.[5] Leitores familiarizados com esse material autobiográfico posterior podem ficar ainda mais propensos a interpretar "Da maturidade até a velhice" como uma indicação de que Beauvoir acreditaria totalmente que a velhice é uma mutilação para a mulher.

---

3 VINTGES, Karen. *Philosophy as Passion: The Thinking of Simone de Beauvoir*. Bloomington, IN: Indiana University Press, 1996, p. 107.

4 Sobre como Beauvoir viveu o início de sua própria velhice, ver MOI, Toril. *Simone de Beauvoir: The Making of an Intellectual Woman*. Oxford: Blackwell, 1994, p. 236-42.

5 *FC*. Londres: André Deutsch and Weidenfeld & Nicolson, 1965, p. 657; *FCh* II, p. 505.

Embora não sejam a temática mais comum nos comentários beauvoirianos, os textos de Beauvoir sobre o envelhecimento merecem atenção. Os quatro volumes de seu trabalho autobiográfico refletem sobre a temporalidade corporificada, partindo de uma relação adolescente com o tempo que (em *Memórias de uma moça bem-comportada*) é primariamente antecipatória, até a Beauvoir de *Tudo dito e feito*, que em seus sessenta e poucos anos renegocia o status de seu futuro, agora mais breve. O terceiro volume em especial, *A força das coisas*, representa uma crise que ocorre quando Beauvoir encontra uma mulher envelhecida no espelho. Sua resposta parece trair a explicação filosófica segundo a qual os fatos biológicos não seriam obstáculos intrínsecos.

Durante um período considerável de sua produção escrita, Beauvoir associa o envelhecimento à inevitável perda do sexo, do montanhismo e de novos desejos. Boa parte da sua ficção que discute o envelhecimento retorna aos problemas morais que ela havia abordado anteriormente. Como uma filosofia existencial que enfatiza a liberdade para negociar as mudanças físicas e subjetivas é associada com o envelhecimento? É má-fé entender o envelhecimento como perda de energia, inovação, desejo, originalidade e vivacidade? Por mais perturbadora que seja a pergunta, Beauvoir a considerou seriamente em determinado ponto de sua carreira. No conto "A idade da discrição", de *A mulher desiludida*, uma narradora mulher passa de uma impaciência inicial com seu companheiro que envelhece para a reconciliação com a situação do casal. Beauvoir parece sugerir que a narradora está errada em não concordar com seu companheiro quanto a ele estar velho demais para ideias novas. Seu ceticismo dura somente até que ela, ao subir uma montanha, também fica exausta demais, de uma maneira que lhe era desconhecida. O conto retrata uma aprovação da ideia de que uma pessoa pode estar "velha demais" para algumas das paixões e atividades que nós mais apreciamos – e essa conclusão coincide com a voz autobiográfica que diz, em *A força das coisas,* ser velha demais. O material representa uma mudança filosófica fundamental da ênfase inicial de Beauvoir na escolha existencial. Em sua ficção, Beauvoir se distancia da fluência de uma voz que afirma a liberdade facilmente, e dá pouco crédito ao contexto corporificado de uma pessoa. Essa voz nos reprovaria por preferir interpretar as nossas vidas segundo aquelas paixões e atividades que se tornaram impossíveis para nós. Beauvoir recua dessa fluência. Ela retrata com simpatia o choque da mulher que adora escalar e que vivencia a perda de energia suficiente para a atividade, especialmente em um contexto social que valoriza a energia e a juventude.

Toril Moi argumenta que boa parte desse material retrata a depressão recorrente de Beauvoir. De acordo com Moi, "as discussões maciças e explícitas da velhice e da morte bloqueiam uma investigação mais próxima do medo do vazio e da perda do amor".[6] Certamente esse medo permeia boa parte de seus escritos sobre o tema, e pode fazer com que os leitores o considerem um dos aspectos mais infelizes de sua carreira literária. Mas as reflexões intermitentes de Beauvoir sobre o envelhecimento não deveriam ser desprezadas com tanta facilidade. Como aponta Moi, essas reflexões acabaram "virando uma fonte de atividade: *A velhice* (1970) representa o triunfante acerto de contas de Beauvoir com sua antiga inimiga. Agora ela pode enfrentar sua idade com equanimidade".[7]

*A velhice* é um trabalho fascinante para leitores familiarizados com *O segundo sexo*, pois muitos dos temas de Beauvoir presentes em trabalhos teóricos anteriores retornam vinte anos depois. Em ambos os trabalhos, ela pergunta como devemos entender a conexão entre liberdade ontológica e marginalização social. Quais responsabilidades morais resultam dessa conexão? Beauvoir argumenta em *A velhice* que os velhos são o Outro, e em *O segundo sexo* que as mulheres são o Outro. Ela considerava a marginalização das mulheres e dos idosos identificável em representações humilhantes, desigualdade econômica, e exclusão do mercado de trabalho. Beauvoir questiona a relação entre o status social de alguém como Outro e a corporeidade vivida, e usa tanto o sexo quanto a idade para argumentar que não existem fatos biológicos. Com isso, ela quer dizer que fatos biológicos são sempre já sintetizados com fatores históricos, sociais e psicológicos. Na experiência de ser velha demais para escalar ou de sofrer bastante com dores menstruais, por exemplo, não é possível separar

6 MOI, Toril. *Simone de Beauvoir*, *op. cit.*, p. 242.

7 *Ibidem*, p. 243.

a condição fisiológica da sua mediação pela alterização da mulher e do idoso. A vivência das conotações negativas da própria corporeidade de uma pessoa leva a uma corporeidade menos positiva – a uma experiência da corporeidade como aquilo que "não pode". Beauvoir argumenta que os nossos corpos sempre são sociais.

Diante da questão de como a liberdade ontológica se intersecciona com a desigualdade social, tem-se um dilema. Um sujeito ontologicamente livre é ao mesmo tempo um sujeito corporificado. Se o status social da corporeidade leva uma pessoa a experienciar o mundo em termos do que "não pode", o seu status de liberdade ontológica é alterado. A liberdade é um *locus* corporificado de interpretação. O corpo é tanto esse sujeito que interpreta quanto aquilo que é interpretado por nós. A desigualdade social produz um corpo experienciado como limitador, e nesse sentido tem impacto sobre a liberdade ontológica. Essa percepção levou Beauvoir a se interessar por nossa responsabilidade moral sob essas circunstâncias. Seria justo criticar alguém por render-se a ser velho demais para escalar montanhas? Em *O segundo sexo*, Beauvoir era ambivalente em relação a uma questão similar enfrentada pelas mulheres. Ela de fato criticava mulheres que aceitassem convenções sobre o que era possível para uma mulher, como se escolhessem a subida menos íngreme (*SS*, p. 730; *DS* II, p. 564). Mas em *A velhice*, Beauvoir muda o foco da responsabilidade moral. Por mais que seus motivos pudessem ter sido depressão, ansiedade ou medo da morte, Beauvoir é notavelmente mais compreensiva com as diversas maneiras como nós negociamos o dilema de um corpo que nos parece velho. Ela critica firmemente a marginalização social da velhice, mas transfere o foco da responsabilidade moral mais diretamente para os fatores que contribuem para essa marginalização. Porém, como nós negociamos a nossa situação – se experienciamos novos desejos ou não, se encontramos novas formas de escalar montanhas, novas fontes de inovação, ou se olhamos mais para o passado e para as nossas lembranças –, Beauvoir poupa seus leitores da metáfora das subidas fáceis e difíceis. Ao passar de *O segundo sexo* para obras como *A velhice* e *Tudo dito e feito*, ela também se afasta de sua negligência inicial a uma retórica combativa, inovadora e resistente sobre a vida de uma mulher mais velha, e passa a retratar a velhice como um tempo no qual uma pessoa pode se deleitar com um amor, viagens e estudos continuados, estimular-se com ativismo político, amigos e trabalhos literários.

Em *O segundo sexo*, Beauvoir compara de forma desfavorável a qualidade de vida daquelas que são constantemente estimuladas por projetos novos e diferentes com a das que estão restritas a uma existência repetitiva. Mais tarde, ela compara a mulher ao idoso no sentido da limitação. Mas em seus sessenta e poucos anos, Beauvoir recalcula o significado potencial da repetição. Ela reconhece que seus dias se parecem. "Mas a minha vida não me parece nada estagnada. Seu lado repetitivo nada mais é do que um pano de fundo contra o qual novas coisas aparecem perpetuamente".[8] Os últimos escritos de Beauvoir fornecem alternativas às suas angústias iniciais. No final de sua carreira, ela muda a posição de *A força das coisas*, retratando autobiograficamente em *Tudo dito e feito* a possibilidade de uma vida altamente inovadora, ativa e recompensadora para uma mulher mais velha. Ela afirma que tal vida é possível, mesmo no contexto da marginalização da mulher e do idoso, mas mantém a crença de que a velhice também é limitadora, ao virar a pessoa para trás, não para frente, e ao alterar o foco de maneira a encontrar a novidade no coração da repetição, em vez de numa vida de mudanças externas. Viver a vida com uma sensação de morte iminente é uma realidade, ainda que a reação de uma pessoa esteja aberta à negociação. As negociações de uma pessoa são mediadas pelo social, e esse fato pode tirar a diversidade das possibilidades de negociações. Nós podemos ficar mais propensos a sentir que o desejo ou que novas ideias não são mais possíveis. Se elas não forem mais possíveis, Beauvoir não concluirá que escolhemos a subida mais fácil, e não insinuará que a subida mais difícil deveria ter sido a escolhida. Essa pode ser considerada uma evolução importante em relação à forma como ela tratou as mulheres em *O segundo*

8 *AS*. Londres: André Deutsch and Weidenfeld & Nicolson, 1974, p. 35; *TC*, p. 45.

*sexo* e *Por uma moral da ambiguidade*.[9] *A velhice* fornece a análise teórica que acompanha essa transição.[10]

Talvez devêssemos concluir que na fase intermediária de sua escrita, e em obras como *A força das coisas*, as atitudes sociais retratadas com tanta intensidade por Beauvoir a teriam dominado quando ela passou a escrever sobre o envelhecimento? Talvez essa fase de sua escrita autobiográfica e parte de sua literatura retratem de uma forma exemplar, ainda que ingênua e irrefletida, as próprias convenções e preconceitos que ela analisou intensamente em outros trabalhos? Pode ser justo julgar como ingênuo e irrefletido um período considerável de sua escrita sobre o tema. Mas não se deve subestimar o quanto ela contribuiu para uma reflexão filosófica sobre o envelhecimento, ao considerá-lo um problema existencial crucial e não redutível ao caráter definitivo da morte. As análises que Beauvoir faz da nossa relação vivida com a morte iminente não são somente arroubos aflitos de uma escritora que sucumbiu à desvalorização social da feminilidade envelhecida e que teme sua decadência. Essas análises também nos permitem reavaliar sua relação com as filosofias da morte com as quais ela tinha familiaridade, sendo a de Sartre a mais direta.

Um dos motivos pelos quais a velhice raramente é analisada como um tema dominante no trabalho de Beauvoir é o fato de que suas discussões frequentes sobre ela muitas vezes são subordinadas por comentadores à categoria de uma preocupação geral com a morte. Em um trabalho antigo sobre o tema, Elaine Marks considera que a preocupação de Beauvoir com a morte pode ser parcialmente explicada pela sensibilidade de uma certa época

9 Beauvoir comenta brevemente sobre as mulheres em um de seus primeiros trabalhos, *Por uma moral da ambiguidade*. Ela considera que as mulheres ocidentais, como estão expostas à possibilidade de emancipação, renunciam à sua liberdade ao não explorarem tal possibilidade. Dado que esse seja o caso, as mulheres ocidentais são descritas como desonestas e culpadas (*EA*, p. 38; *PMA*, p. 55).

10 Outro texto importante nesse sentido é sua narrativa sobre a morte da mãe, *Uma morte muito suave*. Gail Weiss argumenta que esse trabalho representa a aquiescência de Beauvoir "no pedido tácito, mas enérgico, de sua mãe, de fingir que ela não está de fato morrendo". Weiss conclui que, nesse sentido, Beauvoir "age contra seus próprios 'princípios morais', muito sartreanos, e ao fazê-lo revela os limites desses princípios morais". Ver WEISS, Gail. *Body Images: Embodiment as Intercorporeality*. Nova Iorque e Londres: Routledge, 1999, p. 150.

– a qual convencionalmente tematiza a morte pelo aspecto da morte de Deus, do niilismo, do absurdo, e do temido vazio da existência.[11] Portanto, a velhice não recebe menção no índice remissivo de *Encounters with Death*, de Marks, ainda que seja tema frequente na obra. A velhice encontra seu lugar nesse título somente como um argumento geral de que Beauvoir sofreria de uma versão particularmente extrema do fenômeno da "fuga da morte", o qual ela também retrata e analisa de forma teórica. Contudo, o fato de Beauvoir ter publicado um trabalho completo sobre a velhice[12] sugere que devíamos prestar mais atenção à especificidade de sua discussão sobre esse tópico. De acordo com Marks, Beauvoir retrata seus personagens ficcionais e autobiográficos com relação a um pensamento constante na morte, uma espera pela morte e um armar-se contra a morte, independentemente de sua convicção teórica de que em princípio esta é uma impossibilidade. Então, todo o interesse e angústia de Beauvoir em torno da velhice se tornariam parte desse projeto maior de pensar, esperar e evitar a morte.

É verdade que parte dos comentários de Beauvoir de fato entendem a velhice no sentido de ponto limite iminente da morte. Mas seu interesse pela idade não se reduz a essa compreensão. Há muito – de fato, um trabalho de 604 páginas dedicadas ao tópico – que sugere o envelhecimento como um objeto mais distinto de reflexão para ela. Para Beauvoir, a morte não era filosoficamente interessante quando considerada como ponto finito em nosso futuro, nem como perspectiva de nossa própria inexistência. Sua escrita autobiográfica certamente testemunha o medo, o trauma e a depressão que a morte e a velhice podem representar. Mas a morte de fato a interessava filosoficamente, na medida em que a mortalidade se entrelaça com uma corporeidade que muda e envelhece. A nossa trajetória desde o nascimento até a morte representa uma corporeidade que é localizada tanto social quanto temporalmente – lugar de perpétua alteração, e, como tal, lugar de uma relação corpórea mutável com a futuridade.

11 Ver MARKS, Elaine. *Simone de Beauvoir: Encounters with Death*. New Brunswick, NJ: Rutgers University Press, 1973, p. 3.

12 *Old Age* foi publicado pouco antes do estudo de Marks, e por isso não foi incluído em sua análise.

Por muito tempo comentadores debateram a relação de Beauvoir com Sartre, e, para os que se interessam pelo tema, *A velhice* é um texto--chave. "Tempo, História, Atividade" é um dos capítulos mais importantes de *A velhice*, que contém um envolvimento mais contínuo e crítico com a escrita de Sartre do que se vê em outros trabalhos, em especial *O segundo sexo*. Beauvoir dialoga com a discussão que Sartre faz sobre a morte em *O ser e o nada*, e a sua posição se desenrola através de seus comentários sobre a análise dele, à qual ela oferece uma alternativa. Este capítulo é mais um fator entre os muitos que permitem uma reavaliação da relação entre Sartre e Beauvoir – na qual ela era vista por muitos como excessivamente fiel e ao mesmo tempo filosoficamente inferior a ele.

Considerando que Sartre é a referência teórica mais constante sobre o tema para Beauvoir, como a abordagem desta para a morte se compararia com a dele? Pela análise de Sartre, a morte não é uma estrutura ontológica do seu ser: "Não existe lugar para a morte no para-si; ele não pode nem esperar pela morte, nem realizá-la, nem projetar-se para ela [...] Então o que é a morte? Nada além de um certo aspecto de facticidade e do ser--para-outro [...] um limite externo e efetivo de minha subjetividade!".[13] Nós somos, então, ontologicamente livres em relação à morte. Beauvoir comenta de forma favorável essa parte de *O ser e o nada*, concordando que a morte é irrealizável, o limite externo.[14] Ela observa que, para Sartre, a liberdade continua "total e infinita" em relação à morte, e que "a morte não é um obstáculo para meus projetos" (*BN*, p. 547; *EN*, p. 632). Assim, vemos Beauvoir concordar com a conclusão de Sartre:

> Como a morte escapa de meus projetos por ser irrealizável, eu mesma escapo da morte em meu próprio projeto. Como a morte está sempre além de minha subjetividade, não há lugar para ela em minha subjetividade. Essa subjetividade não se afirma *contra* a

13 *BN*. Londres: Methuen, 1958, p. 547; *EN*. Paris: Gallimard, 1943, p. 613-32.

14 *OA*, p. 491; *V*, p. 465. A questão é que, ao contrário de Sartre, Beauvoir compara a irrealizabilidade da morte com a da velhice, em sua discussão sobre o material sartreano. Em *Tudo dito e feito*, ela escreve: "Como todo mundo, eu sou incapaz de uma experiência interior da [velhice]: a idade é uma das coisas que não podem ser realizadas" (*AS*, p. 30; *TC*, p. 40).

> morte, mas independentemente dela [...] Portanto, não podemos nem pensar na morte, nem esperar por ela, nem nos armar contra ela [e] nossos projetos, enquanto projetos, são independentes da morte – não por causa de nossa cegueira [...] mas por princípio. (*BN*, p. 548; *EM*, p. 632-633)

Beauvoir reitera essa formulação e sua terminologia:

> A morte pertence àquela categoria na qual colocamos a velhice e que Sartre chama de os "irrealizáveis"; o para-si não pode nem alcançar a morte, nem se projetar em sua direção; a morte é o limite externo de minhas possibilidades e não uma possibilidade minha. Eu estarei morta para os outros, não para mim mesma: é o outro que é mortal no meu ser. Eu me conheço como mortal, assim como me conheço como velha, ao adotar a visão que o estranho tem de mim. Esse conhecimento, portanto, é abstrato, geral e presumido de fora. A minha "mortalidade" de forma alguma é objeto de qualquer experiência próxima e interna. (*OA*, p. 491, tradução modificada; *V*, p. 465)

Talvez a própria proliferação de referências a Sartre devesse nos deixar desconfiados da posição de Beauvoir aqui. Quanto à morte, ela cita Sartre de forma assídua e aparentemente fiel, mas, quando o faz, também revisa a discussão de Sartre ao incorporar a velhice na discussão sobre a morte.[15] Beauvoir não chama a atenção do leitor para o fato, mas adota o tom de citação respeitosa de um colega venerado. No entanto, *A velhice* pode ser lida como um questionamento à contribuição de *O ser e o nada* para o tópico, na medida em que a discussão de Sartre sobre a morte se interconecta com a forma como ela a trata em outros lugares no trabalho da corporeidade.

15 Em *Por uma moral da ambiguidade*, um tom de comentário apreciativo sobre a análise de Sartre em torno da liberdade ontológica se torna o contexto para uma mudança de ênfase na direção da vontade, a vontade de querer, o poder, e a liberdade efetiva e ética. Se nós avaliarmos essa escrita como uma interpretação de Sartre, podemos considerar, como faz Peter Caws, que "Sartre se mostra sutil demais para Simone de Beauvoir, que simplifica as coisas em seu *Por uma moral da ambiguidade*". Ele protesta: "Nem vontade, nem paixão [...] explica o impulso original na direção de fins projetados; são meramente suas modalidades". Mas e se avaliarmos a escrita na medida em que ela desloca as prioridades de Sartre? Ver CAWS, Peter. *Sartre*. Londres: Routledge & Kegan Paul, 1979, p. 115.

Ao considerar o problema da corporeidade, Sartre argumenta que "o para-si deve ser totalmente corpo e totalmente consciência: ele não pode ser *unido* a um corpo" (*BN*, p. 305; *EN*, p. 368). Da mesma forma, ele escreve que "o corpo não é nada mais do que o para-si; ele não é um em-si *dentro* do para-si [...] o corpo não é distinto da *situação* do para-si, já que, ao para-si, existir e estar situado são a mesma coisa" (*BN*, p. 309; *EN*, p. 371-372). Quais ramificações pode haver para o argumento que vimos de que "não existe lugar para a morte no para-si; ele não pode nem esperar pela morte, nem realizá-la, nem se projetar em sua direção"?

Beauvoir parece responder da seguinte maneira: e o que dizer do fato de que esse corpo que sou eu envelhece? Poderia ser dito algo mais sobre esse corpo que envelhece em contextos onde ele literalmente ou fisicamente de fato parece antecipar a morte? De forma mais geral, como poderia ser importante retratar a relação qualitativamente diferente com o afeto, a fisiologia, a vontade, a liberdade prática e o ser para o outro, dependendo de que tipo de corpo se é, jovem ou mais velho, e dependendo de como a corporeidade de uma pessoa é percebida pelo outro? Para buscar a resposta a essa pergunta, primeiro é necessário seguir a distinção estabelecida por Beauvoir em seu trabalho entre liberdade ontológica e prática.

Como Sonia Kruks enfatiza, Beauvoir deveria ser entendida como alguém que emprega dois conceitos diferentes de liberdade, provenientes de seu trabalho mais antigo: a liberdade radical (ou ontológica) e a "liberdade efetiva" (ou poder).[16] A interpretação de Kruks dá como origem da distinção um dos primeiros livros de Beauvoir, *Pirro e Cinéias*, especialmente à luz de comentários sobre esse trabalho no segundo volume da autobiografia de Beauvoir, *A força da idade*.[17] Ao refletir sobre *Pirro e Cinéias* em 1960, Beauvoir descreveu o trabalho como um espaço onde ela "tentou conciliar as ideias de Sartre com as visões que defendi contra ele em várias longas discussões: eu estava restaurando uma hierarquia entre situações" (*PL*, p. 549, tradução modificada; *FA*, p. 627). Da maneira

16 KRUKS, Sonia. *Situation and Human Existence: Freedom, Subjectivity and Society*. Londres: Unwin Hyman, 1990, p. 90.

17 *PL*. Harmondsworth: Penguin, 1965, p. 548-50; *FA*, p. 626-29.

como Kruks interpreta essa passagem, sua tentativa envolvia adotar uma distinção entre liberdade indestrutível (*liberté*) e aquela que pode ser restringida: o poder (*puissance*). Eis o que diz Beauvoir sobre poder em *Pirro e Cinéias*: "O poder é finito, e é possível aumentá-lo ou limitá-lo de fora; é possível jogar um homem na prisão, tirá-lo de lá, cortar um braço, dar-lhe asas; mas em todos os casos sua liberdade permanece infinita" (*PC*, p. 86; tradução de Kruks).[18]

Pela argumentação de Kruks, Beauvoir não foi capaz de sustentar consistentemente essa distinção. Mas Kruks nos lembra de que esses conceitos distintos de liberdade ("liberdade efetiva" e liberdade ontológica ou "nadificadora") podem ser encontrados em toda a obra de Beauvoir.

Beauvoir continua a recorrer à terminologia do sujeito concebido como o para-si – como "o nada que está no cerne do homem", a "negatividade" que é revelada como "angústia, desejo, apelo, dilaceramento" (*EA*, p. 44; *PMA*, p. 63). E ela continua a associar essa terminologia com um conceito de liberdade ao qual ela mais tarde prosseguirá recorrendo por todo o seu trabalho até *A velhice*. De acordo com essa terminologia, negar que um sujeito seja livre significa argumentar que esse sujeito é um objeto autocoincidente, essencial e bruto. Significa alegar que não há ruptura no coração do ser de um sujeito, e que o sujeito não confere nenhum significado ao mundo, a si mesmo ou aos outros. Na medida em que nós nunca coincidimos inteiramente com nós mesmos, com o mundo ou com o outro, e na medida em que o nosso mundo é imbuído de significado, nós somos, nesse sentido de liberdade, sempre e constantemente livres. É incoerente falar sobre uma criança ou sobre uma pessoa mais velha como "mais" ou "menos" livre, segundo essa terminologia.

Então, em *Por uma moral da ambiguidade*, Beauvoir pergunta, retoricamente (pois a resposta será não): "Será que essa presença de uma suposta liberdade natural não contradiz a noção de liberdade ética?" (*EA*, p. 24; *PMA*, p. 35).

Beauvoir enfatiza a diferença entre a maneira como nós somos originalmente (e sempre) livres e o que ela diferencia a partir disso: a capacidade

18 KRUKS, Sonia. *Situation and Human Existence*, *op. cit.*, p. 90.

para o que ela chama de liberdade ética. A liberdade ética tem gradações. Nós podemos ser mais ou menos livres no sentido ético de liberdade.

Quais são as implicações para uma comparação entre uma discussão sartreana e uma beauvoriana sobre o envelhecimento? Sartre dificilmente negaria que nós envelhecemos, mas ele justificaria essa corporalidade através do caminho de sua explicação de que o corpo é aquilo que eu nadifico (*BN*, p. 309; *EN*, p. 372). Ter um corpo significa "ser a base do próprio nada de uma pessoa, e não a base do ser de alguém; eu *sou* o meu corpo na medida em que eu *sou*, *eu não sou* o meu corpo na medida em que não sou o que sou" (*BN*, p. 326; *EN*, p. 391).

Sartre, assim como Beauvoir, enfatiza que nós somos corporais. Ele não nega o ponto que Beauvoir diz tê-la preocupado em *Pirro e Cinéias*: que as situações são hierarquizadas. Ele não negará que, à medida que os anos passam, é factualmente verdade que temos mais anos atrás do que à frente de nós. Mas ele negará que a relação entre liberdade ontológica e tais fatos seja qualquer coisa além de nadificadora. Embora Sartre reconheça que o corpo é indissociável do para-si, ele coloca o foco de sua discussão no corpo como o em-si que é nadificado. O para-si não é (somente) o corpo que envelhece, por exemplo, coisa que ele (também) é. Embora os corpos em questão certamente sejam qualitativamente diferentes, aquele "não" (aquela lacuna negadora pela qual o para-si não coincide inteiramente consigo mesmo como um corpo) não pode ser qualitativamente diferente para o jovem estudante e a mulher idosa. Eu não sou, nesse sentido, mais ou menos (ontologicamente) livre para Sartre tendo 20, 40 ou 90 anos.

Embora Sartre não discuta corpos mais velhos, ele discute corpos fisicamente cansados, e esse caso permite a melhor ilustração do argumento. É a lacuna no coração do ser que abre a miríade de possibilidades para como sofremos essa fadiga. Nós podemos sofrê-la "flexivelmente" ou "duramente", ou com um sentimento de "inferioridade" ou ainda "dificuldades podem parecer que 'não valem o trabalho de serem toleradas'" (*BN*, p. 457, 464; *EN*, p. 534, 542). Como Sartre escreve, "existem tantas maneiras de existir o corpo quanto há de para-sis" (*BN*, p. 456; *EN*, p. 533). A gama desses possíveis modos demonstra a liberdade ontológica na qual são baseados. O que Sartre quer dizer é que nós não desistimos com a fadiga porque o nosso corpo está exausto, nem perseveramos porque ele não está. Poderia ser feito de outra forma, mas não significa que uma pessoa possa escolher arbitrariamente qualquer uma dessas possibilidades: "Eu cedi à fadiga, pensamos, e provavelmente eu *poderia ter* feito diferente, mas *a que preço*? [...] torna-se evidente que nós não podemos supor que o ato poderia ter sido modificado sem ao mesmo tempo supor uma modificação fundamental em minha escolha original por mim mesmo" (*BN*, p. 464; *EN*, p. 542).

É impressionante que Beauvoir concorde com boa parte dessa linguagem. No entanto, sua preocupação é tanto com a liberdade prática (a liberdade ética) quanto com a liberdade ontológica. Ao longo do tempo, nós temos uma relação diferente com a liberdade prática e ética concernente à relação qualitativa com a nossa idade. Beauvoir pergunta: quais são as implicações da corporeidade da velhice para a liberdade ética? Os efeitos físicos do envelhecimento podem resultar em uma restrição das possibilidades e do mundo no qual se vive. As distâncias percorridas podem ser circunscritas; a velocidade de movimento pode diminuir, assim como pode ser mais duro mover o corpo; a audição e a visão podem perder acuidade; a respiração pode se tornar mais superficial e difícil. Mas ela considera que esses fatos físicos aparentes não podem ser entendidos abstraindo sua inserção em uma complexa gama de fatores, que inclui: o respeito com que uma pessoa é vista quando envelhecida; quais identidades sociais estão atreladas a nós como o Outro envelhecido; quais oportunidades estão disponíveis para nós em termos de emprego e independência econômica; e assim por diante. A mudança física pode ser experienciada como um impedimento à atividade, como talvez não fosse em outras circunstâncias, nas quais a mudança física é entendida e valorizada de forma diferente.

Beauvoir de fato oferece uma análise que, de algumas formas, é pessimista a respeito da liberdade possível na velhice de uma pessoa. Esse pessimismo é desconcertante, mas também está ligado à análise que ela oferece em *A velhice*: de que a velhice na cultura ocidental é o Outro, visto com desprezo, em pobreza econômica e social. Para Beauvoir, como os fatos físicos não existem abstraídos de fatores sociais, históricos, subjetivos e econômicos, é a combinação de todos eles que produz o estado que ela analisa de uma forma um tanto pessimista. É somente no contexto dessa análise que Beauvoir pergunta se uma pessoa mais velha na sociedade ocidental é igualmente livre para viver a repetição do mesmo ou a abertura ao novo, para se apegar a um hábito ou romper com hábitos, para se voltar ao passado ou ao futuro, e para viver em espaços restritos ou abertos, em amargura ou alegria.

Beauvoir oferece uma alternativa crítica (particularmente uma alternativa à ênfase) para a abordagem sartreana que ela discute. Sartre pode argumentar que "o para-si deve ser totalmente corpo e totalmente consciência: não pode ser *unido* a um corpo" (*BN*, p. 305; *EN*, p. 368), e também que "o corpo não é nada mais do que o para-si; ele não é um em-si *dentro* do para-si [...] o corpo não é distinto da *situação* do para-si, já que, ao para-si, existir e estar situado são a mesma coisa" (*BN*, p. 309; *EN*, p. 371-372). Mas certamente é a ausência de uma reflexão sobre diferentes tipos de corpos o que lhe permite escapar de uma explicação de liberdade adequada a essas diferenças, um interesse filosófico em refletir sobre a liberdade prática ou ética tanto quanto sobre uma liberdade ontológica. A preocupação de Beauvoir era com a mudança social que pudesse aumentar as possibilidades para a liberdade ética de todos os sujeitos e permitir uma relação qualitativamente melhor com a espera de um futuro.

Nesse sentido, os comentadores discordam quanto a Beauvoir manter ou não uma distinção coerente entre a liberdade ontológica e a prática. A interpretação de Kruks sobre o status da liberdade ontológica na obra de Beauvoir foi resumida da seguinte maneira: "É essa falta de um futuro 'aberto' que começa [...] a sugerir que existe uma modificação qualitativa da transcendência em si. Ou seja, que a falta de um futuro aberto também implica uma modificação da transcendência em si [...] do para-si, da liberdade ontológica".[19]

19 LINSENBARD, Gail. "Beauvoir, Ontology and Human Rights". *Hypatia: A Journal of Feminist Philosophy*, 14 (4): 145-62, 1999, p. 157, citando KRUKS, Sonia. *Situation and Human Existence*, *op. cit.*, p. 51.

Gail Linsenbard discorda dessa interpretação. Beauvoir não poderia estar argumentando que a falta de um futuro aberto interfere na transcendência, pois não é assim que Beauvoir e Satre entendem a liberdade ontológica.[20] A sugestão parece ser de que somente um leitor que não entendesse o uso correto do termo *transcendência* conseguiria ver no trabalho de Beauvoir uma representação do empobrecimento da transcendência nas mulheres ou nos idosos. Mas um dos momentos mais inovadores no pensamento de Beauvoir pode surgir do fato de que ela mistura os conceitos de liberdade prática e ontológica.

Fica claro que o maior interesse e o maior foco de Beauvoir são em questões de liberdade prática ou ética – embora os conceitos de liberdade ontológica e ética estejam simultaneamente presentes na sua escrita. Em vez de perguntarmos se ela confunde os dois termos, poderíamos perguntar o que se abre em seu trabalho através de sua tendência aparentemente confusa de localizar uma possível interferência sobre a liberdade ontológica por meio de uma interferência sobre a liberdade ética. O trabalho de Beauvoir acerca da velhice retrata essa interferência. Com o desenvolvimento desse trabalho e dessa tendência, não é interessante que o uso que Beauvoir faz da transcendência talvez exceda os limites de suas próprias possibilidades? Devemos ver Beauvoir meramente como incapaz de entender e de dominar seu uso correto?

A questão não é o fato bruto de se ter tantos ou tão poucos anos para viver. Beauvoir concorda com Sartre no seguinte ponto: "Se eu tivesse uma expectativa de vida curta, e ao mesmo tempo a disponibilidade física e mental de meus vinte anos de idade, então o meu fim, visto vagamente por entre pilhas de projetos, me pareceria remoto" (*OA*, p. 420; *V*, p. 400). Mas ela tenta articular um aparato filosófico adequado ao fato de que – devido à complexa interconexão entre fatores econômicos, sociais, fisiológicos, históricos, culturais e subjetivos – o indivíduo não tem as

---

20 Em contraponto a essa visão, Gail Linsenbard argumenta: "Quando Kruks atribui a Beauvoir a visão de que 'a mulher está trancada na imanência pela situação que o homem inflige a ela [...]' ela [erroneamente, segundo Linsenbard] parece sugerir que a mulher é efetivamente impedida da possibilidade de transcendência" (LINSENBARD, Gail. "Beauvoir, Ontology and Human Rights", *op. cit.*, p. 156).

mesmas potencialidades físicas e mentais nos diferentes estágios de sua vida. Às vezes, Beauvoir parece alegar que é a própria diferença na quantidade de anos a viver o que gera a diferença à qual ela se refere: "Houve um tempo em que nós não conseguíamos distinguir uma baliza no horizonte: agora vemos uma" (*OA*, p. 421, tradução modificada; *V*, p. 400). Contudo, ela também sugere que a questão não é o número exato de anos remanescentes, mas sim a energia do sujeito que espera com ansiedade por esses anos. Dependendo da minha fraqueza ou força, o meu fim pode ser vividamente esperado ou sentido vagamente por entre pilhas de projetos. Essa energia não é uma simples questão de fisiologia, nem de uma capacidade planejada de vontade. Beauvoir ressalta que, acima de tudo, não é possível atribuir essa energia somente à determinada facticidade de um sujeito nadificador, que vive dentro desse contexto e como esse contexto, mas que transcende para sempre essa facticidade – como na discussão de Sartre sobre fadiga física. Na verdade, para ela, nós precisamos enfatizar um conceito de liberdade que seja crucialmente baseado em nosso interesse pelo mundo e em nossa energia para imaginá-lo diferente. Embora Beauvoir descreva a velhice como irrealizável, uma questão crucial nesse sentido é a sua própria saúde: "Ao ver que a minha saúde está boa, o meu corpo não me dá sinal de idade. Eu tenho sessenta e três anos: e essa verdade continua me sendo alheia" (*AS*, p. 30; *TC*, p. 40). Essa verdade tem menos chances de ser alheia quando a saúde do corpo envelhecido não está boa.

Beauvoir não negaria que, para Sartre, essa capacidade subjetivo-física continua sendo aquela em relação à qual nós sempre somos ontologicamente livres. Esse evento consciente corporal – de fadiga ou perda de interesse – assumiria o status do em-si nadificado no seu trabalho em relação à liberdade ontológica. Mas por quê? Certamente para derivar lucro metonímico do fato de que, por sermos sempre ontologicamente livres, nós podemos dizer em provocação aos outros que eles "escolhem" sua falta de interesse pelo futuro. Quanto contestada a respeito do significado dessa liberdade, uma análise sartreana explica que tal liberdade é ontológica, a lacuna nadificadora no cerne do ser. Mas quando aplicada, ela é utilizada para representar agentes em termos de escolha num sentido mais provocador. (Nesse sentido, pode se dizer que é

Sartre, tanto quanto Beauvoir, quem confunde liberdade ontológica com prática.) Talvez seja essa aplicação ou confusão o alvo de Beauvoir quando ela enfatiza as circunstâncias nas quais a liberdade ontológica pode não permitir uma liberdade prática em um sentido útil – como quando ela representa tempos em uma vida na qual "o futuro não é mais cheio de promessas: ele se contrai para se igualar ao ser finito que deve vivê-lo [*il se contracte à la mesure de l'être fini qui a à le vivre*]" (*OA*, p. 420, tradução modificada; *V*, p. 399). Quando Beauvoir sugere que a decadência biológica *pode* ser a impossibilidade de uma pessoa se superar, de se interessar com paixão por qualquer coisa, e de todos os projetos morrerem, ela rebate a forma como a estrutura de Sartre dá à liberdade ontológica conotações metafóricas de liberdade prática.

Beauvoir recorre a uma estrutura filosófica segundo a qual se poderia dizer que um impacto da liberdade ética ou prática sobre a ontológica é possível. Isso é visto em sua abordagem ao gênero, mas muito mais claramente em sua abordagem ao envelhecimento. Beauvoir nos lembra energicamente de que a falta de fôlego não precisa de maneira alguma equivaler à falta de liberdade. E essa mesma Beauvoir também quer permitir a possibilidade de que o sujeito que tenha falta de fôlego possa sentir de forma significativa uma falta de vida e viver uma falta de liberdade. Ela parece pedir aos leitores que respeitem isso como uma possibilidade subjetiva. Tal respeito não equivaleria a uma mera tolerância das ilusões da má-fé. Na verdade, talvez até mesmo seus contos literários, como "A idade da discrição", clamem por um respeito filosófico reformulado pelos fenômenos – em outras palavras, uma explicação filosófica adequada.[21] No próprio trabalho de Beauvoir, tal respeito equivale à visão de que a liberdade ética poderia impactar uma liberdade ontológica. O sujeito que desacelera em virtude de pulmões deficientes pode viver um desaceleramento do futuro. Aquele cujos horizontes limitem o futuro para a estrada que deve ser atravessada é um sujeito que talvez viva esse limite como uma compressão física do futuro. O que Beauvoir quer dizer é que

21 Essa sugestão é discutida mais a fundo em DEUTSCHER, Penelope. "Bodies, Lost and Found: Simone de Beauvoir from *The Second Sex* to *Old Age*". *Radical Philosophy*, 96: 6-16, 1999.

nós precisamos de uma explicação filosófica mais forte para a nossa relação com essa falta de fôlego e para o nosso "ser essa falta de fôlego". No coração dessa nadificadora liberdade ontológica, também precisamos de interesse pelo mundo, interesse e vontade pelo futuro, uma sensação de futuro físico. Enfatizar a equivalência de liberdade ontológica para todos os sujeitos sem considerar a diferença corpórea não é retoricamente útil, mas sim enganoso.

Como resultado, segundo a versão mais extrema dessa posição, Beauvoir defende que existem contextos corporificados nos quais nós temos consciência, mas não transcendemos uma falta de fôlego extrema. Uma pessoa pode inspirar, aceleradamente, com o próprio esforço de respirar, impacto da liberdade ontológica. A transcendência se tornaria para Beauvoir, ao contrário de Sartre, qualitativa. A nadificação é reteorizada em sua interconexão com a qualidade do interesse do indivíduo pelo mundo – um interesse que pode ser prejudicado pela complexa interconexão de forças à qual Beauvoir quer que prestemos atenção.

Beauvoir analisava a morte na medida em que ela é, muitas vezes, mediada pelo vagaroso processo do envelhecimento. A morte súbita apresentava pouco interesse filosófico para ela, assim como viver com a certeza existencial da morte futura. Na verdade, Beauvoir tinha interesse pela relação corporificada de um humano com o tempo, pela futuridade corporificada: as diferentes formas como uma adolescente, uma mulher madura, e uma octogenária esperam o futuro. Ela não teorizava a existência humana a partir da posição de um corpo neutro que olha para seu futuro. Os corpos dela são, por exemplo, especificamente sexuados. Seu trabalho foi bem reconhecido, nesse sentido, por sua emenda e contribuição para filosofias da corporeidade da época, em especial as de Jean-Paul Sartre e Maurice Merleau-Ponty – ambos autores de trabalhos (apesar de todas as suas outras diferenças) repletos de referências à relação do sujeito com "o corpo", como se essa relação pudesse ser retratada de forma neutra. Já a emenda de Beauvoir quanto a corpos diferencialmente envelhecidos não foi tão bem reconhecida. Mas em sua escrita literária, autobiográfica e teórica, ela também evita retratar a corporeidade neutra, na medida em que os corpos retratados sempre são de uma idade específica: corpos jovens, adolescentes, maduros, doentes ou moribundos. A forma como ela retrata os corpos envelhecidos se interconecta com a forma como ela retrata os corpos sexuados. Assim como seu trabalho tende a evitar a teorização da corporeidade que não é especificada como feminina ou masculina, os corpos sexuados que ela retrata também são de idade determinada: pubescentes ou sexagenários. Embora muitos críticos ressaltassem a inadequação dos feminismos que assumem um corpo implicitamente branco, Beauvoir dava pouca atenção a esse ponto. Mas ela deu uma contribuição diferente: uma ênfase na especificidade etária e socialmente mediada da corporeidade humana que se mostra crítica à subjetividade, à liberdade, à futuridade, e à moralidade que a preocupavam.

A escrita de Beauvoir sobre a velhice de fato requer um cuidado considerável na abordagem. *A velhice* oferece uma ampla gama de diferentes experiências e abordagens em torno do envelhecimento, com representações mais negativas para as quais é preciso ter um olhar crítico. Era uma linha tênue. Por um lado, afirmar que todos sempre são igualmente livres para escolher um interesse por escalar montanhas lhe parecia insensível. Por outro, sua tentativa de retratar a perda de vontade e do desejo de escalar montanhas seria um risco também, já que parece enrijecer a velhice e negar as experiências daqueles cujo desejo e capacidade de escalar montanhas continua constante.

O desejo de Beauvoir de dar igual importância a questões de liberdade prática e ontológica a leva a tentar conciliar melhor esses problemas. Ela considerava a importância da liberdade prática mais seriamente do que Sartre, e sua atenção às diferenças de gênero e idade lhe permitiam isso. Embora parte de seu trabalho posterior de fato retrate sujeitos muito envelhecidos, que retêm um interesse extremo pelo mundo e energia para atacar suas possibilidades, a mudança mais significativa no pensamento de Beauvoir provavelmente ocorreu com sua atenção renovada e compreensiva para com sujeitos que não têm interesse pelo mundo e que não têm vontade de viver. Essa mudança não pode ser reduzida à angústia de Beauvoir em relação ao envelhecimento, ainda que seus sentimentos retratados autobiograficamente a respeito de sua própria velhice possam.

Como um diálogo com Sartre sobre o peso atribuído à liberdade ontológica, o material de Beauvoir sobre o sujeito atua como uma importante intervenção. O sujeito de Sartre é corporificado, às vezes doente e cansado, mas claramente um jovem corpo adulto. A resposta de Beauvoir é que um peso excessivo da liberdade ontológica generaliza e neutraliza as diferenças vividas e corporificadas que também deveriam reter a nossa atenção teórica. Retratar a abordagem da morte como irrelevante para a liberdade ontológica mantém a coerência no trabalho de Sartre. Contudo, pode se considerar que Beauvoir sugere aos seus leitores que essa abordagem para a liberdade é também a menos interessante ou a menos relevante. Apesar das dificuldades que isso causa à sua negociação de retratar tanto a liberdade ontológica quanto a prática, a experiência que alguns têm da velhice parece tê-la levado a repensar a adequação de uma explicação segundo a qual a liberdade prática pode ser limitada, mas a liberdade ontológica, não.

# Bibliografia

## Obras de Simone de Beauvoir

### *Em francês*

*L'Amérique au jour le jour*. Paris: Editions Paul Marihien, 1948.

*Les Belles images*. Paris: Gallimard, 1966.

*Les Bouches inutiles*. Paris: Gallimard, 1945.

*La Cérémonie des adieux, suivi de Entretiens avec Jean-Paul Sartre, Août-/ Septembre 1974*. Paris: Gallimard, 1981.

*Le Deuxième sexe*. Paris: Gallimard, 1949.

*Les Ecrits de Simone de Beauvoir*. C. Francis e F. Gontier (org.). Paris: Gallimard, 1979.

*L'Existentialisme et la sagesse des nations*. Paris: Nagel, 1948 (quatro ensaios publicados originalmente na *Les Temps modernes*).

"Faut-il brûler Sade?". *Les Temps modernes*, 74: 1002-33, dez. 1951; 75: 1197-230, jan. 1952.

*La Femme rompue*. Paris: Gallimard, 1967.

*La Force de l'âge*. Paris: Gallimard, 1960.

*La Force des choses*. Paris: Gallimard, 1963.

*L'Invitée*. Paris: Gallimard, 1943.

*Journal de guerre, Septembre 1939-Janvier 1941*. Sylvie Le Bon de Beauvoir (org.). Paris: Gallimard, 1990.

*Lettres à Nelson Algren: un amour transatlantique: 1947-1964*. Paris: Gallimard, 1997 (estabelecido, comentado e traduzido do inglês por Sylvie Le Bon de Beauvoir).

*Lettres à Sartre I, 1930-1939*; e *II, 1940-1963*. Sylvie Le Bon de Beauvoir (org.). Paris: Gallimard, 1990.

"Littérature et métaphysique". *Les Temps modernes*, 1 (7): 1153-63, abr. 1946.

*La Longue marche, essai sur la Chine*. Paris: Gallimard, 1957.

*Les Mandarins*. Paris: Gallimard, 1954.

*Mémoires d'une jeune fille rangée*. Paris: Gallimard, 1958.

"Merleau-Ponty et pseudo-sartrisme". *Les Temps modernes*, 10 (114-15): 2072-122, jul. 1955; reeditado em *Privilèges* (Paris: Gallimard, 1955).

*Une Mort très douce*. Paris: Gallimard, 1964.

"La Phénoménologie de la perception de Maurice Merleau-Ponty". *Les Temps modernes*, 1: 363-67, out. 1945.

*Pour une morale de l'ambiguïté*. Paris: Gallimard, 1947.

Prefácio de *La Bâtarde*, de Violette Leduc (Paris: Gallimard, 1964).

Prefácio de *Djamila Boupacha* (Paris: Gallimard, 1962); listada como coautora junto de Gisèle Halimi.

Prefácio de *Shoah*, de Claude Lanzmann (Paris: Fayard, 1985).

Prefácio de *Treblinka*, de Jean-François Steiner (Paris: Arthème Fayard, 1966).

*Privilèges*. Paris: Gallimard, 1955.

*Pyrrhus et Cinéas*. Paris: Gallimard, 1944.

*Quand prime le spirituel*. Paris: Gallimard, 1979.

*Le Sang des autres*. Paris: Gallimard, 1945.

"Simone de Beauvoir". *In*: BUIN, Yves (org.). *Que peut la littérature?* Paris: L'Herne, p. 72-92 (contribuição para um simpósio).

*Tous les hommes sont mortels*. Paris: Gallimard, 1946.

*Tout compte fait*. Paris: Gallimard, 1972.

*La Vieillesse*. Paris: Gallimard, 1970.

### Em inglês

*Adieux: A Farewell to Sartre*. Trad. Patrick O'Brian. Londres: André Deutsch, 1984; Nova Iorque: Pantheon, 1984.

*All Men Are Mortal*. Trad. L. Friedman. Cleveland, OH: World Publishing, 1955.

*All Said and Done*. Trad. Patrick O'Brian. Londres: André Deutsch and Weidenfeld & Nicolson, 1972; Nova Iorque: Putnam, 1974.

*America Day by Day*. Trad. Patrick Dudley (pseudônimo). Londres: Duckworth, 1952 / Nova Iorque: Grove, 1953; Trad. Carel Cosman. Berkeley, CA: University of California Press, 1999.

*Les Belles Images*. Trad. Patrick O'Brian. Londres: Collins, 1968; Nova Iorque: Putnam, 1968.

*The Blood of Others*. Trad. Y. Moyse e R. Senhouse. Londres: Secker & Warburg and Lindsay Drummond, 1948; Nova Iorque: Knopf, 1948.

"Brigitte Bardot and the Lolita Syndrome". Trad. B. Frechtman. *Esquire*, ago. 1959 (Londres: André Deutsch and Weidenfeld & Nicolson, 1960; Nova Iorque: Arno, 1972).

*The Coming of Age*. Trad. Patrick O'Brian. Nova Iorque: Putnam, 1972.

*The Ethics of Ambiguity*. Trad. B. Frechtman. Nova Iorque: Philosophical Library, 1948.

*Force of Circumstance*. Trad. R. Howard. Londres: André Deutsch and Weidenfeld & Nicolson, 1965; Nova Iorque: Putnam, 1965.

*Letters to Sartre*. Quintin Hoare (trad. e org.). Nova Iorque: Little, Brown and Company, 1992.

*The Long March*. Trad. Austryn Wainhouse. Cleveland, OH: World Publishing, 1958.

*The Mandarins*. Trad. L. Friedman. Cleveland, OH: World Publishing, 1956; Londres: Collins, 1957.

*Memoirs of a Dutiful Daughter*. Trad. James Kirkup. Londres: André Deutsch and Weidenfeld & Nicolson, 1959; Cleveland, OH: World Publishing, 1959.

"Merleau-Ponty and Pseudo-Sartreanism". Trad. Veronique Zaytzeff (com assistência de Frederick Morrison). *International Studies in Philosophy*, 21 (3): 3-48, 1989; republicado em STEWART, Jon (org.). *The Debate between Sartre and Merleau-Ponty*. Evanston, IL: Northwestern University Press, 1998, p. 448-91.

*Must We Burn de Sade?* Trad. Annette Michelson. Londres: Peter Neville, 1953; Nova Iorque: Grove, 1955; republicado em *The Marquis de Sade: The 120 Days of Sodom, and Other Writings*. Trad. Austryn Weinhaus e Richard Seaver. Nova Iorque: Grove, 1966.

*Old Age*. Trad. Patrick O'Brian. Londres: André Deutsch, 1972.

Prefácio de *La Batarde: An Autobiography*, de Derek Coltman (Manchester: C. Nicholls & Co., 1965; Nova Iorque: Farrar, Straus & Giroux, 1965).

Prefácio de *Crimes Against Women: Proceedings of the International Tribunal* (D. H. Russell e N. Van de Vem [orgs.]. Milbrae, CA: Les Femmes, 1976).

Prefácio de *Djamila Boupacha: The Story of the Torture of a Young Algerian Girl Which Shocked Liberal French Opinion*, de Gisèle Halimi (trad. P. Green. Londres: Weidenfeld & Nicolson, 1962; Londres: Macmillan, 1962).

Prefácio de *Shoah: An Oral History of the Holocaust – The Complete Text of the Film*, de Claude Lanzmann (legendas do filme em inglês por A. Whitelaw e W. Byron. Nova Iorque: Pantheon, 1985).

Prefácio de *Treblinka*, de Jean-François Steiner (trad. Helen Weaver. Hemel Hempstead, UK: Simon & Schuster, 1967).

*The Prime of Life*. Trad. P. Green. Cleveland, OH: World Publishing, 1962; Londres: André Deutsch and Weidenfeld & Nicolson, 1965.

*The Second Sex*. Trad. H. M. Parshley. Nova Iorque: Knopf, 1952; Londres: Jonathan Cape, 1953.

*She Came to Stay*. Trad. Y. Moyse e R. Senhouser. Londres: Secker & Warburg and Lindsay Drummond, 1949; Cleveland, OH: World Publishing, 1954.

*Transatlantic Love Affair: Letters to Nelson Algren*. Sylvie Le Bon de Beauvoir (org.). Nova Iorque: New Press (distribuído por Norton), 1998.

*A Very Easy Death*. Trad. Patrick O'Brian. Londres: André Deutsch and Weidenfeld & Nicolson, 1966; Nova Iorque: Putnam, 1966.

*When Things of the Spirit Come First: Five Early Tales*. Trad. Patrick O'Brian. Londres: André Deutsch, 1982; Nova Iorque: Pantheon, 1982.

*Who Shall Die?* Trad. C. Francis e F. Gontier. Florissant, MO: River Press, 1983.

*The Woman Destroyed*. Trad. Patrick O'Brian. Londres: Collins, 1969; Nova Iorque: Putnam, 1969.

## Obras sobre Beauvoir

### *Tratados com foco em Beauvoir ou com discussões relevantes sobre ela*

APPIGNANESI, Lisa. *Simone de Beauvoir*. Harmondsworth: Penguin, 1988.

ASCHER, Carol. *Simone de Beauvoir: A Life of Freedom*. Boston: Beacon, 1981.

BAIR, Deirdre. *Simone de Beauvoir: A Biography*. Nova Iorque: Summit Books, 1990.

BAUER, Nancy. *Simone de Beauvoir: Philosophy and Feminism*. Nova Iorque: Columbia University Press, 2001.

BERGOFFEN, Debra B. *The Philosophy of Simone de Beauvoir: Gendered Phenomenologies, Erotic Generosities*. Albany, NY: State University of New York Press, 1997.

BROSMAN, Catharine Savage. *Simone de Beauvoir Revisited*. Boston: Twayne, 1991.

COTTRELL, Robert D. *Simone de Beauvoir*. Nova Iorque: Unger, 1975.

CROSLAND, Margaret. *Simone de Beauvoir: The Woman and Her Work*. Londres: Heinemann, 1992.

EVANS, Mary. *Simone de Beauvoir: Feminist Mandarin*. Londres: Tavistock, 1985.

FALLAIZE, Elizabeth. *The Novels of Simone de Beauvoir*. Londres: Routledge, 1988.

FRASER, Mariam. *Identity without Selfhood: Simone de Beauvoir and Bisexuality*. Cambridge: Cambridge University Press, 1999.

FULLBROOK, Kate e FULLBROOK, Edward. *Simone de Beauvoir: A Critical Introduction*. Malden, MA: Polity Press, 1998; Oxford: Blackwell, 1998.

________. *Simone de Beauvoir and Jean-Paul Sartre: The Remaking of a Twentieth Century Legend*. Nova Iorque: Basic Books, 1994.

FRANCIS, Claude e GONTIER, Fernande. *Simone de Beauvoir: A Life... A Love Story*. Trad. L. Nesselson. Nova Iorque: St. Martin's Press, 1987.

GOTHLIN, Eva. *Sex and Existence: Simone de Beauvoir's "The Second Sex"*. Trad. Linda Schenck. Londres: Athlone, 1996; Hanover, NH: Wesleyan University Press, 1996.

HATCHER, Donald. *Understanding The Second Sex*. Nova Iorque: Peter Lang, 1984.

HEATH, Jane. *Simone de Beauvoir*. Hemel Hempstead, UK: Harvester Wheatsheaf, 1989.

KEEFE, Terry. *Simone de Beauvoir: A Study of Her Writings*. Totowa, NJ: Barnes & Noble, 1983.

KRUKS, Sonia. *Retrieving Experience: Subjectivity and Recognition in Feminist Politics*. Ithaca, NY: Cornell University Press, 2001.

______. *Situation and Human Existence: Freedom, Subjectivity and Society*. Londres: Unwin Hyman, 1990.

LE DOEUFF, Michèle. *Hipparchia's Choice: An Essay Concerning Women, Philosophy, etc*. Trad. Trista Selous. Oxford: Blackwell, 1989, 1991.

LEIGHTON, Jean. *Simone de Beauvoir on Women*. Rutherford, NJ: Farleigh Dickinson University Press, 1975.

MAHON, Joseph. *Existentialism, Feminism, and Simone de Beauvoir*. Jo Campling (ed. consultora). Nova Iorque: St. Martin's Press, 1997.

MARKS, Elaine. *Simone de Beauvoir: Encounters with Death*. New Brunswick, NJ: Rutgers University Press, 1973.

MOI, Toril. *Feminist Theory and Simone de Beauvoir*. Oxford: Blackwell, 1990.

______. *Simone de Beauvoir: The Making of an Intellectual Woman*. Oxford: Blackwell, 1994.

OKELY, Judith. *Simone de Beauvoir: A Re-reading*. Nova Iorque: Random House, 1986; Londres: Virago, 1986.

PILARDI, Jo-Ann. *Simone de Beauvoir: Writing the Self – Philosophy Becomes Autobiography*. Westport, CN: Greenwood Press, 1999.

SANDAY, Peggy Reeves e GOODENOUGH, Ruth Gallagher. *Beyond "The Second Sex": New Directions in the Anthropology of Gender*. Philadelphia: University of Pennsylvania Press, 1990.

SCHOLZ, Sally J. *On de Beauvoir*. Belmont, CA: Wadsworth and Thomson Learning, 2000.

SCHWARZER, Alice. *After the Second Sex: Conversations with Simone de Beauvoir*. Nova Iorque: Pantheon, 1984.

SIMONS, Margaret A. *Beauvoir and* The Second Sex: *Feminism, Race, and the Origins of Existentialism*. Lanham, MD: Rowman & Littlefield, 1999.

VINTGES, Karen. *Philosophy as Passion: The Thinking of Simone de Beauvoir*. Bloomington, IN: Indiana University Press, 1996.

WHITMARSH, Anne. *Simone de Beauvoir and the Limits of Commitment*. Cambridge: Cambridge University Press, 1981.

WINEGARTEN, Renée. *Simone de Beauvoir: A Critical View*. Oxford: Berg, 1988.

### Antologias, edições especiais de periódicos e blocos especiais em periódicos

DU PLESSIS, Rachel Blau e RAPP, Reyna (orgs.). *Feminist Studies*, v. 6, n. 2, 1980 (bloco especial sobre Simone de Beauvoir. Ensaios de Mary Lowenthal Felstiner, Michèle Le Doeuff, Sandra Dijkstra e Jo-Ann P. Fuchs).

EVANS, Ruth (org.). *Simone de Beauvoir's "The Second Sex": New Interdisciplinary Essays*. Manchester: Manchester University Press, 1998 (introdução de Ruth Evans e ensaios de Margaret Atack, Catherine Rodgers, Lorna Sage, Catriona Mackenzie, Stephen Horton e Nicole Ward Jouve).

FALLAIZE, Elizabeth (org.). *Simone de Beauvoir: A Critical Reader*. Londres e Nova Iorque: Routledge, 1998 (seleções de Judith Okely, Judith Butler, Sonia Kruks, Toril Moi, Eva Lundgren-Gothlin, Francis Jeanson, Alex Hughes, Elaine Marks, Hazel Barnes, Jane Heath, Anne Ophir e Elizabeth Fallaize).

FORSTER, Penny e SUTTON, Imogen (orgs.). *Daughters of de Beauvoir*. Londres: Women's Press, 1989 (relatos de Hélène de Beauvoir, Kate

Millett, Jenny Turner, Margaret Walters, Angie Pegg, Ann Oakley, Marta Zabaleta Hinrichsen, Eva Figes, Joyce Goodfellow, Marge Piercy e Sylvie Le Bon de Beauvoir).

HAWTHORNE, Melanie C. (org.). *Contingent Loves: Simone de Beauvoir and Sexuality*. Charlottesville: University of Virginia Press, 2000 (ensaios de Luise von Flotow, Serge Julienne-Caffie, Melanie C. Hawthorne, Åsa Moberg, Barbara Klaw, Richard J. Golsan e Liz Constable).

JOERES, Ruth-Ellen Boetcher e LASLETT, Barbara (orgs.). *Signs: Journal of Women in Culture and Society*, 18 (1): 74-161, 1992 (bloco especial sobre Simone de Beauvoir. Ensaios de Mary G. Dietz, Sonia Kruks, Linda Zerilli e Margaret A. Simons).

KRUKS, Sonia (org.). Simpósio sobre Simone de Beauvoir em *Women and Politics*, v. 11, n. 1, 1991 (introdução de Sonia Kruks e ensaios de Hester Eisenstein, Sondra Farganis, Linda Zerilli e Mary Caputi).

MARKS, Elaine (org.). *Critical Essays on Simone de Beauvoir*. Boston: G. K. Hall, 1987 (entrevista de Sartre sobre Beauvoir, por Madeleine Gobeil. Ensaios de Colette Audry, Alice Schwarzer, Maurice Merleau-Ponty, Mary McCarthy, Elizabeth Hardwick, René Etiemble, François Mauriac, Claude Roy, René Girard, Jacques Ehrmann, Mary Ellman, Francis Jeanson, T. H. Adamowcki, Elizabeth Janeway, Juliet Mitchell, Terry Keefe, Michèle Le Doeuff, Gerda Lerner, Catherine Clément, Mary Evans, Carol Ascher, Kate Millett, Alice Jardine, Béatrice Slama, Mary Lydon e Virginia M. Fichera).

O'BRIEN, Wendy e EMBREE, Lester (orgs.). *The Existential Phenomenology of Simone de Beauvoir*. Dordrecht: Kluwer, 2001 (contribuições de Wendy O'Brien, Margaret A. Simons, Edward Fullbrook e Kate Fullbrook, Elizabeth Fallaize, Eva Gothlin, Suzanne Laba Cataldi, Ursula Tidd, Gail Weiss, Sarah Clark Miller, Michael D. Barber, Kristana Arp, Debra B. Bergoffen e Ted Toadvine).

PATTERSON, Yolanda Astarita (org.). *Simone de Beauvoir Studies: The Golden Anniversary of "The Second Sex"*. Menlo Park, CA: International Simone de Beauvoir Society, v. 15, 1998-1999 (ensaios de Ursula Fabijancic, Servanne Woodward, Dominique Van

Hooff, Hazel E. Barns, Guillermine de Lacost, Christine Angelfors, Annie Jouan-Westlund, Meaghan Emery, Carolle Gagnon, Renée Fainas Wehrmann, Alison Holland, Simona Barello, Liliane Lazar, Bianca Lamblin, Betty Halpern-Guedj, Eugenia Zimmerman e Yolanda Astarita Patterson).

SIMONS, Margaret A. (org.). *Feminist Interpretations of Simone de Beauvoir*. University Park, PA: Pennsylvania State University Press, 1995 (ensaios de Jo-Ann Pilardi, Karen Vintges, Michèle Le Doeuff, Eleanore Holveck, Sonia Kruks, Kate Fullbrook e Edward Fullbrook, Jeffner Allen, Céline T. Léon, Kristana Arp, Debra B. Bergoffen, Barbara Klaw, Juli K. Ward, Margaret A. Simons e Julien Murphy).

______. *Hypatia Special Issue: The Philosophy of Simone de Beauvoir*, v. 14, n. 4, 1999 (ensaios de Eleanore Holveck, Debra B. Bergoffen, Julie Ward, Edward Fullbrook, Suzanne Laba Cataldi, Eva Gothlin, Linnell Secomb, Sara Heinämaa, Karen Vintges, Gail E. Linsenbard, Ursula Tidd, e quatro críticas literárias).

______. *Women's Studies International Forum*, v. 8, n. 3, 1985 (ensaios de Iris Marion Young, Alison M. Jaggar e William L. McBride, Arleen B. Dallery, Ann Ferguson, Claudia Card, Marilyn Frye, Charlene Haddock Seigfried e Linda Singer).

SULLIVAN, Shannon (org.). "The Work of Simone de Beauvoir". *Journal of Speculative Philosophy*, v. 14, n. 2, 2000 (ensaios de Margaret A. Simons, Emily Zakin, Elain P. Miller e Tina Chanter. Crítica de *Beauvoir and* The Second Sex, de Margaret A. Simons, por Barbara Andrew).

WENZEL, Hélène (org.). *Yale French Studies – Simone de Beauvoir: Witness to a Century*, v. 72, 1986 (entrevista de Wenzel com Simone de Beauvoir. Ensaios de Judith Butler, Virginia M. Fichera, Martha N. Evans, Yolanda A. Patterson, Catherine Portuges, Isabelle de Courtivron, Deirdre Bair e Margaret A. Simons. "In Memoriam", por Margaret A. Simons, Yolanda A. Patterson e Deirdre Bair).

### *Ensaios*


ALGREN, Nelson. "The Question of Simone de Beauvoir: Review of *Force of Circumstance*". *Harper's Magazine*, 230 (1380): 135, mai. 1965.

ANDREW, Barbara. "Care, Freedom, and Reciprocity in the Ethics of Simone de Beauvoir". *Philosophy Today*, 42 (3-4): 290-300, 1998.

BAIR, Deirdre. "Introduction to the Vintage Edition". *In*: BEAUVOIR, Simone de. *The Second Sex*. Trad. H. M. Parshley. Nova Iorque: Vintage, 1989, p. xiii-xxiii.

BARNES, Hazel. "Simone de Beauvoir's Journal and Letters: A Poisoned Gift?". *In*: PATTERSON, Yolanda Astarita (org.). *Simone de Beauvoir Studies*. Menlo Park, CA: California State University Press, 8: 13-29, 1991.

BRISON, Susan. "Simone de Beauvoir". *In*: BORCHERT, Donald M. (org.). *The Encyclopedia of Philosophy – Supplement*. Nova Iorque: Simon & Schuster Macmillan, 1996, p. 53-54.

BUTLER, Judith. "Gendering the Body: Beauvoir's Philosophical Contribution". *In*: GARRY, Ann e PEARSALL, Marilyn (orgs.). *Women, Knowledge, and Reality: Explorations in Philosophy*. Boston: Unwin Hyman, 1989, p. 253-62.

DEUTSCHER, Penelope. "Bodies, Lost and Found: Simone de Beauvoir from *The Second Sex* to *Old Age*". *Radical Philosophy*, 96: 6-16, jul-aug. 1999.

______. "The Notorious Contradictions of Simone de Beauvoir". *In*: DEUTSCHER, Penelope. *Yielding Gender: Feminism, Deconstruction and the History of Philosophy*. Londres: Routledge, 1997, p. 169-93.

FALLAIZE, Elizabeth. "Narrative Structure in *Les Mandarins*". *In*: BURNS, C. (org.). *Literature and Society: Studies in Nineteenth and Twentieth-Century French Literature*. Birmingham, AL: University of Birmingham Press, 1980, p. 221-32.

GOTHLIN, Eva. "Ethics, Feminism and Postmodernism: Seyla Benhabib and Simone de Beauvoir". *In*: LIEDMAN, Sven-Eric (org.). *The*

*Postmodernist Critique of the Project of Enlightenment* (Poznán Studies in the Philosophy of the Sciences and the Humanities, v. 58). Amsterdã: Rodopi, 1997, p. 79-88.

GOTHLIN, Eva. "Gender and Ethics in the Philosophy of Simone de Beauvoir". *NORA, Nordic Journal for Women's Studies*, 1: 3-13, 1995.

______. "Simone de Beauvoir". *In*: CRAIG, Edward (org.). *Routledge Encyclopedia of Philosophy*. Londres e Nova Iorque: Routledge, v. 1, 1998, p. 685-87.

______. "Simone de Beauvoir and Ethics". *History of European Ideas*, 19 (4-6): 899-903, 1994.

______. "Simone de Beauvoir's Ethics and its Relation to Current Moral Philosophy". *Simone de Beauvoir Studies*, 14: 39-46, 1998.

GREENE, Naomi. "Sartre, Sexuality, and 'The Second Sex'". *Philosophy and Literature*, 4 (2): 199-211, 1980.

HANSEN, Linda. "Pain and Joy in Human Relationships: Jean-Paul Sartre and Simone de Beauvoir". *Philosophy Today*, 79: 338-46, 1979.

HEINÄMAA, Sara. "What is a Woman? Butler and Beauvoir on the Foundations of the Sexual Difference". *Hypatia*, 12 (1): 20-39, 1997.

______. "Woman – Nature, Product, Style? Rethinking the Foundations of the Feminist Philosophy of Science". *In*: NELSON, Lynn Hankinson e NELSON, Jack. (orgs.). *A Dialogue Concerning Feminism, Science, and Philosophy of Science*. Dordrecht: Kluwer, 1996, p. 289-308.

JARDINE, Alice. "Death Sentences: Writing Couples and Ideology". *In*: SULEIMAN, S. (org.). *The Female Body in Western Culture*. Cambridge, MA: Harvard University Press, 1986, p. 84-96.

______. "Interview with Simone de Beauvoir". *Signs: Journal of Women in Culture and Society*, 5: 224-35, 1979.

KAUFMANN MCCALL, Dorothy. "Simone de Beauvoir, *The Second Sex*, and Jean-Paul Sartre". *Signs: Journal of Women in Culture and Society*, 5 (2): 209-23, 1979.

KEEFE, Terry. "Psychiatry in the Postwar Fiction of Simone de Beauvoir". *Literature and Psychology*, 29 (3): 123-33, 1979.

KRUKS, Sonia. "Simone de Beauvoir and the Limits to Freedom". *Social Text: Theory/Culture/Ideology*, 17: 111-22, 1987.

LANGER, Monika. "A Philosophical Retrieval of Simone de Beauvoir's *Pour une morale de l'ambiguïté*". *Philosophy Today*, 38 (2): 181-90, 1994.

______. "Sartre and Merleau-Ponty: A Reappraisal". *In*: SCHILPP, Paul Arthur (org.). *The Philosophy of Jean-Paul Sartre*. La Salle: Open Court, 1981, p. 300-25; republicado em STEWART, Jon (org.). *The Debate Between Sartre and Merleau-Ponty*. Evanston, IL: Northwestern University Press, 1998, p. 93-117.

LE DOEUFF, Michèle. "Simone de Beauvoir and Existentialism". *Ideology and Consciousness*, 6: 47-57, 1979.

LUNDGREN-GOTHLIN, Eva. *Ver* Eva Gothlin.

MORGAN, Kathryn Pauly. "Romantic Love, Altruism, and Self-Respect: An Analysis of Simone de Beauvoir". *Hypatia*, 1 (1): 117-48, 1986.

PILARDI, Jo-Ann. "The Changing Critical Fortunes of 'The Second Sex'". *History and Theory: Studies in the Philosophy of History*, 32 (1): 51-73, 1993.

______. "Female Eroticism in *The Second Sex*". *In*: ALLEN, Jeffner e YOUNG, Iris M. (org.). *The Thinking Muse: Feminism and Modern French Philosophy*. Bloomington, IN: Indiana University Press, 1980, p. 18-34.

______. "Philosophy Becomes Autobiography: The Development of the Self in the Writings of Simone de Beauvoir". *In*: SILVERMAN, Hugh J. (org.). *Writing the Politics of Difference: Selected Studies in Phenomenology and Existential Philosophy*. Albany, NY: State University of New York Press, 1991, p. 145-62.

SEIGFRIED, Charlene Haddock. "Gender-Specific Values". *Philosophical Forum*, 15 (4): 425-42, 1984.

SULEIMAN, Susan Rubin. "Life-Story, History, Fiction: Reflections on Simone de Beauvoir's Wartime Writings". *Contention: Debates in Society, Culture and Science*, 1 (2): 1-21, 1992.

WALTERS, Margaret. "The Rights and Wrongs of Women: Mary Wollstonecraft, Harriet Martineau, Simone de Beauvoir". *In*:

MITCHELL, Juliet e OAKLEY, Ann (orgs.). *The Rights and Wrongs of Women*. Harmondsworth: Penguin, 1977, p. 304-78.

WILLIS, Ellen. "Rebel Girl". *Village Voice*, 27 mai. 1986 (obituário de Beauvoir).

### *Obras gerais*

BARNES, Hazel. *The Literature of Possibility: A Study in Humanistic Existentialism*. Lincoln, NE: University of Nebraska Press, 1959.

BARRETT, William. *Irrational Man: A Study in Existential Philosophy*. Garden City, NY: Doubleday, 1958.

BERNET, Rudolf; KERN, Iso; e MARBACH, Eduard (orgs.). *An Introduction to Husserlian Phenomenology*. Evanston, IL: Northwestern University Press, 1993.

BUTLER, Judith. *Gender Trouble: Feminism and the Subversion of Identity*. Nova Iorque: Routledge, 1990.

COLLINS, James. *The Existentialists: A Critical Study*. Chicago: H. Regnery, 1952.

COOPER, David E. "Existentialist Ethics". *In*: CRAIG, Edward (org.). *Routledge Encyclopedia of Philosophy*. Londres e Nova Iorque: Routledge, v. 3, 1998, p. 502-5.

DEBRAY, Regis. *Teachers, Writers, Celebrities: The Intellectuals of Modern France*. Londres: Verso, 1981.

EMBREE, Lester. "Phenomenological Movement". *In*: CRAIG, Edward (org.). *Routledge Encyclopedia of Philosophy*. Londres e Nova Iorque: Routledge, v. 7, 1998, p. 333-43.

FINK, Eugen. "The Phenomenological Philosophy of Edmund Husserl and Contemporary Criticism" (1933). *In*: ELVETON, R. O. (org.). *The Phenomenological Philosophy of Husserl: Selected Critical Readings*. Chicago: Quadrangle Books, 1970, p. 73-147.

______. "The Problem of the Phenomenology of Edmund Husserl" (1939). *In*: MCKENNA, William R.; HARLAN, Robert M.; e WINTERS, Laurence E. (trad. e orgs.). *Apriori and World: European

*Contributions to Husserlian Phenomenology*. Haia: Martinus Nijhoff, 1981, p. 21-55.

GATENS, Moira. *Feminism and Philosophy*. Bloomington, IN: Indiana University Press, 1991.

GUIGNON, Charles (org.). *The Cambridge Companion to Heidegger*. Cambridge: Cambridge University Press, 1993.

______. "Existentialism". *In*: CRAIG, Edward (org.). *Routledge Encyclopedia of Philosophy*. Londres e Nova Iorque: Routledge, v. 3, 1998, p. 493-502.

HOWELLS, Christina (org.). *The Cambridge Companion to Sartre*. Cambridge: Cambridge University Press, 1992.

KAUFMAN, Walter (org.). *Existentialism from Dostoevsky to Sartre*. Cleveland, OH: World Publishing, 1956.

LANGER, Monika. *Merleau-Ponty's Phenomenology of Perception: A Guide and Commentary*. Gainesville, FL: Florida State University Press, 1989.

LLOYD, Genevieve. *The Man of Reason*. Minneapolis: University of Minnesota Press, 1984.

OLAFSON, Frederick. *Principles and Persons: An Ethical Interpretation of Existentialism*. Baltimore, MD: Johns Hopkins University Press, 1967.

SAPONTZIS, S. F. "A Note on Merleau-Ponty's 'Ambiguity'". *Philosophy and Phenomenological Research*, 38 (4): 538-43, jun. 1978.

SILVERMAN, Hugh. "Merleau-Ponty's Human Ambiguity". *Journal of the British Society for Phenomenology*, 10 (1): 23-38, 1979.

SMITH, Barry e SMITH, David Woodruff (orgs.). *The Cambridge Companion to Husserl*. Cambridge: Cambridge University Press, 1995.

SOKOLOWSKI, Robert. *Introduction to Phenomenology*. Cambridge: Cambridge University Press, 2000.

SOLOMON, Robert. *From Rationalism to Existentialism: The Existentialists and their Nineteenth-Century Backgrounds*. Nova Iorque: Humanities Press, 1972.

SPIEGELBERG, Herbert. *The Phenomenological Movement: A Historical Introduction*. 3 ed. Haia: Martinus Nijhoff, 1982.

STEWART, Jon (org.). *The Debate Between Sartre and Merleau-Ponty*. Evanston, IL: Northwestern University Press, 1998.

WARNOCK, Mary. *Existentialism*. Oxford: Oxford University Press, 1970, 1979.

WEISS, Gail. "Ambiguity, Absurdity, and Reversibility: Responses to Indeterminacy". *Journal of the British Society for Phenomenology*, 26 (1): 43-51, 1995.

ZAHAVI, Dan. "Husserl's Phenomenology of the Body". *Etudes phénoménologiques*, 19: 63-84, 1994.

### *Contemporâneos relevantes*

ALGREN, Nelson. *The Man with the Golden Arm*. Garden City, NY: Doubleday, 1949.

COLETTE. *Cheri and The Last of Cheri* (1920, 1926). Trad. Roger Senhouse. Londres: Secker and Warburg, 1951.

______. *The Complete Claudine* (1900-1903). Trad. Antonia White. Nova Iorque: Farrar, Straus & Giroux, 1976.

______. *My Mother's House and Sido* (1922, 1929). Nova Iorque: Farrar, Straus & Giroux, 1966.

______. *The Pure and the Impure* (1932). Trad. Herma Briffault. Nova Iorque: Farrar, Straus & Giroux, 1967.

FANON, Frantz. *Black Skin, White Masks* (1952). Trad. Charles Lam Markman. Nova Iorque: Grove, 1967.

FAULKNER, William. *Light in August*. Nova Iorque: Smith & Haas, 1932.

HEIDEGGER, Martin. *Being and Time* (1927). Trad. John Macquarrie e Edward Robinson. Nova Iorque: Harper, 1962.

______. *Introduction to Metaphysics* (1953). Trad. Ralph Manheim. New Haven, CN: Yale University Press, 1959.

HEMINGWAY, Ernest. *A Farewell to Arms*. Londres: Cape, 1929.

KAFKA, Franz. *The Castle* (1926). Introdução de Thomas Mann. Trad. Edwin e Willa Muir. Nova Iorque: Knopf, 1947.

KAFKA, Franz. *The Trial* (1925). Introdução de George Steiner. Trad. Edwin e Willa Muir. Revisão e tradução de material adicional por E. M. Butler. Desenhos de Franz Kafka. Nova Iorque: Schocken, 1995.

KOESTLER, Arthur. *Darkness at Noon*. Trad. Daphne Hardy. Nova Iorque: Modern Library, 1941.

KOJEVE, Alexandre. *Introduction to the Reading of Hegel: Lectures on the Phenomenology of Spirit* (1947). Trad. James H. Nichols, Jr. Nova Iorque: Basic Books, 1969.

LÉVINAS, Emmanuel. *The Theory of Intuition in Husserl's Phenomenology* (1930). Trad. André Orianne. Evanston, IL: Northwestern University Press, 1973.

______. *Time and the Other* (1947). Trad. Richard A. Cohen. Pittsburgh, PA: Duquesne University Press, 1987.

MERLEAU-PONTY, Maurice. *Humanism and Terror: An Essay on the Communist Problem* (1947). Trad. John O'Neill. Boston: Beacon, 1969.

______. *The Phenomenology of Perception* (1945). Trad. Colin Smith. Atlantic Highlands, NJ: Humanities Press, 1981; Londres: Routledge & Kegan Paul, 1981.

______. *Sense and Non-Sense* (1948). Trad. Hubert L. Dreyfus e Patricia Allen Dreyfus. Evanston, IL: Northwestern University Press, 1964.

MILLETT, Kate. *Flying*. Nova Iorque: Knopf, 1974.

______. *Sexual Politics*. Garden City, NY: Avon Books, 1969.

MYRDAL, Gunnar; STERNER, Richard e ROSE, Arnold. *An American Dilemma: The Negro Problem and Modern Democracy*. Nova Iorque: Harper, 1944.

RICH, Adrienne. *Of Woman Born: Motherhood as Experience and as Institution*. Nova Iorque: Norton, 1977.

SARTRE, Jean-Paul. *Anti-Semite and Jew* (1946). Trad. George J. Becker. Nova Iorque: Schocken, 1948.

______. *Being and Nothingness: A Phenomenological Essay on Ontology* (1943). Trad. Hazel Barnes. Nova Iorque: Washington Square Press, 1966.

______. *Existentialism and Humanism* (1946). Trad. Philip Mairet. Londres: Methuen, 1948.

SARTRE, Jean-Paul. *No Exit* (1945). Trad. Stuart Gilbert. Nova Iorque: Vintage, 1947.

______. *Quiet Moments in a War: The Letters of Jean-Paul Sartre to Simone de Beauvoir, 1940-1963* (1983). Simone de Beauvoir (org.). Trad. Lee Fahnestock e Norman MacAfee. Nova Iorque: Scribner's, 1993.

______. *The Transcendence of the Ego: An Existentialist Theory of Consciousness* (1936-1937). Trad. Forrest Williams e Robert Kirkpatrick. Nova Iorque: Hill & Wang, Noonday Press, 1957.

______. *What Is Literature?* (1948). Trad. B. Frechtman. Nova Iorque: Philosophical Library, 1949.

______. *Witness to My Life: The Letters of Jean-Paul Sartre to Simone de Beauvoir, 1926-1939* (1983). Simone de Beauvoir (org.). Trad. Lee Fahnestock e Norman MacAfee. Nova Iorque: Scribner's, 1992.

WEIL, Simone. *Formative Writings, 1929-1941*. Dorothy Tuck McFarland e Wilhelmina Van Ness (trad. e orgs.). Amherst, MA: University of Massachusetts Press, 1987.

______. *The Simone Weil Reader*. George A. Panichas (org.). Nova Iorque: McKay, 1977.

WOOLF, Virginia. *A Room of One's Own*. Nova Iorque: Harcourt Brace & Co., 1929.

______. *Three Guineas*. Nova Iorque: Harcourt Brace, 1938.

______. *To the Lighthouse*. Nova Iorque: Harcourt Brace & Co., 1927.

WRIGHT, Richard. *Native Son and How Bigger Was Born* (1940). Nova Iorque: Harper Collins, 1993.

### *Fontes históricas de influência*

BERGSON, Henri. *Creative Evolution* (1907). Trad. Arthur Mitchell. Nova Iorque: Modern Library, 1944.

______. *Matter and Memory* (1896). Trad. Nancy Margaret Paul e W. Scott Palmer. Londres: George Allen & Unwin, 1911.

______. *Time and Free Will: An Essay on the Immediate Data of Consciousness* (1889). Trad. F. L. Pogson. Londres: G. Allen / Nova Iorque: Harper, 1959, 1960.

DUBOIS, W. E. B. *The Souls of Black Folk* (1903). Nova Iorque: New American Library, 1969.

ENGELS, Friedrich. *Origin of the Family, Private Property, and the State, in the Light of the Researches of Lewis H. Morgan* (1884). Trad. Alec West. Nova Iorque: International Publishers, 1972.

HEGEL, G. W. F. *Phenomenology of Spirit* (1807). Trad. A. V. Miller. Oxford: Oxford University Press, 1977.

HUSSERL, Edmund. *Cartesian Meditations* (1950). Trad. Dorian Cairns. Dordrecht: Martinus Nijhoff, 1954.

______. *The Crisis of European Sciences and Transcendental Phenomenology: An Introduction to Phenomenological Philosophy* (1936). Trad. David Carr. Evanston, IL: Northwestern University Press, 1970.

______. *Ideas Pertaining to a Pure Phenomenology and to Phenomenological Philosophy, First Book: General Introduction to Pure Phenomenology* (1913). Trad. F. Kersten. Haia: Martinus Nijhoff, 1982.

______. *Ideas Pertaining to a Pure Phenomenology and to Phenomenological Philosophy, Second Book: Studies in the Phenomenology of Constitution* (1952). Trad. Richard Rojcewicz e André Schuwer. Dordrech: Kluwer, 1989.

______. *On the Phenomenology of the Consciousness of Internal Time* (1928). Trad. J. B. Brough. Dordrecht: Kluwer, 1990.

______. *Thing and Space: Lectures of 1907*. Richard Rojcewicz (trad. e org.). Dordrecht: Kluwer, 1991, 1997.

KIERKEGAARD, Søren. *Either/Or* (1843). Trad. H. V. Kong e E. H. Kong. Princeton, NJ: Princeton University Press, 1987.

______. *Fear and Trembling and The Sickness unto Death* (1843). Trad. W. Lowrie. Garden City, NY: Doubleday, 1954.

______. *The Present Age* (1846). Trad. A. Dru. Londres: Fontana, 1912.

MALEBRANCHE, Nicolas. *The Search After Truth* (1674). Thomas M. Lemmon e Paul J. Olscamp (trad. e orgs.). Columbus, OH: Ohio State University Press, 1980; *Elucidation of The Search after Truth*. Trad. Thomas M. Lemmon e Nicolas Malebranche. Cambridge: Cambridge University Press, 1997.

MARX, Karl. *Capital: A Critique of Political Economy* (1867-1894). Friedrich Engels (org.). Trad. Samuel Moore e Edward Aveling. Nova Iorque: International Publishers, 1967.

______. *Writings of the Young Marx on Philosophy and Society*. Lloyd D. Easton e Kurt H. Guddat (trad. e orgs.). Garden City, NY: Doubleday, 1967.

MARX, Karl e ENGELS, Friedrich. *Basic Writings on Politics and Philosophy*. Lewis S. Feuer (org.). Garden City, NY: Doubleday, 1959.

NIETZSCHE, Friedrich. *Basic Writings of Nietzsche*. Walter Kaufmann (trad. e org.). Nova Iorque: Random House, 1966.

# Índice remissivo

## C

## D

## F

## K



## L

## O

## P

Esta obra foi composta em sistema CTcP
Capa: Supremo 250 g – Miolo: Pólen Natural 70 g
Impressão e acabamento
**Gráfica e Editora Santuário**